本书编委会

江苏省教育考试院办公室
南京师范大学教育科学学院 联合编写

2018年
修订版

高校专业评析

高中生选科填志愿参考

顾雪英 主编

人文及农医类

江苏人民出版社

图书在版编目(CIP)数据

高校专业评析:高中生选科填志愿参考. 人文及农医类 / 顾雪英主编.—南京:江苏人民出版社,2018.5

ISBN 978-7-214-20628-2

Ⅰ.①高… Ⅱ.①顾… Ⅲ.①高等学校—专业—招生—介绍—中国 Ⅳ.①G647.32

中国版本图书馆CIP数据核字(2017)第098422号

书　　名	高校专业评析——高中生选科填志愿参考·人文及农医类
主　　编	顾雪英
责任编辑	张惠玲
责任监制	王列丹
出版发行	江苏人民出版社
出版社地址	南京市湖南路1号A楼,邮编:210009
出版社网址	http://www.jspph.com
照　　排	南京紫藤制版印务中心
印 刷 者	江苏凤凰通达印刷有限公司
开　　本	787×1092毫米 1/16
印　　张	20.25　插页2
字　　数	510千字
版　　次	2018年5月第16版　2018年5月第1次印刷
标准书号	ISBN 978-7-214-20628-2
定　　价	25.00元

编写说明

决策在即，信息先行。要想成功决策，首先需要做的就是广泛而有针对性地收集信息。高中学生选科、填志愿同样如此。为便于学生收集高校及专业信息，了解自己的心理特点，江苏省教育考试院办公室与南京师范大学教科院在2003—2016年每年一版、连续推出十四版的基础上，精心修订，今年又推出了第十五版。在第六版中，新增了“学科门类介绍”，便于读者从宏观上了解每一个学科门类以及下属的专业。另外，还增加了部分新专业，并对原有专业介绍中所涉及的学校作了部分调整，附录的内容也有所扩充。在第七版中，保留了上述新增的颇受读者欢迎的内容，删除了部分选报人数相对较少的专业。自第九版开始，毕业方向版块中增加了近两年毕业生就业方面的数据，并在有些专业的附表中增加了多所院校的招生信息。在第十一版中，根据教育部《普通高等学校本科专业目录(2012年)》进行了调整，供考生、家长和教师参考。

本书分“理工类”专业和“人文及农医类”专业两册分别作介绍。每册包括怎样填报高考志愿、学科门类介绍、专业介绍、附录四部分。正文部分为学科门类及专业介绍，涉及学科门类12个、近130个专业。其中体育学类、非英语外语类、化学类、生物科学类、大气科学类以及公安技术类专业是按类别作介绍，其余均按具体的专业作介绍。专业介绍的主要内容包括学科概述、学习内容、毕业去向、专家提示四个方面。每个专业介绍的附表中，列出了部分高校的信息，内容涉及专业实力，近三年录取分数线、选科等级和录取人数，院校合并情况等。为了帮助高中学生充分理解专业介绍的内容，将本书的阅读与选科填志愿有机地结合起来，在正文前呈现了“怎样填报高考志愿”内容，介绍如何进行自我探索、把握高校及专业的关键信息以及如何处理三者的关系。附录一提供了一些与高校专业实力有关的术语介绍以及相关网址。附录二提供了2017年中国大学100强的相关信息。本书不仅适用于即将填报高考志愿的高三学生，也适用于面临选科分班的高一、高二学生。

本书所涉及的高等院校，在选取或者排序时并不完全以实力为标准，而是同时考虑录取人数、地域分布、层次分布等因素，旨在使更多的学生能从中获得他们所需要的信息。关于高校及专业的信息可以说是浩瀚无边，本书虽然篇幅达一百多万字，但仍难以囊括所有，所提供的信息仅供读者参考。读者与其把本书作为一本完全信息手册，不如把它作为一种导引，根据其提供的线索，有序地收集更多的信息。

我们邀请了近150名各领域的专业人士撰写初稿，并特邀了数十位专家审稿，在此特向中国科学院南京地质古生物研究所博士生导师孙卫国研究员，南京大学建筑规划设计院桑志云副院长，南京林业大学森林资源与环境学院屠六邦教授，南京大学建筑研究所冯金龙教授，东南大学政策研究与发展规划办公室丁江副教授，南京市脑科医院张宁副院长，南京工业大学电光源研究所江定副教授、经济管理学院陈建华副教授，江苏大学电气信息工程学院刘贤兴教授、艺术学院王平副教授，江南大学化学系朱立强教授，江苏警官学院刘艳芳副教授、倪海英副教授等深表感谢！江苏人民出版社的张惠玲编辑和南京师范大学教科院郭嘉梅教授为本书的出版提出了宝贵建议并付出了辛勤劳动，在此一并表示感谢！

由于本书涉及领域广、编者视野有限，疏漏错误之处难以避免，恳请读者予以指正。

编　者

2017 年 5 月

怎样填报高考志愿

（一）小小志愿撬动长远人生

存在主义大师萨特曾说过："我们的决定，决定了我们。"在人的一生中，会多次面临这样或那样的决定，而其中一些很关键，足以影响未来几年的发展，甚至一生的道路。寄托着家长期望和考生梦想的志愿决策，就是这样一个重要的人生节点，同时也是人生职业生涯规划的起点。在填志愿时对专业和院校的选择，在一定程度上影响一个人将来的工作状况、职业生涯发展甚至人生的走向。

然而，现实中有些考生及家长跟着感觉走，仅凭想当然、靠道听途说就完成了志愿填报，就此选定自己的院校和专业，最终发现并不适合自己，懊恼不已。

为了避免出现这些问题，合理的做法是把填报志愿和人生发展规划相结合，立足长远发展，既要考虑眼前学校和专业的选择，也要考虑大学毕业以后的发展状况，最终作出明智和理想的决策。

（二）缜密工程成就完美志愿

高考填报志愿不是一项简单的活动，而是一个系统的工程。填报志愿不仅是分数、院校、专业等多种因素相互作用的结果，同时也是一个从信息搜集、资料准备到自我认识、综合考量的复杂过程。因此，考生需要在确定志愿时，认真考量，谨慎抉择。

一项教育调查结果显示，考生在填报志愿的过程中，只有10%的人有意识地主动寻找相关信息，而其余90%的考生都是在信息不完全的情况下作出选择；而在涉及高考填报志愿的许多因素中，70%以上的考生仅仅考虑了几个因素，在没有系统思考的情况下就填报了志愿。

事实上，考生在这种情况下填报的志愿往往十分盲目、误打误撞，进入大学之后，可能会因为专业不合适而缺乏学习兴趣和动力，从而影响学习与生活，对未来发展产生隐患。因此，我们需要全方位地了解信息，只有做到"知己知彼"，才能"百战不殆"。"知己"主要包括认识自己的兴趣、性格与能力；"知彼"包括了解专业和院校两部分，如专业类别、毕业去向、录取分数等。高考志愿关系考生一生成败，因此一定要高度重视，多下功夫，认真分析，在全面掌握相关信息的基础上对各个因素进行平衡与取舍，最终作出科学的决策。具体考虑因素见下面"志愿填报金字塔模型"。

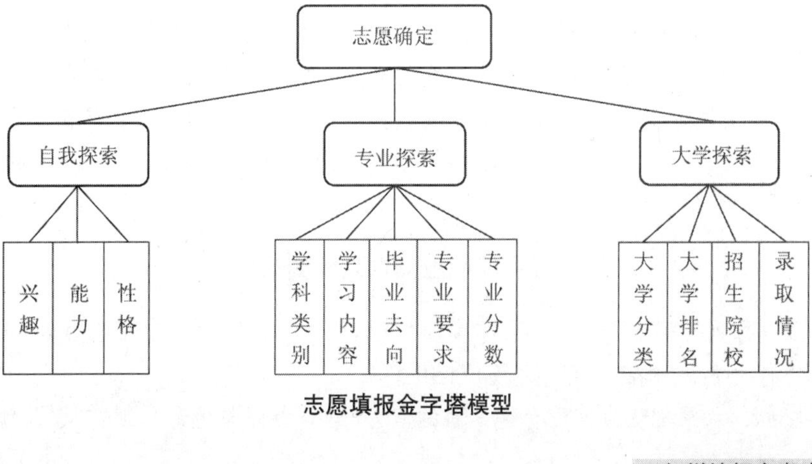

志愿填报金字塔模型

第一节　自我探索

"兴趣"带来的困惑

案例：王某，女，某大学化学系一年级学生。在高考填报志愿时，她毫不犹豫地选择了化学专业。大学伊始，王某对化学满腔热情，然而，半学期之后，她渐渐发现自己对化学失去了兴趣，不想再上化学有关的课程，连进实验室的欲望都没有了。"我高中的时候很喜欢当时的化学老师，化学成绩很好，她也非常器重我，建议我以后读这个专业。我也认为自己很适合学习化学，也一定能够学得很好。没想到，结果出人意料。如今，我在学习过程中遇到了很大的困难，我开始怀疑当初的选择是否正确。"王某现在对此感到困惑，是对兴趣的了解不够，还是能力有所欠缺？

反思：王某这样的案例并不少见。很多学生当初仅凭某方面因素选择专业，可是学习一段时间，真正深入接触了这个专业之后，才发现并不适合自己。原因可能在于，高中时对某个科目的兴趣是基于对当时的环境或老师有好感的"伪兴趣"，或者说，是一种表面兴趣。这种兴趣很不稳定，很容易受到外在因素的影响，导致兴趣减弱或消失。

拿破仑·希尔曾说，一切成就始于自我探索。自我探索能够让我们知道自己内心的需要，洞察自己的性格，明晰自己的能力。一项调查结果表明，高中生对于自己的兴趣爱好"非常了解"的占32.7%和"比较了解"的占46.8%，有20.5%的高中生处于一般了解及以下；对于自己性格，比较了解及非常了解的占54.7%，一般了解及以下的占45.3%；对于自己的能力，非常了解和比较了解的占42.9%，一般了解及不了解的占57.1%。这说明大多数高中生对于自我的了解不全面。

在高考填报志愿中，由于考生没有全面探索自我，便匆匆选择一个专业或院校，给自己带来了许多负面影响。如有些考生十分内向，极不喜欢与人交往，却填报了一个对社会性要求很高的专业，毕业后的工作又需要经常与人打交道，以至于考生在学习过程中很痛苦，找工作时更加为难。现实中，这样的情况屡见不鲜，多年苦读之后竟会是这样的结果，令人扼腕。

不希望看到这种情景的各位，今天哪怕只花很短的时间来稍微探索一下自己的心理特点，就不会选择与自己的个性相差过远的专业，亦可"扬长避短"。那么如何来探索自我呢？又有哪些方法来帮助我们评估自己呢？

一、了解兴趣

高考志愿填报过程中的失误和激烈的竞争导致不少人所学专业偏离了自己的兴趣。有的同学无可奈何，只能勉强地学习着自己不喜欢的专业；有的同学仍在借助种种途径追求自己真正喜欢的专业；还有同学索性不学转而整日沉迷游戏……由此可见，读自己喜欢的专业是一件多么幸运且令人快乐的事情。那么，我们如何才能知道自己喜欢什么呢？以下的霍兰德职业倾向量表可以帮助我们探索自己的兴趣。

霍兰德职业倾向自测量表

对于下面一系列活动和职业，如果你喜欢的话，则打"√"，如果你不喜欢，则打"×"，然后计算出"喜欢"的次数并写在"合计(次数)"栏中。

对于这些活动，如果你认为自己有这方面的能力(结合自评与他评)，则打"√"；如果你觉得自己似乎缺乏这方面的能力，则打“×”，然后计算出“有能力”的次数并写在“合计(次数)”栏中。

（一）活动

1. 技能型活动(R)		4. 社会型活动(S)	
电器维修		与朋友通信	
汽车修理		参加社交活动	
木工		帮助别人解决困难	
驾驶汽车		照料儿童	
使用金工工具(如锤子、钳子等)		教育宣传活动	
摆弄收音机、自行车等		出席各种会议	
操纵机器		结交朋友	
学习机械制图		参加团体体育活动	
合计(次数)		合计(次数)	
2. 研究型活动(I)		**5. 经营型活动(E)**	
阅读自然科学类书籍杂志		管理别人	
实验室工作		售货	
自然科学的研究工作		讨论政治	
化学实验		用自己的观点影响别人	
做数学难题		参加会谈	
学习物理课程		会见重要人物	
学习几何课程		找人谈话	
学习生物课程		管理产品	
合计(次数)		合计(次数)	
3. 艺术型活动(A)		**6. 事务型活动(C)**	
绘画(如素描、写生)		整理房间、书桌	
阅读剧本和听歌剧		记账	
设计家具或布置住房		收款记录	
弹奏乐器		整理文件档案	
阅读通俗小说、诗歌		校对稿件	
写作		统计材料	
学习美术课程		练习打字	
听音乐会		合计(次数)	
合计(次数)			

（二）职业

1. 技能型职业(R)		4. 社会型职业(S)	
飞机机械师		社会学研究人员	
鱼类和野生动物专业人员		青少年犯罪问题研究人员	
自动化技师		演讲理论研究	
木工		校长	
机械工人(车工、钳工等)		社会科学教师	
电工		精神病医护人员	
无线电报务员		咨询人员	
长途公共汽车司机		导游	
火车司机		青年社团负责人	
机械师		福利机构负责人	
合计(次数)		合计(次数)	
2. 研究型职业(I)		5. 经营型职业(E)	
气象学研究人员		销售经理	
生物学研究人员		推销员	
天文学研究人员		采购员	
药剂师		电视制作人	
动物学研究人员		商品批发员	
化学研究人员		宾馆大堂领班	
科学报刊编辑		办公室主任	
地质学研究人员		人事安排决策者	
植物学研究人员		广告宣传员	
物理学研究人员		调度员	
合计(次数)		合计(次数)	
3. 艺术型职业(A)		6. 事务型职业(C)	
诗人		记账员	
音乐家		会计	
作家		银行出纳员	
舞蹈家		法庭速记员	
歌唱家		成本估算员	
作曲家		统计师	
剧作家		税务专家	
雕刻家		校对员	
漫画家		打字员	
乐队指挥		办公室职员	
合计(次数)		合计(次数)	

（三）确定你的职业兴趣

将上述各组测题中选择“喜欢”的次数记入下表，再分别将各类型的两个“喜欢”次数相加，记入下表的“总计”栏。

类　型	活　动	职　业	总　计
技能型(R)			
研究型(I)			
艺术型(A)			
社会型(S)			
经营型(E)			
事务型(C)			

(四) 估计你的职业能力

将上述“活动”测题中选择“有能力”的次数记入下表。

类　型	活　动
技能型(R)	
研究型(I)	
艺术型(A)	
社会型(S)	
经营型(E)	
事务型(C)	

上述得分反映了你的职业兴趣与职业能力，看看与你的自我感觉是否一样。

六大类型的意义如下：

(1) 现实型：喜欢从事规则明确的活动及技术性工作，具有比较强的实践性，对人际活动不感兴趣。

(2) 研究型：喜欢理论思维或偏爱数理统计工作，对于有挑战性、创造性的工作比较热衷。

(3) 艺术型：对具有创造、想象及自我表现空间的工作显示出明显偏好，具有丰富的想象力。

(4) 社会型：喜欢以人为对象的工作，随和，乐于与人相处，给人提供帮助。

(5) 经营型：喜欢影响、管理、领导他人，支配欲和冒险性强，具有较高的成就需求。

(6) 事务型：喜欢高度有序、要求明晰的工作，不喜欢承担领导者的责任，责任心强。

这六种类型并非是并列的，而是有着明晰边界的。六大类型的关系如右图：

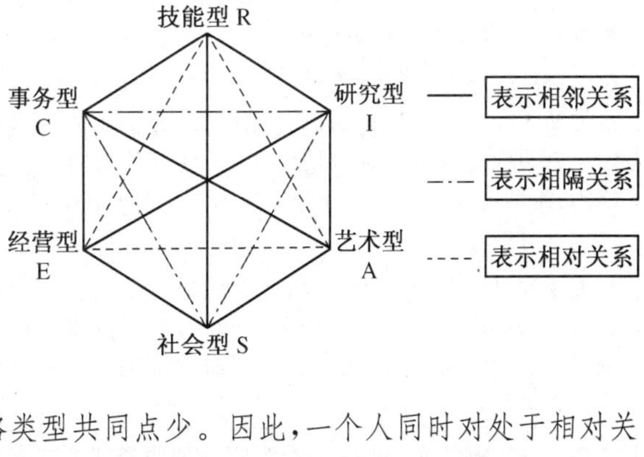

(1) 相邻关系的个体之间共同点较多，技能型R、研究型I的人就都不太偏好人际交往，这两种职业环境中也都较少有机会与人接触。

(2) 相隔关系的个体之间共同点较相邻关系少。

(3) 相对关系，在六边形上处于对角位置的类型之间即为相对关系，相对关系的人格类型共同点少。因此，一个人同时对处于相对关系的两种职业环境都很感兴趣的情况较为少见。

不同职业兴趣类型的人具有的特点、适合的专业也不尽相同。例如，社会型的人适合选择教育学类专业；技能型的人适合选择工学类专业；而研究型的人适合选择哲学类专业等。虽然，借助于客观的测试来了解自己的兴趣对我们选择专业来说很重要，但是，测评结果仅为我们提供一个参考,而不是一个标签或定论来限制自己。因此,需要结合自己的实际情况来作判断。

二、了解能力

不同的人拥有不同的能力,有优势能力也有弱势能力。人尽其才的前提就是知道自己是什么“才”。而高考填报志愿中,我们选择的专业对能力的要求各不相同,因此,我们需要结合自己的优势能力来选择专业。以下的能力评估测试将帮助我们发掘自己的长处。

评估你的能力

第一,对于下面列出的每项技能选择5、4、3、2、1中的一个数字来表示你所估计的自己在同龄人中的位置。

5 = 高的(前10%)　　4 = 平均水平以上

3 = 平均水平(中间50%)　　2 = 平均水平以下

1 = 低的(后10%)

第二,完成后,检查你的评估,看它们是否提供了一个良好的全面的描述,如果不是,修改一下。

第三,对于每项能力,复制所圈的数字到工作分类栏中的同一行的每个圆圈中。

第四,把R一栏中你的能力评估(数字)相加并把总数写在下表中最后的表格里。其他的栏目也是这样。

工作相关能力表

		工作分类栏					
	圈出你的评估	R	I	A	S	E	C
阅读——阅读并理解事实材料(如教科书)。思考你完成阅读任务的能力(速度和理解力);阅读说明书或者保修书(如工具、设备、电视等)的能力。在这里记入其他证据:	5 4 3 2 1		○		○		
数字——能精确做算术和数学,应用算术(例如,在公式和词语问题上)。思考一下你的数学作业;你用计算器的能力、记录支出的能力、能指出“最佳购买”的能力、计算利率的能力等。在这里记入其他证据:	5 4 3 2 1		○			○	○
运用语言——能识别母语正确的和错误的用法(语法、标点,等等)。思考你的精确书写和表达的能力、找出正确词语的能力以及你在演讲中的表现,等等。在这里记入其他证据:	5 4 3 2 1			○	○	○	○
帮助他人——关心并教导他人,帮助他人解决问题或作出决定。思考你解释怎样做事情的能力、理解他人观点和感情的能力、帮助他人令其感觉好些的能力,是否机智和耐心。在这里记入其他证据:	5 4 3 2 1				○		
与人交往——和他人交谈,和他人相处,给他人留下好印象。思考你帮助他人令其感觉自在的能力,是否谦虚、令人愉快,提供信息的能力,记得他人名字和面孔的能力。在这里记入其他的证据:	5 4 3 2 1				○		
销售——影响他人,购买一种产品、一种服务或者接受建议的行动。思考你改变其他人看法的能力、讨价还价的能力、促成一笔生意的能力、说服一个团体的能力以及你在演讲、辩论、分配训练中的表现,等等。在这里记入其他证据:	5 4 3 2 1						○

续 表

		工作分类栏					
	圈出你的评估	R	I	A	S	E	C
领导能力/管理——领导/管理人们为共同目标而工作。思考你向一个团体表达观点的能力、激励他人并指引方向的能力、策划大事件的能力、坚持预算的能力。在这里记入其他证据：	5 4 3 2 1					○	
组织——明了任务和各项细节，用系统的方式做事。思考你按照进度表工作的能力、明确哪项需要先做的能力、保存各种东西(图片、剪辑、工具等)以便查找的能力。在这里记入其他证据：	5 4 3 2 1	○					○
文书——能快速并准确地作出诸如从分类或者表格里找出信息，对事情进行分类，记录地址、开支等任务。思考你处理文书工作的能力、准确整洁完成表格(例如，申请书)的能力，找出错误的能力。在这里记入其他证据：	5 4 3 2 1						○
双手灵巧性——能用自己和双手轻易并迅速地制作或者修理东西。思考你使用工具、器械和小物体的能力，装配物体(玩具，家具等)的能力，做工艺品的能力，以及你在工艺劳作课、家政学、工艺学的表现，等等。在这里记入其他证据：	5 4 3 2 1	○					
机械的——理解日常器械原理(例如，暖空气上升)以及简单的器械是怎样工作的(例如，杠杆、滑轮)。思考你操作工具、玩具、器械等的容易度，你修理它们的能力；以及你在一般科学、工艺劳作课、家政学、工艺学上的表现，等等。在这里记入其他证据：	5 4 3 2 1	○					
空间的——注视一个物体的画面(例如，一所房子、一件外套、一个工具)并想象从不同的角度看会是什么样的。思考你"阅读"和解释蓝图、衣服样式等的能力；思考事物怎样符合可提供的空间(一个盒子、一间房子、一个壁橱等)的能力。在这里记入其他证据：	5 4 3 2 1	○	○	○			
科学的——理解科学法则，做科学课程的作业。思考你理解有关科学、健康或技术的文章或者电视节目的能力；理解科学公式的能力；以及你在通识科学、化学、生物上的表现等。在这里记入其他的证据：	5 4 3 2 1		○				
艺术的——绘图、画画、弹奏乐器、表演、跳舞等。思考你是否能较好地通过一种或多种艺术表演来表达想法、感情或者心情，以及你在诸如美术、音乐、舞蹈等课堂上的表现。在这里记入其他的证据：	5 4 3 2 1			○			
文学的——能用文字表达思想或者感情。思考你给家人或者朋友写有意思的信件的能力，写报告、解释事件、观点等的能力，以及你在语文课及其他课堂上对主题理解的表现。在这里记入其他证据：	5 4 3 2 1			○			
	总评估						
		R	I	A	S	E	C

检查你的六项能力自评分数，三个最高 RIASEC 得分的字母是______、______、______。这些字母和你的兴趣类型代码一致吗？是否能达到"喜欢做也能做"呢？

这个测试的目的在于挖掘优势能力。当我们找到自己的强项之后，就可以考虑相关专业了。例如，语言表达能力很好的同学，在师范类专业、市场营销专业的学习中会比较游刃有余；人际交往能力强的同学，社会学、心理学专业可能会更加适合。但是，当看到自己的优势能力之后，不要忘了看看自己的非优势能力，避免在选择专业时撞上“枪口”。例如，空间关系能力不是很好的同学最好避免选择需要对空间物体形状、大小、空间位置和空间关系等具有较好知觉能力的专业，如建筑学、航空航天类专业等。

三、了解性格

罗曼·罗兰曾说：“每个人都有他隐藏的精华，和任何别人的精华不同，它使人具有自己的气味。”这种气味就是我们独一无二的性格特点。众所周知，性格在日常生活中极为重要，与学习习惯、学业发展以及职业前途等都密切相关。那么，如何了解自己的性格呢？我们可以借助以下测试去探索、去发现。

MBTI 类型指标

MBTI 是在目前的职业生涯领域使用最多的人格量表之一，它建立了人类性格的四个维度，每个人格维度都有两种不同的功能形式：

（1）能量的投注方向：外倾(E)－内倾(I)；（2）接受信息的方式：感觉(S)－直觉(N)；

（3）作决策的方式：思维(T)－情感(F)；（4）喜好的行动方式：判断(J)－知觉(P)。

类型比较①

外倾型	内倾型
与他人相处精力充沛	独自度过时光，精力充沛
喜欢成为注意的中心	避免成为注意的焦点
行动之后思考	思考之后行动
喜欢边想边说出声	在心中思考问题
随意地分享个人情况	更封闭，更愿意在经挑选的小群体中分享个人的情况
说的多于听的	听的比说的多
高度热情的社交	不把兴奋说出来
反应快，喜欢快节奏	仔细考虑后才有所反应
重于广度而不是深度	喜欢深度而不是广度
感觉型	**直觉型**
相信确定和有型的东西	相信灵感和推断
不喜欢新想法——除非它们有实际意义	喜欢新思想和概念
重视现实性和常情	重视想象力和独创力
喜欢使用和琢磨已知的技能	喜欢学习新技能，但掌握之后很容易就厌倦了
留心具体的和特殊的；进行细节描述	留心普遍的和有象征性的；使用隐喻和类比
循序渐进地讲述有关情况	跳跃性地展现事实
着眼于现实	不愿意维持事物的现状，着眼于未来

① 该表改编自[美]Paul D. Tieger & Barbara－Tieger 著，张梅、张洁译：《做适合你的工作》，东方出版社 1999 年版。

续 表

思维型	情感型
退后一步思考，对问题进行非个人因素的分析	超前思考，考虑行为对他人的影响
重视符合逻辑、公正、公平的价值，一视同仁	重视同情与和睦，重视准则的例外性
被认为冷酷、麻木、漠不关心	被认为感情过多，缺少逻辑性，软弱
认为圆通比坦率更重要	认为圆通与坦率同样重要
只有情感符合逻辑时，才认为它可取	无论是否有意义，认为任何感情都可取
被渴望成就而激励	被为了获得欣赏而激励
判断型	**知觉型**
作了决定后最为高兴	当各种选择都存在时感到高兴
有“工作原则”：工作第一，玩其次（如果有时间的话）	有“玩的原则”：现在享受，然后再完成工作（如果有时间的话）
建立目标，准时地完成	随着新信息的获取，不断改变目标
愿意知道它们将面对的情况	喜欢适应新情况
着重结果（重点在于完成任务）	着重过程（重点在于如何完成工作）
满足感来源于完成计划	满足感来源于计划的开始
把时间看做有限的资源，认真地对待最后期限	认为时间是可更新的资源，而最后期限也是有收缩的

MBTI的四个维度分成了八个方向，其不同组合构成了16种人格类型，每种类型都有各自偏好的行为特征和价值观。因为本测验的实施需要专业咨询师的指导，非专业人士的测量会降低测验的准确率。因此，在这里我们不列出每种人格类型的详细描述及其与职业的关系，以免产生误导。如果你对本测验感兴趣，可以与专业测评机构联系。

性格使我们在某些情境中会出现相同的行为类型，也会使我们在某些情境中感到非常自在，甚至会引导我们寻求适合自己的学习和工作环境。例如，善于人际应对的人适合选择管理类的专业；文思细腻、感情丰富的人适合选择文学类的专业；而专注、细致、有同理心的人适合选择医学类的专业。由此可见，不同专业对人的性格特征是有不同的要求的。

四、整合兴趣、能力与性格

在完成这三部分之后，我们需要将三方面的心理特点进行整合。如果兴趣、能力、性格的探索结果都显示出几乎是同一种类型的专业，那自然是皆大欢喜。如果这三方面存在某种程度上的矛盾，那该怎么办呢？

● 喜欢却不擅长

兴趣与能力冲突：首先要尽量找到能力与兴趣的结合点。其次，尽量避免选择的专业是自己非常不擅长的，例如高中的时候物理学得很吃力，但是喜欢天文学，如果没有很强的毅力，我们不建议作这样的专业选择。

● 擅长却不适合

能力与性格冲突：能力是我们必须要考虑的因素，但是不要选择与自身性格反差很大的专业，否则就像习惯用右手的人，却强迫他用左手，结果必然是非常不习惯。也许时间长了会逐渐适应，但也有可能改变了，很多年后才发现收效甚微，悔不当初。怎样的性格与能力差距是你可以接受并且可以承担的，这还是需要你自己来作决策。

自我的内涵十分丰富，有些因素比较容易了解，如学业成绩、生理特点等，有些因素则不太容易确定，如兴趣、性格、潜能、价值观等心理特点。了解此类因素，需要注意两点：

◆ 确认应慎重

认识自己的心理特点并非易事，通常需要从几个方面同时入手。如自我评价、他人评价和专业测评等。高中学生通过反思会对自己有一定的认识，同时也需要与平时接触较多的人深入交谈，从他们那里获得一些评价，这些看法合起来基本上就可以画出自己的轮廓。如果希望看到一个更为清晰的自己，就需要借助心理测评。本书提供的量表只是一个自我测评工具，如果有必要还可到专业机构进行专门的心理测评。需要提醒的是，在很多人身上往往多种性格特征并存。高中学生通过自我反思、专业测评等手段，可以明确自我心理特征中比较突出的方面，与拟选择的专业要求比照，作为判断自身与专业是否适合的维度。

◆ 关注要适当

高中学生如果在选科、填志愿时，完全忽略心理特点，以后有可能会出现所学非所愿、学习缺乏动力的情况；而把心理特点作为唯一考虑的因素，也不太现实，毕竟选科、填志愿还要考虑学业成绩、家庭经济状况等许多因素。比较稳妥的做法是，根据自我心理特点，排除少量感觉非常不适合、不喜欢的专业，其余均可视做比较适合或可以适应的专业，然后参照其他因素作出进一步选择。

第二节 专业探索

警惕冲动 谨慎抉择

案例：考生胡某平时成绩优秀，高考分数超出一本线15分。成绩比较理想，在填报志愿时，选择余地较大。胡某从小就对心理学感兴趣，一心想报心理学专业，而父母希望她填报医学专业，认为医生将来就业稳定，待遇好。一时间，她不知该如何决定。与朋友聊天时，胡某偶然得知某医科大学设有临床医学心理卫生方向，便想当然地认为该专业属于心理学范畴，感到异常兴奋，终于找到了梦寐以求的专业。胡某毫不犹豫地填报了该专业，之后也被顺利录取。然而，入校后不久，胡某发现所学课程几乎与心理学无关，纯粹是临床课程。更令胡某郁闷的是，高中阶段自己生物和化学的成绩较差，而现在却被迫天天面对生物解剖与化学方程，后悔不已。而此时，身在医学院校，想转离医学专业几乎不可能。于是，胡某只好早早决定考研，想借助于这根"救命"稻草来扭转自己当年的错误抉择，被迫踏上漫长的考研之旅。

反思：胡某在填报志愿时很想平衡自己喜欢的专业与家人的建议，在得知临床医学设立心理卫生方向时，单从专业名称上片面地认为这个专业是心理学的一个分支，也就是所谓的望文生义。胡某只看到"表"，即只注意到专业名称中有"心理"一词；而未看到"里"，即该专业开设的主要课程、对学习者知识与能力的要求等。一招不慎终酿遗憾。

北京市教育科学研究院曾经作过一个调查，结果表明：42.1%的大学生对所学专业不满意；如果可以重新选择，65.5%的大学生表示将选择别的专业。近几年来，我们研究了高考学生填报志愿的案例，结果也发现，许多考生十余年寒窗苦读，终获得优异成绩，却因一招不慎，留下遗憾。

"学校精挑细选，专业随意将就"是不少高中学生填报志愿时的真实写照，其实学校和专业都需要重视。因为学生喜欢不喜欢学习、潜力能不能发挥、毕业时拥有什么样的知识结构等均与具体的专业有关。因此，高中学生选科、填志愿时，不仅要了解高校，还要尽可能充分地了解专业，那么，我们需要从哪些方面来全面了解专业呢？

一般来说，高考生在选择专业时，需要全面探索专业概述、学习内容、毕业去向以及专业特色等信息。

一、了解学科类别

了解目前的高校究竟有哪些专业、分成哪些类别，有助于学生及家长从宏观上把握高校专业，拓宽视野。目前，有关高校专业的划分主要有学科门类、大类、专业三个层次。2012年教育部颁布的《普通高等学校本科专业目录》，分设12个学科门类，即哲学、经济学、法学、教育学、文学、历史学、理学、工学、农学、医学、管理学以及艺术学。每个门类下面又细分为若干大类，大类下再分设专业。目前有94个大类，506种专业。本书重点介绍了艺术学以外的11个学科门类、130余种专业。每个学科门类介绍包括学科地位、学习要求、学科分类、学科大类介绍等方面。

二、了解学习内容

关注这个问题，可以大致了解学科的性质、所涉及的领域等，特别是对于所开设课程的解读，更有助于具体地了解未来的学习领域。对于课程的分析，特别要注意两点：第一，同一个专业，由于师资条件等原因，各学校开设的课程往往会有较大差异，特别是工科类专业。本书限于篇幅，只列举了最基本的课程名称，学生及家长可进一步查看相关学校的课程设置。第二，课程设置不仅提示了入校后的学习内容，还蕴含着对学生原有基础知识的要求。如建筑学专业、城市规划专业等对于美术基础的要求较高，经济学类专业对数学基础的要求较高等，请高中生朋友及家长在这些方面多加考虑，多多咨询相关领域的专家。本书各专业中的"学科概述"、"学习内容"两栏就是关于此方面的内容。

三、了解毕业去向

毕业后的出路是考生及家长非常关注的问题，有条件的话，学生和家长可以通过官方网站或一些调研报告，如麦可思调查数据等可靠的资料了解近两年各专业毕业生所从事的主要职业、工作单位、起薪、学历要求和工作内容等，甚至可以访问一些已经参加工作的毕业生，以便获得更详尽的信息。当然，毕业去向与社会需求是息息相关的，所以我们也要动态地看待这个问题。

本书的"毕业去向"栏详细列出了近两年各专业毕业生所从事的主要职业、工作单位、主要的行业去向及相应月薪。

四、了解专业要求

不同专业的学习，除了对基础知识的要求侧重点不同外，对于学习者心理特点的需求也会略有差异。特别是不同的大类之间，如文史类专业与工科类专业之间的差异更为明显。我们在前面已经提到，如果学生学习的是不喜欢、不擅长的东西，且专业需求与自己的性格特征反差很大，那么，四年的学习或许就是索然无味甚至是艰难痛苦的。所以，考生对自我的心理特点也需要加以了解和认识，以便进一步考虑自己与专业学习的适合性。

本书"专家提示"中的"考虑性格适合"栏列出了各专业对学生性格特征的需求，主要包括六个方面，即技能性、研究性、艺术性、社会性、事务性、经营性，这是国际上比较流行的划分方法。专业学习对每种特征的需求程度以柱状图的形式表示，"1级"为最低需求，"5级"为最高需求。需求程度的确定是作者与相关领域的专家共同讨论而得出的，仅供读者参考。

五、了解专业实力

专业实力并不完全等同于学校实力。名校往往也有弱势专业，而一般院校的某些专业也可能实力很强。师资条件、学科建设情况、硕博点数量等都是体现专业实力的重要因素，应该给予必要的关注。因为这些因素不仅影响学生的进一步深造，而且对于他们形成什么样的知识结构也至关重要。

本书"学科门类"介绍中主要涉及国家一级重点学科、专业介绍中涉及国家二级重点学科。各专业中的"关注专业特色"栏，从专家的角度对同一专业不同学校的特色作了介绍；"走出常见误区”则澄清了人们对于所介绍专业的误解，以便学生及家长更清楚地了解该专业。附表中的“专业实力”栏提供了部分院校该专业的相关信息，包括硕士学位点、博士学位点、重点学科、重点实验室、博士后流动站等。表中所列的硕博点不仅是该专业直接对应的，也涉及了该专业所在院系拥有的其他相关的硕博点，意在向读者提供更多的信息。

六、了解专业录取

了解录取情况，既要关注录取分数，也要关注招生人数；既要关注当年的分数，也要关注往年的分数，包括学校的录取最高分、最低分，专业的录取最高分、最低分，以便分析总体趋向。考生及家长可以对同一专业不同学校的录取情况作比较，然后根据自身情况作出进一步的选择。

本书附表中“近三年录取情况”栏提供了学校录取的最高分、最低分，专业(部分学校以学科大类招生，相应的录取分数为大类录取分数)的录取最高分、最低分以及录取人数。学生及家长可以据此对同一专业不同学校的录取情况进行比较。

第三节　大学探索

扎堆省内易落榜，不妨出门闯一闯

案例：南京某中学的于某同学当年高考成绩比一本线略高。平时她数学成绩优异，经过仔细思考后，倾向于选择统计学专业。于某起初考虑到家庭因素，想报考省内高校好常伴父母身边。查看南京财经大学统计学专业近三年的录取分数线后，发现其报考人数众多，竞争激烈，分数一直较高，以于某的成绩报考南财把握不大。在这种情况下，于某感到非常焦虑，便向班主任张老师求助。张老师通过亲戚了解到西南财经大学的统计学专业在全国名列前茅，结合于某的分数，便建议其将眼光投向外省，选择填报西南财经大学。最终，于某被财经类名校顺利录取。

反思：于某的选择之所以能够成功，得益于她在选择高校时能够结合招生院校的地域分布、高校专业实力排名，及录取分数等多方面信息。俗话说“塞翁失马，焉知非福”，于某放弃了省内某财经大学统计学专业，却被统计学排名全国第一的省外某财经大学录取。这一做法正验证了该哲理。素来冠有“文化大省”美誉的江苏省，重点高校林立，是各地学子求学向往的地方，而省内考生更是对江苏名校“情有独钟”，所以每年报考人数众多，竞争激烈，导致省内名校投档分数线被抬高，而省外一些名校“低分”还“吃不饱”。在这种情况下，许多考生若坚持非本省名校不上，可能会落榜，也与外省名校失之交臂，实在可惜。

历年来“扎堆”报考省内高校是填报志愿时的突出现象。据调查显示，80%的家长不主张孩子出省读书，而家长的爱子心切与学生的恋家情结，是出现该现象的主要原因。事实上，不少考生成绩优秀而与名校无缘，正是“扎堆”所致，令人扼腕叹息……

上大学要上名牌，这是每位考生的心愿，也更是每一位家长的心愿。我们在选择了一个适合于自己的专业之后，更需要选择一所理想的学校。理想学校的标准是什么呢？可能在个人看来，各不相同，但基本的标准是有的。我们应当尽可能全面地了解有关学校的各方面信息。从宏观上来说，选择理想的学校需要了解大学的分类和排名情况；从微观上来说，需要了解每所院校的具体情况，如学科建设、科学研究及师资队伍等。具体情况如下：

一、了解大学分类

普通高校的分类是招生录取中批次划分的参考依据之一，也是考生填报志愿必须考虑的重要因素，考生应该全面系统地了解高校概况。通常，我们采用三类标准对大学进行分类。从办学性质的角度将我国大学划分为公办、民办、独立学院三种类型；从科研规模的角度将大学划分为研究型、研究教学型、教学研究型、教学型四种类型；从学科比例的角度将大学划分为综合类、文理类、理科类、文科类、专业类五种类型。

二、了解大学排名

在了解大学分类的基础上了解每一类别大学的排名情况，可以帮助考生更加清晰地选择适合自己的学校。具体排名请参考附录二。

三、了解硬性指标

众所周知，我国高校种类和层次众多，有关大学的信息林林总总，我们如何从中挑选出理想的学校呢？

首先，先根据自己的成绩，对应相应批次，参照各院校近几年的录取情况，基本确定有意向的学校；其次，这是一次比较的过程。在我们所确定的意向学校中，对一些“硬性指标”进行对比。主要指标包括以下几项：

● 是否“985 工程”学校或“211 工程”学校

“985 工程”是我国政府为建设若干所世界一流大学和一批国际知名的高水平研究型大学而实施的建设工程。“211 工程”是重点建设 100 所左右的高等学校和一批重点学科，也是我国自建国以来国家在高等教育领域进行的规模最大的重点建设工程。属于这两大工程的院校，在国内综合实力较强，也是国内重点建设的高等院校。详细信息见附录一中的“相关术语介绍”。

● 师资队伍

师资力量主要包括院士、长江学者、教授的水平和数量等。它是大学整体实力的重要指标。如果你报考的学校或专业师资队伍强大，你在大学的几年就可能享受到质量较高的教学服务，学到更多更扎实的知识和技能。因为教授、副教授不仅有研究课题、带研究生，而且越来越多的学校规定，教授必须为本科生上课，这对本科教育来说是好消息。因此，教授、副教授数量多少在一定程度上反映了该校的科研实力和教育实力。

● 学科建设

学科建设主要包括硕士、博士学位授权点、博士后流动站等情况。学校设有多少博士点、硕士点，从一个侧面反映了该校的学术能力和学术水平。

● 科学研究

科学研究主要包括国家和省重点学科、重大研究项目、重要奖项、国家和教育部重点实验室等情况。重点学科是同行评估的结果，代表了本学科的最高水平，而国家重点学科无论从师资力量、教学设备、教学水平、学科建设等方面都是名列前茅的。

● 办学条件

办学条件主要包括校区规模、图书馆藏书量、校区实验设备、设施等。针对这部分内容，除了通过细看招生简章来了解，有条件的最好到学校实地考察一下。如果考生和家长不能亲自去学校，也可请当地的亲朋好友代为考察，做到报考前对学校大致情况心中有数。

● 历史沿革

了解学校的历史沿革有助于根据院校原来的归属看出学校办学的特色；根据学校历史的长短有助于辨明学校实力。一般来讲，学校办学历史越长，实力也就越强；许多学校在历史发展的过程中进行过重组或合并，仔细了解这部分历史，有助于全面准确了解高校，从而避免张冠李戴。

第四节　志愿确定

选科填志愿涉及的因素非常多，既有自我方面的主观因素，也有专业、院校方面的客观因素，需要我们综合考虑，进行权衡，才能最终作出决策。一般来讲，下列两个步骤是决策时应予以重视的：

●整理已获信息

与选科、填志愿相关的信息很多，也可以从多角度进行分类。但由于高中学生在选科时往往会面临这样的冲突：考虑长远发展还是考虑录取，因此，我们不妨首先从发展与录取两个角度看看各自相关的信息有哪些。与学生未来的学习及发展有关的信息，粗略地讲，有高校及专业方面的，也有学生个人素质、心理特点等方面的。这些因素的重要性往往要在专业学习乃至工作几年后才能深刻体会到，真可谓“今天的选择，明天的感受，后天的结果”！与录取直接有关的信息有招生政策及法规，前几年高校在本地区的录取率、调档分数线、今年在本地区的招生计划，所报专业前几年录取分数线，高校及专业对考生身体素质等方面的特殊要求，高校的收费情况和奖、贷学金发放办法等方面，当然，还应考虑学生本人的竞争力。不管从什么角度分类，目的是通过整理，从已获取的信息中找到关键信息。

●权衡各种因素

选科填志愿涉及的因素非常多，为了避免选择时考虑因素过于单一，可采用“漏斗法”对应考虑的因素进行层层筛选。

所谓“漏斗法”就是根据某些因素确定若干选择标准，根据这些标准进行层层筛选。这里的标准就像一个多层滤网，各种可能的选择就像滤网中的沙子。经过滤网的层层过滤，最后剩下的就是我们所要选择的目标。过滤标准的设置与学生及家长的价值取向有关，有的可能将个人潜能的发挥放在第一位，有的可能将学校的知名度放在第一位，也有的以确保录取为第一位，各有各的做法，很难但也没有必要设置统一的标准。在设置标准时不宜把限制性过强的标准放在漏斗的上层，以免一开始就把许多可能的选择排除在外。具体的操作方法可以用以下这个例子来说明。

学生小李要选择专业了。运用漏斗法，他可以这样做：

▶ 小李偏爱数学，数理基础也较好——他可以选择理科和工科的专业。

▶ 小李不喜欢纯理论的工作——过滤掉偏重理论学习的专业。

▶ 小李希望今后从事户外工作——测绘工程等野外活动较多的专业比较适合。

▶ 小李家住南京，父母不想让他离家太远——南京及周边地区的高校比较适合。

▶ 小李有志于将来读研——尽量选择有相关硕士博士点的专业和高校。

▶ 小李决定选报测绘工程专业了。经过筛选，进入“决赛”的高校只有A大学和B大学。两所大学该专业近几年的录取分数线差不多，A大学地处省会城市，招生人数少；B大学地处中等城市，招生人数多些。尽管A大学的竞争更为激烈，但小李想在大城市发展。所以，最后中标的是A大学的测绘工程专业。

当然，这个例子只是为了形象地说明“漏斗法”的含义和操作方法，实际操作时所考虑的因素要复杂得多。

回顾整个过程，发现选择真的不是一件容易的事，但也不是像人们所说的那样战战兢兢、如履薄冰。只要有充足的信息、正确的方法，选择一所合适的学校和一个合适的专业还是有把握的。愿本书中的内容能对各位读者有所启发！

江苏省普通高考分数、等级说明

江苏省从2008年开始实行的普通高考模式为“3＋学业水平测试＋综合素质评价”，具体含义如下：

● **三门统考科目**

三门统考科目为语文、数学、外语，其分值设定为：语文160分，数学160分，外语120分，共440分。语文、数学分别另设附加题40分。

文科类考生加试语文附加题，理科类考生加试数学附加题；不兼报文科类、理科类专业的艺术类、体育类考生不加试附加题。

文科类、理科类考生三门统考总分为480分，艺术类、体育类考生三门统考总分为440分。

● **学业水平测试**

学业水平测试科目包括政治、历史、地理、物理、化学、生物、技术七门。

文科类、理科类考生须选择选修测试科目（简称“选测科目”）两门，必修测试科目（简称“必测科目”）五门。其中文科类考生选测科目除须选择历史科目外，在政治、地理、化学、生物四门中再选择一门；理科类考生选测科目除须选择物理科目外，在政治、地理、化学、生物四门中再选择一门。七门学业水平测试科目中，考生选定的两门选测科目之外的五门为必测科目。

选测科目各科满分为120分，按考生成绩分布分为A^+、A、B^+、B、C、D六个等级。具体划分标准为：

A^+：前5%（含5%）

A：5%—20%（含20%）

B^+：20%—30%（含30%）

B：30%—50%（含50%）

C：50%—90%（含90%）

D：90%以后

必测科目各科满分为100分，按考生得分分为A、B、C、D四个等级。具体标准为：

A：100分—90分　　B：89分—75分

C：74分—60分　　D：59分及其以下

技术科目分为合格、不合格，不合格视为D级。

● **综合素质评价**

综合素质评价分道德品质、公民素养、交流与合作、学习能力、运动与健康、审美与表现六个方面。

道德品质、公民素养、交流与合作三方面，凡符合基本标准者，可评为合格；学习能力、运动与健康、审美与表现三方面，分A、B、C、D四个等级。

广大考生和家长可以根据此分数和等级说明，理解各专业附表中的相关信息。

目　　录

农 学 类

医 学 类

管 理 学 类

哲 学 类

PHILOSOPHY

哲学门类介绍

哲学，即科学之科学，马克思认为“哲学就是理论化的世界观和方法论”。

学科地位

据国务院学位办公室发表的统计数据，我国大学授予的哲学学士占学士总数的 0.19%，授予的哲学硕士占硕士总数的1.36%，授予的哲学博士占博士总数的1.73%。另据教育部高校学生司发布的博士生导师资料统计，在全国大学 40 110 名博士生导师中，有 548 名是哲学博导，占博导总数的 1.37%。哲学是较小的学科。截至 2007 年，开设哲学学科门类专业的大学共 64 所。

学习要求

哲学学科门类专业要求学生掌握基本的学科知识，具有相应的分析能力、创造性思维能力和熟练的业务能力。学哲学对学生性格特征中的研究性要求较高。(可参见附录Ⅰ霍兰德职业倾向自测量表进行自测)

哲学学科门类专业毕业生主要分配到学校、研究机构和宣传、出版、新闻、文化部等有关单位从事与该专业有关的工作。

学科分类

哲学门类只有哲学 1 个学科大类。在哲学大类之下设置 4 种本科专业：哲学、逻辑学、宗教学和伦理学(参照教育部 2012 年颁布的《普通高等学校本科专业目录》)，详见下表。

普通高等学校本科专业目录(哲学学科门类)

门　类	学科大类	专业名称	授予学位(学士)
哲　学	哲学类	哲　学	哲　学
		逻辑学	哲　学
		宗教学	哲　学
		伦理学	哲　学

根据教育部发布的 2007 年全国高校国家重点学科名单，北京大学、复旦大学、中国人民大学的**哲学**学科为国家一级重点学科。

专业介绍

逻辑学

逻辑学研究纯粹理念，所谓“纯粹理念”就是思维的最抽象的要素所形成的理念，由亚里士多德创立。逻辑学是研究思维、思维的规定和规律的科学。逻辑学的类别有形式逻辑、数理逻辑、当代逻辑、制约逻辑等。

逻辑学专业培养具备系统的逻辑学基础知识，具有一定的数学素养以及计算机理论和操作能力，能在高等院校、科研单位、国家机关及企事业管理部门从事逻辑学的教学、科研和应用方面的工作，并能从事计算机科学和语言学的科研和应用方面相关工作的高级专门人才。

目前，中山大学、中国人民大学、南开大学、河南大学等多所院校开设了此专业。中山大学的**逻辑学**学科为国家二级重点学科。

宗教学

宗教学是以宗教为研究对象，透过宗教现象研究宗教的起源、演化、性质、规律、作用等的人文社会学科。宗教学研究的范围包括宗教的本质与要素、宗教的思想与观念、宗教的体验与情感、宗教的行为与活动、宗教的组织与制度、宗教的起源与发展，以及宗教与其他社会意识或文化形态的关系等。宗教学的类别有宗教学理论、马克思主义宗教学、宗教史学、宗教哲学、宗教社会学、宗教心理学、比较宗教学、宗教地理学、宗教文学艺术、宗教文献学等。

宗教学专业培养具有一定的马克思主义理论素养，具备较全面的宗教学知识，了解世界各大宗教的历史与现状，熟悉我国宗教法规和政策，能在高等院校、研究机构或政府部门从事教学、研究、宗教事务管理、理论宣传、政策调研等工作的高级专门人才。

目前，北京大学、中国人民大学、南开大学、复旦大学、四川大学、中央民族大学、湖北经济学院等多所院校开设了此专业。四川大学的**宗教学**学科为国家二级重点学科。

伦理学

伦理学是关于道德的科学，又称道德学、道德哲学。伦理学以道德现象为研究对象，不仅包括道德意识现象（如个人的道德情感等），而且包括道德活动现象（如个人道德行为等）以及道德规范现象等。

伦理学专业培养学生掌握马克思主义哲学、伦理学基本原理和中外伦理学基础理论。学生经过哲学和伦理学方面的专业训练，掌握系统的基础知识和专业知识，具备较强的理论思维和分析问题、解决问题及语言文字表达的能力，成为品学兼优、德才兼备，适应我国现代化建设需要，具有广博的科学文化知识基础和文史哲素养的专业人才和普适性人才。

目前，开设伦理学专业的学校不多，湖南师范大学的**伦理学**学科为国家二级重点学科。

哲学专业

学科概述

哲学是人类认识世界知识和经验的最高总结，是人类知识和智慧的结晶。其本质是抽象概念的有机体。它以各门具体科学为基础，以整个世界的普遍规律为研究对象，又对具体学科进行理论指导。物质和意识之间的关系问题是哲学的基本问题，哲学是科学的世界观和方法论，所以传统哲学被认为是“大智慧”的科学，现代哲学同社会生活联系密切，日渐关注人类生存处境与心灵出路。该专业旨在为党和政府各级政策研究部门、管理部门、宣传部门，为各类社会工作机构，为大、中、小学校培养具有较高哲学素养、教学水平和研究能力的专门人才。

学制四年，学业合格授予哲学学士学位。

相近专业：逻辑学专业、宗教学专业和伦理学专业等。

学习内容

哲学专业开设的主要课程

类　别	课　　程
专业基础课程	宗教与社会、中国哲学名著导读、伦理学、西方哲学名著导读、社会统计学、公共关系学、社会主义市场经济概论、马克思主义哲学史著作导读、哲学概论、伦理学、中国文学、中国历史
专业主干课程	辩证唯物主义、毛泽东思想研究、科学技术概论、邓小平理论研究、西方哲学史、现代西方哲学、历史唯物主义、自然辩证法、现代逻辑、中国哲学史、马克思主义哲学史、政治经济学、普通逻辑、社会学、宗教学

注：各校的课程设置会因培养目标的不同而有差异。

毕业去向

哲学专业毕业生近两年的主要就业去向

职　业	工作单位	起薪(元/月)	学历要求	工 作 内 容
中学教师	中学	1500～2500	本科	政治教学工作和学生思想教育工作
编辑	电视台、广播电台、杂志社、报社、出版社等	1000～2500	本科、研究生	创意策划、新闻采编等
高校教师	高等院校	1500～3000	研究生	哲学及相关专业的教学和科研
公务员	党政机关	1500～2500	本科、研究生	机关内外的文秘或组织工作

注：表格中的起薪可能会因为地区差异而存在较大差别。

专家提示

1. 关注专业特色

因为哲学专业是基础性学科，各著名高校和一些老牌院校的哲学系实力都比较强，且专业方向各有侧重。选择哲学专业主要应从以下三个方面考虑：

(1) 院系师资和历史地位

作为一种思想研究的最高形式，哲学研究能力与教育水平的积累体现在专业的历史地位与师资力量上。历史地位表明专业积累的研究成果和研究力量，名师出高徒，哲学学习的思想承继关系十分重要。由于现代哲学研究范围日益广泛，高校不可能在全部哲学领域都领先，因此需要弄清各高校的特长。南京大学、中国人民大学、吉林大学的马克思主义哲学实力领先，复旦大学的中国哲学位于前列，北京大学的西方哲学实力最强，清华大学、山西大学侧重于科技哲学方面，武汉大学侧重于宗教哲学。这些学校在其特色领域里都拥有多个国内知名甚至国际著名的学者。

哲学及其相关专业国家二级重点学科分布如下：

马克思主义哲学：北京师范大学、吉林大学、南京大学、南开大学、武汉大学、中山大学、中共中央党校；**中国哲学**：武汉大学；**逻辑学**：中山大学；**伦理学**：湖南师范大学；**宗教学**：四川大学；**科学技术哲学**：山西大学、东北大学。

(2) 成果性质与社会贡献

哲学不是玄学，思想源于社会并指导社会，只有同社会实践结合、适应社会生活需要、推动社会发展的哲学才是有生命力的哲学。哲学思维训练最终也是为造就参与社会生活的青年。因此，应把所报院校哲学专业参与改革开放取得的研究成果和在当代社会生活中的发展能力作为选择的第二要素。南京大学的马克思主义哲学为省重点学科，复旦大学的西方哲学专业为上海市重点学科；南京大学哲学教师以开启改革开放的哲学论文直接参与了新时代的缔造；中国人民大学、北京大学等参与国家社会生活的能力也相对较强。

(3) 开放合作与实践成果

哲学研究都自成体系，但成功的哲学体系都保持开放性，并在开放发展中寻求生存。哲学教育与研究的多文化视角是当代哲学的第一个开放，从意识形态的崇高王国向下关注并深入社会生活是第二个开放。第一个开放使中国传统哲学与世界多种文化结合，创造新的成果，实现传统更新；第二个开放使哲学实现与其他学科的结合，扩大书卷哲学的存在背景与生存空间。复旦大学、北京大学等在第一个开放中成效显著，浙江大学、四川大学、华东师范大学、南开大学、华中科技大学、中山大学则在第二个开放中取得的实践成果较多。

2. 考虑性格适合

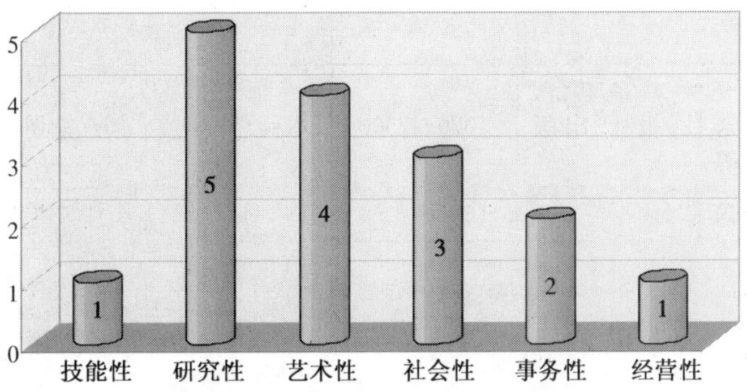

哲学专业对不同性格特征的需求度

3. 走出常见误区

哲学有什么用？ 在当今时代，哲学成为一门备受冷落的学问。在哲学的课堂上，学生们最常问的一个问题就是：学哲学有什么用？学哲学与经好商、当好官并没有任何直接的因果联系，哲学没有这么大的能耐，可以让一个人在商场上财源亨通，在官场上飞黄腾达。美国20世纪的一位哲学家詹姆士曾经说过："哲学不能烤面包！"他的意思就是说，哲学并不能给人带来什么实际利益。这一点，其实早在哲学产生之初就已经被注定了。实际上，哲学重全局，讲变化，让人了解自然界、人类社会和思维最一般的规律，教人洞察社会和人性的科学方法，教人学会做人。哲学不提供操作性的知识体系，但它能够给我们一个观察人生、社会的新视角，能使我们避免仅从狭隘的角度看待问题；哲学还注重培养个人缜密、发散、智慧的思维方式，哲学通过提高认识而提高心灵的境界，使人能在更高的层面上找到解决问题的好办法。

哲学枯燥难学吗？有人认为哲学全是概念和抽象的理论，晦涩难懂，同现实生活相距甚远。这是对哲学的偏见和误读。哲学学习需要对抽象的理论感兴趣。哲学是引人入胜的思想游戏，是人类精神最美丽的花朵，任何对事物、对人生的深入思考都融入了哲学。

作者：骆长晟　胡晓武　　修订：陈　实

附表：开设哲学专业的部分学校(院系)情况

批次	学校(院系)	本科专业方向设置	专业实力：硕博士学位点：硕士	专业实力：硕博士学位点：博士	专业实力：学科建设	近三年录取情况：年份	入校分(最高/最低)	专业分(最高/最低)	选测科目等级要求	录取人数	特别关注
本科一批	南京大学(哲学、宗教学系)	哲学	马克思主义哲学、中国哲学、外国哲学、逻辑学、伦理学、宗教学、科学技术哲学	马克思主义哲学、中国哲学、外国哲学、逻辑学、伦理学、宗教学、科学技术哲学	国内首批获得博士学位授予权的六个哲学系之一；该系承担国家级、省部级科研项目80余项，其中国家重点项目8项；马克思主义哲学为江苏省重点学科、国家二级重点学科	2015 2016 2017	404/385(理)，398/380(文) 415/395(理)，407/391(文) 412/387(理)，402/384(文)	384/381(文) 391/391(文) 396/384(文)	AA AA AA	4 1 —	—
本科一批	北京大学(哲学系)	哲学	马克思主义哲学、中国哲学、外国哲学、美学、伦理学、逻辑学、宗教学、科学技术哲学、科学技术史	马克思主义哲学、中国哲学、外国哲学、美学、伦理学、逻辑学、宗教学、科学技术哲学、科学技术史	是我国最早成立哲学系的高等学府；1994年列为国家文科基础学科人才培养和科学研究基地；1998年被国务院学位委员会批准为哲学一级学科博士点	2015 2016 2017	421/410(理)，418/400(文) 431/422(理)，420/407(文) 428/415(理)，425/405(文)	— — —	A^+A^+ A^+A^+ A^+A	— — —	—
本科一批	武汉大学(哲学学院)	哲学、宗教学	马克思主义哲学、中国哲学、外国哲学、逻辑学、伦理学、美学、宗教学、科学技术哲学	马克思主义哲学、中国哲学、外国哲学、逻辑学、伦理学、美学、宗教学、科学技术哲学	1981年，外国哲学首批获得博士授予权；1988年，马克思主义哲学和外国哲学被批准为国家重点学科	2015 2016 2017	407/380(理)，388/378(文) 401/389(理)，398/388(文) 394/381(理)，392/380(文)	379/379(文) 389/389(文) 383/382(文)	AB^+ AB^+ AB^+	2 1 2	《中国哲学史》《西方哲学史》和《马克思主义哲学》3门课程被评为国家精品课程
本科一批	厦门大学(人文学院)	哲学	马克思主义哲学、中国哲学、外国哲学、逻辑学、科学技术哲学、宗教学	中国哲学、外国哲学、科学技术哲学	—	2015 2016 2017	393/379(理)，388/377(文) 400/387(理)，394/389(文) 389/378(理)，390/380(文)	— — —	AA AA AA	— — —	—
本科一批	南京师范大学(公共管理学院)	哲学	外国哲学、伦理学、科学技术哲学	伦理学	马克思主义基本原理为国家重点学科	2015 2016 2017	382/359(理)，377/358(文) —，391/371(文) 383/360(理)，379/362(文)	— — 365/361(理) 365/362(文)	AB AB AB	— — 3 7	—
本科一批	山东大学(哲学与社会发展学院)	哲学	马克思主义哲学、中国哲学、外国哲学、科学技术哲学	中国哲学、外国哲学	—	2015 2016 2017	382/369(理)，376/343(文) 388/381(理)，387/380(文) 378/371(理)，377/371(文)	372/369(文) 384/384(文) 373/373(文)	AA AA AA	2 2 2	—

续 表

批次	学校（院系）	本科专业方向设置	专业实力：硕博士学位点：硕士	专业实力：硕博士学位点：博士	专业实力：学科建设	近三年录取情况：年份	近三年录取情况：入校分（最高/最低）	近三年录取情况：专业分（最高/最低）	近三年录取情况：选测科目等级要求	近三年录取情况：录取人数	特别关注
本科一批	复旦大学（哲学学院）	哲学类（哲学、宗教学）	马克思主义哲学、外国哲学、中国哲学、宗教学、伦理学、科学技术哲学、国外马克思主义研究、经济哲学、比较哲学	马克思主义哲学、外国哲学、中国哲学、宗教学、伦理学、科学技术哲学、国外马克思主义研究、经济哲学、比较哲学	拥有哲学博士后流动站、国外马克思主义研究二级学科上海市重点学科	2015 2016 2017	415/401(理)，401/391(文) 419/416(理)，412/403(文) 413/408(理)，409/397(文)	391/391(文) — —	A^+A A^+A A^+A	1 — —	教育部人文社会科学重点研究基地——当代国外马克思主义研究中心
本科一批	清华大学（人文社会科学学院）	哲学	马克思主义哲学、中国哲学、外国哲学、伦理学、逻辑学、美学、宗教性、科学技术哲学	马克思主义哲学、中国哲学、外国哲学、伦理学、逻辑学、美学、宗教性、科学技术哲学	伦理学是哲学系的优势学科；马克思主义哲学、中国哲学和外国哲学是重点建设学科；逻辑学是传统特色学科	2015 2016 2017	421/407(理)，408/408(文) —，415/410(文) 443/413(理)，420/419(文)	— — —	A^+A A^+A A^+A	— — —	是哲学一级学科博士、硕士授予单位
本科二批	湖南科技大学（法学院）	哲学	马克思主义哲学	—	《马克思主义原理》是学校重点建设课程和精品课程	2015 2016 2017	336/322(理)，339/323(文) —，347/336(文) 339/331(理)，342/333(文)	326/326(文) 336/336(文) —	BB BB BB	1 1 —	马克思主义哲学专业硕士学位授权点于2006年设立
本科二批	上海师范大学（哲学学院）	哲学（非师范）、思想政治教育（师范）	中国哲学、马克思主义哲学、外国哲学、科学技术哲学	中国哲学、马克思主义中国化研究	上海市重点学科1个，哲学博士后流动站1个、博士点2个、硕士点12个	2015 2016 2017	365/352(理)，367/352(文) —，363/353(文) 368/340(理)，361/353(文)	354/352(文) — 354/354(文)	BB BB BB	2 — 3	是哲学一级学科硕士学位授予单位
本科二批	扬州大学（社会发展学院）	哲学	马克思主义哲学	—	创建于2002年，现有马克思主义哲学硕士学位点	2015 2016 2017	354/333(理)，348/335(文) —，361/349(文) 376/333(理)，362/342(文)	340/335(文) 357/349(文) 348/342(文)	BB BB BB	25 25 25	马克思主义哲学是校级重点学科

注：录取情况涵盖三年，“—”代表没有此项内容或无法获取相关资料。

经济学类

ECONOMICS

经济学门类介绍

经济学是研究人类行为及如何将有限或者稀缺资源进行合理配置的社会科学，研究人类社会在各个发展阶段上的各种经济活动和各种相应的经济关系，及其运行、发展的规律。其学科领域主要包括理论经济学、经济学史、经济数量关系的分析、计量方法以及应用经济学等。

学科地位

根据国务院学位办公室发表的统计数据，我国大学授予的经济学学士占学士总数的 14.36%，授予的经济学硕士占硕士总数的 8.41%，授予的经济学博士占博士总数的 5.33%。另据教育部高校学生司发布的博士生导师资料统计，在全国大学 40 110 名博士生导师中，有 1 401 名是经济学博导，占博导总数的 3.49%。经济学是发展较快的学科。截至 2007 年，全国开设经济学学科门类专业的大学共 451 所。

学习要求

经济学虽然被划分在文科范围内，但其实不同的学校对经济学的文理要求不同，因此在报考专业时要注意该校的取向。经济学学科门类中有偏理科的金融学、财政学专业等，也有比较重理论的经济学史、国际经济与贸易专业等。但总的来说，按照现代经济学的发展趋势，大量运用现代数学方法和现代计算机技术进行经济数量关系的分析是必然的，因此对数学有一定的要求，报考的考生要注意这一点。另外，由于在学习过程中经常要阅读大量国外文献，因此，也需要较高的外语水平。微观经济学和宏观经济学是经济学的两门基础课程，具体方向的选择与考生对这两门课程的掌握关系很大。

总的来说，经济学门类专业对于理论研究的要求较高，所以按照霍兰德职业倾向的结果，对研究性有一定的要求。其中财政学和金融学对学习者的事务性要求较高。

经济学学科门类有 4 个学科大类，具体包括 17 种本科专业（参照教育部 2012 年颁布的《普通高等学校本科专业目录》），详见下表。

普通高等学校本科专业目录（经济学学科门类）

学科门类	学科大类	专业名称	授予学位（学士）
经济学	经济学类	经济学	经济学
		经济统计学	经济学
		国民经济管理	经济学
		资源与环境经济学	经济学
		商务经济学	经济学
		能源经济	经济学
	财政学类	财政学	经济学
		税收学	经济学/管理学/理学
	金融学类	金融学	经济学
		金融工程	经济学
		保险学	经济学/管理学
		投资学	经济学

（续表）

学科门类	学科大类	专业名称	授予学位(学士)
经济学	金融学类	金融数学	经济学
		信用管理	经济学/管理学
		经济与金融	经济与金融
	经济与贸易类	国际经济与贸易	经济学
		贸易经济	经济学/管理学

根据教育部发布的2007年全国高校国家重点学科名单，目前理论经济学和应用经济学为国家一级重点学科的高校分别如下。

理论经济学：北京大学、中国人民大学、南开大学、复旦大学、厦门大学、武汉大学；**应用经济学**：中国人民大学、中央财经大学、南开大学、厦门大学。

经济学学科门类各专业详见具体专业介绍。

1

经济学专业

学科概述

经济学是研究如何利用稀缺的资源生产各种商品，并将商品分配给社会各个成员或集团消费以达到一定的效用的科学。该专业主要培养具备比较扎实的经济学理论基础，熟悉现代西方经济学理论，比较熟练地掌握现代经济分析方法，知识面较宽，具有向经济学相关领域扩展渗透的能力，能在综合经济管理部门、政策研究部门、金融机构和企业从事经济分析、预测、规划和经济管理工作的高级专门人才。

学制四年，学业合格授予经济学学士学位。

相近专业：国际经济与贸易、金融学等。

学习内容

经济学专业开设的主要课程

类　别	课　　　程
专业基础课程	经济数学(微积分、线性代数、概率统计)、微观经济学、宏观经济学、政治经济学、管理学、财政学、税收学、应用统计学、货币银行学、国际金融、国际贸易、会计学、计算机原理与应用
专业主干课程	劳动经济学、转轨经济学、经济学方法论、数理经济学、资本论、中国经济史、外国经济思想史、证券投资、投资项目评估、产业经济学、房地产投资、国际经济学、发展经济学、计量经济学

注：各校的课程设置会因培养目标的不同而有差异。

毕业去向

经济学专业毕业生近两年的主要就业去向

职　业	工作单位	起薪(元/月)	学历要求	工 作 内 容
记者、编辑	电台、报社、电视台等	1500～3000	本科、研究生	理论编辑、新闻采编、经济现象分析等
高校教师	高等院校	1500～3000	研究生	经济学及相关专业的教学与科研
公务员	党政机关	1500～2500	本科、研究生	经济政策分析和策划
分析师、管理人员	工商企业、银行证券等机构	2000～4000	本科、研究生	企业的生产、营销、销售等、财政金融、投资经济领域的分析和管理等

注：表格中的起薪可能会因为地区差异而存在较大差别。

经济学专业毕业生主要行业流向及相应平均月薪(人民币:元)

毕业年份	行业流向 TOP3		
2010	储蓄信用中介	其他金融投资业	证券及商品合约中介和经纪
	3426	3518	2949

续 表

毕业年份	行业流向 TOP3		
2011	储蓄信用中介	其他金融行业	中国人民银行保监会和证监会
	3602	3442	4010
2012	储蓄信用中介	其他金融投资业	中国人民银行、保监会和证监会
	4273	4460	4537

注：表格中的月薪为该专业本科生毕业半年后平均月薪。2012 届该专业本科生毕业半年后就业率为 87.1%，工作与专业对口率为 68%，毕业即读研和留学比例为 11.1%。

数据来源：麦可斯-中国 2010、2011、2012 届大学毕业生求职与工作能力调查。

专家提示

1. 关注专业特色

北京大学、中国人民大学、复旦大学、南京大学等老牌院校的经济学专业实力都比较强。北京大学、中国人民大学、南开大学、复旦大学、南京大学、厦门大学在政治经济学专业上实力较强，中国人民大学和武汉大学的西方经济学专业拥有一定的优势。其他一些高校在某些专业上也有一定特色，如西南财经大学的政治经济学专业、对外经济贸易大学的国际贸易学专业、东北财经大学的产业经济学专业等在全国都是很有名的。

经济学及其相关专业国家二级重点学科分布情况如下：

政治经济学：南京大学、四川大学、西南财经大学、西北大学；**经济思想史**：上海财经大学；**西方经济学**：华中科技大学；**世界经济**：辽宁大学；**劳动经济学**：首都经济贸易大学；**统计学**：天津财经大学、西南财经大学；**数量经济学**：清华大学、北京协和医学院-清华大学医学部、吉林大学、华侨大学；**国防经济**：国防大学、军事经济学院。

2. 考虑性格适合

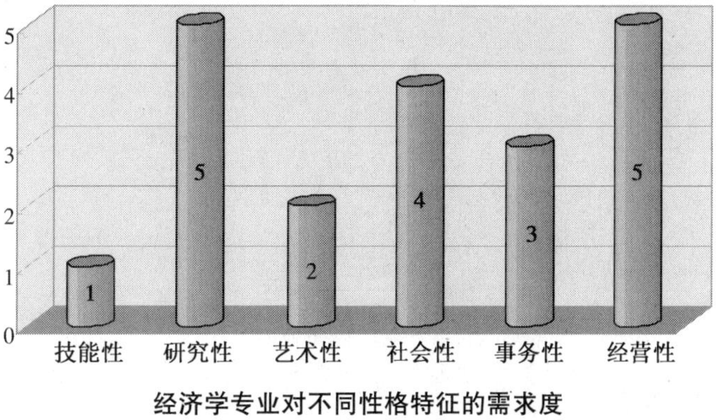

经济学专业对不同性格特征的需求度

3. 走出常见误区

学了经济学就一定能找到理想的工作吗？随着中国经济的迅速发展，各行各业都需要经济学人才，但选择经济学专业，并不意味着毕业后就能拥有一份理想的工作。目前各高校所开设的经济学专业各有其侧重点，有的侧重于理论研究，有的侧重于实际应用，且各高校在科研实力、师资力量、研究条件方面存在明显的差距，使得各高校培养出来的毕业生的知识结构、适应能力、工作能力等也有很大的差别，因此考生在选择该专业时应该特别注意。

经济学专业的领域很窄吗？经济学专业自身还有很多分类，包含众多的研究方向，如政治经济学、西方经济学、产业经济学、发展经济学等，各方向侧重点不同，相应的，其适用领域也有差别。选择该专业的考生应认真分析自己的兴趣爱好和学习能力，同时对该专业中短期的社会需求情况作一个大致的评估，最后才能作出相应的选择。另外，该专业相对偏重理论研究，工作职位大多要求高学历；在学习的过程中还要阅读大量的外文资料，因此，需要有较高的外语水平。

4. 特别提醒

现代经济学对数学及计算机有一定的要求，选择该专业的考生要注意到这一点。

从事财政金融工作可参加证券从业资格考试，可考金融分析师(CFA)。

作者：赵光锐　　修订：陈　实

附表：开设经济学专业的部分学校（院系）情况

批次	学校（院系）	本科专业方向设置	专业实力			近三年录取情况					特别关注
			硕博士学位点		学科建设	年份	入校分（最高/最低）	专业分（最高/最低）	选测科目等级要求	录取人数	
			硕士	博士							
本科一批	南京大学（经济学院）	经济学类（经济学、金融学、国际经济与贸易、保险学、财政学、金融工程）	政治经济学、国民经济学（投资经济方向）、西方经济学、产业经济学、人口资源与环境经济学、数量经济学	拥有理论经济学、应用经济学一级学科博士授予权	政治经济学为国家重点学科；拥有理论经济学博士后流动站	2015 2016 2017	404/385(理),398/380(文) 414/395(理),407/391(文) 412/387(理),402/384(文)	398/390(文) 404/390(理) 407/400(文) 410/402(理) 402/392(文) 406/395(理)	AA AA AA AA AA	20 53 19 52 30 60	该院为国家“985哲学社会科学”创新平台；拥有经济发展与转型研究中心，是国家经济学基础人才培养基地
	华东师范大学（商学院）	经济学类(含经济学等7个专业)	世界经济、政治经济学	—	世界经济学为上海市重点学科	2015 2016 2017	389/379(理),385/374(文) 398/388(理),399/389(文) 397/380(理),383/378(文)	385/379(文) 386/383(理) 399/389(文) 398/391(理) —	BB BB BB BB BB	5 8 5 4 —	—
	山东大学（经济学院）	经济学类	政治经济学、西方经济学、世界经济学、国民经济学、区域经济学、财政学、金融学、产业经济学、国际贸易学、劳动经济学、数量经济学、投资经济学和保险学	政治经济学、西方经济学、国民经济学、财政学、金融学、产业经济学、国际贸易学	产业经济学为国家重点学科	2015 2016 2017	382/369(理),376/343(文) 388/381(理),387/380(文) 378/371(理),377/371(文)	376/371(文) 382/377(理) 385/385(文) 387/385(理) —	AA AA AA AA AA	3 4 3 4 —	该院消费经济学和产业经济学研究在全国具有重要的地位
	武汉大学（经济与管理学院）	经济学类	政治经济学、西方经济学、世界经济学、经济思想史、经济史、人口资源与环境经济学、产业经济学、国民经济学、区域经济学、数量经济学	政治经济学、西方经济学、世界经济学、经济思想史、经济史、人口资源与环境经济学、产业经济学、数量经济学、区域经济学	拥有1个人文社会科学重点研究中心，1个国家经济学基础人才培养基地，4个一级学科博士点，理论经济学为国家一级重点学科	2015 2016 2017	407/380(理),388/378(文) 401/389(理),398/388(文) 394/381(理),392/380(文)	388/386(文) 391/389(理) 398/390(文) 397/394(理) 392/385(文) 389/388(理)	AB^+ AB^+ AB^+ AB^+ — —	3 4 4 4 3 4	该院经济发展研究中心是教育部100所人文社会科学重点研究基地之一，2009年不招理科
	苏州大学（商学院/财政学院）	经济学	经济学、世界经济学、区域经济学、金融学、财政学	金融学	金融学为省级重点学科	2015 2016 2017	387/360(理),377/358(文) 396/371(理),385/370(文) 381/360(理),379/359(文)	370/366(文) 374/370(理) 379/376(文) 384/380(理) 371/365(文) 378/370(理)	AB AB AB AB AB AB	4 4 5 7 6 7	—

续 表

批次	学校（院系）	本科专业方向设置	专业实力：硕博士学位点：硕士	专业实力：硕博士学位点：博士	专业实力：学科建设	近三年录取情况：年份	近三年录取情况：入校分（最高/最低）	近三年录取情况：专业分（最高/最低）	近三年录取情况：选测科目等级要求	近三年录取情况：录取人数	特别关注
本科一批	南京财经大学（经济学院）	经济学	国民经济学、产业经济学、劳动经济学、政治经济学、西方经济学、数量经济学、区域经济学	—	该专业2005年被评定为江苏省特色专业；目前设有政治经济学、西方经济学两个硕士点	2015 2016 2017	372/344(理),370/347(文) 381/359(理),379/359(文) 373/346(理),362/347(文)	357/349(文) 362/354(理) 367/360(文) 369/360(理) 358/347(文) 361/349(理)	 AB AB B^+B	40 45 40 45 45 45	经济学系是学校理论经济学教学和科研的重要基地
本科一批	南京审计学院（经济学院）	经济学	—	—	有国民经济学和政治经济学两个重点建设学科领域；国民经济学为省级重点建设学科；政治经济学为校重点建设学科	2015 2016 2017	391/352(理),379/348(文) 395/362(理),384/362(文) 381/347(理),383/350(文)	364/353(文) 371/363(理) 369/364(文) 372/368(理) 361/352(文) 363/354(理)	AB AC AB AC B^+B	15 15 23 24 29 38	将经济学与财政学、金融学、国际贸易有机融合
本科二批	安徽财经大学（经济学院）	经济学	政治经济学、区域经济学、国民经济学、世界经济、财政学、金融学、产业经济学、国际贸易学、人口资源与环境经济学、劳动经济学、统计学、数量经济学	—	—	2015 2016 2017	354/340(理),348/341(文) 361/352(理),358/353(文) 343/330(理),339/333(文)	345/344(文) 344/342(理) 355/354(文) 354/353(理) 335/333(文) 330/330(理)	BB BB BB BB — —	2 4 3 4 4 6	—
本科二批	安徽工业大学（经济学院）	经济学	产业经济学、数量经济学	—	有安徽省精品课程《西方经济学》和《计量经济学》	2015 2016 2017	341/325(理),341/335(文) 351/341(理),353/347(文) 343/334(理),339/335(文)	— — —	BB BB BB	— — —	以教学改革促进教学质量提高，重视大学生应用能力和实践能力培养
本科二批	淮阴师范学院（经济与管理学院）	经济学（金融与保险、企业管理、电子商务）	—	—	近几年教师及学科组成员共主持省、厅、市级课题31项	2015 2016 2017	354/313(理),339/319(文) 355/321(理),349/333(文) 345/311(理),327/324(文)	330/323(理) 329/324(文) 343/332(理) 342/337(文) 324/320(理) 327/324(文)	BC BC BC BC — —	24 26 20 20 12 12	—
本科二批	天津师范大学（经济学院）	经济学（企业经济、投资经济）	政治经济学、西方经济学、国民经济学、区域经济学	—	拥有理论经济学一级学科硕士学位授予权，国民经济学、区域经济学、企业管理等二级学科学位授予权	2015 2016 2017	344/332(理),345/337(文) 357/341(理),357/351(文) —	340/340(理) 351/351(文) 350/350(理) —	BB BB BB —	1 1 1 —	在国内外经济学界有一定影响

注：录取情况涵盖三年，“—”代表没有此项内容或无法获取相关资料。

2 国际经济与贸易专业

学科概述

国际经济与贸易专业是一个应用性很强、适应面很广的经济学类专业，主要进行国际贸易理论与实务、国际金融理论与实务、世界经济和国际市场运行规律与电子商务等方面的研究，培养适应社会主义市场经济发展需要，既有扎实的经济理论基础，又有较强的外贸工作实践能力的、德才兼备的复合型高级专门人才。该专业毕业生能够胜任政府、金融机构涉外部门的经济分析和项目策划工作，各类外企和跨国公司的决策参谋和管理咨询工作，以及相关的教学科研工作。

学制四年，学业合格授予经济学学士学位。

相近专业：贸易经济、国际企业管理、国际贸易学、国际经济学等。

学习内容

国际经济与贸易专业开设的主要课程

类　别	课　　程
专业基础课程	政治经济学、微观经济学、宏观经济学、计量经济学、国际经济学、世界经济概论、法学基础与经济法
专业主干课程	国际贸易理论、国际贸易实务、国际金融理论、国际金融实务、国际经济合作、国际商法、国际结算、国际营销学
专业选修课程	会计学、财政学、统计学、货币银行学、管理学、投资学、保险学、国际税收、国际信贷、商务谈判、外贸函电

注：各校的课程设置会因培养目标的不同而有差异。

毕业去向

国际经济与贸易专业毕业生近两年的主要就业去向

职　业	工作单位	起薪(元/月)	学历要求	工 作 内 容
外贸人员(如跟单员、单证员或报关员)	外贸公司、工厂	1500～2500	本科	外贸业务
高校教师	高等院校	1500～3000	研究生	国际经济与贸易及相关专业的教学与科研
会计、审计员	会计师事务所	2000～3000	本科、研究生	会计、审计
公务员	政府机构	2000～3000	本科、研究生	外事
银行职员	银行	1500～2500	本科、研究生	受理银行柜台或国际业务
证券投资、保险业务员	证券投资、保险等金融机构	1500～2500	本科、研究生	证券投资和保险业务

注：表格中的起薪可能会因为地区差异而存在较大差别。

国际经济与贸易专业毕业生主要行业流向及相应平均月薪(人民币:元)

毕业年份	行业流向 TOP3		
2010	储蓄信用中介	其他金融投资业	中国人民银行、保监委和证监委
	3481	3567	3568

续 表

毕业年份	行业流向 TOP3		
2011	储蓄信用中介	其他金融投资业	中国人民银行、保监委和证监委
	3739	3721	3904
2012	储蓄信用中介	其他金融投资业	中国人民银行、保监会和证监会
	4339	4312	4288

注：表格中的月薪为该专业本科生毕业半年后平均月薪。2012 届该专业本科生毕业半年后就业率为 92.5%，工作与专业对口率为 56%，毕业即读研和留学比例为 10.7%。

数据来源：麦可斯-中国 2010、2011、2012 届大学毕业生求职与工作能力调查。

专家提示

1. 关注专业特色

国际经济与贸易专业是经济学类中的一个基本专业，随着我国进入 WTO，社会对该专业人才的需求量越来越大，同时对该专业毕业生的要求也越来越高。考生在择校时应注意各校的侧重点和优势所在。开设国际经济与贸易专业的综合性大学有南京大学、复旦大学、中国人民大学、厦门大学、南开大学等，其中中国人民大学开设该专业的经济学院是中国著名的经济学教学与研究机构，其政治经济学为国家重点学科，并设有经济学博士后流动站。随着社会需求的不断增长，一些师范类院校也开设了国际经济与贸易专业，如南京师范大学等，主要培养面向社会和面向教学的综合型人才。

国际经济与贸易及其相关专业国家二级重点学科分布情况如下：

西方经济学：中国人民大学、武汉大学；**世界经济**：辽宁大学；**国际贸易学**：对外经济贸易大学、湖南大学。

2. 考虑性格适合

3. 走出常见误区

学好了外贸实务的有关知识，就能成为一名优秀的外销员吗？国际经济与贸易专业毕业的人不一定就能成为一名优秀的外销员，因为该专业的学习只是对一般商务过程的了解，并没有涉及一个具体的行业，比如说从事纺织品的外贸工作还必须具备纺织品方面的专业知识，从事轻工业产品的销售工作必须了解轻工业的有关知识。所以从这个专业毕业后要从事外贸工作还需要一个再学习的过程。

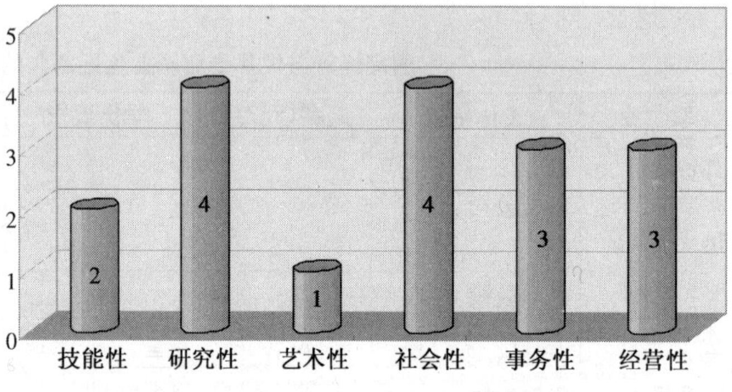

国际经济与贸易专业对不同性格特征的需求度

4. 特别提醒

国际经济与贸易专业对外语水平的要求较高，有些学校在招生时需加试外语。有些专业课如计量经济学、国际金融实务、国际结算、统计学等对数学有一定的要求，报考的考生应注意这一点。

作者：马雪芬　　修订：陈　实

附表：开设国际经济与贸易专业的部分学校（院系）情况

批次	学校（院系）	本科专业方向设置	专业实力：硕博士学位点：硕士	专业实力：硕博士学位点：博士	专业实力：学科建设	近三年录取情况：年份	近三年录取情况：入校分（最高/最低）	近三年录取情况：专业分（最高/最低）	近三年录取情况：选测科目等级要求	近三年录取情况：录取人数	特别关注
本科一批	复旦大学（经济学院世界经济系）	经济学类	国际贸易学、世界经济学	世界经济学	世界经济学是国家重点学科	2015 2016 2017	415/401(理),401/391(文) 419/416(理),412/403(文) 413/408(理),409/397(文)	401/395(文) 415/405(理) 412/404(文) 419/416(理) 409/398(文) 412/411(理)	A^+A A^+A A^+A A^+A — —	21 9 14 10 6 4	近年来，世界经济系教师的科研成果获得了国家和上海市科研成果奖、世界经济吴玉章奖、国际贸易安子介奖等多项大奖；部分课程英语授课
本科一批	华东师范大学（金融与统计学院）	经济学类	国际贸易学、世界经济学	世界经济学（国际金融方向）	世界经济学是上海市重点学科	2015 2016 2017	389/379(理),385/374(文) 398/388(理),399/389(文) 397/380(理),383/378(文)	386/383(理) 385/379(文) 398/391(理) 399/389(文) —	BB BB BB BB —	8 5 5 4 —	—
本科一批	中国人民大学（经济学院）	经济学类	国际贸易学、世界经济学	国际贸易学、世界经济学	世界经济学是北京市重点学科	2015 2016 2017	404/346(理),398/382(文) 413/400(理),405/398(文) 411/394(理),402/392(文)	393/387(文) 402/401(文) 407/406(理) 398/392(文) 411/401(理)	A^+A A^+A A^+A A^+A A^+A	3 3 4 4 3	该院第一批建立经济学博士后流动站；首批建立经济学人才培养基地
本科一批	南开大学（经济学院）	国际经济与贸易	国际贸易学、世界经济学	国际贸易学、世界经济学	世界经济学是国家重点学科	2015 2016 2017	391/380(理),379/374(文) 410/389(理),391/385(文) 394/379(理),387/378(文)	388/386(理) 397/396(理) —	AA AA AB^+	4 4 —	2002 年该院成立国家 apec 研究院
本科一批	吉林大学（经济学院）	国际经济与贸易	国际贸易学、世界经济学	世界经济学	—	2015 2016 2017	380/358(理) 383/377(文) 382/365(理),376/366(文)	— 378/378(文) 371/371(文)	AB^+ AB^+ AB^+	— 2 2	该院的中国国有经济研究中心被教育部批准成为国家人文社会科学重点研究基地
本科一批	南京航空航天大学（经济与管理学院）	经济与贸易类（金融学、国际经济与贸易）	—	—	教师队伍中有比较好的年龄结构、学历结构、职称结构和学缘结构	2015 2016 2017	386/376(理),378/370(文) 396/384(理),388/380(文) 385/375(理),378/368(文)	378/373(文) 382/376(理) 388/380(文) 389/384(理) 376/370(文) 379/375(理)	AB AB AB AB — —	25 6 26 10 26 6	—
本科一批	苏州大学（东吴商学院）	国际经济与贸易	国际贸易学（国际贸易、国际商务、WTO研究方向）	—	—	2015 2016 2017	370/344(理),367/356(文) 396/371(理),385/370(文) 381/360(理),379/359(文)	367/356(文) 370/357(理) 380/374(文) 384/377(理) 379/363(文) 378/366(理)	AB AB AB AB AB	30 21 19 12 19 16	苏州大学东吴商学院（财经学院）成立于1985年6月，也是苏州大学最早建立的二级学院

续 表

批次	学校（院系）	本科专业方向设置	专业实力：硕博士学位点：硕士	专业实力：硕博士学位点：博士	专业实力：学科建设	近三年录取情况：年份	近三年录取情况：入校分（最高/最低）	近三年录取情况：专业分（最高/最低）	近三年录取情况：选测科目等级要求	近三年录取情况：录取人数	特别关注
本科二批	扬州大学（经济学院）	国际经济与贸易	—	—	—	2015 2016 2017	371/344(理),360/347(文) 375/353(理),375/358(文) 366/337(理),362/342(文)	352/348(文) 357/349(理) 369/357(理) 363/358(文) 349/341(理) 348/345(文)	BB BB BB BB — —	10 18 18 14 11 11	中外合作办学
本科二批	南通大学（商学院）	国际经济与贸易	—	—	实施“大类招生、分流培养”的人才培养模式和“平台＋模块”的教学课程体系	2015 2016 2017	356/327(理),347/328(文) 366/339(理),363/343(文) 363/332(理),354/335(文)	344/333(文) 352/345(文) 338/335(理) 341/337(文)	BB BB BB	48 49 20 25	—
本科二批	盐城师范学院（商学院）	国际经济与贸易	—	—	微观经济学为校级精品课程；国际贸易学为校级双语课程	2015 2016 2017	351/314(理),344/319(文) 356/320(理),350/332(文) 348/310(理),337/320(文)	325/318(理) 327/323(文) 338/333(文) 342/325(理) 329/321(文) 322/313(理)	BC BC BC BC — —	50 25 35 45 35 45	—
本科二批	常州工学院（经济与管理学院）	国际经济与贸易	—	—	培养具有鲜明特色的、高素质的、具有较强创新精神和实践能力的应用型人才	2015 2016 2017	360/325(理),346/321(文) 354/331(理),357/336(文) 339/321(理),330/323(文)	335/325(文) 348/331(理) 330/325(文) 333/322(理)	BC BC BC	71 79 35 38	—
本科二批	南京工程学院（经济管理学院）	国际经济与贸易	—	—	会计学专业为示范专业，建有国际贸易实验室、管理综合实验室等	2015 2016 2017	364/335(理),350/336(文) 372/345(理),359/350(文) 365/326(理),341/332(文)	344/336(文) 347/337(理) 354/350(文) 352/346(理) 337/332(文) 335/328(理)	BB BB BB BB BB	37 18 36 16 36 12	经济管理学院的前身即南京电力高等专科学校管理系，创建于1978年

注：录取情况涵盖三年，“—”代表没有此项内容或无法获取相关资料。

3 财政学专业

学科概述

财政学是研究以国家为主体的财政分配关系的形成和发展规律的科学。许多学校的财政学专业是包含税收的，专业名称为“财政(税收)”，也有少数学校单独设立税收专业。它主要研究国家如何从社会生产成果中分得一定份额，用以实现国家职能，包括财政资金的取得、使用、管理及由此而反映的经济关系。财政学专业主要培养具备财政、税收等方面的理论知识，掌握现代化信息处理手段，能在财政、税务及其他经济管理部门、企业、社会团体、中介机构、科研单位从事财税相关工作的高级专门人才。

学制四年，学业合格授予经济学学士学位。

相近专业：税收、统计学、经济学、金融学等。

学习内容

财政学专业开设的主要课程

类　别	课　　程
专业基础课程	线性代数、概率论与数理统计、统计学、计量经济学、政治经济学、微观经济学、宏观经济学、会计学、财政学、货币银行学、国际经济学、经济法
专业主干课程	中级财务会计、西方财政学、财务管理学、中国税制、外国税制、政府理财学、国有资产管理与评估、税务管理、财税信息系统与管理、专业英语、国际税收学、公共支出管理、社会保障理论与实务、预算会计、税务代理理论与实务、税收筹划、国家预算、纳税检查

注：各校的课程设置会因培养目标的不同而有差异。

毕业去向

财政学专业毕业生近两年的主要就业去向

职　业	工作单位	起薪(元/月)	学历要求	工 作 内 容
公务员	省、市及地区财政、税务、审计部门	3000～4000	本科、研究生	财政、税务、审计方面的相关业务及管理
财务人员	投资公司、保险公司、证券公司、专业银行、会计事务所等各类企事业单位	2000～3000	本科	财务、会计
高校教师	高等院校	1500～3000	本科、研究生	财政学及相关专业的教学和科研

注：表格中的起薪可能会因为地区差异而存在较大差别。

财政学专业毕业生主要行业流向及相应平均月薪(人民币:元)

毕业年份	行业流向 TOP3		
2010	储蓄信用中介	其他金融投资业	其他各级党政机关
	3479	3669	3388

续 表

毕业年份	行业流向 TOP3		
2011	储蓄信用中介	其他金融投资业	会计、审计与税务服务业
	4090	3933	3429
2012	储蓄信用中介	会计、审计与税务服务业	房地产开发业
	4324	3828	3289

注：表格中的月薪为该专业毕业生半年后平均月薪。2012 届该专业本科生毕业半年后就业率为 91.5%，工作与专业对口率为 76%，毕业即读研和留学比例为 13.6%。

数据来源：麦可斯-中国 2010、2011、2012 届大学毕业生求职与工作能力调查。

专家提示

1. 关注专业特色

目前开设财政学专业的主要是财经类大学、商学院和一些综合性大学。相对而言，财经类大学的师资力量较强，例如中南财经政法大学、中央财经大学、东北财经大学等。综合性大学中，中国人民大学的实力略高一筹。

财政学及其相关专业国家二级重点学科分布情况如下：

财政学：东北财经大学、上海财经大学、中南财经政法大学；**国民经济学**：北京大学、辽宁大学；**区域经济学**：兰州大学；**产业经济学**：北京交通大学、东北财经大学、复旦大学、暨南大学、山东大学、西安交通大学。

2. 考虑性格适合

3. 走出常见误区

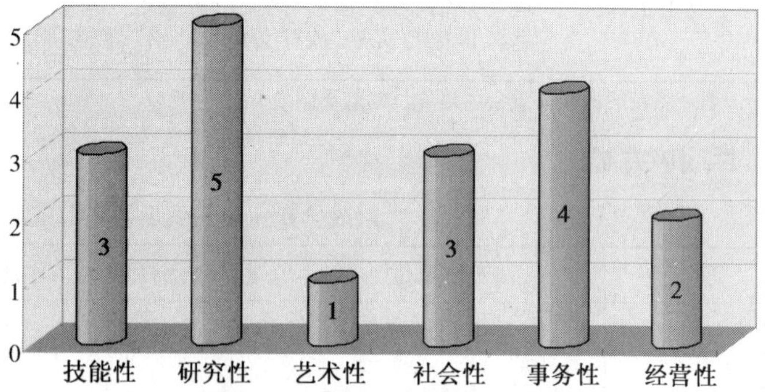

财政学专业对不同性格特征的需求度

财政学与会计学是一回事吗？ 不少院校在以会计学专业招生时，设有财务管理方向，这使很多人不了解财政学与会计学到底有什么区别。财政学主要研究增加财政收入的源泉和途径，严格控制“生产费用”与“效用”的比例，从而加强经济核算，力求以最小的劳动耗费取得最大的劳动成果，提高经济效益。合理的财政分配有利于国家、集体与个人之间的分配关系，有利于国家财政收支、物资供求的平衡。而会计学是关于控制生产过程的方法的学科，涉及国家、企业的财务、投资分析、咨信评估、审计、理财等内容。可以说财政学在宏观层面上（国家、社会）以及微观层面上（组织、个人）都有所涉及，而会计学则主要涉及企业、组织和个人微观层面上的相关问题。

4. 特别提醒

证券从业资格证书、会计资格上岗证是从事银行、会计相关工作必需的，但是单位在招录应届毕业生时不一定要求这些证书，可以在进入单位后再考；另外一个与该专业相关的资格证书是注册会计师证，它是相关行业比较权威的资格认证。

作者：卢　峰　　修订：陈　实

附表：开设财政学专业的部分学校（院系）情况

批次	学校（院系）	本科专业方向设置	专业实力：硕博士学位点：硕士	专业实力：硕博士学位点：博士	专业实力：学科建设	近三年录取情况：年份	近三年录取情况：入校分（最高/最低）	近三年录取情况：专业分（最高/最低）	近三年录取情况：选测科目等级要求	近三年录取情况：录取人数	特别关注
本科一批	复旦大学（经济学院，公共经济学系）	经济学类	政治经济学、经济思想史、经济史、西方经济学、世界经济学、国民经济学、区域经济学、财政学、金融学、劳动经济学	政治经济学、经济思想史、西方经济学、世界经济学、国民经济学、区域经济学、金融学、数量经济学	政治经济学、世界经济学为国家重点学科	2015 2016 2017	415/401(理)，401/391(文) 419/416(理)，412/403(文) 413/408(理)，409/397(文)	401/395(文)（经济学类） 415/405(理)（经济学类） 412/404(文) 419/416(理) 409/398(文) 412/411(理)	BB A⁺A A⁺A A⁺A — —	21 9 14 10 6 4	—
本科一批	江苏大学（财经学院）	财政学	—	—	—	2015 2016 2017	369/349(理)，360/343(文) 376/358(理)，383/355(文) 363/342(理)，367/338(文)	350/345(文) 353/350(理) 360/357(文) 362/359(理) —	AB AB BB BB —	18 10 6 4 —	江苏省重点建设高校；2001年由江苏理工大学、镇江医学院、镇江师范专科学校合并而成，位于镇江
本科一批	苏州大学（商学院·财经学院）	财政学（税务）	财政学	—	—	2015 2016 2017	370/344(理)，367/356(文) 396/371(理)，385/370(文) 381/360(理)，379/359(文)	370/357(理) 379/375(文) 383/377(理) 369/363(文) 378/370(理)	BB AB AB — —	21 9 6 11 7	—
本科一批	扬州大学（经济学院）	财政学	—	—	—	2015 2016 2017	371/344(理)，360/347(文) 375/353(理)，375/358(文) 366/337(理)，362/342(文)	351/347(文) 358/349(理) 358/356(理) 364/358(文) 346/344(文) 346/342(理)	BB BB BB BB — —	9 13 18 13 12 11	1992年5月，由原扬州师范学院、江苏农学院、扬州工学院、扬州医学院、江苏水利工程专科学校、江苏商业专科学校等6所省属院校合并组建而成
本科一批	西南财经大学（财税学院）	财政学（税务）	财政学	财政学	财政学为省（部）级重点学科	2015 2016 2017	386/372(理)，379/363(文) 389/381(理)，389/379(文) 385/373(理)，378/368(文)	377/370(文) 381/381(理) 383/383(文) 385/384(理) 376/373(文)	AB AB AB AB AB	3 1 2 2 2	2000年批准为四川省唯一建设的财政学本科人才培养基地
本科一批	天津财经大学（经济学院）	财政学（财政税务）	产业经济学	—	—	2015 2016 2017	373/349(理)，360/351(文) 379/362(理)，374/359(文) 363/349(理)，360/347(文)	358/358(文) 368/368(文) 351/351(文)	BB BB BB	1 1 1	
本科一批	南京审计学院（经济学院）	财政学	—	—	—	2015 2016 2017	391/352(理)，379/348(文) 395/362(理)，384/362(文) 381/347(理)，383/350(文)	358/351(文) 367/360(理) 369/363(文) 372/366(理) 357/351(文) 364/356(理)	AB AC AB AC B⁺B —	26 30 19 25 25 20	财政学专业系江苏省特色专业

续 表

批次	学校（院系）	本科专业方向设置	专业实力：硕博士学位点：硕士	专业实力：硕博士学位点：博士	专业实力：学科建设	近三年录取情况：年份	近三年录取情况：入校分（最高/最低）	近三年录取情况：专业分（最高/最低）	近三年录取情况：选测科目等级要求	近三年录取情况：录取人数	特别关注
本科一批	武汉大学（经济与管理学院）	经济学类	财政学（不区分研究方向）	财政基础理论、财政宏观调控、政府预算公平与效率研究、公共部门效率研究、财税理论与制度国际比较、地方财政改革与新农村建设、收入不平等贫困与财政再分配、公司财政	本专业分为财政学、国家税收两个学习方向；应用研究与理论研究并重	2015 2016 2017	407/380（理），388/378（文） 401/389（理），398/388（文） 394/381（理），392/380（文）	— 398/390（文） — 392/385（文）	— AB⁺ AB⁺ AB⁺	— 4 3	—
本科一批	南京财经大学（财政与税务学院）	财政学	财政学（含税务）	—	—	2015 2016 2017	372/348（理），370/347（文） 381/359（理），379/359（文） 373/346（理），362/347（文）	361/356（理） 361/350（文） 368/361（文） 372/362（理） 358/347（文） 362/350（理）	AB AB AB AB — —	16 20 22 23 30 15	—
本科二批	安徽财经大学（财政与公共管理学院）	财政学	财政理论与政策、税收理论与政策、税收筹划理论与实务	—	国家级特色专业建设点；省级B类重点学科；设有财税科学研究所	2015 2016 2017	354/340（理），348/341（文） 361/352（理），358/353（文） 343/330（理），339/333（文）	342/342（文） 344/342（理） 354/354（文） 353/352（理） 334/333（文） 331/330（理）	BB BB BB BB BB	2 4 3 4 4 4	《财政学》课程为省级精品课程
本科二批	山东财政大学（财税与公共管理学院）	财政学	财税理论与政策、公共经济与管理、税收筹划	—	山东省省级重点学科；财政学硕士学位授权点；山东省高等学校品牌专业	2016 2017	358/349（理），361/350（文） 349/329（理），345/332（文）	354/352（理） 330/330（理）	BB BB	2 2	《财政学》为山东省精品课程；省级学科研究基地
本科二批	山西财经大学（财经金融学院）	财政学	财政理论与政策、区域财政管理、税收理论与实务、国有资产管理	—	山西省普通高等学校本科品牌专业；山西省重点扶持学科；具有双学士学位授予权	2015 2016 2017	338/316（理），340/323（文） 349/334（理），349/339（文） —	— — —	BB BB —	— — —	具有硕士学位、同等学力、高校教师在职申请硕士学位授予权
本科二批	山东科技大学（经济管理学院）	财政学	—	—	承担多项国家自然科学基金、国家社会科学基金及省部级各类项目	2015 2015	—，330/324（文），理未招 340/334（理），344/343（文）	— —	— —	— —	—

注：录取情况涵盖三年，“—”代表没有此项内容或无法获取相关资料。

4 金融学专业

学科概述

金融学是研究资金融通的科学。宽口径的金融学科体系可分为三个层次：第一，宽口径的金融学；第二，宏观金融分析和微观金融分析；第三，技术层面和经营管理层面。其主要研究内容有：货币和金融体系在经济中的作用，政府的金融政策，相关的投资、融资和风险管理等问题。该专业培养具有良好的经济学素养和计算机应用能力，掌握金融学方面的理论知识和业务技能，能在银行、证券、保险、信托、投资、租赁及其他经济管理部门和企业从事投资、融资、资本运营、理财和科学研究、教学工作的复合型人才。

学制四年，学业合格授予经济学学士学位。

相近专业：经济学、财政学、国际经济与贸易、金融工程、信用管理、投资学等。

学习内容

金融学专业开设的主要课程

类　别	课　　程
专业基础课程	政治经济学、微观经济学、宏观经济学、微积分、线性代数、概率论与数理统计、统计学、法律基础、经济法、会计学原理、计算机基础、管理学、市场营销基础
专业主干课程	国际金融学、货币银行学、金融市场学、中央银行学、商业银行经营学、保险学、国际贸易学、证券投资分析、国际结算、国际保险、金融英语、金融法律与法规、金融监管、金融工程
专业选修课程	投资经济学、投资银行业务、管理会计、审计学、项目可行性分析、企业财务、国际税收、外汇信贷、外汇银行会计、投资项目评估与管理、房地产投资与融资、商业保险、保险精算、证券投资技术分析和计算机银行业务模拟、国际经济学、财务管理

注：各校的课程设置会因培养目标的不同而有差异。

毕业去向

金融学专业毕业生近两年的主要就业去向

职　业	工作单位	起薪(元/月)	学历要求	工 作 内 容
保险公司职员	保险公司	1500～3000	本科、研究生	保险精算方面及业务管理
会计师事务所职员	会计师事务所	1500～2500	本科、研究生	财务管理
证券从业者	证券公司	1500～2500	本科、研究生	证券分析
高校教师	高等院校	1500～3000	研究生	金融学及相关专业的教学与科研
研究人员	科研院所	2000～3000	研究生	金融政策研究
银行职员	银行	1500～2500	本科、研究生	信贷、理财、日常业务管理
投资经理	企业	2000～3000	本科、研究生	项目融资

注：表格中的起薪可能会因为地区差异而存在较大差别。

金融学专业毕业生主要行业流向及相应平均月薪(人民币:元)

毕业年份	行业流向 TOP3		
2010	储蓄信用中介	其他金融投资业	证券及商品合约中介和经纪
	3579	3440	2968
2011	储蓄信用中介	其他金融投资业	中国人民银行、保监会和证监会
	3780	3585	3876
2012	储蓄信用中介	其他金融投资业	中国人民银行、保监会和证监会
	4515	4517	4495

注:表格中的月薪为该专业毕业生半年后平均月薪。2012 届该专业本科生毕业半年后就业率为 91.3%,工作与专业对口率为 84%,毕业即读研和留学比例为 23.2%。

数据来源:麦可斯-中国 2010、2011、2012 届大学毕业生求职与工作能力调查。

专家提示

1. 关注专业特色

金融学专业在国内各财经类院校均已开设,如上海财经大学、东北财经大学等,而一些综合性大学如北京大学、中国人民大学、南京大学等实力也较强。中国人民大学是我国第一个培养财政金融领域高级人才的基地。另外,一些师范类院校也开设了该专业,华东师范大学的世界经济博士点在国内最早培养国际金融方向的博士生,金融学被上海市教育委员会确定为重点学科。现在金融学更趋向于培养兼通金融、保险、管理的复合型人才。

复旦大学、西南财经大学、辽宁大学、武汉大学、中南财经政法大学、暨南大学的金融学为国家二级重点学科。

2. 考虑性格适合

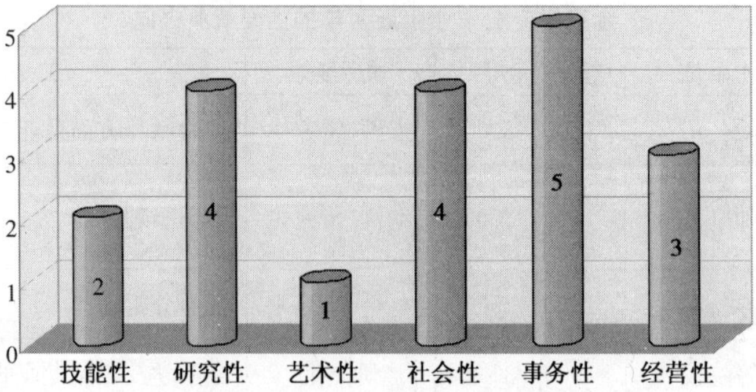

金融学专业对不同性格特征的需求度

3. 走出常见误区

学了金融学就是“管账”、“理财”吗? 长期以来,人们一直把金融学当做简单的经济学,主要是给单位管账理财。其实它还涉及企业融资、资金管理和资金运作等方面的工作,是一个培养综合能力的专业。金融学分为许多方向,人们常常认为学习它就是在银行工作,其实这只是它的货币银行学、国际金融方向的学习内容，金融学还包括保险及证券投资等方面的内容。所以金融学是一门深奥广泛的科目，它要求学生学习多方面的知识，从而能够胜任在金融系统中的工作。很多人认为金融学属于文科，实际金融学对数理知识要求很高，如课程中的金融工程、商业保险、保险精算等对于数学的要求较高。学生不仅要培养文科的知识理解能力，而且也不能放松对数理知识的掌握。

学习金融学的学生需要培养缜密的逻辑思维能力。从事金融业需要非常理智的性格，并且自制力要求比较强。

4. 特别提醒

金融学专业的学习对数理基础要求较高。证券从业资格证书、会计资格上岗证是从事银行、会计相关工作必需的，但是单位在招录应届毕业生时不一定要求这些证书，可以在进入单位后再考；另外一个与该专业相关的资格证书是注册会计师证，它是相关行业比较权威的资格认证。

作者：崔　亮　　修订：陈　实

附表：开设金融学专业的部分学校（院系）情况

批次	学校（院系）	本科专业方向设置	专业实力：硕博士学位点：硕士	专业实力：硕博士学位点：博士	专业实力：学科建设	近三年录取情况：年份	近三年录取情况：入校分（最高/最低）	近三年录取情况：专业分（最高/最低）	近三年录取情况：选测科目等级要求	近三年录取情况：录取人数	特别关注
本科一批	南京大学（经济学院）	经济学类	金融学（含保险学）	金融学	—	2015 2016 2017	404/385（理），398/380（文） 414/395（理），407/391（文） 412/387（理），402/384（文）	404/390（理） 407/400（文） 410/402（理） 402/392（文） 406/395（理）	AA AA AA AA	53 19 52 30 60	该院新成立了江苏省唯一的保险从业人员国家考试中心，即“南京大学保险从业人员培训考试中心”
本科一批	复旦大学（经济学院国际金融系）	经济学类	国际金融、金融学	国际金融、金融学	金融学为国家重点学科	2015 2016 2017	415/401（理），401/391（文） 419/416（理），412/403（文） 413/408（理），409/397（文）	401/395（文） 415/405（理） 412/404（文） 419/416（理） 412/411（理） 409/398（文）	A^+A A^+A A^+A A^+A	21 9 14 10 4 6	国际金融系是国内最早成立的金融系之一；该专业限招英语
本科一批	厦门大学（经济学院）	经济学类	金融学	金融学	金融学为国家重点学科	2015 2016 2017	393/379（理），388/377（文） 400/387（理），394/389（文） 389/378（理），390/380（文）	386/379（文） 392/384（理） 394/390（文） 397/391（理） 383/381（文） 389/382（理）	AA AA AA AA AA	4 12 4 12 5 13	该院建有“全球财经金融信息系统实验室”和“金融模拟实验室”，设有金融研究中心
本科一批	上海财经大学（金融学院）	金融学（银行与国际金融）	金融学	金融学	金融学是上海市重点学科	2015 2016 2017	409/388（理），405/389（文） 420/389（理），398/379（文） 406/390（理），401/383（文）	396/393（理） 395/394（文） 408/401（理） 393/392（文） 404/397（理）	BB BB BB	5 2 4 2	该专业只招英语考生、中外合资项目
本科一批	苏州大学（商学院）	金融学	货币金融学、国际金融、投资经济	金融理论与政策、国际金融、资本市场与投资、金融理论与金融发展	应用经济学专业学科是江苏省最早建设的金融学科之一；2001年，金融学专业被列为江苏省省级重点建设学科；2006年再次列为江苏省十一五重点建设学科	2015 2016 2017	387/360（理），377/358（文） 396/371（理），385/370（文） 381/360（理），379/359（文）	377/369（文） 380/373（理） 384/379（文） 390/382（理） 375/366（文） 378/369（理）	AB AB AB AB	25 15 24 16 11 38	省内外最有影响力的学科专业之一

续 表

批次	学校（院系）	本科专业方向设置	专业实力：硕博士学位点（硕士）	专业实力：硕博士学位点（博士）	专业实力：学科建设	近三年录取情况：年份	入校分（最高/最低）	专业分（最高/最低）	选测科目等级要求	录取人数	特别关注
本科一批	扬州大学（商学院）	金融学	—	—	从1983年招收本科生；1999年至今本专业被扬州大学确定为校级重点建设专业；2003年被江苏省确定为特色专业	2015 2016 2017	371/344(理),360/347(文) 375/353(理),375/358(文) 366/337(理),362/342(文)	356/351(文) 360/354(理) 372/360(理) 365/360(文) 352/346(文) 358/346(理)	BB BB BB BB BB	6 8 18 15 11 10	经济学专业是省特色专业
本科一批	南京财经大学（金融学院）	金融学、金融工程	金融学（含保险精算）	—	金融学为省级重点学科	2015 2016 2017	372/348(理),370/347(文) 381/359(理),379/359(文) 373/346(理),362/347(文)	364/353(文)金融学 357/349(文)金融工程 369/358(理)金融学 365/355(理)金融工程 372/361(文) 367/360(文)金融工程 377/364(理)金融学 375/362(理)金融工程 362/349(金融学)(文) 368/351(金融学)(理) 360/349(金融工程)(理)	AB AB AB AB	76 34 100 35 77 34 100 34 70 100 68	—
本科二批	安徽财经大学（金融学院）	金融学	金融理论与政策、银行经营与管理、风险管理与保险、金融工程与投资	—	安徽省教改示范专业；安徽省重点学科；金融学教学团队也是安徽省教学团队；金融学科目前已有五门精品课程	2015 2016 2017	354/340(理),348/341(文) 361/352(理),358/353(文) 343/330(理),339/333(文)	344/342(文) 344/342(理) 356/354(文) 355/353(理) 334/333(文) 336/331(理)	BB BB BB BB BB	4 14 7 10 2 12	《证券投资学》、《货币银行学》课程被评为省级重点课程和省级精品课程
本科二批	山东工商学院（经济学院）	金融学	—	—	山东省硕士点立项强化建设二级学科；建有金融学研究中心	2015 2016 2017	358/311(理),326/319(文) 349/332(理),348/334(文) 333/321(理),332/321(文)	341/341(理) — —	BC BC	1 — —	—
本科二批	山西财经大学（财经金融学院）	金融学	金融理论与政策、国际金融、保险理论与实务	商业银行经营管理研究、金融理论与政策研究	该专业是山西省重点建设学科、山西省普通高等学校本科品牌专业	2015 2016 —	338/316(理),340/323(文) 349/334(理),349/339(文) —	— — —	BB BB —	— — —	具有博士学位授予权

注：录取情况涵盖三年，“—”代表没有此项内容或无法获取相关资料。

法 学 类

LAW

法学门类介绍

法学又称法律科学，是一切以法律现象为研究对象的学科的总称。法律意识、法律关系、法律行为(包括合法行为、违法行为)等法律现象，都是法学的研究对象。

法学学科门类中的法学、马克思主义理论、社会学、政治学、公安学几个大类之间既相互联系又各有侧重：法学研究“法”这一特定的社会现象及其规律；马克思主义理论从基本的、宏观的角度研究社会、历史的本质与发展；社会学研究社会的结构、功能与发展规律；政治学则从更为具体的角度研究政治相关问题；公安学从实践的角度应用法学类的理论。

学科地位

据国务院学位办公室发表的统计数据，我国大学授予的法学学士占学士总数的 3.67%，授予的法学硕士占硕士总数的 6.86%，授予的法学博士占博士总数的3.56%。另据教育部高校学生司发布的博士生导师资料统计，在全国大学40 110 名博士生导师中，有 1 639 名是法学博导，占博导总数的 4.09%。截至 2007 年，全国开设法学专业的大学共 468 所。

学习要求

由于法学学科门类的特殊性，学习本门类专业的学生要求具有一定的政治敏锐性，还需要具有较高的逻辑思维能力，能够正确、合理地思考问题，采用科学的逻辑方法，准确而有条理地表达自己的思维过程。

如前所述，法学学科门类中的学科大类之间具有内在一致性，因此，学生在学习的时候如果涉猎的面广一些，视角独特一些，这样无论对于实践还是研究都是有好处的。

学科分类

法学学科门类包括法学、马克思主义理论、社会学、政治学、公安学等 6 个学科大类，共 32 种本科专业(参照教育部 2012 年颁布的《普通高等学校本科专业目录》)，详见下表。

普通高等学校本科专业目录(法学学科门类)

学科门类	学科大类	专业名称	授予学位(学士)
法学	法学类	法学	法学
		知识产权	法学
		监狱学	法学
	马克思主义理论类	科学社会主义	法学
		中国共产党历史	法学/历史学
		思想政治教育	法学/教育学
	社会学类	社会学	法学
		社会工作	法学/管理学
		家政学	法学/教育学
		人类学	法学/历史学
		女性学	法学
	政治学类	政治学与行政学	法学/哲学
		国际政治	法学
		外交学	法学
		国际事务与国际关系	法学
		政治学、经济学与哲学	法学

（续表）

学科门类	学科大类	专业名称	授予学位(学士)
法学	公安学类	治安学	法学
		侦查学	法学
		边防管理	法学
		禁毒学	法学
		警犬技术	法学
		经济犯罪侦查	法学
		边防指挥	法学
		消防指挥	法学
		警卫学	法学
		公安情报学	法学
		犯罪学	法学
		公安管理学	法学
		涉外警务	法学
		国内安全保卫	法学
		警务指挥与战术	法学
	民族学类	民族学	法学

学科大类介绍

法学类

法学研究“法”这一特定的社会现象及其发展规律，包括法的产生、本质、特征、形式、发展、作用、制定和实施以及与其他社会现象的关系等一系列问题。其学科领域包括法学理论、法学史、国内法学、国际法学、比较法学等。该类专业的学生需要学习法学的基本理论和基本知识，接受法学思维和法律实务方面的训练。

根据教育部发布的2007年全国高校国家重点学科名单，北京大学、中国人民大学、中国政法大学的**法学**学科为国家一级重点学科。

马克思主义理论类

马克思主义理论是研究包括科学世界观、社会历史发展学说、无产阶级革命理论以及社会主义和共产主义建设理论在内的科学理论体系。其学科领域包含马克思主义哲学、政治经济学和科学社会主义三大部分，该学科类还设有中国革命史与中国共产党党史专业，专门研究中国革命史、中国共产党党史的基本理论和基本知识。马克思主义理论类专业培养的学生需要具备在马克思主义理论指导下观察问题和分析问题的基本能力。

根据教育部发布的2007年全国高校国家重点学科名单，中国人民大学的**马克思主义理论**学科为国家一级重点学科。

社会学类

社会学是从社会整体出发，通过社会关系和社会行为来研究社会的结构、功能、发生、发展规律的综合性学科。社会学研究视角中的人不是作为个体，而是作为整体的一部分来被研究的。其学科领域包含群体组织、社会制度、社会过程、社会角色、社会变迁等方面。该类专业的学生主要学习理论社会学和应用社会学的基本知识，接受社会研究和社会调查技能以及表达能力的基本训练。

根据教育部发布的2007年全国高校国家重点学科名单，北京大学、中国人民大学的**社会学**学科为国家一级重点学科。

政治学类

政治学以政治关系为研究对象，包含政治行为、政治体系、政治文化等。同时，政治学也深入研究政治关系的本质联系及其发展运动，其研究的科学成果和结论对于人们认识政治现象、掌握政治规律起着巨大的指导作用。其学科领域主要包括政治思想、政治制度、行政管理和国际政治等。

根据教育部发布的 2007 年全国高校国家重点学科名单，北京大学的**政治学**学科为国家一级重点学科。

公安学类

公安学是一门以实践为主的学科，主要进行治安学、犯罪学、警卫学、侦查学等与法学相关的应用研究。其学科领域包括治安学、保卫学、犯罪学、交通管理学等方面。该类专业的学生主要接受公安行政执法和犯罪预防等方面的基本训练，需要具备管理社会治安，预防、处置治安案件、治安事件与治安灾害事故，指导和监督企事业单位内部治安保卫工作的基本能力，实践性较强。

1 法学专业

学科概述

法学又称为法律科学，是一切专门以法律现象为研究对象的学科的总称。它主要以法律意识、法律规范、法律行为等法律现象作为研究对象，揭示法律现象的产生、发展及其消亡的规律，阐明法律和其他社会现象的关系，研究法律规范的制定、执行以及司法过程所遵循的基本规律等问题。

学制四年，学业合格授予法学学士学位。相近专业：监狱学和知识产权等。

学习内容

法学专业开设的主要课程

类　别	课　　　程
专业基础课程	法理学、宪法学、法制史、民法学、经济法学、刑法学、刑事诉讼法学、民事诉讼法学、行政法学、劳动法学、商法、国际经济法、国际私法、国际法
专业主干课程	知识产权法、合同法、婚姻法、国际贸易法、中西法制史及法律思想史、侦查学、法律逻辑学、物证技术学、犯罪心理学、房地产法、法制史、人权法
专业实验	法律咨询、社会调查、专题辩论、模拟审判、疑案辩论

注：各校的课程设置会因培养目标的不同而有差异。

毕业去向

法学专业毕业生近两年的主要就业去向

职　业	工作单位	起薪(元/月)	学历要求	工 作 内 容
公务员	国家机关	1500～3000	本科、研究生	审判、检察
律师	律师事务所、法律服务机构	1500～2500	本科	法律事务
法律顾问	企事业单位	1500～3000	本科	法律咨询和顾问
法院书记官	法院、检察院	1500～3000	本科	录供、编案、记录等

注：法官、检察官和取得律师资格必须通过国家司法考试。表格中的起薪可能会因为地区差异而存在较大差别。

法学专业毕业生主要行业流向及相应平均月薪(人民币:元)

毕业年份	行业流向 TOP3		
2010	司法、执法部门	法律、知识产权服务业	储蓄信用中介
	3101	2125	3471
2011	司法、执法部门(公检法)	法律、知识产权服务业	储蓄信用中介
	3053	2525	3777
2012	法律、知识产权服务业	司法、执法部门(公检法)	其他金融投资业
	2765	3639	3942

注:表格中的月薪为该专业毕业生半年后平均月薪。2012 届该专业本科生毕业半年后就业率为 86.0%,工作与专业对口率为 52%,毕业即读研和留学比例为 16.2%。

数据来源:麦可斯-中国 2010、2011、2012 届大学毕业生求职与工作能力调查。

专家提示

1. 关注专业特色

我国已将“建立社会主义法治国家”作为立国之本写进宪法，这是法学专业兴盛的根源，而社会主义市场经济的建立，则是法学繁荣的直接动因，因为市场经济本质上就是法治经济。无论是司法部下属的五所政法类高校（中国政法大学、西南政法大学、华东政法学院、西北政法学院、中南政法学院），还是各大综合性高校都相继设立了法学专业。北京大学设法律学专业，实行“加强基础、淡化专业、因材施教、分流培养”的办学方针；中国人民大学是最早创办正规高等法学教育的机构，拥有法学博士、硕士授予权，国家重点学科和国家重点研究基地数量最多；武汉大学、吉林大学大力开展基础理论研究，成果斐然；中国政法大学学科全面，学术气氛浓厚；华东政法学院、厦门大学在良好的法学研究基础上，更重视对社会、经济等实际问题的研究。

法学及其相关专业国家二级重点学科分布情况如下：

法学理论：吉林大学；**法律史**：华东政法大学；**宪法学与行政法学**：浙江大学；**刑法学**：吉林大学；**民商法学**：中南财经政法大学；**诉讼法学**：西南政法大学；**经济法学**：西南政法大学；**环境与资源保护法学**：武汉大学；**国际法学**：对外经济贸易大学、厦门大学、武汉大学。

2. 考虑性格适合

3. 走出常见误区

学习法律不就是记法律条文吗？法律专业不单单要求学生掌握一系列的法规条文，更是要求学生运用马克思主义的立场、观点和方法进行社会调查、分析、研究，解决实际问题，因而实际工作能力的培养和锻炼十分重要。另外思维推理能力、书面和口头表达能力的培养也很关键。

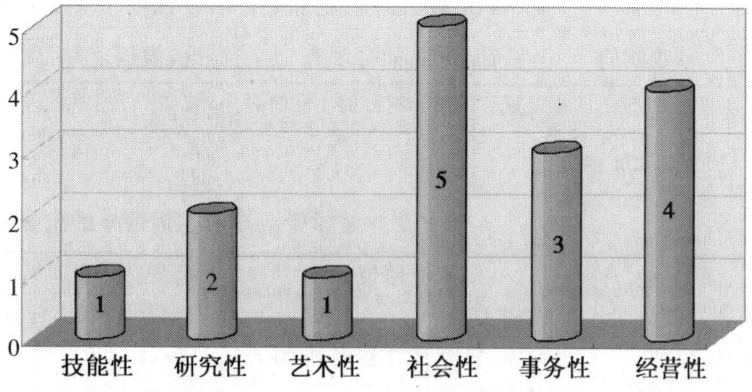

法学专业对不同性格特征的需求度

该专业毕业生能进一步深造吗？毕业生的深造主要是报考国内外的研究生，国内的研究生分为法学硕士和法律硕士。前者针对应、往届法律专业的大学生，招生面较广，而后者主要面向法律职业者，是具有特定法律职业背景的专业学位。国外的研究生门槛更高，分为法理学博士、法学硕士以及法学博士。法学与社会科学的学科之间联系非常紧密，经济学、政治学、哲学、历史学等对法学的学习和深造多有裨益。

4. 特别提醒

法学专业重视逻辑能力、理解能力、分析能力以及语言应用能力的培养，语文、数学、政治、历史等基础学科都对这些能力的培养起着至关重要的作用。法学相对而言偏文科，但是在招生时大部分高校实行文理统招，不单独针对文科学生招生。

作者：倪　凌　　修订：陈　实

附表:开设法学专业的部分学校(院系)情况

批次	学校(院系)	本科专业方向设置	专业实力:硕博士学位点 硕士	专业实力:硕博士学位点 博士	专业实力:学科建设	近三年录取情况:年份	入校分(最高/最低)	专业分(最高/最低)	选测科目等级要求	录取人数	特别关注
本科一批	北京大学(法学院)	法学	法律史、宪法与行政法学、刑法学、诉讼法学、法学理论、国际法学、民商法学、经济法学、环境与资源保护法、知识产权法、商法、法硕	法律史、宪法与行政法学、刑法学、诉讼法学、法学理论、国际法学、民商法学、经济法学、环境与资源保护法	法学为国家一级重点学科;拥有博士后流动站	2015 2016 2017	421/410(理),418/400(文) 431/422(理),420/407(文) 428/415(理),425/405(文)	409/403(文) 411/407(文) 413/412(文) 409/402(理)	A^+A A^+A — A^+A	3 2 3	率先取消了本科专业的划分,只设法律学专业
本科一批	中国人民大学(法学院)	法学	诉讼法学、经济法学、环境与资源保护法、国际法学、法学理论、法律史、宪法学与行政法学、刑法学、民商法学、知识产权法、法硕	诉讼法学、经济法学、环境与资源保护法、国际法学、法学理论、法律史、宪法学与行政法学、刑法学、民商法学	法学为国家一级重点学科;拥有国务院批准设立的国内第一个法学博士后流动站;拥有4个国家二级重点学科	2015 2016 2017	404/346(理),398/382(文) 411/400(理),405/398(文) 411/394(理),402/392(文)	394/393(文) 398/394(理) 405/401(文) 406/403(理) 402/395(文) 409/402	A^+A A^+A A^+A A^+A A^+A —	3 3 3 3 5 3	—
本科一批	中国政法大学(法学院)	法学	国际法学、经济法学、军事法学、诉讼法学、法学理论、环境与资源保护法、法律史、宪法与行政法学、民商法学、刑法学、法律与经济、法硕、人权法学、知识产权法、证据法学	国际法学、经济法学、军事法学、诉讼法学、法学理论、环境与资源保护法、法律史、宪法与行政法学、民商法学、刑法学	法学为国家一级重点学科	2015 2016 2017	389/371(理),388/372(文) 398/384(理),397/381(文) 386/376(理),393/376(文)	384/371(文)(涉外实验班) 381/377(文) 386/378(理) 397/385(文) 394/387(理) 383/377(文) 384/379(理)	B^+B^+ B^+B^+ — B^+B^+ B^+B^+ — B^+B^+	12 10 13 11 15 9	—
本科一批	武汉大学(法学院)	法学	法学理论、法律史、宪法与行政法学、刑法学、民商法学、诉讼法学、经济法学、环境与资源保护法、国际法学、法律硕士	宪法与行政法学、国际法学、民商法学、刑法学、环境与资源保护法	设有2个国家级文科重点研究基地(环境保护法研究所、国际法研究所);拥有1个国家重点学科、1个国家“211工程”重点建设学科	2015 2016 2017	407/380(理),388/378(文) 401/389(理),398/388(文) 394/381(理),392/380(文)	388/382(文) 389/388(理) 398/390(文) 388/385(文)	AB^+ AB^+ AB^+ AB^+	3 3 2 3 3	—

续 表

批次	学校（院系）	本科专业方向设置	专业实力			近三年录取情况					特别关注
			硕博士学位点		学科建设	年份	入校分（最高/最低）	专业分（最高/最低）	选测科目等级要求	录取人数	
			硕士	博士							
本科一批	西南政法大学（法学院）	法学	宪法与行政法学、法学理论、法律逻辑学、法律史、刑法学、诉讼法学、法律硕士、国际法学、环境与资源保护法、知识产权法、司法制度、民商法学、经济法学	宪法与行政法学、法学理论、法律史、刑法学、诉讼法学	诉讼法与经济法学为国家二级重点学科	2015 2016 2017	374/355(理),372/356(文) 385/368(理),382/367(文) 376/363(理),373/359(文)	372/360(文) 374/361(理) 382/374(文) 385/371(理) 373/362(文) 376/366(理)	B^+B^+ B^+B^+ B^+B^+ B^+B^+	38 25 35 21 36 31	—
本科一批	厦门大学（法学院）	法学	法学理论、刑法学、诉讼法学、经济法学、国际法学、民商法学、宪法与行政法学、法律硕士	国际法学、民商法学	拥有国家、省级重点学科各1个；设有博士后流动站	2015 2016 2017	393/379(理),388/377(文) 400/387(理),394/389(文) 389/378(理),390/380(文)	377/377(文) 384/384(理) 390/390(文) 393/393(理) 383/383(文) 381/381(理)	AA AA AA AA AA	1 1 1 1 1 1	—
本科一批	上海海事大学（经济管理学院）	法学	民商法学、国际法学	—	国际法学为交通部和上海市重点学科	2015 2016 2017	370/352(理),366/350(文) 376/368(理),374/365(文) 369/353(理),362/349(文)	366/361(文) — — 359/356 360/359(理)	B BB —	2 0 2 2	上海海运学院于2004年5月更名为上海海事大学；本专业以海商法方向招生；2004年以前在本科二批招生
本科二批	江苏师范大学（原徐州师范大学）（法律政治学院）	法学、法学（国际贸易法）	—	—	—	2015 2016 2017	362/327(理),352/329(文) 362/337(理),360/343(文) —	341/334(文) 354/341(理) 358/343(文) 358/343(理) —	BC BC BC BC —	46 28 68 22 —	—
本科二批	天津外国语大学（涉外法政学院）	法学	—	—	—	2015 2016 2017	350/342(理),361/341(文) 358/351(理),366/353(文) 343/329,346/330(文)	357/357(文) 342/342(理) 355/354(文) 351/351(理) 335/334(文) 330/330(理)	BB BB BB —	1 2 1 2 3	—

注：录取情况涵盖三年，“—”代表没有此项内容或无法获取相关资料。

2 社会学专业

学科概述

社会学是对人类社会和社会互动进行系统、客观研究的学科。它探索社会运行的规律和机制，并运用一定的技术手段给予精确的分析与预测。它是一门文、理交叉型的学科，研究者既需要具备较深厚的人文科学知识，如哲学、历史学、汉语言文学，也需要具备熟练运用自然科学技术的能力，如调查与研究方法、统计方法。社会学专业主要培养具备一定的社会学理论知识和技能，能从事社会研究与调查、政策研究与评估、社会规划与管理、发展研究与预测等工作的高级专门人才。

学制四年，学业合格授予法学学士学位。

相近专业：人类学、社会工作、劳动与社会保障、人口学、哲学、民俗学等。

学习内容

社会学专业开设的主要课程

类 别	课 程
专业基础课程	社会学概论、西方社会学理论、社会统计学、社会调查与研究方法、经济社会学、社会心理学、人类社会学、中国社会思想史、社会问题
专业主干课程	城市社会学、消费社会学、人口社会学、组织社会学、传播社会学、政治社会学、历史社会学、经济社会学、人力资源开发与管理、企业策划、公共关系

注：各校的课程设置会因培养目标的不同而有差异。

毕业去向

社会学专业毕业生近两年的主要就业去向

职 业	工作单位	起薪（元/月）	学历要求	工 作 内 容
教师	职业高中、中专院校	1500～2500	本科	社会学专业的教学、行政管理
高校教师	高等院校	1500～3000	本科、研究生	社会学及相关专业的教学、科研或行政管理
人力资源管理人员	企业	2000 以上	本科、研究生	人员招聘、绩效考评、员工培训
营销人员	企业	2000 以上	本科	联系业务、营销
公务员	党政机关	1500～2500	本科、研究生	相关事务性及管理工作
企划人员	企业	2000 以上	本科	企业形象设计、广告策划

注：表格中的起薪可能会因为地区差异而存在较大差别。

社会学专业毕业生主要行业流向及相应平均月薪（人民币：元）

毕业年份	行业流向 TOP3		
2009	其他各级党政机关	司法、执法部门	小学和中学教育
	1563	2331	1969

续 表

毕业年份	城市流向				
2010	上海	北京	广州	杭州	深圳
	3790	3863	3110	4252	3283
2011	上海	广州	深圳	北京	杭州
	4679	3271	3573	4367	3160

注：表格中的月薪为该专业毕业生半年后平均月薪。2011 届该专业本科生毕业半年后就业率为 88.3%，工作与专业对口率为 24%，毕业即读研和留学比例为 24%。

数据来源：麦可斯-中国 2009、2010、2011 届大学毕业生求职与工作能力调查。

专家提示

1. 关注专业特色

社会学是从西方引入中国的一门学科，早在 20 世纪初就被引入中国早期的高等院校，并且出现了像孙本文、费孝通这样的名家。1952 年院系调整时曾被取消，直到 1979 年社会学专业才又重新开设。开设社会学专业的院校主要集中在一些著名的综合性大学，如北京大学、南京大学、南开大学、复旦大学、中山大学、武汉大学、山东大学等。近年来，随着社会学专业在中国的升温，一些理工科和师范类院校也相继开设了此专业，如清华大学、华中理工大学、南京师范大学等。同时一些体育院校也设有体育社会学专业，如天津体育学院。不同的学校有不同的研究方向和特色。如北京大学的强项是社会学理论研究；南京大学在应用社会学和社会心理学方面实力较强；华中理工大学的优势在于定量研究；复旦大学对外交流的机会比较多，能够及时了解众多的最新研究成果；南开大学是中国最早重新开设社会学专业的大学，目前在中国大陆各高校中许多著名的社会学学者都毕业于该校早期的研修班。

社会学及其相关专业国家二级重点学科分布情况如下：**社会学**：上海大学、南京大学；**人类学**：中山大学；**民俗学**：北京师范大学；**民族学**：中央民族大学、云南大学、兰州大学。

2. 考虑性格适合

3. 走出常见误区

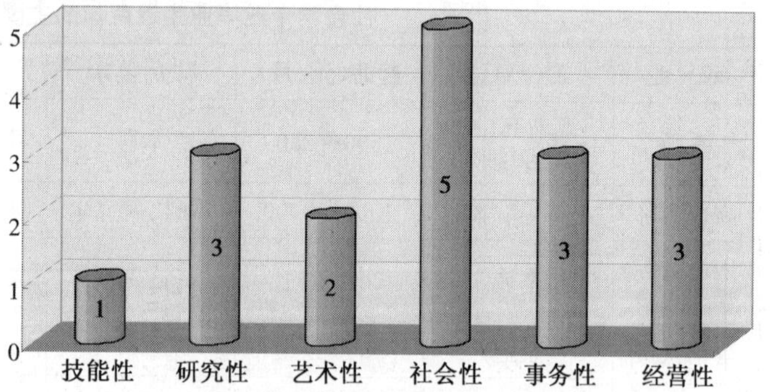

社会学专业对不同性格特征的需求度

社会学就是社会科学吗？由于社会学专业在中国一度被取消，所以很多人对社会学并不很了解。在看到这个学科名称的时候，很容易认为社会学就是有关社会的科学，或者说就是研究社会问题的科学。这两种认识都不够全面。其实，社会学主要是探索社会运行的规律和机制，并运用一定的技术手段给予精确的分析与预测，它从属于社会科学这个范畴，二者并不是等同的关系。社会问题是社会学研究的主要问题。

社会学就是关起门来做理论研究吗？诚然，理论是社会学研究的基础，但不是唯一。事实上，社会学不仅需要理论思考，而且需要实证研究，如田野调查、问卷调查等。同时，观察社会、思考问题的能力也是不可或缺的。社会学是一门应用性相当强的学科，因而选择社会学并不意味着关起门来做学问。

作者：翟　华　　修订：陈　实

附表：开设社会学专业的部分学校(院系)情况

批次	学校(院系)	本科专业方向设置	专业实力			近三年录取情况					特别关注
			硕博士学位点		学科建设	年份	入校分(最高/最低)	专业分(最高/最低)	选测科目等级要求	录取人数	
			硕士	博士							
本科一批	北京大学(社会学系)	社会学类	社会学、人口学、人类学、社会保障	社会学、人口学、人类学	社会学、人类学为国家重点学科	2015 2016 2017	421/410(理),418/400(文) 431/422(理),420/407(文) 428/415(理),425/405(文)	403/400(文) — 413/406(文)	A⁺A A⁺A —	2 0 2	文科招生
	南京大学(社会学系)	社会学类(社会学、社会工作与社会政策、应用心理学)	社会学、人口学、社会保障	社会学	社会学为江苏省重点学科	2015 2016 2017	404/385(理),398/380(文) 414/395(理),407/391(文) 412/387(理),402/384(文)	387/380(文) 387/385(理) 394/391(文) 400/396(理) 395/384(文) 394/390(理) (社会科学试验班)	AA AA AA AA — — —	15 2 11 5 71 12	—
	中国人民大学(社会学系)	社会学类	社会学、人类学、民俗学、人口资源与环境经济学、人口学、老年学、社会心理学、社会医学与卫生事业管理	社会学、人类学、人口资源与环境经济学、人口学、老年学	社会学为国家重点学科； 拥有社会学博士后流动站	2015 2016 2017	404/346(理),398/382(文) 411/400(理),405/398(文) 411/394(理),402/392(文)	393/388(理) 387/387(文) 401/401(文) 402/401(理) 392/392(文) 398/396(理)	A⁺A A⁺A A⁺A A⁺A — —	2 2 2 2 1—2	—
	苏州大学(社会学院)	社会学	社会学	—	—	2015 2016 2017	387/360(理),377/358(文) 396/371(理),385/370(文) 381/360(理),379/359(文)	353/348(文) — 未招生 370/370(文) 377/359(文) 363/360(理)	AB — — AB — —	4 — 6 7 2	—
	南京农业大学(人文学院)	社会学	社会学	—	—	2015 2016 2017	373/352(理),373/353(文) 381/363(理),384/364(文) 367/354(理),373/357(文)	355/354(文) 355/355(理) 370/368(文) 366/366(理) 360/357(文) 359/356(理)	AB AB AB AB — —	7 2 8 2 28 14	偏重于农村社会学；文科招生
	山东大学(哲学与社会发展学院)	社会学	社会保障、社会学、民俗学	—	—	2015 2016 2017	382/369(理),376/343(文) 388/381(理),387/380(文) 378/371(理),377/371(文)	373/367(文) 383/382(文) 372/372(文)	AA AA AA	3 3 3	文科招生

续　表

批次	学校（院系）	本科专业方向设置	专业实力：硕博士学位点：硕士	专业实力：硕博士学位点：博士	专业实力：学科建设	近三年录取情况：年份	近三年录取情况：入校分（最高/最低）	近三年录取情况：专业分（最高/最低）	近三年录取情况：选测科目等级要求	近三年录取情况：录取人数	特别关注
本科一批	武汉大学（社会学系）	社会学类（社会学、社会工作）	城市社会学、发展社会学、经济社会学、社区研究、现代化理论研究、中国社会思想与社会发展、政治社会学、组织社会学	经济社会学理论与方法、社会发展与生活质量研究、经济社会学、行为经济学、社会人类学、社会思想与中国社会发展、民俗文化与现代化、福利社会学、社会政策	是重建社会学专业的全国10所高校之一；社会学、人类学、民俗学和社会工作四个硕士点，一个社会学博士点	2015 2016 2017	407/380(理),388/378(文) 401/389(理),398/388(文) 394/381(理),392/380(文)	378/378(文) 理未招 389/388(文) 理未招 381/381(文) 理未招	AB⁺ AB⁺ AB⁺	3 3 2	—
本科一批	复旦大学（社会发展与公共政策学院）	社会学类（社会学、社会工作）	社会学理论、社会研究方法、社会分层与流动、经济社会学、城市社会学、文化与宗教社会学、社会发展、社会工作、社会心理学	社会分层、社区研究、文化与社会、社会结构、城市社会学、宗教与民间社会研究、社会心理学、社会工作、经济与社会	社会学为复旦大学“211工程”三期重点建设学科之一；拥有社会学博士和硕士点、人类学硕士点，社会学一级学科硕士授予权，社会学博士后流动站	2015 2016 2017	415/401(理),401/391(文) 419/416(理),412/403(文) 413/408(理),409/397(文)	397/393(文) — —	A^+A — —	5 — —	—
本科一批	中南民族大学（民族学与社会学学院）	社会学类（社会学、社会工作）	社会学	—	—	2015 2016 2017	338/323(理),339/328(文) 352/333(理),349/338(文) 342/331(理),347/333(文)	329/328(文) 340/339(文) 335/333(文)	BB BB BB	3 3 2	位于湖北省武汉市，原名为中南民族学院
本科一批	成都理工大学（文法学院）	社会学	—	—	—	2015 2016 2017	342/333(理),334/325(文) 354/343(理),345/339(文) 337/334(文),353/339(理)	— 341/340(文) —	BB BB BB	— 3 —	文科招生
本科二批	西北民族大学（民族学与社会学学院）	社会学	民族社会学、家庭社会学、宗教社会学、牧区社会学	—	2008年社会学本科专业获准为教育部国家级第一类高等学校特色专业建设点	2015 2016 2017	335/313(理),321/314(文) 335/312(理),339/325(文) 321/308(理),320/309(文)	320/314(文) 326/325(文) 314/310(文)	BC BC BC	5 4 5	—
本科二批	山西师范大学（政法学院）	社会学	农村社会学、社会保障研究、法律社会学、社会学学说史、教育社会学	—	2004年被批准为二级硕士学位授权点	2015 2016 2017	320/310(理),322/314(文) 335/316(理),335/330(文) 318/305(理),328/318(文)	316/314(文) 332/331(文) 319/319	BB BB BB	2 2 1	—

注：录取情况涵盖三年，“—”代表没有此项内容或无法获取相关资料。

3 社会工作专业

学科概述

社会工作指政府与社会用科学的方法，帮助人们解决生活困难，协调人际关系，满足人们基本的物质和精神需要，从而保持社会稳定的一种专业工作。社会工作属于应用社会学范畴，是社会学服务于社会的重要分支专业，近几年该专业在全国高校中发展迅速。社会工作共有七大内容：社会保险、社会救济、社会服务、社会福利、社会教育、社会预防和社会事务。作为一门目前国内较少而社会正日趋需要的新兴专业，它旨在培养能胜任民政部门、社会保险机构、社会保障服务机构以及其他社会福利部门、相关社会团体和社区服务方面的科研和实务工作的专业人才。

学制四年，学业合格授予法学学士学位。

相近专业：社会学、人口学、民俗学、家政学、人类学和女性学等。

学习内容

社会工作专业开设的主要课程

类别	课程
专业基础课程	社会学概论、社会学原理、社会心理学、社会保障学、人口社会学、社会统计学、社会工作导论、组织行为学、城市社会学、人类行为与社会环境、管理学原理、公共关系学、民法学、刑法学
专业主干课程	社会保障国际比较、社会调查研究方法、个案社会工作、团体社会工作、社区概论、社区社会工作、青少年社会工作、老年社会学、中国社会问题

注：各校的课程设置会因培养目标的不同而有差异。

毕业去向

社会工作专业毕业生近两年的主要就业去向

职业	工作单位	起薪(元/月)	学历要求	工作内容
公务员	省、市及地区社会保障相关部门及机构	1500～2500	本科、研究生	社会保障的相关管理
管理人员	社会福利部门及相关社会团体	1000～2000	本科	相关管理
社区工作人员	街道、社区	1500～2500	本科	街道及社区的规划管理
文职人员	商业保险公司	1200～2000	本科、研究生	企划、培训及相关管理
高校教师	高校社会学院系	1500～3000	研究生	社会学及相关专业的教学和科研

注：表格中的起薪可能会因为地区差异而存在较大差别。

社会工作专业毕业生主要行业流向及相应平均月薪(人民币:元)

毕业年份	行业流向 TOP3		
2010	其他各级党政机关	储蓄信用中介	司法和执法部门
	2523	2900	2120
2011	基层群众自治组织(含村委会、居委会等)	其他公共管量服务组织	各级党政领导机构及从大、政协
	2447	2993	2146
2012	基层群众自治组织(含村委会、居委会等)	其他公共管理服务组织	中小学教育机构
	2845	3306	3267

注:表格中的月薪为该专业毕业生半年后平均月薪。2012 届该专业本科生毕业半年后就业率为 89.9%,工作与专业对口率为 39%,毕业即读研和留学比例为 17.6%。

数据来源:麦可斯-中国 2010、2011、2012 届大学毕业生求职与工作能力调查。

专家提示

1. 关注专业特色

社会工作是个较新的专业,目前各个学校都处于不断总结经验、谋求各自特色的阶段。各学校社会工作专业发展速度的快慢、实力的相对差异主要由以下三个因素决定:

(1) 学校及所属院系的性质

在专业发展的前期,文科性质的院校更具有社会工作这一从社会学中派生出来的专业发展的条件,如果该专业所属院系本来就开设社会学专业则更有利于该专业的发展。例如,北京大学和中国人民大学的社会学专业都属于国家重点学科,所以这两所大学该专业的发展就很有优势。

(2) 外部师资力量的引进

社会工作专业是一个新兴专业,它的很多理论是从国外引进,在操作中不断本土化的。因此,各学校该专业实力的高低在一定程度上取决于能否较好地将国外理论本土化,取决于在师资的引进上能否有重大突破,取决于能否与国内外著名高校广泛合作。就目前而言,中国人民大学和南京大学的师资力量相对较强。

(3) 理论与实践结合的紧密度

社会工作专业要求学生掌握的许多知识和技能必须从实践中来,到实践中去,因此就要求学校能提供相应的研究和实践机会。在这方面中国政法大学走在了前面,该校建立了社会工作实验室,为广大师生理论联系实际提供了方便。

社会工作及其相关专业国家二级重点学科分布情况如下:

社会学:上海大学、南京大学;**人类学**:中山大学;**民俗学**:北京师范大学;**民族学**:中央民族大学、云南大学、兰州大学。

2. 考虑性格适合

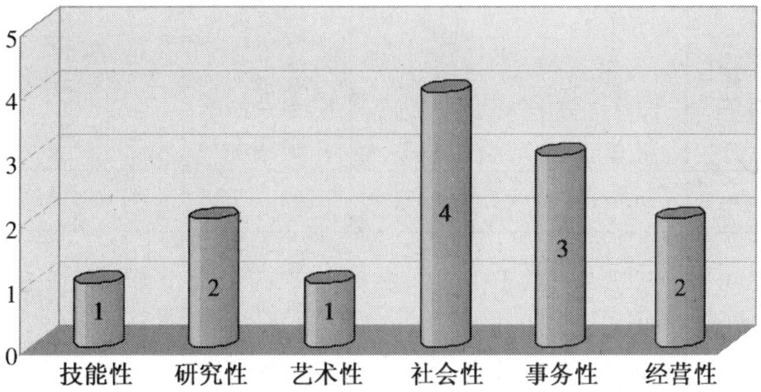

社会工作专业对不同性格特征的需求度

3. 特别提醒

何谓“社会工作”？大多数人在刚接触这个专业名称时，都会望文生义地认为“社会工作”就是做社会上一些琐碎的基层服务工作，比如居委会、妇联、福利院等部门的工作，有些人甚至对将“社会工作”列为大学里的一个专业非常不理解。这种对“社会工作”专业的认识与该专业实际内涵有着极大的偏差。现今大学里的社会工作专业主要包括三大内容，或者说有三个方向：

（1）社会保险与社会保障（有部分院校设立专门的社会保障专业）

随着我国社会保障制度的建立和完善，对社会保险和社会保障专业人才的需求越来越大。目前，这方面的专业人才相对较少，从事基层社会保障和社会保险工作的人员素质参差不齐，一定程度上影响了该领域的发展。当然也必须指出，相对于其他专业而言，对社会保险和社会保障方面的专业人才的需求量不可能呈现出迅猛的增长趋势。

（2）与国外社会工作模式衔接的“中国式社工”

在港台和国外的电影中经常会出现这样一种角色：帮助人们解决生活问题的职业化“社工”。在国外，社会工作者就像医生、律师、会计师等职业一样有专业地位，受到社会尊重。一旦出现种种社会问题，无论大小，都会有社工的身影出现。目前国内很多人对“社会工作”这一专业的认识差不多仅限于它是培养“中国式的社工”——仅处理一些失足青年之类的问题。那么“中国式的社工”所做的是一些什么工作呢？我们认为，至少可以分成以下几类：在学校协助老师辅导培养学生的学校社会工作者；在医院协助心理医生进行治疗和辅导的医学社会工作者；在相关民政部门，工、青、妇等各种社会团体从事相应社会群体成员辅导的社会工作者。由于中国的特殊国情，中国式社工与国外社工最大的区别是中国社工轻辅导重管理，在更大的意义上是一个管理者，而不是一个辅导、服务人员。

（3）社区工作者

随着城市化进程的加快，中国在一些大中城市陆续建立了社区工作的专业机构，形成了一支社区工作队伍。例如上海，前几年就招聘过一批拥有大学本科学历的社区工作人员，当时不被人们所理解，在大多数人眼中，让大学生做社区工作是对人才的浪费。而上海之所以提出聘用大学生做社区工作，就是希望改变居委会干部年龄偏大、文化素质较低的现状，提高社区工作管理者和服务者的整体素质和专业化水平，以适应社会发展对社区工作的要求。

作者：裘慧英　　修订：陈　实

附表：开设社会工作专业的部分学校(院系)情况

批次	学校(院系)	本科专业方向设置	专业实力：硕博士学位点：硕士	专业实力：硕博士学位点：博士	专业实力：学科建设	近三年录取情况：年份	近三年录取情况：入校分(最高/最低)	近三年录取情况：专业分(最高/最低)	近三年录取情况：选测科目等级要求	近三年录取情况：录取人数	特别关注
本科一批	华中科技大学(人文社会科学学院)	社会工作	社会学、社会保障	社会学、社会保障	社会学为湖北省重点学科	2015 2016 2017	392/374(理),375/366(文) 404/388(理),389/380(文) 392/379(理),378/373(文)	368/366(文) 381/381(文) 376/375(文)	AB+ AB+ —	2 2 2	由原华中理工大学等4所高校于2000年5月26日合并而成
本科一批	华东理工大学(社会学院)	社会工作	社会学、社会保障	社会学	—	2015 2016 2017	384/370(理),371/357(文) 393/380(理),383/373(文) 380/371(理),374/363(文)	365/357(文) 381/375(文) —	AB AB BB AB	6 5 —	位于上海,理科招生
本科一批	南京师范大学(社会发展学院)	社会学类(含社会学、社会工作)	社会学(相近专业)社会保障	—	—	2015 2016 2017	382/359(理),377/358(文) 392/370(理),391/371(文) 383/360(理),379/362(文)	361/358(文) 363/360(理) 378/372(文) 377/371(理) 365/362(文) 362/361(理)	AB AB AB	7 12 10 5 10 4	2005年在本科二批招生
本科一批	复旦大学(社会发展与公共政策学院)	社会学类(社会学、社会工作)	临床社会工作、社会服务管理、社会福利政策	—	拥有应用社会学硕士点(社会工作方向)	2015 2016 2017	415/401(理),401/391(文) 419/416(理),412/403(文) 413/408(理),409/397(文)	397/393(文) — —	A+A A+A —	5 — —	与香港大学合办社会工作硕士和社会行政管理硕士两个专业学位项目
本科一批	南京大学(社会学院)	社会学类(社会学、社会工作)	社会工作	—	南京大学社会工作专业历史悠久,可以追溯到1928年中央大学社会学系所设置的社会工作专科;2001年5月,成立社会工作教研室;2002年开始招收社会工作专业本科生	2015 2016 2017	404/385(理),398/380(文) 414/395(理),407/391(文) 412/387(理),402/384(文)	387/380(文) 387/385(理) 394/391(文) 400/396(理) 395/384 (社会科学试验班) 394/390	AA AA AA AA AA —	2 11 5 71 12	以科研带动教学、实习
本科一批	江南大学(法政学院)	社会工作	—	—	培养德、智、体全面发展的厚基础、宽专业、多技能、高素质的社会工作专业人才	2015 2016 2017	380/356(理),367/353(文) 392/366(理),385/366(文) 375/356(理),372/355(文) 法学类(法学、社会工作)	— — 363/355(文)	BB BB —	— — 25	理未招

续表

批次	学校（院系）	本科专业方向设置	专业实力：硕博士学位点 硕士	专业实力：硕博士学位点 博士	专业实力：学科建设	近三年录取情况：年份	入校分（最高/最低）	专业分（最高/最低）	选测科目等级要求	录取人数	特别关注
本科一批	江苏师范大学（原徐州师范大学）	社会工作	—	—	—	2015 2016 2017	362/327(理),352/329(文) 362/337(理),360/343(文) 382/337(理),370/338(文)	340/327(理) 334/330(文) 348/343(文) 347/337(理) 351/339(文) 347/338(理)	BC BC BC BC —	10 10 29 12 45	文理兼招
本科一批	南京人口管理干部学院（社会工作系）	社会工作	—	—	—	2015 2016 2017	未招 未招 未招	— —	— —	— —	未招
本科一批	南京工业大学（法政学院）	社会工作	—	—	—	2015 2016 2017	349/340(理),346/334(文) 360/350(理),358/349(文) 377/345(理),357/339(文)	339/334(文) 353/349(文) 343/340(文)	BB BB BB	55 58 4	由南京化工大学和南京建筑工程学院合并而成
本科一批	扬州大学（社会发展学院）	社会工作	—	—	创建于2002年；有扬州市民政局等多个教学实习基地	2015 2016 2017	354/333(理),348/335(文) 360/343(理),361/349(文) 366/337(理),362/342(文)	341/335(文) — 354/349(文) 348/342(文)	BB BB BB	50 44 46	专业图书资料齐备
本科一批	南通大学（法政与管理学院）	社会工作	—	—	有社会工作实验室，社会工作概论精品课程	2015 2016 2017	356/376(理),347/328(文) 366/339(理),363/343(文) 363/332(理),354/335(文)	332/328(文) 345/343(文) 337/335	BB BB BB	15 18 16	—
本科二批	淮阴工学院（人文与社会科学系）	社会工作	—	—	—	2015 2016 2017	347/314(理),338/316(文) 346/317(理),343/328(文) 327/304,329/313(文)	318/316(文) 331/328(文) 325/304(理)	BC BC BC	40 33 35	—

注：录取情况涵盖三年，“—”代表没有此项内容或无法获取相关资料。

4 国际政治专业

学科概述

国际政治学属于政治学范畴，是从政治学、法学、经济学等学科中分离出来的一门跨学科的新兴学科。它以国际社会中政治体系、格局、秩序的形成和演变为研究对象，其任务是揭示国际社会行为体间的相互政治作用及其演变发展的一般规律，具有综合性强、理论性强和现实性强的特征。该专业旨在培养从事外事外交、政策研究、对外宣传、国际新闻采编、教学科研和行政管理等工作的高级专门人才。

学制四年，学业合格授予法学学士学位。

相近专业：政治学、政府经济学、国际政治、国际关系等。

学习内容

国际政治专业开设的主要课程

类　别	课　　程
专业基础课程	专业外语、政治学概论、西方政治思想史、外国政治制度、国际关系史、国际政治学概论、中国外交、政治学原理、西方经济学基础
专业主干课程	西方国际关系概论、国际法、国际政治经济学、西方国际关系理论、国际政治学方法论、当代国际关系、全球事务与全球治理、国际安全与军备控制、比较政治研究、西方政治学说史、中国政治思想、当代中国政治制度

注：各校的课程设置会因培养目标的不同而有差异。

毕业去向

国际政治专业毕业生近两年的主要就业去向

职　业	工作单位	起薪(元/月)	学历要求	工作内容
公务员	党政机关、外事部门	1500～2500	本科、研究生	行政与外事协调及政策研究
高校教师	高等院校	1500～3000	研究生	国际政治及相关专业的教学和科研
记者、编辑	中央和地方新闻、媒体机构	1500～3000	本科、研究生	创意策划、理论编辑、新闻采编
研究人员	科研机构	1500～3000	研究生	理论研究和对国家相关政策的分析
管理咨询	企业	1500～3000	本科、研究生	管理咨询

注：表格中的起薪可能会因为地区差异而存在较大差别。

专家提示

1. 关注专业特色

国内一些著名的综合性大学的国际政治专业实力都较强：复旦大学国际政治专业门类齐全，各个方向都拥有硕士、博士授予权；北京大学国际关系学院是中国综合性大学中最早建立的；中国人民大学则是国内规模最大、层次最全的研究国际问题人才的培养基地；吉林大学则以东北亚区域政治和国家关系为其教学和科研重点；兰州大学的中亚研究实力比较强。其他如浙江大学也有其特色。

本专业对英语的要求比较高。因为国际政治学科属于舶来品，西方国家的国际政治研究比较发达，所以国际政治的经典著作多是美国或欧洲学者所著，虽然有很多已被翻译成中文，但阅读一些原文更有助于理解。而且国际政治的前沿研究往往发表于国际期刊上，良好的英语阅读能力应是不可缺少的。

国际政治及其相关专业国家二级重点学科分布情况如下：

国际政治：中国人民大学；**政治学理论**：南开大学、天津师范大学、吉林大学、复旦大学；**科学社会主义与国际共产主义运动**：山东大学、华中师范大学、中共中央党校；**中共党史**：中国人民大学、中共中央党校；**国际关系**：复旦大学。

2. 考虑性格适合

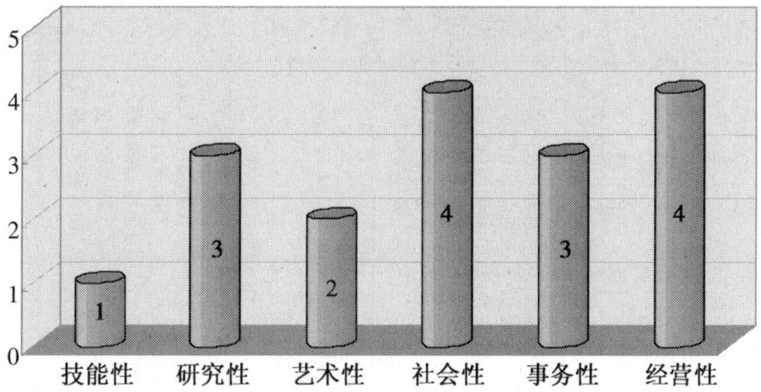

国际政治专业对不同性格特征的需求度

3. 走出常见误区

国际政治学就等于国际关系学吗？国际政治学突出的是政治角度，强调的是安全，包括政治安全、军事安全、经济安全等，重点研究国际社会中政治关系、政治现象和经济文化的影响；国际关系学主要研究经济关系、政治关系、军事关系和文化关系，重点研究国际社会中各种关系之间的交互作用。国际政治学不等同于国际关系学，也不是国际关系学的一个分支。

国际政治的研究对象就是国家吗？国家及其相互关系不是国际政治学研究的唯一对象，世界上有影响的众多国际组织、非政府组织、跨国公司及其他一些民间组织和团体也是其研究对象，只不过国家作为一种行为体在国际政治研究中占有重要的地位。国际政治学所研究的不仅仅是国际社会中各个行为体的一些具体活动，同时也致力于探寻具有普遍性的一般规律。这些规律不只适用于某个特定的国家、地区和国家类型，还适用于整个国际社会。

许多人认为国际政治专业的毕业生大部分都会进入国家外交部门。其实不一定，即使是公务员也有很多在其他部门。很多毕业生留在高校做科研和行政工作，还有的在各种企业做咨询、人事或者销售工作等。

作者：甘培强　　修订：陈　实

附表：开设国际政治专业的部分学校（院系）情况

批次	学校（院系）	本科专业方向设置	专业实力：硕博士学位点：硕士	专业实力：硕博士学位点：博士	专业实力：学科建设	近三年录取情况：年份	近三年录取情况：入校分（最高/最低）	近三年录取情况：专业分（最高/最低）	近三年录取情况：选测科目等级要求	近三年录取情况：录取人数	特别关注
本科一批	中国人民大学（国际关系学院）	国际政治	国际关系、国际政治、中外政治制度、外交学、国际政治	国际关系、国际政治、中外政治制度、外交学	中共党史、国际政治学科为国家二级重点学科；国内最早从事国际问题教学研究的单位之一	2015 2016 2017	404/346(理),398/382(文) 411/400(理),405/398(文) 411/394(理),402/392(文)	— 402/402(文) 403/403(理) —	— A^+A A^+A A^+A	— 1 1 —	由世界政治教研室、国际关系教研室和中国政治教研室于1994年组建而成的
本科一批	北京大学（国际关系学院）	国际政治	国际政治经济学、国际政治、国际关系、外交学	国际政治、国际关系外交学	政治学为全国一级重点学科	2015 2016 2017	421/410(理),418/400(文) 431/422(理),420/407(文) 428/415(理),425/405(文)	— — 410/408(文)	— — —	— — 2	—
本科一批	兰州大学（政治与行政学院）	政治学（国际政治）	国际政治、国际关系	—	—	2015 2016 2017	374/359(理),361/351(文) 380/368(理),376/365(文) 369/359(理),365/354(文)	353/352(文) 368/367(文) 359/359(理) 政党学类(理) （含国际政治、政治学与行政学）	AB^+ AB^+ AB^+	2 2 2	
本科一批	复旦大学（国际关系与公共事务学院）	国际政治	国际关系、国际政治	国际关系、国际政治	中国高校最早设立的三个国际政治系之一；政治学理论、国际关系学科为国家二级重点学科	2015 2016 2017	415/401(理),401/391(文) 419/416(理),412/403(文) 413/408(理),409/397(文)	— — —	A^+A A^+A A^+A	— — —	—
本科一批	南京大学（政府管理学院）	公共管理类	国际政治学理论、战后国际关系、国际法与国际组织、大国政治、经济及外交政策	国际政治经济学	拥有政治学一级学科博士授予权	2015 2016 2017	404/385(理),398/380(文) 414/395(理),407/391(文) 412/387(理),425/405(文)	386/380(文) 396/391(文) 394/390(理) 395/384(文) （社会科学试验班）	AA AA — —	28 20 12 71	
本科一批	中山大学（亚太研究院）	国际政治	东南亚政治与外交、东北亚政治与区域安全、国际组织	—	2002年开设国际政治本科专业	2015 2016 2017	392/378(理),382/374(文) 402/385(理),390/385(文) 395/378(理),382/378(文)	375/375(文) 385/385(文) 380/378(文)	AA AA AA	1 2 3	对外学术交流频繁，多次主办国际学术会议
本科一批	中国政法大学（政治与公共管理学院）	政治学类（国际政治）	大国政治与大国关系、区域一体化研究、国际政治经济学	—	政治学学科是中国政法大学优势学科	2015 2016 2017	389/371(理),388/372(文) 398/384(理),397/381(文) 386/376(理),393/376(文)	374/373(文) 384/382(文) 377/377(文)	— B^+B^+ B^+B^+	2 2 2	—

续 表

批次	学校（院系）	本科专业方向设置	专业实力			近三年录取情况					特别关注
			硕博士学位点		学科建设	年份	入校分（最高/最低）	专业分（最高/最低）	选测科目等级要求	录取人数	
			硕士	博士							
本科一批	济南大学（政治与公共管理学院）	政治学类（国际政治）	—	—	拥有一支结构合理、爱岗敬业、充满活力的师资队伍；拥有《国际政治概论》精品课程	2015 2016 2017	357/321(理),355/332(文) 363/347(理),360/350(文) 370/346(理),369/339(文)	335/335(文) — —	BC BC BC	2 — —	—
本科一批	上海政法学院（国际事务与公共管理系）	国际政治	—	—	国际政治专业2009年被批准为上海市教委的教育高地，也是学院的重点学科	2015 2016 2017	353/342(理),357/344(文) 363/354(理),361/356(文) 365/352(理),360/350(文)	345/345(文) 358/358(文) 350/350(文)	BB BB BB	1 1 1	国际事务与公共管理系成立于2006年8月，天马系列学术活动已成为培养学生专业能力的特色品牌
本科二批	西安外国语大学（国际关系学院）	国际政治	—	—	采用国外先进的模式和方法教学；突出专业英语、双语教学	2015 2016 2017	346/338(理),349/339(文) 361/350(理),358/352(文) 339/328(理),341/332(文)	未招 — —	BB — BB	— — —	学生在校期间可参加中美“1+2+1”联合培养项目
本科二批	天津外国语大学（涉外法政学院）	国际政治	—	—	应用型外事人才培养特色；部分专业课程实行双语教学；专业＋外语”的办学特色	2015 2016 2017	350/342(理),361/341(文) 358/351(理),366/353(文) 343/329(理),346/330(文)	— 未招 — —	BB 未招 BB	2 — —	—

注：录取情况涵盖三年，“—”代表没有此项内容或无法获取相关资料。

5 治安学专业

学科概述

治安学以治安行政管理职能、治安秩序保障以及社会安全维护为主要研究对象，具体涉及治安管理的基本理论、任务、范围、政策及相关法律，治安管理机关的组织和活动原则。它与政治学、社会学、法学以及一些自然科学技术有着密切联系，是在公安实际业务中应用最为广泛的一门学科。治安学专业主要培养具有坚定正确的政治方向、严格的组织纪律观念、良好的职业道德，熟悉我国公安工作的路线、方针、政策和治安管理法律、法规，系统掌握治安学专业的基本理论知识和基本技能的高级专门人才。

学制四年，学业合格授予法学学士学位。

相近专业：侦查学、边防管理等。

学习内容

治安学专业开设的主要课程

类　别	课　　程
专业基础课程	思想品德修养与职业道德、政治学原理、专业英语、高等数学、大学物理、逻辑学、法理学、计算机应用、警察体能与技能、汽车驾驶、查缉战术、宪法、普通心理学、公安公文写作、刑事科学技术、公安通讯
专业主干课程	刑法学、刑事诉讼学、行政法学、行政诉讼法学、民法学、刑事侦查学、犯罪心理学、公安学基础理论、管理学原理、公安秩序管理学、公安行政处罚、保卫学、社区警务、涉外警务、危险物品管理、户政学、道路交通管理
专业选修课程	当代中国社会问题、民事诉讼法、管理心理学、犯罪学、社会调查研究、侦查讯问、事故对策学、消防管理、安全防范技术应用

注：各校的课程设置会因培养目标的不同而有差异。

毕业去向

治安学专业毕业生近两年的主要就业去向

职　业	工作单位	起薪(元/月)	学历要求	工作内容
公务员	公安机关及边防、国家安全等部门	1500～3000	专科、本科	治安管理、出入境管理、道路交通管理、安全保卫、预防和控制犯罪
高校教师	高等院校	1500～3000	本科、研究生	治安学及相关专业的教学和科研
保卫人员	企事业单位	1000～1500	专科、本科	从事安全保卫工作，协助治安管理、预防和控制犯罪

注：表格中的起薪可能会因为地区差异而存在较大差别。

治安学专业毕业生主要行业流向及相应平均月薪(人民币：元)

毕业年份	行业流向 TOP3		
2009	司法、执法部门	各级党政领导机构及人大、政协	国家安全和国际事务
	2755	2529	2702

注：表格中的月薪为该专业毕业生半年后平均月薪。2009 届该专业本科生毕业半年后就业率为 94.8%，工作与专业对口率为 90%，毕业即读研和留学比例为 3.8%。

数据来源：麦可斯-中国 2009 届大学毕业生求职与工作能力调查。

专家提示

1. 关注专业特色

中国人民公安大学重在培养公安类科研人才和公安院校教师，学校开设物理、化学、法医、物证、痕迹检验、文件检验、照相、交通管理、技术预防等专门课程，并承担了全国公安机关中高级警官的警衔晋升等培训任务。

2. 考虑性格适合

治安学专业要求学生能够适应社会，妥善处理与群众的关系，并有能力做好管理工作，考生应考虑自己是否能胜任这种工作。

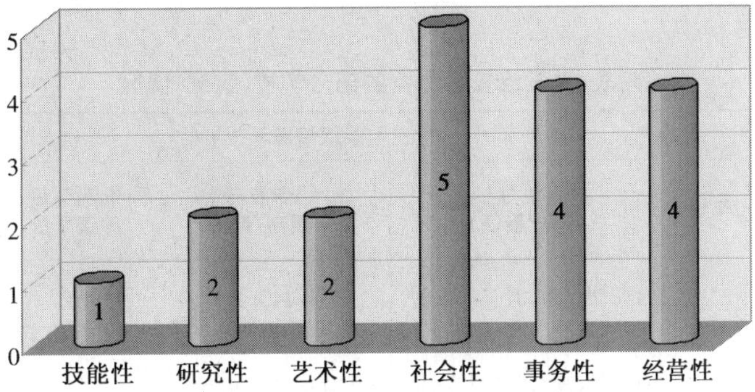

治安学专业对不同性格特征的需求度

3. 走出常见误区

治安非公安。治安与公安一字之差，很多人容易将两者混淆。其实二者之间是包含与被包含的关系。公安专业是所有公安类专业的总称，包括治安学专业、侦查学专业、刑事科学技术专业等，可见治安学专业只是其中一个分支。一些特殊的报考要求并非只针对治安专业，对于公安类的其他专业也同样适用，在此提醒考生注意。

4. 特别提醒

公安类考生报考时应注意一些特殊要求，除达到报考的基本条件外，还有政治条件和身体条件也应达标。

此外，公安专业中的任何专业都有面试和体能测试要求：面试内容有五官和形体、仪表、仪容和仪态、语言表达能力等。体能测试项目大致有跑步、立定跳远和铅球三项。合格标准如下：

男子：1000 米跑 4 分 05 秒以内，立定跳远 2.25 米以上，铅球(5 公斤)7.2 米以上；女子：800 米跑 4 分以内，立定跳远 1.66 米以上，铅球(4 公斤)5.3 米以上。单项不合格者视为整体不合格。部分学校还有特殊要求。

公安类专业考生特殊要求：

1. 政治条件：具备较高的政治素质和心理素质，志愿并适合从事公安工作，经公安机关政审合格。有下列情形之一的，不予录取：① 政治思想落后，有反对四项基本原则言行或参加邪教组织的；② 有流氓、偷窃、吸毒等不良行为或道德品质不好的；③ 曾受过刑事处罚或治安处罚的；④ 曾受过开除学籍、团籍或勒令退学处分的；⑤ 本人或直系血亲有犯罪嫌疑，尚未查清的；⑥ 直系血亲以及对本人有较大影响的旁系血亲曾受过刑事处罚的；⑦ 直系血亲和对本人有较大影响的旁系血亲在境外、国外从事危害我国国家安全活动，本人划不清界限的；⑧ 其他原因不宜做人民警察的。初选合格的公安类考生的政审工作，由考生户口所在地或居的公安机关实施。

2. 身体条件：① 身高，男 1.68 米以上，女 1.60 米以上。体重，男 50 公斤以上，女 45 公斤以上。体形匀称，动作协调；② 视力，左、右单眼裸视视力 4.7 以上，无色盲、色弱；③ 两耳无重听；④ 无口吃；⑤ 五官、体型端正，面部无明显特征（如唇裂，对眼，斜眼，斜颈，各种疤、麻、胎记等）；⑥ 身体无明显缺陷（如鸡胸、驼背、腋臭、严重静脉曲张、明显八字步、罗圈腿、重度平跖足（平脚板）、纹身、少白头、嗅觉不灵敏等），无各种残疾；⑦ 本人或直系亲属无精神疾病；⑧ 无传染病，肝功化验指标在正常范围内，无甲肝、乙肝、澳抗阳性。

作者：黄　璐　　修订：陈　实

附表：开设治安学专业的部分学校（院系）情况

批次	学校（院系）	本科专业方向设置	近三年录取情况					特别关注
			年份	入校分（最高/最低）	专业分（最高/最低）	选测科目等级要求	录取人数	
提前本科	中国人民公安大学（治安系）	治安学（警察战训方向）	2015	381/350(理)，377/345(文)	351/345(男，女)	AB	2	1998 年，与中国人民警官大学合并成为新的中国人民公安大学；2000 年，原北京交通人民警察学校整建制划归公安大学
					368/359(男，理)	AB	6	
					379/379(女，理)	AB	1	
			2016	394/364(理)，386/357(文)	371/361(男，文)	AB	3	
					381/381(女，文)	AB	1	
					378/364(男，理)	AB	6	
			2017	398/358(理)，382/360(文)	366/366(文，男)	AB	1	
					374/374(文，女)	AB	1	
					366/360(理，男)		7	
					382/382(理，女)		1	
	江苏警官学院（治安管理学院）	治安学	2015	392/332(理)，370/313(文)	354/329(男，文)	BB	13	该校是全国首批成立的两所省属公安本科院校之一
					362/354(女，文)	BB	9	
					364/343(男，理)	BB	70	
					378/360(女，理)	BB	8	
			2016	390/346(理)，388/325(文)	366/322(男，文)	BB	76	
					374/367(女，文)	BB	13	
					379/350(男，理)	BB	96	
					385/370(女，理)	BB	17	
			2017	388/337(理)，379/316(文)	358/316(男，文)	BB	73	
					355/316(女，文)	BB	13	
					366/337(男，理)	BB	93	
					381/359(女，理)	BB	16	
	中南财经政法大学（公安学院）	治安学	2015	337/327(文)	333/332(男，文)	AB	2	为教育部直属院校中唯一的公安学院
				346/337(理)	337/337(男，理)	—	1	
			2016	359/356(文)	359/359(男，文)	AB	1	
				374/355(理)				
			2017	348/346(理)	355/355(男，理)	AB	1	
				360/344(文)	345/345(男，女)	AB	1	
	中国刑事警察学院（公安基础教研部）	治安学	2015	363/326(理)，354/354(文)	350/350(男，理)	BB	1	设有公安基础、治安两个教研室，一个心理学实验室
			2016	379/341(理)，364/364(文)	364/364(女，文)	BB	1	
					345/345(男，理)	BB	1	
			2017	372/332(理)，359/343(文)	345/345(男，文)	BB	1	
					344/332(男，理)	BB	3	
					366/366(女，理)	BB	1	

续表

批次	学校（院系）	本科专业方向设置	近三年录取情况					特别关注
			年份	入校分（最高/最低）	专业分（最高/最低）	选测科目等级要求	录取人数	
提前本科	南京森林警察学院（治安系）	治安学	2015	377/326(理),362/341(文)	329/329(男,文) 362/346(女,文) 351/331(男,理)	BB BB BB	2 21 33	设有公安基础、治安管理等5个教研室，以及森林消防实验中心等4个中心。
			2016	384/340(理),377/325(文)	359/332(男,文) 365/344(男,理) 367/366(女,理)	BB BB —	5 30 6	
			2017	363/333(理),357/314(文)	327/315(男,文) 357/357(女,文) 340/335(男,理) 363/357(女,理)	— — — —	10 2 32 4	
	华东政法大学（刑事司法学院）	治安学	2015	377/347(理),368/351(文)	341/341(文) 377/377(理)	BB BB	1 1	学院是华东地区高校中历史最悠久的公安类专业本科办学单位
			2016	378/372(理),364/360(文)	—	BB	—	
			2017	358/355(理),370/356(文)	—		—	

注：录取情况涵盖三年，所缺年份表示当年未招生；“—”代表没有此项内容或无法获取相关资料。

6 侦查学专业

学科概述

侦查学是研究如何对各类案件采取相应的侦查方法，综合使用各种侦查手段和措施达到破案目的的一门学科。侦查学专业属于公安类，主要为国家公安机关、安全机关、检察机关以及军队保卫部门、法院和司法行政机关的侦查和鉴定部门、教学科研部门培养高级侦查、鉴定人才和教学科研人才。

学制四年，学业合格授予法学学士学位。

相近专业：边防管理、经济犯罪侦查等。

学习内容

侦查学专业开设的主要课程

类　别	课　　程
专业基础课程	思想品德修养与职业道德、专业英语（本科）、高等数学、大学物理（本科）、逻辑学、法理学、计算机应用、警察体能与技能、汽车驾驶、查缉战术、宪法
专业主干课程	刑法学、刑事诉讼法学、证据学、行政法与行政诉讼法、公安学基础理论、犯罪心理学、痕迹检验学、刑事摄录像、法医学、毒物及微量物证分析、侦查学基础理论、犯罪现场勘察、侦查程序与措施、侦查讯问学、刑事案件侦查、刑侦基础业务、典型案例评析
专业选修课程	侦查思维研究、缉毒、司法协助、犯罪学、国内安全保卫学、文化保卫、出入境与外籍人员管理、文件检验、公安管理学、治安管理学、经济犯罪案件侦查、计算机程序设计、经济法、民法、合同法、信息导侦、反爆炸技术

注：各校的课程设置会因培养目标的不同而有差异。

毕业去向

侦查学专业毕业生近两年的主要就业去向

职　业	工作单位	起薪（元/月）	学历要求	工作内容
公务员	公安机关，国家安全、检查机关	1500～2500	专科、本科	侦查、刑事执法、预防和控制执法
高校教师	公安院校	1500～3000	本科、研究生	高校公安专业的教学和有关侦查的科研项目及课题的研究
保卫人员	企事业单位	1000～1500	专科	安全保卫工作，预防和控制犯罪

注：表格中的起薪可能会因为地区差异而存在较大差别。

专家提示

1. 关注专业特色

目前我国招收侦查学专业的学校一般分为两类，一类是公安类院校，一类是政法类院校。公安类院校往往挂靠相关的公安部门，如中国人民公安大学、江苏警官学院等，此类院校的学生在实习、见习方面有更多的机会；而政法类院校则在师资和科研方面实力较强。所以两类院校开设的侦查学专业各具优势。

2. 考虑性格适合

公安院校实施的是严格的军事化管理，相对于一般地方高校，具有很强的组织性和纪律性。该专业在“警察意识”培养方面要求较高。要求精通法律法规，善于做群众工作等。

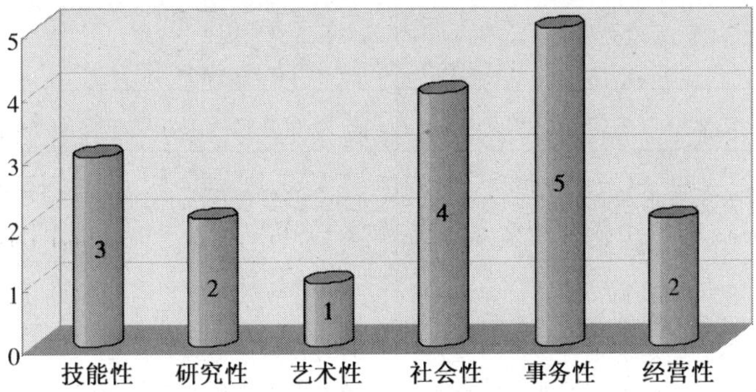

侦查学专业对不同性格特征的需求度

3. 走出常见误区

侦查就是侦察吗？在现实中，有许多人对“侦查”与“侦察”两个名词分辨不清，常常把它们等同起来看待。其实，两者是有区别的。侦查指的是检查机关或公安机关为了确定犯罪事实和犯罪人而进行的调查；而侦察则特指为了弄清敌情、地形及其他有关作战的情况而进行的活动。由此可见，侦查与侦察的对象和活动目的都是不同的，侦察属于军事学用语，其相关专业通常开设于军事院校；而侦查学专业则开设在公安类院校和政法类院校。除了“技术侦察”，其他有关侦查的表述一律用“侦查”替代“侦察”，如侦查程序、侦查讯问、案件侦查，等等。

关于毕业分配环节。大多数家长认为该专业的学生都是包分配，实际上学生必须通过公务员资格考试才能加入公安队伍。目前，一定比例的淘汰率已经在包括该专业学生在内的公务员考试中出现，尽管比例很小。

4. 特别提醒

由于侦查学专业的特殊性，在招生时对考生身体条件有一些硬性的要求，如男性考生身高一般不低于 1.70 米，体重不低于 50 公斤；女性考生身高一般不低于 1.60 米，体重不低于 45 公斤；文科类招生要求考生左右眼单眼裸视视力在 4.8(0.6)以上，理科类招生要求在 4.9(0.8)以上，无色盲、色弱等。体能测试：跑步和立定跳远两项。男生 1000 米跑 4 分 05 秒，立定跳远 2.25 米以上；女生 800 米跑 4 分以内，立定跳远 1.66 米以上。

另外，该专业在男女招生比例上有严格要求，一般招收女生不超过计划总数的 15%，而针对男女生的录取分数线也有所不同，因此，填报志愿时一定要注意。目前国内招收侦查学专业的大部分高校都是文理兼招。

作者：黄 璐　　修订：陈 实

附表：开设侦查学专业的部分学校（院系）情况

批次	学校（院系）	本科专业方向设置	专业实力：硕博士学位点：硕士	专业实力：硕博士学位点：博士	专业实力：学科建设	近三年录取情况：年份	近三年录取情况：入校分（最高/最低）	近三年录取情况：专业分（最高/最低）	近三年录取情况：选测科目等级要求	近三年录取情况：录取人数	特别关注
提前本科	华东政法大学（刑事司法学院）	侦查学（经济侦查方向、刑事侦查方向）	诉讼法学（刑事侦查学）	—	—	2015 2016 2017	377/347（理），368/351（文） 378/372（理），364/360（文） 358/355（理），370/356（文）	368/368（女，文） 360/360（理，刑事侦查） 362/362（女，经济侦查） 357/350（男，理） 360/360（男，文，经济侦查） 364/364（男，文，刑事侦查） 378/378（男，理，经济侦查） 372/372（男，理，刑事侦查） 370/370（女，文，经济侦查） 358/358（男，文，刑事侦查） 358/358（男，理，经济侦查） 357/357（男，刑事侦查）	BB BB BB BB BB BB BB BB — — —	1 1 2 2 1 1 1 1 1 1 10 1	原为华东政法学院，是新中国创办的第一批高等政法院校
提前本科	中国人民公安大学（侦查系）	侦查学（国内安全保卫学、刑事侦查学、经济犯罪侦查、技术侦查、禁毒学）	诉讼法学（刑事侦查）、侦查学	诉讼法学（刑事侦查）	—	2015 2016 2017	381/350（理），377/345（文） 394/364（理），386/357（文） 398/358（理），382/360（文）	377/377（女，文） 362/351（男，文） 376/372（男，理） 372/372（女，文） 383/383（男，文） 391/375（男，理） 376/376（男，文） 376/376（女，文） 372/367（男，理） 393/393（女，理）	AB AB AB AB AB AB — — — —	1 2 6 1 1 6 1 1 7 1	1998 年，与中国人民警官大学合并成为新的中国人民公安大学；2000 年，原北京交通人民警察学校整建制划归公安大学，办学规模进一步扩大
提前本科	中国刑事警察学院（刑事犯罪侦查系）	侦查学（刑事侦查、预审、涉外警务、行动技术、犯罪情报、治安管理）	诉讼法学（侦查学）、经济犯罪侦查	—	—	2015 2016 2017	363/326（理），354/354（文） 379/341（理），364/364（文） 372/332（理），359/343（文）	354/354（男，理） 362/362（男，理，经济侦查） 365/363（男，理） 365/365（男，理，经济侦查） 359/359（女，文） 368/368（男，理）	BB BB BB BB BB —	1 1 2 1 1 1	公安部直属院校，培养侦查、刑事科学技术专门人才，被誉为“东方福尔摩斯”摇篮

续表

批次	学校（院系）	本科专业方向设置	专业实力			近三年录取情况					特别关注
			硕博士学位点		学科建设	年份	入校分（最高/最低）	专业分（最高/最低）	选测科目等级要求	录取人数	
			硕士	博士							
提前本科	江苏警官学院（侦查系）	侦查学、经济犯罪侦查	—	—	侦查学被评定为江苏省特色专业	2015 2016 2017	392/332(理),370/313(文) 390/346(理),388/325(文) 388/337(理),379/316(文)	351/329(男,文) 361/329(女,文) 365/339(男,理) 368/359(女,理) 359/325(男,文) 374/367(女,文) 380/346(男,理) 383/370(女,理) 355/316(男,文) 370/357(女,文) 366/337(男,理) 371/360(女,理)	BB BB BB BB BB BB BB BB — — — —	13 8 70 10 67 13 103 17 72 13 93 16	—
提前本科	中南财经政法大学（刑事司法学院）	侦查学	侦查学	侦查学	2007年侦查学专业被评定为湖北省精品课程；2008年进入教育部特色专业系列	2015 2016 2017	346/337(理),337/327(文) 374/355(理),359/356(文) 348/346(理),360/344(文)	346/346(男,理) 340/340(男,理,职务犯罪侦查) 359/359(男,文) 358/358(男,理) 354/348(男,侦查学,文) 344/344(男,职务犯罪侦查,文) 346/346(男,侦查学,理) 348/348(男,职务犯罪侦查,理)	AB AB AB AB AB AB AB AB	1 1 1 1 2 1 1	—

注：录取情况涵盖三年，“—”代表没有此项内容或无法获取相关资料。

教育学类

SCIENCE of EDUCATION

教育学门类介绍

教育学是人文科学的重要组成部分，是研究人类教育现象和问题、揭示一般教育规律的科学。其研究对象既包括学校教育，也包括非学校教育。

学科地位

据国务院学位办公室发表的统计数据，我国大学授予的教育学学士占学士总数的 3.61%，授予的教育学硕士占硕士总数的 2.50%，授予的教育学博士占博士总数的 1.40%。另据教育部高校学生司发布的博士生导师资料统计，在全国大学 40 110 名博士生导师中，有 709 名是教育学博导，占博导总数的 1.77%。截至 2007 年，全国开设教育学专业的大学共 303 所。

学习要求

教育学学科门类专业基本上都是文理兼收，不过有些学校可能会有不同的要求。教育学学科门类学生的理论功底和教学实践水平是其专业水平的重要评价指标之一。不同的学校，培养学生的侧重点不同。一些老牌的师范类学校侧重教育学理论的培养，而一些本科二批学校比较注重教学技能的培养。学校一般都会安排教育见习、实习等实践性教学环节。

教育是广泛存在于人类生活中的社会现象，就学习者的特点来说，按照霍兰德职业倾向测验理论，教育学学科门类的大多数专业都要求学习者有很高的社会性和较高的事务性。其中教育技术学专业对技术性要求比较高。另外，好的教育工作者应该具备爱心、耐心，并且热爱教育行业，有较高的同理心等。

学科分类

教育学学科门类包括教育学类、体育学类、职业技术教育类等 2 个学科大类，有本科专业 16 种(参照教育部 2012 年颁布的《普通高等学校本科专业目录》)，详见下表。

普通高等学校本科专业目录(教育学学科门类)

学科门类	学科大类	专业名称	授予学位(学士)
教育学	教育学类	教育学	教育学
		学前教育	教育学
		特殊教育	教育学
		教育技术学	教育学/理学/工学
		小学教育	教育学
		艺术教育	教育学/艺术
		人文教育	教育学
		科学教育	教育学
		华文教育	教育学
	体育学类	体育教育	教育学
		运动训练	教育学
		社会体育指导与管理	教育学
		运动人体科学	教育学/理学/医学
		武术与民族传统体育	教育学
		运动康复	教育学/理学
		休闲体育	教育学

学科大类介绍

教育学类

教育学类学科是研究如何按照一定社会的要求来培养人的科学，其主要研究教育科学的基本伦理问题和教育活动中的重大实践问题，包括学校教育、家庭教育、社会教育等各个方面的教育。

根据教育部发布的2007年全国高校国家重点学科名单，北京师范大学、华东师范大学的**教育学**学科为国家一级重点学科。

体育学类

体育学学科是分析体育教育工作规律、运动训练、科研及管理规律，探讨如何通过群众体育活动帮助人们获得健康体魄及充足的精力的科学。通过体育学的研究和学习，可以了解如何通过体育锻炼提高身体素质；各种体育活动的训练方法及竞赛规律；如何进行运动员选择；运动营养设计与恢复；怎样组织管理和经营开发群众性体育活动；运动员技能诊断与评价；体育保健与康复等与身体运动有关的知识。

根据教育部发布的2007年全国高校国家重点学科名单，北京体育大学的**体育学**学科为国家一级重点学科。

1

教育学专业

学科概述

教育学主要研究教育科学的基本理论问题和教育活动中的重大实践问题，其研究对象既包括学校教育，也包括非学校教育。教育学属一级学科，下设教育学原理、课程与教学论、教育史、比较教育学、高等教育学、学前教育学、成人教育学、职业技术教育学、教育技术学、特殊教育学10个二级学科。该专业培养具有良好思想品质、较高教育理论素养和较强教育实际工作能力的中高等师范院校教师、中小学教育科研人员、教育科学研究单位研究人员、各级教育行政管理人员和其他教育工作者。

学制四年，学业合格授予文学学士学位或教育学学士学位。

相近专业：学前教育、小学教育等。

学习内容

教育学专业开设的主要课程

类别	课程
专业基础课程	基础课程教育概论、人体解剖生理学、普通心理学、教育心理学、中国教育史、外国教育史、教育学原理、中国哲学史、外国哲学史、计算机应用、高等数学
专业主干课程	教学论、德育原理、学校管理学、教育哲学、现代信息技术教育、教育评价学、学校管理心理学、比较教育学、教育社会学、教育统计测量、教育科学研究方法、现代教育技术学、职业指导、心理咨询、教育经济学

注：各校课程设置会因培养目标的侧重点不同而有所差异。

毕业去向

教育学专业毕业生近两年的主要就业去向

职业	工作单位	起薪（元/月）	学历要求	工作内容
公务员	军队、海关、监狱等	1500～2500	本科、研究生	教育管理、文秘、行政等
	教育行政部门	1500～2500	本科、研究生	文秘、行政等
教师	小学、中学	1500～2500	本科、研究生	教学、管理、心理咨询等
	高等院校	1500～3000	研究生	学生工作、行政工作、教学、心理咨询等
人事管理、培训员	企事业单位人力资源开发部门、培训部门	2000～3000	本科、研究生	管理、培训、咨询等

注：表格中的起薪可能会因为地区差异而误差相对较大。

教育学专业毕业生主要行业流向及相应平均月薪(人民币:元)

毕业年份	行业流向 TOP3		
2009	小学和中学教育	儿童日托服务业	各级党政领导机构及人大、政协
	2655	2133	2094
2010	中小学教育机构	其他学院和培训机构	中等职业教育机构
	3069	2500	2883
2011	中小学教育机构	教育辅助服务业	其他学院和培训机构
	3424	2511	2790

注:表格中的月薪为该专业毕业生半年后平均月薪。2011 届该专业本科生毕业半年后就业率为 86.6%,工作与专业对口率为 59%,毕业即读研和留学比例为 16%。

数据来源:麦可斯-中国 2009、2010、2011 届大学毕业生求职与工作能力调查。

专家提示

1. 关注专业特色

开设教育学专业的老牌院校有北京师范大学、华东师范大学、南京师范大学、东北师范大学等,这些学校各有自己的研究特色。譬如北京师范大学教育学院的整体教学质量在全国首屈一指;华东师范大学是国内教育理论研究和教育专业人才培养的优势单位,在"教育学原理"、"教育史"和"课程与教学论"方面的研究处于全国领先地位;南京师范大学的"教育学原理"研究在国内外都享有一定知名度。

教育学及其相关专业国家二级重点学科分布情况如下:

教育学:北京师范大学、华东师范大学;**教育学原理**:东北师范大学、华中师范大学、南京师范大学;**课程与教学论**:西南大学;**教育史**:浙江大学;**比较教育学**:南京师范大学;**教育技术学**:华南师范大学;**高等教育学**:厦门大学、华中科技大学;**学前教育学**:南京师范大学。

2. 考虑性格适合

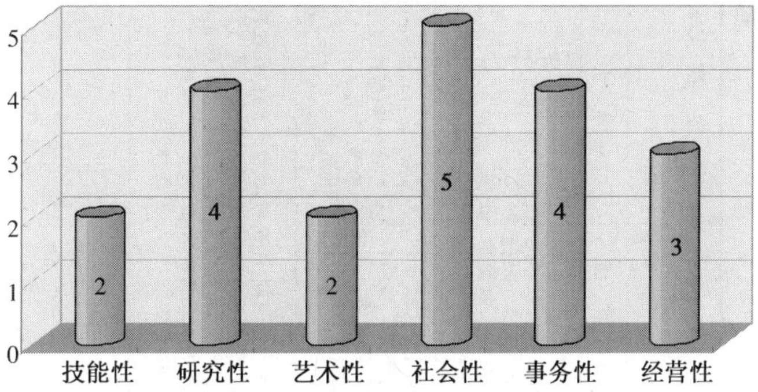

教育学专业对不同性格特征的需求度

3. 走出常见误区

教育学专业毕业后即要教书? 现在很多人都认为学习教育学专业之后一定要做教师,其实不然。由于教育学专业开设的课程比较全面,因此教育系的学生广受社会的欢迎,在市场双向选择的基础上,很多企事业单位,诸如亲子教育机构等,都愿意吸纳教育学专业的学生。很多高校也会招聘教育系的学生从事学生管理或行政工作。

"师范类"和"教育"的概念不明。师范类是一个大概念,泛指所有为教育系统输送人才的专业,例如师范类有中文、历史、数学等专业;而教育学只是师范类里的一个专业,其主要任务是研究教育领域内所特有的矛盾运动的基本规律。

作者:孙惠惠　　修订:王梦翔

附表：开设教育学专业的部分学校（院系）情况

批次	学校（院系）	本科专业方向设置	专业实力：硕博士学位点：硕士	专业实力：硕博士学位点：博士	专业实力：学科建设	年份	近三年录取情况：入校分（最高/最低）	近三年录取情况：专业分（最高/最低）	选测科目等级要求	录取人数	特别关注
本科一批	北京师范大学（教育学部）	教育学（含公共事业教育）	教育学原理、课程与教学论、教育史、比较教育学、高等教育学、成人教育学、职业技术教育学、经济与管理、教育技术学、特殊教育学、学校咨询、教师教育、远程教育、学前教育、计算机软件与理论	教育学原理、课程与教学论、教育史、比较教育学、学前教育学、教育经济与管理、高等教育学、职业技术教育学、教师教育、教育政策学与教育法学、特殊教育学、教育技术学、农村教育	教育学学科为国家一级重点学科；教育经济与管理为国家二级重点学科	2015 2016 2017	390/377（理），382/375（文） 393/388（理），393/387（文） 390/381（理），386/379（文）	382/378（文） 389/388（文） 379/379（文） （试点学院）	AB^+ AB^+ AB^+	2 3 2	2001年成立教育学院；拥有《教育学报》《比较教育研究》《教师教育研究》《中国教师》四个刊物
本科一批	东北师范大学（教育科学学院）	教育学（公共事业管理）	教育学原理、课程与教学论、教育史、比较教育学、教育经济与管理、学前教育学、高等教育学	教育学原理、比较教育学、教育经济与管理、课程与教学论、教育史、教育技术、教师教育	教育学原理为国家重点学科	2015 2016 2017	355/344（理），351/348（文） 363/355（理），368/356（文） 358/332（理），352/335（文）	— — —	AB AB AB	— — —	学校位于吉林省长春市
本科一批	华中师范大学（教育学院）	教育学	教育学原理、比较教育学、学前教育学、高等教育学、特殊教育学	教育学原理、高等教育学、特殊教育学	该专业被教育部财政部批准为高等学校特色专业建设点，拥有教育学一级学科博士、硕士学位授权点和教育学博士后科研流动站；基础教育研究中心是湖北省人文社会科学重点研究基地，教育学原理是国家重点学科	2015 2016 2017	378/353（理），364/353（文） 378/367（理），379/368（文） 367/359（理），367/359（文）	359/357（文） 369/369（文） 363/361（文）	AB AB AB	2 2 2	主办《教育研究与实验》和《教育与经济》两种全国中文教育类核心期刊
本科一批	苏州大学（教育学院）	教育学	教育经济与管理、高等教育学、教育学原理、课程与教学论	高等教育学	江苏省重点学科、教育学一级学科博士后流动站	2015 2016 2017	387/360（理），377/358（文） 381/353（理），375/364（文） 381/360（理），379/359（文）	363/359（文） 367/367（文） 362/361（文） 371/365（理） （师范类）	AB AB —	5 1 8 4	该专业为学校特色专业
本科一批	山西大学（教育科学学院）	教育学	教育学原理、成人教育学、高等教育学、面向中小学教师和管理者的教育硕士学位（教育管理）授予点	—	教育学专业为山西省品牌专业	2015 2016 2017	348/344（理），346/342（文） 356/353（理），361/355（文） 344/338（理），348/339（文）	— — —	B^+B B^+B B^+B	— — —	—

续　表

批次	学校（院系）	本科专业方向设置	专业实力：硕博士学位点：硕士	专业实力：硕博士学位点：博士	专业实力：学科建设	近三年录取情况：年份	近三年录取情况：入校分（最高/最低）	近三年录取情况：专业分（最高/最低）	近三年录取情况：选测科目等级要求	近三年录取情况：录取人数	特别关注
本科一批	江苏师范大学（原徐州师范大学）（教育科学学院）	教育学（小学教育、学校心理教育）	教育学原理、教育管理、课程与教学论	—	—	2015 2016 2017	362/327(理),352/329(文) 362/337(理),360/343(文) 338/321(理),335/323(文)	352/335(文) 355/347(理) 355/343(文) 354/343(文) 361/346(理) 347/338(文) 361/346(理)	BC BC BC — — — —	89 30 38 26 31 34 6	小学教育、学校心理教育是全国首批开办的本科专业；2007 年在提前本科中录取
本科二批	南通大学（教育科学学院）	教育学	教育学原理	—	—	2015 2016 2017	356/327(理),342/328(文) 366/339(理),363/343(文) 363/332(理),354/335(文)	— 350/343(文) —	BB BB —	— 30 —	2005 年 5 月，原南通师范学院、南通工学院、南通医学院合并为南通大学
本科二批	盐城师范学院（教育科学学院）	教育学（小学教育、心理教育）	—	—	—	2015 2016 2017	351/314(理),344/319(文) 356/320(理),350/332(文) 348/310(理),337/320(文)	— 340/332(文) 329/320(学前教育,文) 337/328(小学教育,文) 334/325(小学教育,理)	BC BC —	— 165 180 15 17	教育学课程被评定为省级重点课程
本科二批	扬州大学（教育科学学院）	教育学	教育学原理、课程与教学论、教育经济与管理	—	拥有高等教育研究所、基础教育研究所	2015 2016 2017	354/333(理),348/335(文) 360/343(理),349/341(文) 366/337(理),362/342(文)	345/341(文) — 355/346(文) 354/345(理)	BB — —	25 — 32 32	学院以教师教育为特色

注：录取情况涵盖三年，“—”代表没有此项内容或无法获取相关资料。

2

学前教育专业

学科概述

学前教育是一门主要研究 0～6 岁儿童发展与教育的学科，它以儿童保育学、学前儿童心理学、学前儿童教育学等科学理论为依据，研究学龄前儿童的生理、心理发展特点，并对其实行科学的养育与教育，帮助人由“自然人”成长为“社会人”。学前教育属于教育学（一级学科）下面的一个二级学科，是教育科学研究领域中不可或缺的重要组成部分。该专业主要培养有一定科研能力的幼儿教师、学前教育管理人员，以及各类从事学前教育类产品商品开发等相关的工作人员。

学制四年，学业合格授予文学学士学位或教育学学士学位。

相近专业：小学教育等。

学习内容

学前教育专业开设的主要课程

类　别	课　　程
专业基础课程	人体解剖生理学、教育统计学、教育社会学、教育经济学、现代教育技术、教育学概论、普通心理学、大教育史、教育科研方法
专业主干课程	学前卫生学、儿童发展心理学、学前教育学、学前教育史、教育心理学、儿童文学、学前儿童语言、学前儿童科学教育、学前儿童体育教育、学前儿童音乐教育、学前儿童美术教育、学前儿童健康教育、幼儿园课程、儿童游戏、学前教育管理、社区与家庭教育、教育心理测量、学前儿童社会教育、幼儿园教育活动设计与指导、儿童行为观察与分析
技能课程	乐理、钢琴、声乐、美术、形体、舞蹈、手工

注：各校的课程设置会因培养目标的侧重点不同而有差异。

毕业去向

学前教育专业毕业生近两年的主要就业去向

职　业	工作单位	起薪（元/月）	学历要求	工作内容
幼儿教师	幼儿园、妇幼活动中心等教育机构	1500～2500	大专以上	一线教学、与教学联系紧密的教学研究
高校教师、师资培训学校教师	高校、师资培训学校	1500～3000	研究生	学前教育专业学科教学，理论研究、课题开发
广播、影视、书刊等传媒策划与制作人员	杂志社、出版社、电台、电视台	1000 以上	本科、研究生	儿童书刊、光碟、报纸等出版物的制作
玩具研发人员	玩具公司	1000 以上	本科、研究生	玩具研发
教育管理机构管理人员	教育行政管理机构	1500～2500	本科	教育行政管理和教育资源管理
教育公司、儿童发展中心工作人员	教育公司、儿童发展中心、亲子园等	1500～2500	本科、研究生	学前教育领域的研究、咨询、顾问
特殊儿童矫正、辅助治疗人员	医院、儿童康复中心	1500～2500	本科、研究生	有特殊需要的特殊儿童的行为矫正和帮助支持

注：表格中的起薪可能会因为地区差异而存在较大差别。

学前教育专业毕业生主要行业流向及相应平均月薪(人民币:元)

毕业年份	行业流向 TOP3		
2009	儿童日托服务业	小学和中学教育	教育辅助服务
	2177	3100	1783
2010	幼儿园与学前教育机构	中小学教育机构	其他学院和培训机构
	1678	1670	1877
2012	幼儿园与学前教育机构	中小学教育机构	教育辅助服务业
	2594	2594	3256

注:表格中的月薪为该专业毕业生半年后平均月薪。2012 届该专业本科生毕业半年后就业率为 94.4%,工作与专业对口率为 82%,毕业即读研和留学比例为 6.2%。

数据来源:麦可斯-中国 2009、2010、2011、2012 届大学毕业生求职与工作能力调查。

专家提示

1. 关注专业特色

南京师范大学、北京师范大学、华东师范大学、西南师范大学、华南师范大学、东北师范大学等师范院校的学前教育专业办学比较成熟。南京师范大学的学前教育专业历史最长,由我国著名幼儿教育家陈鹤琴一手创办,素有理论与实践联系紧密的优良治学作风,儿童审美——艺术教育、儿童道德和社会性教育、学前教育基本理论是其学科强项。北京师范大学也具有较长的办学历史,目前已制定全新的本科人才培养方案。从 2002 年起,该校教育学院以一级学科“教育学”的名义统一招生,学生完成两年基础课程的学习后,根据学院的相关规定自主决定专业与方向。该校学前教育学科的强项包括学前教育基本理论、儿童游戏、幼儿园课程。华东师范大学对外学术交流活跃,在学前教育课程研究和建设学前儿童心理发展与教育领域建树颇丰。中华女子学院学前教育专业则注重特色的创建,开设了学前教育管理方向和学前教育艺术类方向,突出了“管理”特色和“艺术”特色,着重培养新型学前教育管理人才和艺术类幼教师资。

正因为现代学前教育有了巨大提升,所以原先中专层次的幼儿园教师已经不能再满足社会需求,而学前教育这个专业的本科毕业生在社会上越来越受到各类幼儿教育机构的欢迎。针对这种社会需求,高等师范院校在学前教育专业的课程设置上也作了精心的设计。各高校的学前教育专业比幼师类中专院校更强调学生理论与实践能力的双向结合,更注重学生理性思维能力的培养。

南京师范大学的学前教育学为国家二级重点学科。

2. 考虑性格合适

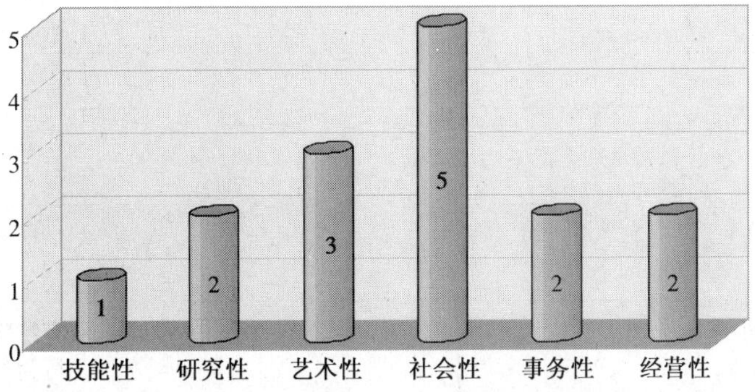

学前教育专业对不同性格特征的需求度

3. 走出常见误区

学前教育非教育？过去有不少人认为，学前教育不是教育，幼儿教师口袋里有块安慰孩子的糖足矣。这种观点是不正确的。教育法规《幼儿园工作规程》中明确规定："幼儿教育是基础教育的有机组成部分，是学校教育制度的基础阶段。"学前教育是终身教育的第一阶段，对人的一生发展具有无以替代的重要意义，"三岁看大、七岁知老"有其一定的道理。学前教育有着强大的生理学、教育学、心理学和儿童多个发展领域教育理论方法的科学支持。幼儿的学习特点决定了幼儿教育区别于其他教育的一个重要特征，即游戏性，这也是幼儿教育科学性的体现。学前教育是教育学按年龄段标准划分的一个分支，并遵循科学发展的规律建构自己的学科领域。

学前教育就业领域狭窄？有些人以为，学前教育毕业生择业范围窄，只能做幼儿教师，其实不然。学龄前儿童的发展特点和教育规律都属于学前教育的研究领域，学前教育不仅仅包括幼儿园机构教育，也包括家庭教育、社区教育；从年龄划分包括胎教、0～3 岁的婴幼儿教育、3～6 岁的幼儿教育、幼儿园小学衔接教育；从市场领域划分则包括儿童饮食、儿童服装、儿童读物、儿童玩具、儿童护理、儿童日常生活用品、儿童教育用品（软件、教具等）等。可见，学前教育有着广泛的应用，有学前儿童的地方就有学前教育的用武之地。学前教育专业的培养目标是各类幼儿发展和幼儿教育工作者，毕业生的就业范围包括以上涉及的所有相应领域。随着学前教育学科的发展和社会需求的加强，有志于学前教育事业的同学必将有着越来越宽广的发展前景！

学前教育是女性职业？一个既成的现象是世界范围内的幼儿园教师几乎全是由女性"包揽"，一些人就认为学前教育是女性的天下，也是适合女性性别特征的职业。其实这种看法是片面的，细致、耐心、关爱的女性特征确实符合幼儿园教师这一职业的一些特殊要求，但我们已知道，学前教育研究领域众多，并不只有幼儿教师这一个就业领域，它有着广泛的职业选择，男性在学前教育中完全可以有所作为，实现人生价值。我国近代著名的幼儿教育家陈鹤琴、张宗麟、张雪门等先生就都是男性。

4. 特别提醒

该专业需要考生具备一些艺术特长。

作者：鲍欣欣　　修订：王梦翔

附表:开设学前教育专业的部分学校(院系)情况

批次	学校(院系)	提前本科方向设置	专业实力			近三年录取情况					特别关注
			硕博士学位点		学科建设	年份	入校分(最高/最低)	专业分(最高/最低)	选测科目等级要求	录取人数	
			硕士	博士							
本科一批	南京师范大学(教育科学学院教育学系)	学前教育	学前教育学	学前教育学	全国学前教育系科中唯一的国家重点学科,拥有学前教育研究所,建有博士后流动站	2015 2016 2017	382/359(理),377/358(文) 392/370(理),391/371(文) 383/360(理),379/362(文)	364/358(文) 383/372(文) 368/362(文)	AB AB —	34 20 17	最早拥有博士授予权,是同专业中唯一的由国务院学位办批准的博士点
本科一批	东北师范大学(人文学院)	教育学类(学前教育)	学前教育学(学前教育学原理、学前儿童心理发展与教育、学前儿童艺术教育、学前儿童音乐教育、学前教育研究、幼儿园课程)	—	东北师范大学人文学院学前教育系(蒙台梭利教育方向)创办于2005年,是国内第一个以蒙台梭利教育为特色的本科专业;突出专业+特色的培养模式	2015 2016 2017	355/344(理),351/348(文) 363/355(理),368/356(文) 358/332(理),352/335(文)	— — —	AB AB AB	— — —	国内第一个以蒙台梭利教育为特色的本科专业;在"十一五"期间,本专业在稳定办学规模的基础上,着眼于提高教育教学质量
本科一批	南通大学(教育科学学院)	学前教育	—	—	—	2015 2016 2017	356/327(理),342/328(文) 366/339(理),363/343(文) 363/332(理),354/333(文)	340/329 350/343(文)师范 —	BB BB —	56 30 —	—
本科一批	上海师范大学(教育学院)	学前教育(幼儿教育、幼儿心理与卫生保健)	学前儿童发展与教育、学前儿童美术教育、幼儿园课程与教学、学前教育原理	—	学前教育的课程设置有利于人的全面发展,使学生提高对社会各级各类幼儿教育工作的适应能力	2015 2016 2017	352/340(理),351/340(文) 367/350(理),363/353(文) 368/340(理),361/353(文)	— — —	BB — —	— — —	师范类四年制本科 上海列入提前批招生
本科二批	江苏师范大学(原徐州师范大学)(教育科学学院学前教育系)	学前教育	教育学原理	—	—	2015 2016 2017	362/327(理),352/329(文) 362/337(理),360/313(文) 338/321(理),335/323(文)	352/335(文) 355/347(理) 352/343(理) 353/343(文) 347/338(文) 361/346(理)	BC BC BC BC —	89 30 9 38 34 6	—
本科二批	中华女子学院(学前教育系)	学前教育管理、学前教育	—	—	—	2015 2016 2017	339/310(理),332/322(文) 336/325(理),355/335(文) 326/315(理),338/324(文)	332/327(文) 339/315(理) 336/329(理) 338/335(文)师范 338/324(文) 322/321(理)	BB BB BB BB —	4 4 3 4 4 3	突出"管理"特点,学院归全国妇联所属,位于北京亚运村

续 表

批次	学校（院系）	提前本科方向设置	专业实力			近三年录取情况					特别关注
			硕博士学位点		学科建设	年份	入校分（最高/最低）	专业分（最高/最低）	选测科目等级要求	录取人数	
			硕士	博士							
本科二批	淮阴师范学院（教育科学学院）	学前教育	—	—	—	2015 2016 2017	325/311(理),319/314(文) 355/321(理),349/333(文) 320/305(理),321/311(文)	319/314(文) 338/334(理) 342/335(文) 321/311(文) 320/305(理)	BC BC BC —	20 24 82 20 20	—
	南京晓庄学院（教育科学学院）	学前教育 学前教育（中外合作办学）（师范）	—	—	将学前教育专业的发展同南京市幼儿教育事业的发展联系起来；实行幼儿英语教学法课程改革	2015 2016 2017	375/321(理),350/326(文) 382/336(理),363/341(文) 379/327(理),355/330(文)	329/318(理) — 354/342(文) 338/330(文) 343/331(理)	BC BC BC —	10 — 111 86 30	—
	盐城师范学院（教育科学学院）	师范类学前教育、学前教育（幼儿保健）	—	—	—	2015 2016 2017	351/314(理),344/319(文) 356/320(理),350/332(文) 348/310(理),337/320(文)	329/320(文) 340/332(文) 329/320(文)	BC BC BC	120 165 180	—
	安徽师范大学（教育科学学院）	学前教育	—	—	教育学专业是学校“特优强专业”，被评为国家级特色专业建设点	2015 2016	340/327(理),342/332(文) 351/337(理),357/356(文)	342/332(文) 352/352(文)	BB BB	3 3	培养具有学前教育专业知识、能在托幼机构从事保教和研究工作的教师、学前教育行政人员等
	天津师范大学（教育学院）	学前教育	幼儿社会性发展与教育、家庭教育、学前教育	—	拥有教育科学实验中心，该专业于2005年获得硕士学位授予权	2015 2016 2017	344/332(理),345/337(文) 357/341(理),357/351(文) —,343/331(文)	— 347/347(理) 353/353(文) 335/334(文)	BB BB —	— 1 1 3	教科院于1998年组建，2006年改名为教育学院

注：录取情况涵盖三年，“—”代表没有此项内容或无法获取相关资料。

3 特殊教育专业

学科概述

特殊教育学是研究特殊教育现象及其规律、原则和方法的学科，一般以学前和学龄儿童的教育为研究重点。它主要探索智力落后、听力障碍、视觉障碍、行为异常、学习困难、超常等特殊需要儿童的心理现象及其规律，研究这些特殊需要儿童的教育问题，包括鉴定、安置形式、评估等问题，进行盲文、手语等特殊教育方法的训练。该专业主要培养具备普通教育和特殊教育的知识和能力，能在特殊教育及其相关的机构从事特殊教育实践、理论研究、管理工作，包括少儿发展诊断、咨询、课程设计、特殊教育课件制作与开发等方面工作的专业人才。

学制四年，学业合格授予教育学学士学位。

相近专业：教育学等。

学习内容

特殊教育专业开设的主要课程

类　别	课　　　程
专业基础课程	教育心理学、心理学导论、教育核心问题研究、中国文化发展与教育、外国文化发展与教育、课程与教学论、教育统计与测评技术、教育科学研究方法、特殊教育概论、特殊教育研究方法、特殊教育史、临床心理学、人格心理学、心理咨询理论与技术、学校心理咨询与辅导
专业主干课程	特殊儿童病理生理学、特殊儿童心理学、特殊儿童康复学、特殊教育技术、特殊教育教材教法、儿童问题行为矫治、特殊教育案例研究、特殊儿童养护学、超常儿童研究、手语、特殊儿童测量与评估、学习困难儿童的心理与教育、特殊儿童的早期预防、言语障碍与矫治、情绪障碍与矫治、家庭与社区康复、教育听力学、弱智儿童心理与教育、听力障碍儿童心理与教育、盲童心理与教育、超常儿童心理与教育
专业实验	残疾儿童生理、病理实验

注：各校的课程设置会因培养目标的不同而有差异。

毕业去向

特殊教育专业毕业生近两年的主要就业去向

职　业	工作单位	起薪(元/月)	学历要求	工 作 内 容
公务员	省、市残联	1500～3000	本科、研究生	特殊教育领域的调研、活动组织和对外宣传等
教师	高校特殊教育院系	1500～3000	研究生	特殊教育方向的教学与科研工作
	普通学校	1500～2500	本科	教学、科研与心理辅导
	特殊教育学校	1500～2500	本科	特殊教育的教学与科研、心理辅导

注：表格中的起薪可能会因为地区差异而存在较大差别。

专家提示

1. 关注专业特色

据统计，全国各类特殊教育学校有近 1000 所，在校学生近 10 万人。但是，目前 84 所师范院校中仅有 11 所开设特殊教育课程，6 所教育部直属师范大学中只有 2 所设有特殊教育系，每年的招生人数也很有限。特殊教育专业人才培养和学科建设的任务十分迫切与艰巨。

我国特殊教育起步较晚，大陆第一个高校特殊教育学系创建于 1997 年，即华东师范大学特殊教育学系。该系虽历史很短，但发展迅速，师资队伍已初具规模，教学与科研水平在国内高校同类专业中居领先地位，2001 年成立了中国内地第一个特殊教育学博士点，并拥有下属教学科研机构，如特殊儿童心理与教育教研室、特殊儿童心理测量与评估研究室和特殊教育教材与教法科研室。目前，已创设特殊教育学、特殊儿童心理咨询、言语听觉科学 3 个专业方向，每年约招 70 名本科生、30 名硕士生及近 10 名博士生。

2. 考虑性格适合

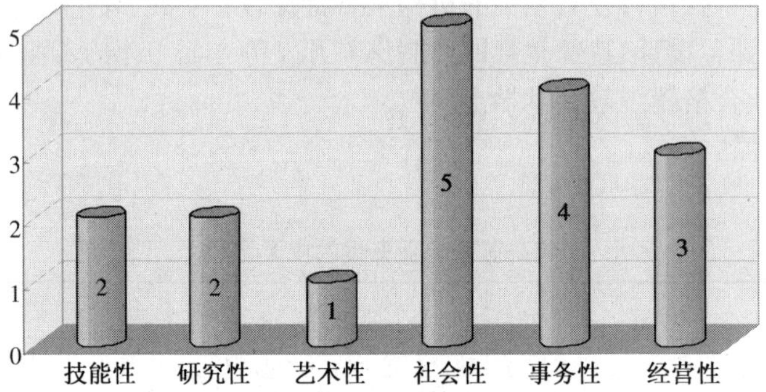

特殊教育专业对不同性格特征的需求度

3. 走出常见误区

特殊教育无意义？对残疾儿童进行教育需要大量人力、财力、物力，教育的效果却不显著，因此社会上相当多的人认为对于残疾儿童没有系统教育的必要，只需家长对其进行适当的教育即可。而实际上，特殊教育具有多方面的意义：在政治上体现了宪法赋予公民的平等权利，体现了社会主义制度的优越性；在经济上变消费者为生产者，有利于促进精神文明建设，使普及教育的工作更加完善；同时，特殊教育的发展对相关事业和学科的发展也有很大意义，如普通心理学、儿童心理学、医学、康复学、社会学、哲学等。因此，特殊教育并非无用，而是对社会、国家、个人有着重要的意义和作用。

特殊教育不需要专门人才？特殊教育的对象主要是智力障碍、听力障碍和视力障碍的儿童，很多人认为特殊教育只需要普通师范院校的毕业生，不必另外设立专门的特殊教育专业或特殊教育师范学校，尤其是对智力障碍的儿童。然而，普通师范院校毕业的学生不了解残疾儿童的生理、心理特征，也不具备特殊教育的教学方法和应对特殊儿童的心理准备及专业能力，在实际教学中往往不能因材施教、“对症下药”。

4. 特别提醒

该专业除了要求学生有纯熟的专业技能外，还要特别有爱心、耐心，以及一定的奉献精神。

作者：王亚娜　　修订：王梦翔

附表：开设特殊教育专业的部分学校（院系）情况

批次	学校（院系）	本科专业方向设置	专业实力			近三年录取情况					特别关注
			硕博士学位点		学科建设	年份	入校分（最高/最低）	专业分（最高/最低）	选测科目等级要求	录取人数	
			硕士	博士							
本科一批	华东师范大学（教育科学学院教育学系）	特殊教育	特殊教育	特殊儿童的认知、特殊儿童的评估和测量、言语语言训练矫治	—	2015 2016 2017	389/379(理),385/374(文) 363/355(理),— 397/380(理),383/378(文)	384/381 — —	BB — —	5 — —	是我国大陆成立的第一个特殊教育学系；上海市重点学科；报考该专业的上海考生须参加考前面试
本科二批	南京特殊教育师范学院（特殊教育系）	特殊教育	—	—	江苏省特色专业建设点	2015 2017	338/314(理),339/315(文) 331/315(理),337/315(文)	339/319(特教,文) 338/320(特教,理) 331/321(理)(师范)	— BC	22 20 17	—

注：录取情况涵盖三年，“—”代表没有此项内容或无法获取相关资料。

4 教育技术学专业

学科概述

教育技术学是研究学习过程和学习资源的设计、开发、使用、管理和评价的理论与实践的学科，是一门新兴的、极富生命力的交叉学科，融教育学、心理学、传播学、计算机科学等相关学科于一体。通过四年的学习，要求学生能掌握教育技术的基本理论、基本知识和基本技能，具备关于学习过程和学习资源的理论与实际操作能力，如教学设计能力，构造和维护教学系统的能力，教学媒体的开发、应用、科研、管理的能力。在高校中设置的学科名为教育技术，本科阶段有师范和非师范划分。

学制四年，学业合格授予教育学学士学位或理学学士学位。

学习内容

教育技术学专业开设的主要课程

类别	课程
专业基础课程	高等数学、文学与写作、艺术基础（音乐、美术）、摄影、普通物理、数字电路、模拟电路
专业主干课程	现代教育技术导论、计算机辅助教育、光学媒体与教学、电声媒体与教学、教育技术管理与评价、多媒体编著语言、教育传播学、教育技术研究方法、教学设计、学与教的心理学、普通心理学、教育技术教学法
专业选修课程	光学媒体维护技术、电声媒体维护技术、计算机图文制作、关系数据库、多媒体计算机技术基础、电视机原理、计算机网络、星网技术、专业英语、教育电视节目制作、远程教育、学习论、教育电视系统、认知心理学、电工学、教育技术前沿课题追踪

注：各校的课程设置会因培养目标的不同而有差异。

毕业去向

教育技术学专业毕业生近两年的主要就业去向

职业	工作单位	起薪（元/月）	学历要求	工作内容
影视编辑、摄影师、摄像师	电视台、制片单位、报社	1500～2500	本科	电视节目及电影的拍摄及编辑
中小学教师	中小学校	1500～2500	本科	中小学的计算机课
高校教师	高等院校	1500～3000	研究生	高等院校的电教公共课或教育技术专业课的教学
电教、多媒体设备使用、维护、管理人员、网络维护与管理	中小学、大专院校、企事业单位、省市电教馆	1000～2500	本科、研究生	电脑及多媒体等设备维护管理、单位网络管理及网站建设
研究人员	大专院校、教育局、电教馆、科研单位	1500～2500	本科、研究生	教育技术专业领域的研究
课件制作与程序设计人员	软件公司、大专院校	1500～3000	本科、研究生	教育软件的设计、制作
远程教育人员	远程教育单位	1500～2500	本科、研究生	远程教育技术支持

注：表格中的起薪可能会因为地区差异而存在较大差别。

教育技术专业毕业生主要行业流向及相应平均月薪(人民币:元)

毕业年份	行业流向 TOP3		
2010	中小学教育机构	中等职业教育机构	互联网运营与网络搜索引擎业
	2884	2692	3080
2011	中小学教育机构	教育辅助服务业	互联网运营与网络搜索引擎业
	3218	3497	3437
2012	中小学教育机构	软件开发业	其他学院和培训机构
	3429	4173	2688

注:表格中的月薪为该专业毕业生半年后平均月薪。2012 届该专业本科生毕业半年后就业率为 89.6%,工作与专业对口率为 44%,毕业即读研和留学比例为 11.7%。

数据来源:麦可斯-中国 2010、2011、2012 届大学毕业生求职与工作能力调查。

专家提示

1. 关注专业特色

"教育技术"这个名词出现的时间不长,但大家都知道电化教育这个名词,其实"教育技术"就是由它更名而来的。从华南师范大学第一个开设电化教育专业到现在的教育技术学专业,这门学科已经得到了很大的发展。许多学校陆续开设了这个专业,办学比较好的有北京师范大学、南京师范大学、华南师范大学、华东师范大学、首都师范大学等,其中北京师范大学的教育技术学注重基础理论研究和教育应用,具有较强的实力;南京师范大学的教育技术学关注中小学信息技术课程的建设,致力于中小学信息技术教育的改革,是"高中信息技术课程标准"研制的牵头单位;华南师范大学教育技术学专注于中小学教育技术实验和中小学师资培训;华东师范大学在信息化教育(将信息技术应用于学科教学)方面积累了丰富的理论与实践经验,同时也在积极推动我国现代教育技术的标准化工作。

华南师范大学的教育技术学为国家二级重点学科。

2. 考虑性格适合

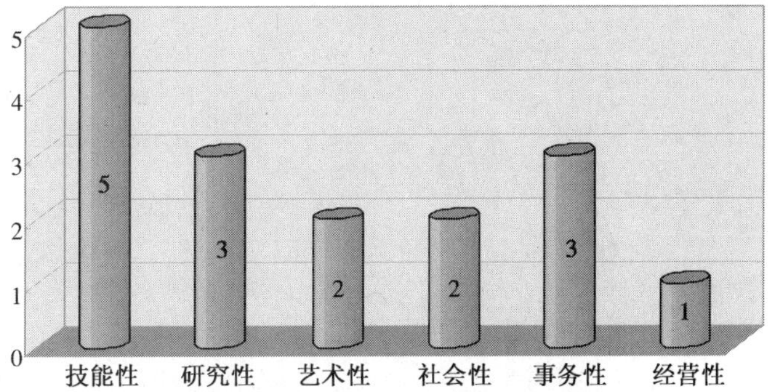

教育技术学专业对不同性格特征的需求度

3. 走出常见误区

重技术轻教育。当前人们对教育技术学的认识存在一个严重误区,就是重技术轻教育,认为教育技术是一项纯技术的工作,其实不然。技术的实质不是物而是人,需要人的学习和运用。在当前教育技术学的基础理论建设中,重视信息时代的学习和教育规律的探索、加强教育技术中的人文色彩不仅势在必行,而且已成为世界各国教育技术学基础理论发展中的共同趋势。

教育技术学专业毕业的学生在学校只能做教辅人员吗？教育技术学专业由以前的电化教育专业发展而来。以前的电教专业的毕业生如果在学校工作，只能从事电教设备的使用、维护和管理，后来从事计算机的教学工作，又因为计算机课不被重视，在实际工作中成了一名教辅人员。随着信息时代的发展，学校对电脑和多媒体设备配备和使用情况的重视，这一情况已经得到了很大的改观。随着高考制度的改革，中小学信息技术课程将更受重视。

教育技术学专业毕业的学生一定要当老师吗？教育技术，顾名思义是一个教育类专业，它的培养目标之一是向中学输送信息技术课教师，所以有些不想做老师的同学不愿意报考这个专业。其实，教育部对师范类毕业生的就业政策放宽，允许他们到教育系统外就业；而且，教育技术学交叉和综合的学科属性决定了该专业的毕业生择业方向更为多样，特别是该专业与计算机相关的课程开得比较多，所以编程学得好的同学也可以选择去软件公司工作。

4. 特别提醒

本专业的课程设置需要学生有比较好的数理基础，文科学生要选择这个专业需要做好从理的准备。

作者：钱　锦　　修订：王梦翔

附表:开设教育技术学专业的部分学校(院系)情况

批次	学校(院系)	本科专业方向设置	专业实力			近三年录取情况					特别关注
			硕博士学位点		学科建设	年份	入校分(最高/最低)	专业分(最高/最低)	选测科目等级要求	录取人数	
			硕士	博士							
本科一批	上海外国语大学(新闻传播学院)	教育技术学	教育技术学	—	—	2015 2016 2017	387/378(理),389/375(文) 398/389(理),396/385(文) 392/378(理),393/378(文)	381(理) 390/390(理) 385/385(文) 379/379(理) 379/379(文)	BB BB BB BB BB	1 1 2 1 1 1	—
	南京师范大学(教育科学学院)	教育技术(师范)、教育技术(远程教育)名媒体信息技术	教育技术学	教育技术学、学习科学与技术设计、视觉文化与媒介素养	全国拥有该专业博士授予权的五所院校之一;江苏省内本学科最早拥有硕士、博士授予权	2015 2016 2017	382/359(理),358/377(文) 392/370(理) 383/360(理),379/362(文)	374/360(教育技术师范)(理) 377/372(教育技术师范)(理) 391/371(文) 372/361(教育技术师范)(理)	AB AB AB AB	13 15 — 21	—
	华东师范大学(教育信息技术学系)	教育技术学	教育技术学	教育技术学、学习科学与技术设计	全国拥有该专业博士授予权的五所院校之一	2015 2016 2017	389/379(理),385/374(文) 398/388(理),399/385(文) 397/380(理),383/378(文)	— 389/389(理) — 382/382(理)	BB BB — BB	— 1 — 1	该专业拥有博士后流动站
	湖南师范大学(教育科学学院)	教育技术学(师范类专业)	教育技术学(信息技术教育学、教育环境与资源、教育信息化工程、网络虚拟环境中的教学设计)	—	专业学位:现代教育技术(不区分研究方向)	2015 2016 2017	360/346(理),358/347(文) 369/359(理),368/362(理) 363/342(文),358/351(理)	353/352 362/361(理)(师范) — —	AB^+ AB^+ — —	2 2 — —	教育技术学系源于创办于1982年的电化教育中心和后来成立的电化教学部
	江南大学(人文学院)	教育技术学(师范类专业)	—	—	教育技术学专业是江南大学重点培育和建设的专业;拥有全国一流的教育技术专业实验中心;国家精品课程1门,省精品课程2门	2015 2016 2017	355/350(理),354/350(文) 392/366(理),362/356(文) 352/348(理),372/355(文)	— — 360/356(文) 教育学类(教育技术学,小学教育)(师范)	BB — BB	— — 7	获省部级教学成果奖2项,出版教材著作12部,校级教学成果奖5项;主持国家、省级教育课题近20项
	苏州大学(教育学院)	教育技术学(分为师范类和数字媒体技术)	—	—	培养教学技术学科高级专门人才和从事数字媒体开发与数字传播的专业人才	2015 2016 2017	387/360(理),377/358(文) 396/371(理),385/370(文) 381/360(理),379/359(文)	363/360 — —	AB AB AB	8 — —	理论和技术并重,同时培养师范生和非师范生

续 表

批次	学校（院系）	本科专业方向设置	专业实力：硕博士学位点 硕士	专业实力：硕博士学位点 博士	专业实力：学科建设	年份	近三年录取情况：入校分（最高/最低）	近三年录取情况：专业分（最高/最低）	选测科目等级要求	录取人数	特别关注
本科一批	扬州大学（新闻与传媒学院）	教育技术学	教育技术学	—	—	2015 2016 2017	351/328(理),348/335(文) 360/343(理),349/341(文) 366/337(理),362/342(文)	— 354/343(理)(师范) 345/337(理)(师范)	BC BB BB	— 58 55	—
本科一批	江苏师范大学（原徐州师范大学）（信息传播学院）	教育技术学	教育技术学	—	教育技术学专业是国家级特色专业建设点	2015 2016 2017	362/327(理),352/329(文) 362/337(理),360/343(文) 382/337(理),370/338(文)	352/335(文) 355/347(理) 352/343(理) 352/347(文)(师范) 335/342(理)(师范)	BC BC BC BC BC	89 30 8 17 17	—
本科二批	苏州大学（教育学院）	教育技术学（师范类和数字媒体技术）	—	—	—	2015 2016 2017	356/334(理),357/341(文) 363/351(理),362/355(文) —	— — —	BB — —	— — —	—
本科二批	南京晓庄学院（新闻传播学院）	教育技术学（数字媒体）	—	—	信息技术与传播实验教学示范中心是省级基础实验教学示范中心	2015 2016 2017	375/321(理),350/326(文) 382/336(理),363/341(文) 379/327(理),355/330(文)	— — —	BC — —	— — —	—
本科二批	天津师范大学（教育学院）	教育技术	多媒体技术开发及应用、远程教育技术开发及应用、数字媒体设计与应用、教育管理信息系统开发、网络教育平台开发技术、（专业学位）现代教育技术	—	建有教育实验中心；该专业于1996年取得硕士学位授予权	2015 2016 2017	344/332(理),345/337(文) 357/341(理),357/351(文) 344/328(理),343/331(文)	337/336(理) 345/345(理) —	BB BB —	2 2 —	《多媒体画画理论研究》、《多媒体技术教育应用》、《网络技术的教育应用》是国家级精品课程

注：录取情况涵盖三年，“—”代表没有此项内容或无法获取相关资料。

5 体育学类专业

学科概述

体育是以身体运动为基本手段促进身心发展的文化活动。体育学类专业不单纯以运动技能的传授为主，而是一门综合性学科，文理兼备，涵盖了体育基础理论、生理生化等各种知识。体育学共有五个本科专业：体育教育、社会体育、运动人体科学、运动训练、民族传统体育。体育学类专业主要培养从事教育、管理、咨询等工作的体育人才。要求掌握体育方面的基础理论、基本技术和基本技能以及各专业相关的知识，毕业后能从事相关职业。

各专业的特点和主要区别如下：

项目＼专业	体育教育	社会体育	运动人体科学	运动训练	民族传统体育
培养目标	培养掌握体育教育的基本理论和技能，从事体育教学、组织课外体育活动、指导学校课余运动训练及科研、管理工作的专门人才	培养从事群众性体育活动的组织管理、咨询指导、经营开发以及教学科研工作的专门人才	培养运动人体科学基础理论专业师资、体育科学研究人员、全民健身指导及研究人员，以及其他相关专业技术工作的高级专门人才	培养从事运动实践和科学研究的教练员。要求掌握运动训练的基础理论和基本知识、科学地进行运动训练，毕业后能够从事运动训练队的教练工作	培养从事武术（套路和散打）、传统体育养生及民族民间体育项目的教学、训练、科研工作的专门人才
修业年限	四年	四年	四年	四年	四年
授予学位	教育学学士	教育学学士	教育学学士	教育学学士	教育学学士
就业去向	中等以上学校和体育部门	各级社会体育管理机构、各种体育协会、体育俱乐部、体育企业和体育场馆	体育科研机构、运动训练基地、各级医院康复科、福利院、疗养院、教学单位、宾馆康乐部	各类体校、各级运动队	武术院（馆），各级体育局及武术运动队、公安、部队、武术研究机构等

学习内容

体育学类专业开设的主要课程

专业	类　别	课　　程
体育教育	专业基础课程	体育学概论、人体解剖生理、运动技术基础、体育课程教学论、运动生理学、运动解剖与生物力学
	专业主干课程	运动训练学、体育保健学、体育心理学、体育科研方法、田径、排球、篮球、足球、体操、武术、艺术体育、游泳
社会体育	专业基础课	体育学概论、人体解剖生理、运动技术基础、运动生理学、体育社会学、社会体育学、体育社会科学概论
	专业主干课	体育保健学、体育心理学、社会体育管理学、体育公共关系学、体育法学、体育测量与评价、体育科研方法、田径、篮球、足球、排球、民族传统体育
运动人体科学	专业基础课	教育学、高等数学、基础化学、物理学、人体解剖与运动解剖学、人体生理与运动生理学
	专业主干课	生物化学与运动生物化学、运动生物力学、运动保健学、运动康复学、医务监督、临床医学基础、中医养生康复学、田径、体操、篮球、足球、排球

续 表

专业	类 别	课 程
运动训练	专业基础课	体育学概论、人体解剖生理、运动技术基础、体育课程教学论、运动生理学、运动解剖与生物力学
	专业主干课	运动训练学、运动保健学、运动生理学、体育科研方法、田径、排球、篮球、足球、体操、武术、艺术体育、游泳
民族传统体育	专业基础课	教育学、民族传统体育概论、人体解剖学、人体生理学、体育心理学
	专业主干课	中医基础、中国武术史、武术套路、技击、民族民间体育、传统体育养生、伤科推拿学

注：各校的课程设置会因培养目标的不同而有差异。

毕业去向

体育学类专业毕业生近两年的主要就业去向

职 业	工作单位	起薪(元/月)	学历要求	工 作 内 容
中学或中等以上学校教师	中学、职业技术学校	1500～2500	本科	体育教学、课外体育活动、课余体育训练、健康指导和组织管理
高校教师	高等院校	1500～3000	研究生	高校体育专业的课程讲解、科研项目及课题的研究
教练	健身俱乐部、运动队、武术院、公安、部队、武术研究机构等	1500～2500	本科、研究生	健身指导、训练指导、与武术相关的教练和科研
俱乐部管理	体育俱乐部	1500～2500	本科、研究生	体育俱乐部的营销、管理
企业营销管理人员	体育企业	1500～2500	本科、研究生	体育产品的营销、企业管理
体育场馆管理人员	体育场馆部门	1000～1500	本科	国家公共体育场馆的维护和管理
公务员	政府机关	1500～2500	本科、研究生	体育管理
科研人员	训练基地、体育科研机构、医药卫生、保健康复部门	1500～3000	本科、研究生	为高水平运动队提供相关的运动生理、生化、保健、康复、心理等相关科学领域的科研支持

注：表格中的起薪可能会因为地区差异而存在较大差别。

社会体育专业毕业生主要行业流向及相应平均月薪(人民币:元)

毕业年份	行业流向 TOP3		
2008	教育业	文化艺术和体育业	百货商品店
	1815	3042	1900
2009	小学和中学教育	百货店	大专/高职教育
	1991	1822	1720
2010	中小学教育机构	中等职业教育机构	司法和执法部门
	2712	2415	2951

注:表格中的月薪为该专业毕业生半年后平均月薪。2010 届该专业本科生毕业半年后就业率为 87.0%,工作与专业对口率为 64%,毕业即读研和留学比例为 15.6%。

数据来源:麦可斯-中国 2008、2009、2010 届大学毕业生求职与工作能力调查。

体育教育专业毕业生主要行业流向及相应平均月薪(人民币:元)

毕业年份	行业流向 TOP3		
2009	小学和中学教育	大专/高职教育	中等职业学校
	2586	1936	1944
2011	小学和中学教育	中等职业教育机构	大专/高职教育机构
	2939	2695	2672
2012	中小学教育机构	中等职业教育机构	幼儿园与学前教育机构
	3046	2975	2986

注:表格中的月薪为该专业毕业生半年后平均月薪。2012 届该专业本科生毕业半年后就业率为 88.8%,工作与专业对口率为 58%,毕业即读研和留学比例为 11.2%。

数据来源:麦可斯-中国 2010、2011、2012 届大学毕业生求职与工作能力调查。

运动训练专业毕业生主要行业流向及相应平均月薪(人民币:元)

毕业年份	行业流向 TOP3		
2008	教育业	文化艺术和体育业	其他各级党政机关
	2084	2205	1532
2009	小学和中学教育	其他各级党政机关	大专/高职教育
	1828	1580	1834

注:表格中的月薪为该专业毕业生半年后平均月薪。2009 届该专业本科生毕业半年后就业率为 80.3%,工作与专业对口率为 46%,毕业即读研和留学比例为 1.2%。

数据来源:麦可斯-中国 2008、2009、2010 届大学毕业生求职与工作能力调查。

专家提示

1. 关注专业特色

体育学类专业一般设在专门的体育院校或综合性大学的体育院系中。全国有五所国家体育总局直属的体育院校,分别是北京体育大学、上海体育学院、西安体育学院、成都体育学院、武汉体育学院。这些院校的体育学类专业较注重体育的专业特色,即比较偏重运动技术。这些院校的体育场馆、设施等硬件条件相当完善,许多省、市级,甚至国家级运动队都把那里作为训练基地,因此这些体育院校的专业水平相对较高。而华南师范大学、苏州大学、南京师范大学等师范类院校的体育学类专业更具师范特色,为学生提供了更好的校园文化氛围,更利于多种学科的综合、交叉研究,更有利于人的全面发展。因此考生要根据自己的特长和愿望选择适合自己的学校。

北京体育大学的运动人体科学为国家二级重点学科。

2. 考虑性格适合

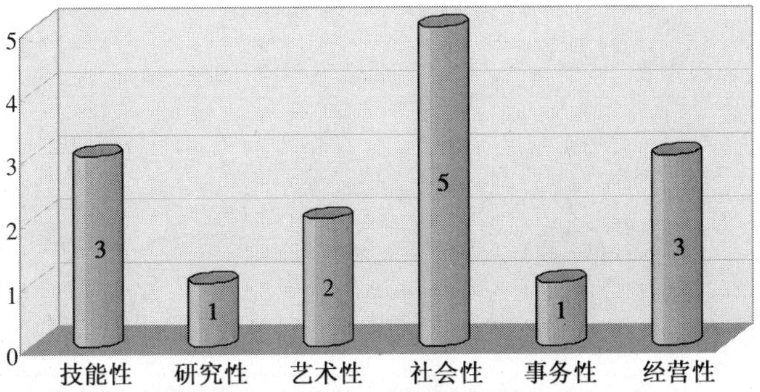

体育学类专业对不同性格特征的需求度

3. 走出常见误区

关于“四肢发达、头脑简单”之说。由于受社会偏见的影响，长期以来人们一直都轻视体力劳动者，再加上目前我国中小学的体育教师只有一部分受过正规的高等教育，所以出现了搞体育的人都是“四肢发达、头脑简单”的错误说法。体育教师和其他学科的教师一样都是教书育人，体育教师除了要掌握心理学、教育学等教师必备的基础知识之外，还必须掌握生理、解剖、保健等专业知识和拥有娴熟的运动技能。高校的体育教师不仅要进行常规的教学，还要进行科学研究。所以“四肢发达、头脑简单”不是对体育工作者的正确认识。2008 年北京奥运会的举办，迎来了我国体育事业发展的黄金时代。人们开始关注体育和体育人，对体育的偏见也在逐渐改变。体育事业的发展呼唤一大批四肢强健且理性、智慧且素质高的体育人才。

学体育就是学技术吗？很多考生认为学习体育学类专业，只要能跑、能跳就会取得好成绩，即“技术为主”，这种观点是片面的。体育学类专业培养的人才将来会从事体育领域里的各种职业而不仅仅是运动员，因此体育学类专业的人才除必须具备各种体育基本技能外，还必须掌握不同领域的理论知识和技能。因此体育学类专业的课程设置中理论课占了很大的比重，即使是技术课程也有一定比例的技术理论。入学时体育学类专业学生的文化基础比普通院系学生稍弱，所以在校期间他们不仅要练就扎实的专业技术，更应当加强文化课的学习，同时不能放松对英语、计算机等课程的学习，要努力缩小与普通院系学生的差距，以适应社会对综合型人才的需求。

作者：吴翌晖　　修订：王梦翔

附表：开设体育学类专业的部分学校（院系）情况

批次	学校（院系）	本科专业方向设置	专业实力			特别关注
			硕博点		学科建设	
			硕士	博士		
本科一批	北京体育大学	体育教育、运动训练、社会体育、运动人体科学、民族传统体育、公共事业管理（体育管理）、新闻学（体育新闻）、应用心理学（运动心理）、英语（国际体育）、表演（体育艺术）、运动康复与健康、体育产业管理	体育教育训练学、运动人体科学、体育人文社会学、民族传统体育学、应用心理学	体育教育训练学、运动人体科学、体育人文社会学、民族传统体育学	体育教育训练学、运动人体科学、体育人文社会学、民族传统体育学	该校隶属于国家体育总局
本科一批	华东师范大学（体育与健康学院）	体育教育、社会体育	运动人体科学、体育人文社会学、体育教育训练学	运动人体科学	—	该院成立于2001年，前身是华东师范大学体育系
本科一批	苏州大学（体育学院）	体育教育、运动人体科学、民族传统体育、运动训练	运动人体科学、体育教育训练学、体育人文社会学、民族传统体育	体育教育训练学	学校“211工程”重点扶持学科、体育学博士后流动站	体育教育训练学是目前江苏省体育专业唯一的重点学科及国家重点学科培育点
本科一批	南京师范大学（体育科学学院）	体育教育、社会体育专业	体育教育训练学、体育人文社会学、运动人体科学、教育硕士、体育硕士	体育人文社会学	国家体育与艺术师资培养培训基地、国家体育社会科学重点研究基地	南京师范大学体育系于2000年成立体育科学学院
本科一批	扬州大学（体育学院）	体育教育、社会体育和民族传统体育	运动人体科学、体育教育训练学、体育人文社会学、民族传统体育	动物与人类的运动比较学	—	—
本科二批	上海体育学院	体育教育、运动训练、社会体育、民族传统体育、舞蹈编导、运动人体科学、应用心理学、英语、新闻学、公共事业管理、市场营销、信息管理与信息系统、运动保健与康复、休闲体育	拥有10个硕士专业，其中体育赛事运作、体育新闻专业为国内唯一	拥有体育学一级学科和下属所有4个二级学科的博士学位授予权	另有6个国家体育总局重点学科；学院建成了国内第一个体育学博士后流动站，先后建立运动分子生物学实验室等多个国内一流的实验中心和实验室	该院为新中国成立后创建最早的体育高等院校
本科二批	武汉体育学院	体育教育、运动训练、公共事业管理、应用心理、民族传统体育、社会体育、运动人体科学、新闻学（体育新闻方向）、经济学（体育经济学方向）、表演学（体育舞蹈方向）、现代教育技术、运动康复与健康、外语、休闲体育、体育装备工程	体育教育训练学、体育人文社会学、运动人体科学、民族传统体育学、应用心理学、运动医学、产业经济学、舞蹈学、体育硕士	体育学	学校现有6个省部级重点学科和1个国家体育总局重点运动项目、体育学为一级硕士学科	该院为新中国首批独立设置的全日制普通高等体育院校之一，2011年学校获得一级博士学位授予权
本科二批	天津体育学院	体育教育、运动训练、社会体育、民族传统体育、运动人体科学、舞蹈学、新闻学、市场营销、旅游管理、特殊教育、教育技术学、英语、运动康复与健康	运动人体科学、体育人文社会学、体育教育训练学、民族传统体育学、课程与教学、康复医学与理疗学、体育硕士	—	运动生理学科被评为天津市教委重点发展学科；体育人文社会科学研究中心是国家体育总局体育社会科学重点研究基地和天津市普通高等院校人文社会科学重点研究基地	该院1993年率先在全国开设社会体育专业
本科二批	南京体育学院	体育教育、运动训练、社会体育、运动人体科学、民族传统体育、新闻学	运动人体科学、体育人文社会学、体育教育训练学、体育硕士	—	运动人体科学、体育人文社会学被列为江苏省重点学科；体育教育专业被列为江苏省品牌专业建设点；运动训练、运动人体科学专业被列为江苏省特色专业；民族传统体育专业被列为江苏省特色专业建设点	该院是江苏省属唯一的高等体育院校和规模最大的高水平竞技体育训练基地
本科二批	淮阴师范学院（体育学院）	体育教育、社会体育	—	—	—	—

注：录取情况涵盖三年，所缺年份表示当年未招生；“—”代表没有此项内容或无法获取相关资料。

文学类

LITERATURE

文学门类介绍

文学是语言文字的艺术(文学是由语言文字组构而成的,开拓无言之境),往往是文化的重要表现形式,以不同的形式(即体裁)表现内心和再现一定时期、一定地域的社会生活。文学是对语言文字艺术进行研究的学科。

学科地位

文学是文科中比较大的学科门类。据国务院学位办公室发表的统计数据,我国大学授予的文学学士占学士总数的9.61%,授予的文学硕士占硕士总数的7.42%,授予的文学博士占博士总数的 4.07%。另据教育部高校学生司发布的博士生导师资料统计,在全国大学 40 110 名博士生导师中,有 1 901 名是文学博导,占博导总数的 4.74%。截至 2007 年,全国开设文学专业的大学共 566 所。

学习要求

文学学科门类专业一般需要学生对该专业有学习的兴趣,就其自身特质而言,须具备较强的语言文字敏感性和较高的理解能力,学习过程中要注重广泛的阅读。文学学科门类专业一般文理兼收。

学科分类

文学学科门类包括中国语言文学、外国语言文学、新闻传播学 3 个学科大类,共设本科专业 76 种(参照教育部 2012 年颁布的《全国普通高等学校本科专业目录》),详见下表。

普通高等学校本科专业目录(文学学科门类)

门类	学科大类	专业名称	授予学位(学士)	专业名称	授予学位(学士)
文学	中国语言文学类	汉语言文学	文学	汉语言	文学
		古典文献学	文学	中国少数民族语言文学	文学
		汉语国际教育	文学	应用语言学	文学
		秘书学	文学		
	外国语言文学类	英语	文学	越南语	文学
		俄语	文学	豪萨语	文学
		德语	文学	斯瓦希里语	文学
		法语	文学	阿尔巴尼亚语	文学
		西班牙语	文学	保加利亚语	文学
		阿拉伯语	文学	波兰语	文学
		日语	文学	捷克语	文学
		波斯语	文学	罗马尼亚语	文学
		朝鲜语	文学	葡萄牙语	文学
		菲律宾语	文学	瑞典语	文学
		梵语巴利语	文学	塞尔维亚语	文学
		印度尼西亚语	文学	土耳其语	文学
		印地语	文学	希腊语	文学
		柬埔寨语	文学	匈牙利语	文学
		老挝语	文学	意大利语	文学
		缅甸语	文学	斯洛伐克语	文学

（续表）

门类	学科大类	专业名称	授予学位(学士)	专业名称	授予学位(学士)
文学	外国语言文学类	马来语	文学	泰米尔语	文学
		蒙古语	文学	普什图语	文学
		僧伽罗语	文学	世界语	文学
		泰语	文学	孟加拉语	文学
		乌尔都语	文学	尼泊尔语	文学
		希伯来语	文学	芬兰语	文学
		荷兰语	文学	乌克兰语	文学
		克罗地亚语	文学	挪威语	文学
		丹麦语	文学	冰岛语	文学
		爱尔兰语	文学	拉脱维亚语	文学
		立陶宛语	文学	斯洛文尼亚语	文学
		爱沙尼亚语	文学	马耳他语	文学
		哈萨克语	文学	乌兹别克语	文学
		祖鲁语	文学	拉丁语	文学
		翻译	文学	商务英语	文学
	新闻传播学类	新闻学	文学	编辑出版学	文学
		广播电视学	文学	传播学	文学
		广告学	文学	网络与新媒体	文学
		数字出版	文学		

学科大类介绍

中国语言文学类、外国语言文学类

中国语言文学类包括汉语言文学专业、汉语言等专业；外国语言文学类包括英语专业，俄语、德语、法语、日语等非英语类外语专业。这两类专业要求学生在霍兰德职业倾向测试（请参照附录Ⅰ进行自测）的社会性维度和事务性维度有较高得分；需要学生有较广的知识面，较强的语言文字敏感性、良好的口头表达能力。语言类专业一般文理兼收，专业主要分布在各校文学院、外国语学院等。这两类专业学生毕业后从事的职业主要为教师、公务员、编辑、记者、秘书、翻译、外企员工、管理人员、外事工作人员等。

根据教育部发布的2007年全国高校国家重点学科名单，**中国语言文学**学科为国家一级重点学科的院校有：北京大学、北京师范大学、复旦大学、南京大学、四川大学。

新闻传播学类

新闻传播学类专业包括新闻学、广播电视新闻学、广告学、编辑出版学等专业，该类专业要求学生在霍兰德职业倾向测试（请参照附录Ⅰ进行自测）的艺术性维度和社会性维度上有较高得分。新闻传播学类专业一般文理兼收，该类专业要求学生有较高的实践能力、较强的文学艺术功底，同时具备一定的新闻事件敏感度。学生毕业后从事的职业主要是电视制片人、媒体记者、编辑、公务员、教师、广告设计人员、企划人员、电视制作人、市场策划人员等。

根据教育部发布的2007年全国高校国家重点学科名单，**新闻传播学**学科为国家一级重点学科的院校有：中国人民大学、复旦大学。

1 汉语言文学专业

学科概述

汉语言文学以中国语言文学理论与作品、西方文艺理论以及文学史为研究对象，旨在培养具有广阔人文视野和中国语言文字修养，能从事文学评论与写作、编辑、新闻、文秘和其他文化宣传方面的实际工作，以及语言文学教学与研究工作的高级人才。该专业一般文理兼收。

学制四年，学业合格授予文学学士学位。

相近专业：汉语言、对外汉语、中国少数民族语言文学、古典文献、中国语言文化、应用语言学、华文教育、文秘等。

学习内容

汉语言文学专业开设的主要课程

类　别	课　　程
专业基础课程	语言学概论、现代汉语、古代汉语、文艺理论导论、中国现当代文学史、中国古代文学史、外国文学史、比较文学概论、美学概论、文学文本解读、写作
专业主干课程	中外语言学史、汉语史、中国文化概论、古典文献、古代文论、西方文论、西方美学史、中国现代文学专题、中国当代文学专题、中国现当代作家专题、文艺理论专题、鲁迅研究、汉字与书法

注：各校的课程设置会因培养目标的不同而有差异。

毕业去向

汉语言文学专业毕业近两年的主要就业去向

职　业	工作单位	起薪（元/月）	学历要求	工作内容
高中语文教师	高级中学	1500～2500	本科	语文教学及科研工作
高校教师	高等院校	1500～3000	研究生	汉语言文学及相关专业的教学和科研
公务员	党政机关	1500～2500	本科、研究生	各类文稿的拟写与文字管理
编辑	报社、杂志社、出版社、广播电视台	1500～2500	本科、研究生	文字稿件的编发及版面安排
媒体记者	报社、电视台	1500～2500	本科	新闻采写
企业秘书	企业	1000～2500	本科	企业各类文字的拟写、日常事务安排
企业文化策划	企业	1500～2500	本科、研究生	企业文化宣传、策划

注：表格中的起薪可能会因为地区差异而存在较大差别。

汉语言文学专业毕业生主要行业流向及相应平均月薪(人民币:元)

毕业年份	行业流向 TOP3		
2010	中小学教育机构	报刊和图书出版业	其他各级党政机关
	2920	3001	2215
2011	中小学教育机构	报刊和图书出版业	互联网运营与网络搜索引擎业
	2709	3032	3342
2012	中小学教育机构	其他各级党的机关	各级党政领导机构及人大、政协
	3140	3177	3102

注:表格中的月薪为该专业毕业生半年后平均月薪。2012 届该专业本科生毕业半年后就业率为 90.6%,工作与专业对口率为 71%,毕业即读研和留学比例为 10.1%。

数据来源:麦可斯-中国 2010、2011、2012 届大学毕业生求职与工作能力调查。

专家提示

1. 关注专业特色

一些学校的汉语言文学专业是国家文科基础学科人才培养和科学研究基地(简称"文科基地"),每年招收若干名"基地班"学生,是国内培养中国语言文学研究方面人才的重要基地。该专业中的"基地班"学生从高考学生中择优录取,并实行"分流政策",鼓励学生竞争。

汉语言文学专业设有"文科基地班"的院校有:北京大学、中国人民大学、北京师范大学、南开大学、东北师范大学、复旦大学、南京大学、山东大学、中山大学、南京师范大学、华东师范大学、陕西师范大学、四川联合大学、中央民族大学、上海师范大学、苏州大学、杭州大学、福建师范大学、湖南师范大学、暨南大学、广西师范大学、内蒙古大学。

汉语言文学及其相关专业国家二级重点学科分布情况如下:

文艺学:中国人民大学、暨南大学、山东大学;**语言学及应用语言学**:北京语言大学;**汉语言文字学**:安徽大学、华中师范大学;**中国古典文献学**:浙江大学;**中国古代文学**:首都师范大学、南开大学、华东师范大学、中山大学、陕西师范大学;**中国现当代文学**:南京师范大学、福建师范大学、山东师范大学、武汉大学;**中国少数民族语言文学**:中央民族大学、内蒙古大学、新疆大学;**比较文学与世界文学**:上海师范大学。

2. 考虑性格适合

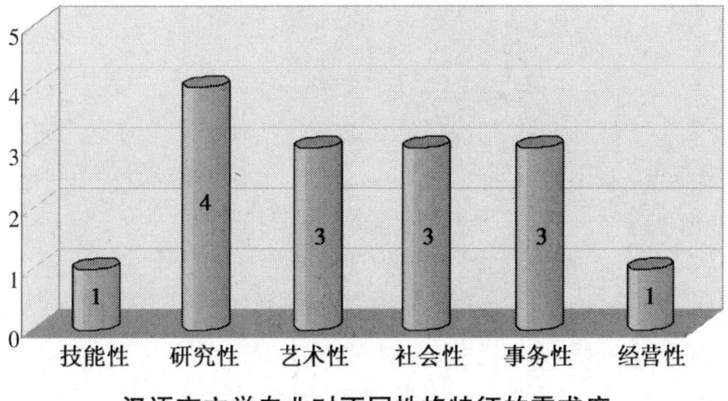

汉语言文学专业对不同性格特征的需求度

3. 走出常见误区

学"汉语言文学"就是整天看小说吗?"看小说"确实是汉语言文学专业学生的一大任务,

但该专业的学习任务远不止这一项。语言学概论、文学概论、中外文学史等都是该专业的必修课，对培养学生的文学能力和理论能力有着非常重要的作用。同时看文学作品也不能等同于看小说，诗歌、散文、戏剧等都需要涉猎。事实上，汉语言文学专业和“看小说”有着很大的距离，这个专业偏向于理论研究，例如美学、西方文艺理论都是对理论性要求很高的学科，学生必须勤于思考、善于理解。此外，停留于故事情节本身是不利于能力提高的，要带着鉴赏、分析的眼光去看才会有收获。

汉语言文学专业毕业后不好找工作吗？汉语言文学专业毕业生择业面较广，政府机关、事业单位、学校、广播电视台、出版社、报社、杂志社、广告公司、企业等都会吸纳一定量的汉语言文学专业毕业生，该专业毕业生良好的文学底蕴和文字功底是各单位看好的原因。

关于“汉语言文学”与“汉语言”的区别。“汉语言文学”与“汉语言”是中文系两大专业，学习内容有很多相似之处，前者侧重于中国文学方向，如中国古代文学、中国现当代文学等；后者侧重于汉语言文字方向，如现代汉语、古代汉语等。从就业方面来说，相对而言，社会对“汉语言文学”专业毕业生的需求量大一些。

作者：黄　潜　李　玮　　修订：王梦翔

附表：开设汉语言文学专业的部分学校(院系)情况

批次	学校(院系)	本科专业方向设置	专业实力：硕博士学位点：硕士	专业实力：硕博士学位点：博士	专业实力：学科建设	近三年录取情况：年份	近三年录取情况：入校分(最高/最低)	近三年录取情况：专业分(最高/最低)	近三年录取情况：选测科目等级要求	近三年录取情况：录取人数	特别关注
本科一批	复旦大学(中国语言文学系)	汉语言文学	汉语言文字学、民俗学、文艺学、中国古典文献学、中国古代文学、中国现当代文学、比较文学与世界文学、中国文学批评史、艺术人类学与民间文学、电影学、现代汉语语言学	语言学及应用语言学、中国古代文学、中国古典文献学、比较文学与世界文学、文艺学、中国现当代文学、中国文学批评史、艺术人类学与民间文学、汉语言文字学、现代汉语语言学、影视文学	中国古代文学为国家重点学科；拥有博士后流动站	2015 2016 2017	415/401(理)，401/391(文) 419/416(理)，412/403(文) 413/408(理)，409/397(文)	395/392(文) 405/403(文) 408/399(文)	A^+A A^+A A^+A	8 5 4	国家文科基地
本科一批	南京大学(文学院)	汉语言文学	中国古典文献学、中国古代文学、中国现当代文学、比较文学与世界文学、文艺学、戏剧戏曲学、语言学及应用语言学专业	中国古代文学、中国现当代文学、比较文学与世界文学、文艺学、戏剧戏曲学、中国古典文献学、语言学及应用语言学专业	中国古代文学、中国现当代文学为国家重点学科；戏剧戏曲学为省重点学科；拥有博士后流动站	2015 2016 2017	404/385(理)，398/380(文) 414/395(理)，407/391(文) 412/387(理)，402/384(文)	392/386(文) 398/395(文) 396/384(文) (人文科学试验班) (含汉语言文学)	AA AA AA	10 11 53	国家文科基地
本科一批	南京师范大学(文学院)	汉语言文学	中国古代文学、中国现当代文学、比较文学与世界文学、文艺学、电影学、中国古典文献学、影视文学、中国文学与文化、戏剧戏曲学、课程与教学论	戏剧文学、应用文体学、中国古代文学、中国现当代文学、比较文学与世界文学、中国古典文献学、影视文学、中国文学与文化、文艺学	中国古代文学为省重点学科；影视文学、中国文学与文化为国家重点学科；拥有博士后流动站；国家文科基地	2015 2016 2017	382/359(理)，377/358(文) 392/370(理)，391/371(文) 383/360(理)，379/362(文)	368/361 370/364 基地班 378/374(文) 384/377(文)(汉语言基地) 378/364(文)[汉语言文学(基地班)、秘书学、古典文献学] 371/363(汉语言)(文) 379/369(汉语言文学)(师范) 377/368(汉语言)(理)	AB AB AB AB AB AB AB AB	18 22 21 30 65 10 29 5	—

续 表

批次	学校（院系）	本科专业方向设置	专业实力：硕博士学位点：硕士	专业实力：硕博士学位点：博士	专业实力：学科建设	近三年录取情况：年份	近三年录取情况：入校分（最高/最低）	近三年录取情况：专业分（最高/最低）	近三年录取情况：选测科目等级要求	近三年录取情况：录取人数	特别关注
本科一批	北京师范大学（文学院）	汉语言文学	中国古代文学、中国现当代文学、比较文学与世界文学、文艺学、民俗学、课程与教学论、语言学及应用语言学、汉语言文字学、儿童文学、中国民间文学、中国古典文献学	中国现当代文学、比较文学与世界文学、文艺学、中国古典文献学、语言学及应用语言学、汉语言文字学、中国民间文学	中国语言文学为国家一级重点学科、拥有博士后流动站、国家基础科学人才培养和科学研究基地	2015 2016 2017	390/377(理),382/375(文) 393/388(理),398/387(文) 390/381(理),386/379(文)	377/376(文) 393/390(文) 386/381(文)	AB^+ AB^+ AB^+	3 3 3	国家文科基地
本科一批	扬州大学（文学院）	汉语言文学（教育）、汉语言文学（文秘）	中国古代文学、中国现当代文学、文艺学、汉语言文字学、课程与教学论（语文）、比较文学与世界文学、语言学与应用语言学	中国古代文学、文艺学	拥有中国语言文学博士后流动站及中国文化研究所，扬州文化研究中心、文艺学为省重点学科	2015 2016 2017	371/344(理),360/347(文) 382/347(理),375/358(文) 366/337(理),362/342(文)	360/352 370/363(师范)(文) 359/349(文) 中国汉语言文学类（汉语言文学师范、汉语国际教育）	BB BB BB	30 46 87	前身为扬州师院中文系
本科一批	苏州大学（文学院/凤凰传媒学院）	汉语言文学（师范）、汉语言文学（文科基地）、汉语言文学（文秘）	中国古代文学、中国现当代文学、比较文学与世界文学、文艺学、课程与教学论、汉语言文字学、戏剧戏曲学、语言学与应用语言学、美学中国古典文献学、中国少数民族语言文学	中国古代文学、中国现当代文学、比较文学与世界文学、戏剧影视文学、中国通俗文学、文艺学、语言学与应用语言学、汉语言文字学、中国古典文献学、媒介文化	中国古代文学、中国现当代文学、文艺学为省重点学科；中国古代文学拥有一级学科博士学位授予权；汉语言为校级重点学科；拥有博士后流动站	2015 2016 2017	387/360(理),377/358(文) 381/353(理),385/370(文) 381/360(理),379/359(文)	367/358 383/370(文)（中国语言文学类） 373/359(文)（中国语言文学类）	AB AB AB	81 96 103	国家文科基地、凤凰传媒学院的“媒介文化”专业为中国语言文学一级学科博士点下的自设二级点
本科二批	江苏师范大学（原徐州师范大学）（文学院）	汉语言文学（师范、非师范、高级文秘三方向）	文艺学、语言学及应用语言学、汉语言文字学、中国古典文献学、中国古代文学、中国现当代文学、中国少数民族语言文学、比较文学与世界文学、艺术学、戏剧戏曲学	—	汉语言文学专业为江苏省首批特色专业，语言学及应用语言学为国家级重点学科培育点，中国古代文学为省级重点学科	2015 2016 2017	362/327(理),352/329(文) 362/337(理),360/343(文) 327/289(理),336/298(文)	— — 321/291(理) 331/302(文)	BC — CC CC	— — 34 46	江苏师范大学有汉语言文学的一批招生（文学院）是一个独立院校，本科二批招生

注：录取情况涵盖三年，“—”代表没有此项内容或无法获取相关资料。

2 英语学专业

学科概述

一般意义上的英语学是指英语语言文学，是在学生系统地掌握语言学各方面知识的基础上，更深入地学习和正确地运用英语语言，达到更深刻地理解英语、分析英语、应用英语的目的。该专业的学生不仅要掌握英语的听、说、读、写、译各方面的基本能力，以及语言学、语音学、词汇学等基本原理和基本知识，还要了解英语与民族文化、社会背景的关系，懂得语言学原理、语言学与文学的关系，并了解语言与外语教学各流派。随着学科分类的精细化以及学科之间的逐步融合，英语作为一门工具在诸多领域得到了广泛的应用，并衍生出更多的交叉学科，例如商贸英语、法律英语和计算机英语等。

在高校中设置的本科专业名为"英语专业"。这个专业在中国大学中广泛地存在着，几乎每个大学都开设了这个专业。因此在开设好英语专业基本课程的同时，各个学校都开始开发自己的特色专业，即和本学校的优势专业相关的方向课，比如中国石油大学就可能是英语专业加上石油科技英语方向。在很多学校的专科层次就是英语教育专业。本科层次的教育目前呈现多样化，例如：经贸英语、翻译、英美文学、科技英语、英语教育等应用性较强的专业。而在硕士教育阶段，这个范围开始缩小了，主要集中在英语语言文学、翻译和语言学方向。

学制四年，学业合格授予文学学士学位。

学习内容

英语学专业开设的主要课程

类　别	课　　程
专业基础课程	精读、泛读、英语口语教程、英语听力教程、英语语音学、语法学、翻译理论与实践(英译汉和汉译英)、欧美国家的社会与文化研究、英语写作、高级英语、英美文学史、西方文化、比较文学、英语词汇学、语言学、英语文体学、英语修辞学、第二外语
应用性英语	商务英语、经贸英语、跨文化交际、外贸函电、财经英语、法律英语、通信英语、计算机英语、英语论文写作、英语科技翻译、英美文学选读、英语教学法，石油英语翻译、建筑英语翻译

注：各校的课程设置会因培养目标的不同而有差异。

毕业去向

英语学专业毕业生近两年的主要就业去向

职　业	工作单位	起薪(元/月)	学历要求	工作内容
高校教师、科研机构人员	高等院校、科研机构	1500～3000	研究生	英语及相关学科的教学、科研
中学、职业学校教师	中小学、职业学校	1500～2500	本科	中学、职业学校的英语教学
公务员	政府机关、外交外事部门	1500～2500	本科、研究生	对外交流和合作

续 表

职 业	工作单位	起薪(元/月)	学历要求	工作内容
外企人员	外企单位	1500～2500	专科、本科	翻译、人力资源、文秘等
专职翻译人员	可以兼职	按时计酬，不定	本科、研究生	各类口译、笔译
新闻出版人员	新闻出版单位	1500～2500	本科、研究生	英文稿的编译工作及其他
港口贸易人员	对外贸易公司	2000～3000	专科、本科	报关员或单证员(获得证书)

注：表格中的起薪可能会因为地区差异而存在较大差别。

英语专业毕业生主要行业流向及相应平均月薪(人民币:元)

毕业年份	行业流向 TOP3		
2010	小学和中学教育	其他学院和培训机构	储蓄信用中介
	2706	2928	3440
2011	中小学教育机构	其他学院和培训机构	教育辅助服务业
	2712	3065	3136
2012	中小学教育机构	其他学院和培训机构	教育辅助服务业
	3044	3361	3095

注:表格中的月薪为该专业毕业生半年后平均月薪。2012 届该专业本科生毕业半年后就业率为 91.5%,工作与专业对口率为 65%,毕业即读研和留学比例为 3.3%。

数据来源:麦可斯-中国 2010、2011、2012 届大学毕业生求职与工作能力调查。

专家提示

1. 关注专业特色

为适应目前报考英语等西方语种比较热的形势，很多高校都开设了英语专业。它们的学科建设可以说各有千秋，北京大学的特色是语言与文化并举，培养的是具有高度人文素养、对人类文化和世界文明有较深造诣的“北大人”;北京外国语大学的特色是培养外交、经贸等方面的复合型人才;对外经济贸易大学的特色则是培养既有商务运作知识，又有英语语言能力，并且具有国际视野和全球性战略眼光的复合型的现代经济管理人才。

北京大学、北京外国语大学、上海外国语大学、南京大学、湖南师范大学、中山大学、解放军外国语大学的英语语言文学为国家二级重点学科。

2. 考虑性格适合

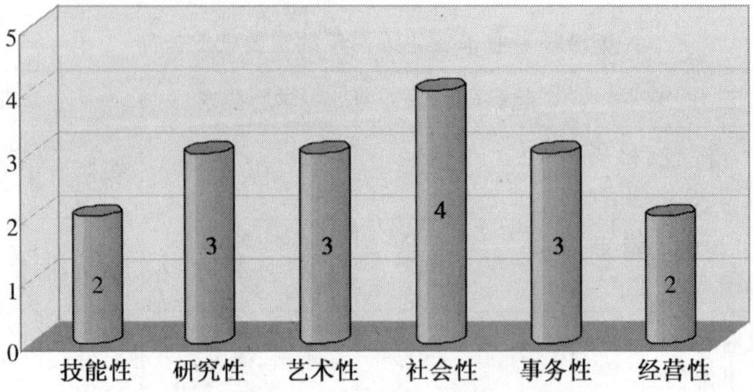

英语学专业对不同性格特征的需求度

3. 走出常见误区

英语学习就是“背单词”吗？当然不是！英语学有自己的学科特点，它需要大量时间和精力的投入，必须持之以恒，才能取得较大的进步。英语跟其他语言一样，是听、说、读、写、译方面能力的综合，所以英语水平的提高需要这些方面全面跟进，若某一项薄弱，则会使你在求学道路上步履维艰。因此在认真学好理论知识之余，一定要多听、多说、多读、多写。同时英语的学习还要对外国的文化和文学有一定程度的掌握，这样才能理解语言的深层含义。在翻译时才能更加符合英语国家的国情，减少因为风俗的不同造成的尴尬。欣赏一个国家的文学，才能对一个国家的语言有深刻的理解。跨文化交际能力的培养，会促进翻译水平的提高。在对外交往的时候，要扬长避短，促进和谐。

学历越高就越好？这样的认识是非常错误的。英语的学习其实是一种能力的提高，能够顺畅的交际，表达所学到的内容是非常重要的，所以在英语的学习中不能一味追求高学历。有的同学笔试能力特别强，而听说能力却很差，这也就是经常提到的哑巴英语。因此在英语的学习中，要大胆自信，找机会训练学到的内容，才能真正地掌握英语。

外语这么多学校都在开，是不是不热了？这是目前很多家长和同学的认识。近年来报考外语院校和外语专业的热度始终不减，外语类院校的规模也一扩再扩。在最近的统计中，国家对外语类人才的需求与年俱增，外语类人才前景乐观。在这种情形下，我们要把英语当作一个工具，在学习的同时，将英语专业与其他专业结合起来，比如商务英语，法律英语等。

4. 特别提醒

英语在一定的程度上是一种艺术的学习。英语的语言起伏性较强，要学好这门课需要持之以恒，培养大量的语言使用技巧和听说能力。在高考录取的时候，要进行口语测试，这个测试一般会剔除一些口齿不清的同学，对学习语言而言口齿清晰是非常的重要的。

在经过四年的专业学习以后，学生要获得专业八级的证书。很多学校把这个看作是一个学生能否毕业的依据。当然这个证书社会上的认可程度也是非常高的。同时如果想进入外贸港口等公司的时候，还要获得单证员、报关员等专业证书。一些其他行业的专业英语还需经过培训。

作者：倪　凌　　修订：王梦翔

附表：开设英语学专业的部分学校（院系）情况

批次	学校（院系）	本科专业方向设置	专业实力			近三年录取情况					特别关注
			硕博士学位点		学科建设	年份	入校分（最高/最低）	专业分（最高/最低）	选测科目等级要求	录取人数	
			硕士	博士							
本科一批	北京外国语大学（英语学院）	英语	英语语言文学、英语语言学	英美文学、语言学美国研究	英语语言文学专业为国家重点学科	2015 2016 2017	397/377(理),379/369(文) 400/386(理),404/384(文) 398/377(理),392/377(文)	375/375(文) 389/387(文) 381/381(理) 392/385(文)	AB AB A(物理)B A(历史)B	2 2 2 2	—
	上海外国语大学（英语学院）	英语	英语语言学、英语口译、英语文学、跨文化研究	英语语言学、英语翻译理论研究、同声传译	英语语言文学专业为国家重点学科	2015 2016 2017	387/378(理),389/375(文) 398/389(理),396/385(文) 392/378(理),393/378(文)	387/387(文) 394/392(理) 394/388(文) 387/387(文)(英语教育) 392/389(理) 379/379(理)(英语教育) 393/393(文) 379/378(文)(英语教育)	BB BB BB BB BB BB BB	2 3 1 2 2 1 2	—
	南京大学（外国语学院英语系）	英语(英语、国际商务)	英美文学、英美文化研究、语言学与应用语言学、翻译研究、双语词典研究方向	英美文学、英美文化研究、语言学与应用语言学、翻译研究、双语词典研究方向	英语语言文学专业为国家重点学科	2015 2016 2017	404/385(理),398/380(文) 414/395(理),407/391(文) 412/387(理),402/384(文)	388/385(文) 398/394(文) 394/388(文) (外国语言文学类含英语)	AA AA AA	8 8 18	—
	复旦大学（外文学院）	英语	英语语言文学	英语语言文学	英语语言文学为上海市重点学科	2015 2016 2017	415/401(理),401/391 419/416(理),412/403(文) 413/408(理),409/397(文)	394/391 — 400/397(文)	A^+A — A^+A	3 — 2	全国最早拥有外国语言文学博士学位授予权
	南京师范大学（外国语学院）	英语（含经贸英语、翻译）	英语语言文学	英语语言文学、外国语言学及应用语言学	英语语言文学为国家重点建设项目；英语专业为江苏省品牌专业	2015 2016 2017	382/359(理),377/358(文) 392/370(理),391/371(文) 383/360(理),379/362(文)	376/367 381/377(理) 392/383(理)(师范) 382/375(文) 373/364(理) 383/373(理)(师范) 367/363(文) 378/371(文)(师范)	AB AB AB AB AB	21 16 10 20 7 16 15 19	该院 2007 年 8 月建立一级学科外国语言文学博士后流动站

续表

批次	学校（院系）	本科专业方向设置	专业实力：硕博士学位点 硕士	博士	学科建设	近三年录取情况：年份	入校分（最高/最低）	专业分（最高/最低）	选测科目等级要求	录取人数	特别关注
本科一批	江苏大学（外国语学院）	英语（国际商务英语和翻译）	外国语言学、应用语言学	—	设有国际商务英语和翻译两个方向，实施“英语＋相关专业知识”的人才培养模式；拥有外国语言学及应用语言学硕士点	2015 2016 2017	369/349(理),360/343(文) 376/358(理),383/355(文) 363/342(理),367/338(文)	355/350(理) 350/343(文) 364/355(文) 345/341(文)(师范) 345/339(文)	BB BB BB BB BB	10 29 38 9 17	英语系于1996年8月在原无锡轻工学院公共外语教研室的基础上组建而成
本科一批	大连外国语大学(英语学院)	英语(语言文化、国际经贸、商务教育、高级翻译)	英语语言文学	—	英语语言文学为辽宁省重点学科	2015 2016 2017	351/344(理),350/339(文) 351/351(理),366/355(文) 353/344(理),354/340(文)	346/342(文) 344/344(理) 354/354(理) 358/357(文) 349/349(理) 349/349(文)	BB — BB BB BB BB	4 2 1 2 1 1	—
本科一批	南京邮电大学(外语系)	英语	—	—	—	2015 2016 2017	368/345(理),350/341(文) 369/355(理),364/353(文) 373/353(理),362/344(文)	— — 362/344(文)	BB — BB	— — 31	—
本科一批	江苏师范大学(徐州师范大学)(外国语学院)	英语(师范、商贸和翻译)	学科教学(英语)、英语语言文学、英语笔译、英语口译	—	2008年2月，“英语(师范)专业高素质应用型人才培养模式的探索与实践”获得江苏省高等教育教学成果二等奖；英语专业为学校首批品牌专业	2015 2016 2017	362/327(理),352/329(文) 362/337(理),360/343(文) 382/337(理),370/338(文)	— — 372/353(理)(师范) 359/347(文)(师范)	BC — BC BC	— — 36 23	在2006年教育部英语专业本科教学工作评估中获得优秀等级
本科二批	淮阴师范学院(外国语学院)	英语(师范类和非师范类)	—	—	培养具有较强的实际工作能力的应用型和复合型英语人才	2015 2016 2017	354/313(理),339/319(文) 355/321(理),349/333(文) 345/311(理),345/321(文)	337/327(文)(师范) 331/321(文) 338/331(理)(师范) 339/324(理) 354/340(理)(师范) 355/336(理) 346/339(文)(师范) 345/336(文) 330/319(理) 335/324(理)(师范) 335/321(文) 345/327(文)(师范)	BC BC BC BC BC BC BC BC BC BC BC BC	30 70 22 20 23 15 35 47 20 22 70 30	—

注：录取情况涵盖三年，“—”代表没有此项内容或无法获取相关资料。

3 非英语类外语专业

学科概述

非英语类外语专业是指除英语以外设置的其他语种的专业，主要是法语、俄语、德语、日语、西班牙语系、阿拉伯语系、包括波兰语、捷克语等在内的欧洲语系以及包括马来语、印尼语、土耳其语、韩国语等在内的亚非语系专业。与英语类专业一样，非英语类外语专业既属学术性很强的基础学科，又是与国家改革开放、经济发展密切相关的应用学科，主要培养能够胜任外贸、外事、旅游、新闻、出版、教学和科研等方面工作的人才。

学制四年，学业合格授予文学学士学位。

学习内容

非英语类外语专业开设的主要课程

类　别	课　　程
专业基础课程	语言基础课、语音学、会话、视听说、写作、精读、泛读、翻译理论与技巧、语言与文化、文学史、文学作品选读、报刊选读、语法、词汇学、修辞学、国家概况、口译(如法语专业设有的课程：基础法语、高级法语、法语视听说、法语泛读、法语写作、法国文学史、法国文学作品选读、法国文学、系统语法、法语词汇学、法语修辞方法、翻译理论与技巧、法国概况、口译)
专业主干课程	俄语：经贸俄语、中俄关系史、俄国历史、俄语通论等 日语：旅游日语、经贸日语、科技日语、古典日语与现代日语比较、日本商法、日本金融、日本经济概论、日本政治 德语：科技德语、经贸德语、德语软件应用、网络德语、德国经济、德国外交 法语：科技法语、经贸法语、法国经济、法国法制概况、法国艺术欣赏

注：各校的课程设置会因培养目标的不同而有差异。

毕业去向

非英语类外语专业毕业生近两年的主要就业去向

职　业	工作单位	起薪(元/月)	学历要求	工作内容
翻译人员	政府机关；新闻系统；银行、保险、证券等金融系统；律师、会计事务所；房地产、物流、商务咨询服务等公司；科技网络、市场研究、管理中心等公司；公安、武警、边检、安全、部队等系统；文体、旅游、酒店等系统；国有企业及进出口外贸、商贸公司；三资企业	2000～3000	本科、研究生	各类口笔译
管理人员	房地产、物流、货运、商务咨询服务等公司；科技网络、市场研究、管理中心等公司；文体、旅游、酒店等系统；国有企业及进出口外贸、商贸公司；三资企业	2000～3000	本科、研究生	各单位对外部门的管理、行政
外事工作人员	政府各涉外职能部门；涉外中介机构；中外跨国集团、企业、贸易公司	2000～2500	本科、研究生	外事接待、对外交流、公关、文秘等
公务员	政府机关	1500～2500	本科、研究生	外贸、人事、文秘
中、高等学校教师及研究人员	大、中、专院校科研机关	2000～3000	本科、研究生	外语专业的课程讲解和科研
港口贸易人员	对外贸易公司	2000～3000	专科、本科	报关员或单证员

注：表格中的起薪可能会因为地区差异而存在较大差别。

专家提示

1. 关注专业特色

非英语类外语专业主要设在专门的外国语大学或学院以及少数重点综合性大学内，如北京外国语大学是全国外语类院校中规模最大、语种最多的学校，集中了30多个语种，大都是全国唯一的专业点；大连外国语学院的日语专业是辽宁省重点学科，是除日本以外最大的日语教育和培训基地，其专业教师、研究生、本科生人数均为国内各高校日语专业之最；综合性大学如南京大学的俄、德、法、日语专业也具有悠久的历史和强大的专业实力。其他一些综合性大学或师范大学的外国语学院也会设有部分非英语类的外语专业，但大多不全面，如南京师范大学设有日语、俄语、意大利语、韩语等部分专业。

非英语类外语专业及其相关专业国家二级重点学科分布情况如下：

俄语语言文学：黑龙江大学、上海外国语大学、解放军外国语学院；**德语语言文学**：北京外国语大学；**印度语言文学**：北京大学；**朝鲜语言文学**：延边大学。

2. 考虑性格适合

3. 走出常见误区

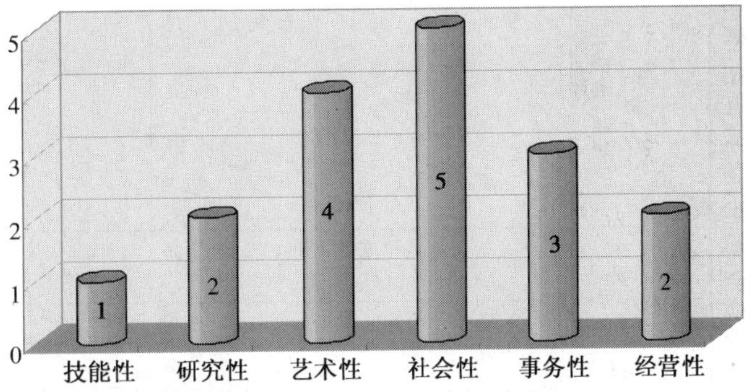

非英语类外语专业对不同性格特征的需求度

小语种无用吗？目前在中国最流行、学习者最多的语种是英语，虽然现在已经有越来越多的人开始加入俄、德、法、日等语种的学习，但对其他一些如葡萄牙语、波兰语、泰国语、土耳其语等语种的学习还很不重视，认为这些语种的使用范围太小，将来的出路很窄。其实改革开放以来，随着与世界各国经济、政治、文化等交流的增多，很多不常见的语种人才奇缺。从近两年大学毕业生的就业情况来看，小语种的工作前景很不错，例如日语、韩语等的就业前景非常好。另外，一些小语种如泰国语的学习往往并不只限于泰语，还包括泰国周边国家和地区一些语种的学习，相对解决了单一语种的局限性。另外，为了适应社会的发展，有很多学校采取双语教学，即在学习专业语种的同时还进行英语的教学。可见，非英语类外语的学习和应用是十分有前途的。

外语只是"敲门砖"吗？现在有很多人是纯粹为了出国而学习外语，把外语当做出国道路上的一块"敲门砖"，认为经过大学本科四年系统的学习后，参加出国留学的语言水平考试就能游刃有余，到了国外也会比较容易与人沟通。但值得思考的一个问题是，如果在国外留学，并不想在语言方面进行深入的研究或仅仅从事一些翻译工作，那么，这时所学的语言只能作为一种工具，没有其他作用和优势。所以，在这种情况下，建议考生考虑清楚自己出国后想干些什么，然后选择相应的专业，同时可以通过参加各类语言进修班或自学来提高自己的语言水平。外语是我们与外界交流的一种十分重要的工具，学习语言既是一种技术，更是一种艺术。你将会在这一过程中体会到无穷的乐趣。

作者：陈卓然　　修订：王梦翔

附表：开设非英语类外语专业的部分学校（院系）情况

批次	学校（院系）	本科专业方向设置	专业实力：硕博士学位点：硕士	专业实力：硕博士学位点：博士	专业实力：学科建设	近三年录取情况：年份	入校分（最高/最低）	专业分（最高/最低）	选测科目等级要求	录取人数	特别关注
本科一批	南京大学（外国语学院）	俄语、法语、德语、日语、朝鲜语、西班牙语	俄语（俄语语言理论、俄苏文学、俄语文学修辞）、法语（翻译理论与实践、法国文学、中法比较文学与比较文化、法国文化）、德语、日语、外国语言学及应用语言学、西班牙语	法语、俄语	德语专业是全国最早成立的两个德语专业之一；日语专业拥有江苏省最早成立培养日语专业人才的基地；西班牙语专业是全国四大西班牙语人才重要培养基地之一；俄语专业是国家培养俄语专业人才的五个基地之一	2015	404/385（理） 398/380（文）	382/381（俄）	AA	2	—
								384/382（日）		6	
								392/389（法）		2	
								390/387（德）		5	
								386/384（西）		7	
								382/381（朝）		2	
						2016	414/395（理） 407/391（文）	391/391（俄语）	AA	2	
								393/391（法语）		2	
								398/391（德语）		5	
								399/394（西班牙语）		6	
								392/392（朝鲜语）		2	
						2017	412/387（理） 402/384（文）	394/388（文） 外国语言文学类（含英语、德语、西班牙语、法语）	AA	18	

续表

批次	学校（院系）	本科专业方向设置	专业实力			近三年录取情况					特别关注
			硕博士学位点		学科建设	年份	入校分（最高/最低）	专业分（最高/最低）	选测科目等级要求	录取人数	
			硕士	博士							
本科一批	南京师范大学（外国语学院）	俄语、日语、朝鲜语、意大利语	日语语言文学、俄语语言文学	外国语言学及应用语言学	该院2007年8月被授予一级学科外国语言文学博士后流动站	2015	382/359(理) 377/358(文)	377/361 （外国语言文学类）	AB	50	—
						2016	392/370(理) 391/371(文)	383/374(文)	AB	53	
						2017	383/360(理)	376/364(文) （含英语、俄语、德语、法语、日语、意大利语） （外国语言文学类）	AB	60	
							379/362(文)	375/364(理) （含英语、俄语、德语、法语、日语、意大利语） （外国语言文学类）	AB	44	
	大连外国语大学（日本语学院、德语系、法语系等）	日语（日语语言文化专业、日语导游专业、日语国际贸易专业倾向、日语旅游管理专业倾向、科技日语专业倾向）、俄语、法语（语言文化）、德语、朝鲜语（韩日双语、韩国语语言文化）、俄语	日语、俄语、法语、德语	—	日语语言文化专业是辽宁省重点学科；俄语系是国内最大的俄语教学及人才培养基地；法语系是东北地区唯一的法语专业教学点，是全国法语教学研究会的常务理事单位；德语系是我国目前东北地区唯一的德语本科教学单位	2015	351/344(理) 350/339(文)	342/342(俄)	BB	1	《日语知识》(月刊)是目前国内为数不多的全国性日语刊物之一，被列入中国学术期刊光盘版，并被日本国际交流基金会日语中心图书馆编入因特网中；俄语系与俄罗斯圣彼得堡师范大学共同培养硕士研究生和博士研究生；法语系与魁北克拉瓦尔大学联合培养博士研究生并共同建设法语国际贸易专业
								343/343(法)		1	
								347/343(德)		2	
								345/344(西)		2	
								343/343(葡)		1	

续表

批次	学校（院系）	本科专业方向设置	专业实力：硕博士学位点 硕士	专业实力：硕博士学位点 博士	专业实力：学科建设	年份	近三年录取情况：入校分（最高/最低）	近三年录取情况：专业分（最高/最低）	近三年录取情况：选测科目等级要求	近三年录取情况：录取人数	特别关注
本科一批	大连外国语大学（日本语学院、德语系、法语系等）	日语（日语语言文化专业、日语导游专业、日语国际贸易专业倾向、日语旅游管理专业倾向、科技日语专业倾向）、俄语、法语（语言文化）、德语、朝鲜语（韩日双语、韩国语语言文化）、俄语	日语、俄语、法语、德语	—	日语语言文化专业是辽宁省重点学科；俄语系是国内最大的俄语教学及人才培养基地；法语系是东北地区唯一的法语专业教学点，是全国法语教学研究会的常务理事单位；德语系是我国目前东北地区唯一的德语本科教学单位	2017	353/344(理)	347/347(日语)	BB	1	《日语知识》(月刊)是目前国内为数不多的全国性日语刊物之一，被列入中国学术期刊光盘版，并被日本国际交流基金会日语中心图书馆编入因特网中；俄语系与俄罗斯圣彼得堡师范大学共同培养硕士研究生和博士研究生；法语系与魁北克拉瓦尔大学联合培养博士研究生并共同建设法语国际贸易专业
								—		—	
								349/349(法语)		1	
								353/353(德语)		1	
								349/349(西班牙语)		1	
							354/340(文)	354/354(日语)		1	
								348/348(俄语)		1	
								349/348(法语)		2	
								350/350(德语)		2	
								351/351(西班牙语)		1	
								—		—	
本科二批	西安外国语大学（东方语言文化学院、德语系、法语系等）	俄语、法语、德语、日语、西班牙语	俄语、法语、德语、日语、外国语言文学及应用文学	—	德语系是西北地区唯一培养德语专业人才的基地；法西语系是西北地区唯一的法语、西班牙语教学和科研基地	2015	349/339(文) 346/338(理)	—	BB	—	国内最早建立的外语院校之一，也是我国西北地区唯一的外语院校
						2016	358/352(文) 361/350(理)	—	—	—	
						2017	339/328(理) 341/332(文)	—	—	—	

注：录取情况涵盖三年，“—”代表没有此项内容或无法获取相关资料。

4 新闻学专业

学科概述

新闻学是研究新闻活动和新闻工作规律的一门科学。它以现代新闻传播事业作为主要学习和研究对象，探讨新闻工作的理论和实践问题，把握新闻传播活动的基本规律，尤以纸质媒体为研究重点。本专业面向报社、杂志社、电台、电视台、网站以及其他各类新闻、宣传部门，培养具备系统的新闻学理论知识、应用技能以及宽厚的人文社会科学知识，熟悉我国新闻宣传政策法规，能够从事报道策划、采访、写作、编辑、评论、宣传以及管理工作的应用型、复合型、创新型的新闻人才。该专业一般文理兼收。

学制四年，学业合格授予文学学士学位。

相近专业：广播电视新闻学、广告学、编辑出版学、传播学、媒体创意、广播电视编导等。

学习内容

新闻学专业开设的主要课程

类　别	课　　程
专业基础课程	基础写作学、逻辑学、古代文学作品选读、中国现代文学、外国文学、社会学概论、法律基础、统计学基础、汉语修辞学、社会调查研究方法、社会心理学、基础数据分析、市场调查、市场营销原理、计算机基础
专业主干课程	新闻学概论、中国新闻史、世界新闻史、新闻采访、新闻写作、新闻编辑、新闻评论、新闻道德与新闻法规、新闻事业经营与管理、马列新闻理论原著选读、大众传播学、广播电视学、公共关系学、新闻摄影、广告学

注：各校的课程设置会因培养目标的不同而有差异。

毕业去向

新闻学专业毕业生近两年的主要就业去向

职　业	工作单位	起薪(元/月)	学历要求	工作内容
电视制片人	省市级电视台	1500～2500	本科、研究生	电视专题节目或固定节目的前期制作
媒体记者	省市各大报社、电视台	1500～3000	本科	新闻稿件的采写
编辑	出版社、报社、电视台	1500～2500	本科、研究生	文字稿件的版面安排和编发
公务员	党政机关宣传部门	1500～2500	本科、研究生	单位内外的宣传
高校教师	高等院校新闻院系	1500～3000	研究生	高校新闻学专业的课程讲解以及科研项目研究

注：表格中的起薪可能会因为地区差异而存在较大差别。

新闻学专业毕业生主要行业流向及相应平均月薪(人民币:元)

毕业年份	行业流向 TOP3		
2010	报刊、图书出版业	互联网运营商和网络搜索门户	广播电视业
	3113	2801	3299

续 表

毕业年份	行业流向 TOP3		
2011	报刊、图书出版业	互联网运营与网络搜索引擎业	广播电视业
	3266	3202	3432
2012	报刊、图书出版业	互联网运营与网络搜索引擎业	广播电视业
	3307	3724	3429

注：表格中的月薪为该专业毕业生半年后平均月薪。2012 届该专业本科生毕业半年后就业率为 93.8%，工作与专业对口率为 64%，毕业即读研和留学比例为 11.8%。

数据来源：麦可斯-中国 2010、2011、2012 届大学毕业生求职与工作能力调查。

专家提示

1. 关注专业特色

开设新闻学专业的综合性老牌院校有中国人民大学、复旦大学、武汉大学、厦门大学、南京大学等。近年来，各个学校开设的新闻学专业形成了各自的特色，如北京广播学院新闻学专业注重广播电视媒体的发展研究；上海外国语大学等外语类院校开设的国际英语新闻专业，重视培养双语型的新闻工作者；上海体育学院等体育类院校的新闻学专业则注重培养体育记者等等。另外，全国各类师范院校与民族院校的中文系也开设了新闻学专业。

中国传媒大学的新闻学为国家二级重点学科。

2. 考虑性格适合

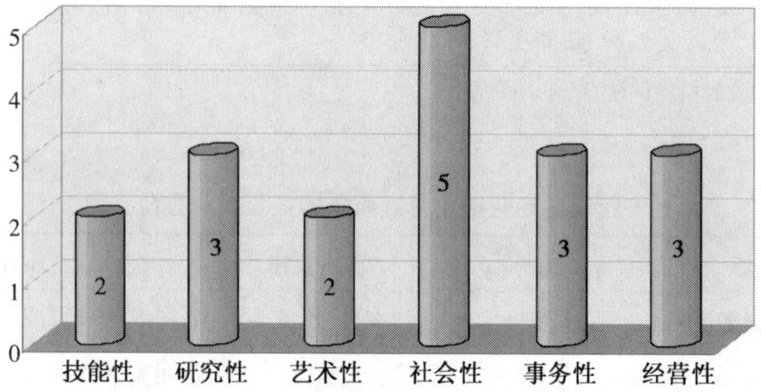

新闻学专业对不同性格特征的需求度

3. 走出常见误区

新闻无“学”吗？ 目前我国逾 50 万的记者、编辑中，只有一小部分毕业于新闻系，受过较系统的专业教育，大部分则是“土生土长”的采编人员。据此，很多人就认为只要文字水平好一点就可当记者，新闻无“学”可言。诚然，写作水平的高低是新闻工作者的“立身之本”，殊不知，如果缺乏系统的专业训练，在业务能力达到一定水平后，就很难再提高和突破。新闻学的知识若有心钻研会感到是“无底洞”，旧的理论要更新和发展，太多新的领域需要开拓。因此，“新闻无‘学’”之说是一种偏见。西方的许多新闻专家都强调：未来的记者必须经过大学新闻系的专业训练。

记者只是杂家吗？ 新闻工作的特殊性要求当今的新闻记者必须具有广阔的知识面，因此便有“记者是杂家”的说法。然而据笔者了解，某省级电视台的新闻部主任面对一些新闻系的毕业生知识面的狭窄和知识的肤浅，曾说过这样一句过激的话：“将来若招新闻采编人员除了新闻系的才会考虑。”尽管这样的事例属少数，却从反面给了我们不少启示。在如今市场经济条件下，受众的细分化趋势明显，因此目前的新闻媒介急需一批懂专业、熟悉市场规律的“学者型”或称“专家型”的记者和编辑。这批记者拥有广博的知识背景，又能在某一专业如法律、经济、体育等领域有研究，能够写出有深度、有内涵的文稿来。因此应转变观念，坚决杜绝“杂而不精”的现象，做到集“杂家”和“专家”于一身，让新闻界曾有的“记者一思考，上帝就发笑”这句笑话彻底销声匿迹。

新闻工作者就是“无冕之王”吗？新闻工作在许多人的眼中是一项无比光荣和体面的职业，素有“无冕之王”的美称。诚然，新闻工作者由于工作需要，比一般人要走得多、看得多、听得多，社会交际面比较宽。而且党和人民支持他们，不仅在工作上为他们提供了许多方便，也赋予他们很高的社会地位。但是新闻事业同时又是一项十分艰苦且具有冒险性的事业。从某种意义上说，新闻不是用“墨水”写成的，而是用“汗水”甚至“血水”写成的。任何想有所作为的新闻工作者，都得有足够的吃苦准备和奉献精神。新闻学创始人之一普利策的言论“懒人是当不了记者的”已成了西方记者的座右铭。此外，一名成功的新闻工作者还必须具备良好的亲和力，乐于深入实际，善于和群众打成一片，而不是以一副高高在上的姿态来对待工作，盲目沉浸在所谓的“无冕之王”的优越感之中。

作者：蔡新宇　　修订：王梦翔

附表:开设新闻学专业的部分学校(院系)情况

批次	学校(院系)	本科专业方向设置	专业实力			近三年录取情况					特别关注
			硕博士学位点		学科建设	年份	入校分(最高/最低)	专业分(最高/最低)	选测科目等级要求	录取人数	
			硕士	博士							
本科一批	中国人民大学(新闻学院)	新闻传播学类	新闻学、传播学、传媒经济学	新闻学、传播学、传媒经济学	新闻学是国家重点学科	2015 2016 2017	404/346(理),398/382(文) 413/400(理),405/398(文) 411/394(理),402/392(文)	392/390(文) 401/399(文) 397/392(文)	A⁺A A⁺A A⁺A	3 3 3	全国新闻学会会长单位、教育部新闻学教学指导委员会主任单位
	复旦大学(新闻学院)	新闻传播学类	新闻学、传播学、广播电视学	新闻学、传播学、广播电视学	拥有新闻学一级学科博士学位授予权;传播学为国家重点学科	2015 2016 2017	415/401(理),401/391(文) 419/416(理),412/403(文) 413/408(理),409/397(文)	395/394(文) 403/403(文) 402/397(文)	A⁺A A⁺A A⁺A	3 5 5	创办于1929年,是我国历史最悠久的新闻教育机构;全国新闻学院校中唯一的博士后流动站;全国唯一的国家级传播学重点研究基地
	中国传媒大学(电视与新闻学院)	新闻采编、报刊新闻	新闻学、传播学、国际新闻学、舆论学	新闻学、传播学、国际新闻学	新闻学为国家重点学科	2015 2016 2017	379/372(理),377/370(文) 393/382(理),387/383(文) 381/374(理),380/374(文)	377/374 — 380/377(文)	B⁺B — B⁺B	2 — 3	拥有一级学科博士学位授予权
	南京师范大学(新闻与传播学院)	新闻学	新闻学、传播学	—	—	2015 2016 2017	382/359(理),377/358(文) 392/370(理),391/371(文) 383/360(理),379/362(文)	369/361(文) 374/365 384/374(理) 385/373(文) 374/363(文)(含新闻学、广播电视学、广告学、网络与新媒体)(新闻传播文学类) 373/362(理)(含新闻学、广播电视学、广告学、网络与新媒体)(新闻传播文学类)	AB AB AB AB AB	18 7 10 26 65 30	—
	南京大学(新闻传播学院)	新闻传播学类	新闻学、传播学	—	—	2015 2016 2017	404/385(理),398/380(文) 414/395(理),407/391(文) 412/387(理),402/384(文)	389/383(文) 397/313(文) 396/384(文) (人文科学试验班:含新闻学)	AA AA AA	19 20 53	江苏省新闻学科中最早建立的硕士点

续 表

批次	学校（院系）	本科专业方向设置	专业实力：硕博士学位点		专业实力：学科建设	近三年录取情况：年份	入校分（最高/最低）	专业分（最高/最低）	选测科目等级要求	录取人数	特别关注
			硕士	博士							
本科一批	武汉大学（新闻与传播学院）	新闻传播学类	新闻学、传播学	新闻学	拥有国家一级学科博士学位授予权	2015 2016 2017	407/380(理),388/378(文) 401/389(理),398/388(文) 394/381(理),392/380(文)	379/379(文) 388/386(理) 390/390(文) 384/383(文)	AB$^+$ AB$^+$ AB$^+$ AB$^+$	2 2 3 2	—
本科一批	厦门大学（新闻传播学院）	新闻传播学类	新闻学、传播学	—	—	2015 2016 2017	393/379(理),388/377(文) 400/387(理),394/389(文) 389/378(理),390/380(文)	383/383 392/392(理) 389/389(文) 382/382(理) 381/381(文)	AA AA AA AA AA	1 1 1 1 1	国内第一个以“传播”冠名的新闻传播系
本科一批	湖南大学（新闻与传播学院）	新闻传播学类	新闻学、传播学	—	—	2015 2016 2017	385/364(理),376/367(文) 387/378(理),386/377(文) 383/369(理),376/371(文)	374/367(文) 382/377(文) 375/372(文)	B$^+$B$^+$ B$^+$B$^+$ B$^+$B$^+$	4 5 4	—
本科一批	山西财经大学（文化传播学院）	新闻学	—	—	—	2015 2017	348/325(理),340/323(文) 347/331(理),346/336(文)	327/325(文) 338/337(文)	BB BB	2 2	—
本科一批	南京财经大学（新闻学院）	新闻学	—	—	目前是国内财经院校中唯一的一级新闻学院，下设新闻、中文2个教研室	2015 2016 2017	368/342(理),352/341(文) 365/353(理),362/354(文) 373/346(理),362/347(文)	346/341(文) 358/354(文) 358/347(文)	BB BB B$^+$B	27 18 21	2006年成立新闻系，2008年改为新闻学院
本科二批	上海体育学院（体育人文学院）	新闻学	—	—	—	2015 2016 2017	339/325(理),337/324(文) 347/342(理),350/348(文) 330/326(理),335/331(文)	337/331(文) 339/336(理) 347/345(理) 350/348(文) 330/327(理) 335/331(文)	BB BB BB BB BB BB	2 2 2 2 3 3	全国首家并唯一专门培养体育记者的专业
本科二批	重庆工商大学（文学与新闻学院）	新闻学	传播学	—	拥有2个校级重点学科、4个校级重点建设学科	2015 2016 2017	350/330(理),337/314(文) 351/340(理),354/345(文) 338/327(理),339/331(文)	— — 332/332(文)	— — BB	— — 2	拥有传播理论与应用研究所

注：录取情况涵盖三年，“—”代表没有此项内容或无法获取相关资料。

5 广告学专业

学科概述

广告学是研究广告表现艺术和广告活动规律的科学，它基本上分为三个部分：理论广告学（研究广告活动与社会经济、政治、文化的关系）、历史广告学（研究广告和广告业产生、发展的历史）、应用广告学（研究广告活动的具体规律与方式，如广告策划、广告媒体选择、广告作品设计、广告经营管理等）。广告学是与经济学、传播学、市场学、社会心理学、美学、企业管理学以及绘画、摄影、文学、音乐、书法、雕塑甚至戏曲等相交叉的一门学科。该专业面向报社、杂志社、电台、电视台、网站以及各类传播媒介的广告部门、综合性或专业广告公司、企业营销部门，培养具有扎实的人文社科理论知识，掌握整合营销传播理论与操作技能，能够从事广告策划、文案写作、创意设计、制作、营销等实务工作的应用型、复合型、创新型整合营销传播人才。该专业一般文理兼收。

学制四年，学业合格授予文学学士学位。

相近专业：新闻学、广播电视新闻学、编辑出版学、传播学、媒体创意、广播电视编导等。

学习内容

广告学专业开设的主要课程

类　别	课　　　程
专业基础课程	企业文化、西方经典广告赏析、中外优秀广告赏析、受众研究、流行文化专题、网络广告研究、公关与策划、媒介调查与统计、现代经济学入门、中国当代社会问题分析、中国当代文化批判、当代影视文化专题、中外绘画欣赏、中国戏曲艺术、文艺人类学、文艺社会学
专业主干课程	广告学概论、现代传播学、广告实务、广告心理学、营销学概论、美术基础、广告媒体研究、影视广告制作、平面广告设计、广告语言学、多媒体制作技术、广告经营管理、广告摄影基础、当代传播技术、媒介文化批评、电视节目制作、中国文化通论、艺术概论、中国文学经典、外国文学经典、西方艺术哲学

注：各校的课程设置会因培养目标的不同而有差异。

毕业去向

广告学专业毕业生近两年的主要就业去向

职　业	工作单位	起薪（元/月）	学历要求	工作内容
广告设计人员	广告经营、传播机构	1500～2500	本科	广告的设计、创意、制作企划
企划人员	企事业单位	1500～2500	本科	商业广告或公益广告等方面的策划经营
电视制片人	电视台	1500～2500	本科、研究生	电视节目制作
市场策划人员	企事业单位、广告经营、传播机构	1500～2500	本科	广告市场的分析与管理
高校教师	高等院校	1500～3000	研究生	广告学及相关专业的教学和科研

注：表格中的起薪可能会因为地区差异而存在较大差别。

广告学专业毕业生主要行业流向及相应平均月薪(人民币:元)

毕业年份	行业流向 TOP3		
2010	广告及相关服务业	互联网运营商和网络搜索门户	报刊、图书出版业
	2631	3442	2953
2011	广告及相关服务业	互联网运营与网络搜索引擎业	报刊、图书出版业
	3046	3389	3208
2012	广告及相关服务业	互联网运营与网络搜索引擎业	房地产开发业
	3091	3651	3583

注:表格中的月薪为该专业毕业生半年后平均月薪。2012 届该专业本科生毕业半年后就业率为 93.1%,工作与专业对口率为 66%,毕业即读研和留学比例为 6%。

数据来源:麦可斯-中国 2010、2011、2012 届大学毕业生求职与工作能力调查。

专家提示

1. 关注专业特色

广告学在国内是一门新兴学科,广告的制作要运用绘画、摄影、音乐、文学甚至戏曲等多种艺术原理和艺术手段。全国高校中,最早开设广告学专业的是厦门大学;广告学专业教育科研实力最雄厚的是北京广播学院,它率先拥有广告学博士点。另外,上海大学广告学专业的广告设计、暨南大学广告学专业的广告传播与策划在国内同类专业中首屈一指。

中国传媒大学的广播电视艺术学是国家二级重点学科。

2. 考虑性格适合

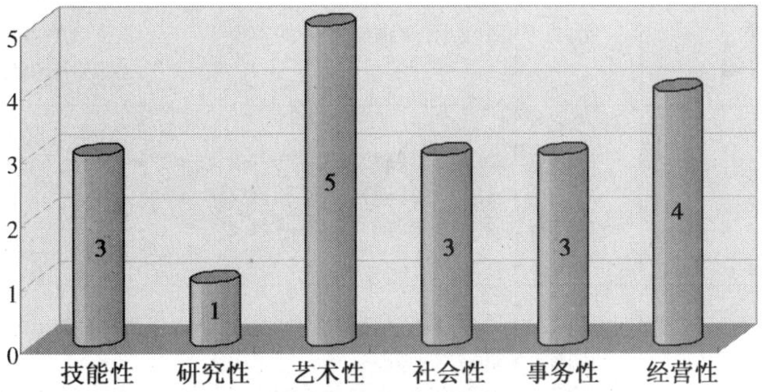

广告学专业对不同性格特征的需求度

3. 走出常见误区

广告就是绘画、摄影吗?人们最早接触的多数是视觉型广告,无形中就认为广告就是绘画,就是摄影,而忽略了其他元素。实际上广告学与多种艺术门类相交叉,譬如与音乐、书法、戏曲等。它是一门综合性很强的学科,所以学习广告学只有兴趣和爱好是不够的,必须具备相应的艺术感悟力与艺术表现力,尤其要具有一定的文化底蕴。

广告就是宣传吗?随着市场经济的发展,出现了各种各样的商业广告以宣传产品。无论是摊开报纸、杂志还是打开电视,广告无处不在,这让人们觉得广告就是宣传。实际上,广告不仅是宣传,更多的是一种艺术,以艺术的手段来推销产品,或者以艺术的手段来引导舆论,如公益广告。

作者:董迅石　　修订:王梦翔

附表：开设广告学专业的部分学校（院系）情况

批次	学校（院系）	本科专业方向设置	近三年录取情况				
			年份	入校分（最高/最低）	专业分（最高/最低）	选测科目等级要求	录取人数
本科一批	南京师范大学（新闻与传播学院）	广告学	2015	382/359(理),377/358(文)	365/362(理)	AB	6
					363/360(文)	AB	6
			2016	392/370(理),391/371(文)	375/372(理)	AB	6
					375/372(文)	AB	6
			2017	383/360(理),379/362(文)	373/362(理)（含新闻、广播电视学、广告学、网络与新媒体）（新闻传播学类）	AB	30
					374/363(文)（含新闻、广播电视学、广告学、网络与新媒体）（新闻传播学类）	AB	58
	苏州大学（文学院、新闻传播学院）	新闻传播学类	2015	387/360(理),377/358(文)	368/358(理)	AB	65
					370/361	AB	19
			2016	381/353(理),385/370(文)	—	—	—
			2017	381/360(理),379/359(文)	369/361(理)	AB	21
					372/359(文)	AB	62
	上海外国语大学（新闻传播学院）	广告学	2015	387/378(理),389/375(文)	379/379(文)	BB	1
					383/381(理)	BB	2
			2016	398/389(理),396/385(文)	389/389(理)	BB	2
					387/387(文)	BB	1
			2017	392/378(理),393/378(文)	379/379(理)	BB	2
					378/378(文)	BB	1
	四川大学（文学与新闻学院）	广告学	2015	389/370(理),378/369(文)	—	AA	—
			2016	396/382(理),385/381(文)	—	—	—
			2017	394/373(理),380/374(文)	—	—	—
	南京林业大学（人文社会科学学院）	广告学	2015	347/340(理),344/336(文)	343/336(文)	BB	33
			2016	360/350(理),358/350(文)	358/350(文)	BB	54
			2017	364/338(理),362/340(文)	347/340(文)	BB	23
	江苏师范大学（原徐州师范大学）（信息传播学院）	广告学（广告策划与创意）	2015	362/327(理),352/329(文)	336/329(文)	BC	52
			2016	362/337(理),360/343(文)	351/343(文)	BC	45
			2017	370/338(理),382/337(文)	343/338(文)	BB	33
	南京财经大学（新闻学院）	广告学	2015	368/342(理),352/341(文)	—	BB	—
			2016	365/353(理),362/354(文)	—	—	—
			2017	373/346(理),362/347(文)	353/347(理)	BB	20
					352/347(文)	BB	30

注：录取情况涵盖三年，“—”代表没有此项内容或无法获取相关资料。

6 编辑出版学专业

学科概述

编辑出版学是研究编辑出版活动和工作的理论、原则和发展规律的一门科学，着重研究编辑出版活动的性质和社会功能；以编辑出版物为载体，研究编辑出版活动与社会经济、政治、文化的联系；研究编者、作者、读者三者之间的关系；研究编辑出版实践过程中的工作原理和方法，以及编辑出版的组织、管理等问题。编辑出版学要求学生应具有政策性强、涉及面广，文学素养、市场意识和实践能力要求高等特点。

学制四年，学业合格授予文学学士学位。相近专业：新闻学、广播电视新闻学等。

学习内容

编辑出版学专业开设的主要课程

类　别	课　　程
专业基础课程	中国古代文学、中国现当代文学、中国思想史、中国文化史、中国学术史、外国文学史、古代汉语、现代汉语、语言学概论、公共关系学、计算机基础及数据库、Windows及其应用软件、计算机网络基础、法学概论、社会学概论、社会调查研究方法、社会心理学、市场调查、写作训练、中文工具书使用
专业主干课程	编辑学概论、出版学原理、大众传播学、报刊编辑学、书籍编辑学、中国编辑出版史、图书学、出版美学、世界书业导论、畅销书与大众文化、出版信息组织与利用、出版物市场营销、出版物市场调研、出版物宣传与推广、读者学、出版社经营与管理、出版法规、版权与版权贸易、印刷工艺、书刊装帧、网络与电子出版、期刊策划、实用新闻学、编辑实务、现代编辑出版手段、期刊研究、文学与出版关系研究、传播创意与选题策划、图书储运学

注：各校的课程设置会因培养目标的不同而有差异。

毕业去向

编辑出版专业毕业生近两年的主要就业去向

职　业	工作单位	起薪(元/月)	学历要求	工作内容
媒体记者	省市各大报社、电台、电视台	1500～2500	本科	新闻稿件的采写
编辑	出版社、报社、杂志社、音像公司、电子出版机构、网络企业、各大企业的宣传部门	2000～3000	研究生	图书、期刊、报纸、音像制品、网络电子出版物的选题策划、编辑、发行以及文字稿件的版面安排和编发
公务员	党政机关新闻出版宣传的主管部门	1500～2500	研究生	负责单位内外的管理宣传工作、出版物的编发
高校教师	高等院校	1500～3000	研究生	从事高校编辑出版学专业的课程讲解和科研、高校出版社的书刊编辑出版工作

续 表

职　业	工作单位	起薪(元/月)	学历要求	工作内容
图书策划人	出版行业	2500～4000	本科	图书选题策划包装
图书营销人员	出版社、报社、杂志社、音像公司、电子出版机构	1500～2500	本科	图书发行营销
排版校对人员	印刷公司	1500～2000	本科	出版物排版、校对

注：表格中的起薪可能会因为地区差异而存在较大差别。

编辑出版学专业毕业生主要行业流向及相应平均月薪(人民币:元)

毕业年份	行业流向 TOP3		
2009	报刊、图书出版业	广播电视业	小学和中学教育
	2108	2827	1907
2010	报刊、图书出版业	广播电视业	互联网运营与网络搜索引擎业
	2176	3300	3442
2011	报刊、图书出版业	广播电视业	互联网运营与网络搜索引擎业
	3038	3367	3290

注:表格中的月薪为该专业毕业生半年后平均月薪。2011 届该专业本科生毕业半年后就业率为 93.8%,工作与专业对口率为 65%,毕业即读研和留学比例为 7%。

数据来源:麦可斯-中国 2009、2010、2011 届大学毕业生求职与工作能力调查。

专家提示

1. 关注专业特色

据不完全统计,到 2002 年,全国招收编辑出版学专业的大学有 29 所,编辑出版学专业也被列为热门专业之一。随着社会的发展,不同学校开设的编辑出版学专业形成了各自的特色。譬如武汉大学是全国最先设立编辑出版学专业的大学,注重图书的发行研究;中国科学技术大学的编辑出版学专业注重科技与网络方面的教学,是全国培养科技传播学士、硕士最多,经验最丰富的基地;北京印刷学院的编辑出版学专业强调实践能力,侧重于培养各类期刊、电子出版物等方面的人才。另外,全国各类的师范院校与民族院校的中文系也开设编辑出版学专业。

北京印刷学院的编辑出版学专业与中国编辑学会、中国期刊协会联合建立了中国编辑研究资料中心,在北京市教委的资助下成立了出版传播实验室。

中国传媒大学的新闻学是国家二级重点学科。

2. 考虑性格适合

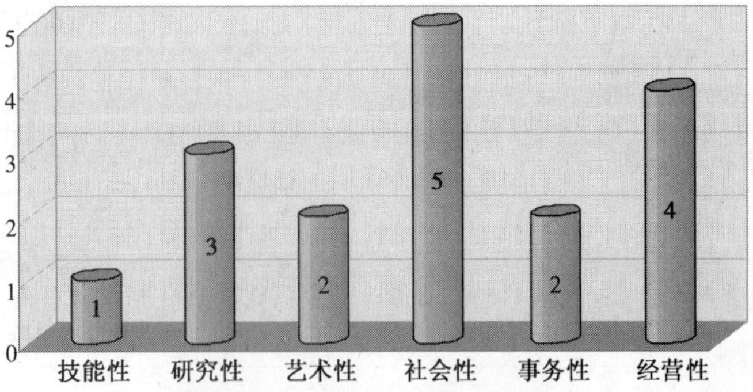

编辑出版学专业对不同性格特征的需求度

3. 走出常见误区

编辑只需要知识面广吗？从目前的编辑出版实践工作来看，出版业的确需要一批学者型或专家型的编辑。这批编辑除了应具有广博的知识，成为编辑出版领域的专家之外，还应该能在其他一两个领域内，如法律、经济、政治、体育、医疗、文学、艺术等领域有一定的研究，成为行家里手，坚决杜绝“杂而不精”的现象，做到集“杂家”和“专家”于一身。总的说来编辑人员应该具有T形知识结构，既专又博——T的一横，代表横通，即博学；T的一竖，代表纵深，即专而精。但仅仅有广阔的知识面是不够的，现代编辑要熟悉图书的出版流程，有敏锐的市场感受力，对读者需求有深刻的了解，这样才能针对不同市场不同读者群设计出受欢迎的图书。现代编辑不仅仅在办公桌前修改稿件，还担负着策划选题以及发行营销等多重角色，要求掌握广泛的出版资源、多种编辑手段、传播学知识和图书的策划包装能力。最重要的一点是热爱图书事业。

4. 特别提醒

关于“编辑出版学”研究的范畴。对于编辑出版学的研究范畴问题，历来就有很多不同理解，综合起来主要有两方面：一种是从宏观的角度认为，编辑出版学应该包括编辑、复制、销售等各环节以及和这一过程相联系的出版管理、出版经济、出版营销、出版文化等方面的问题；还有一种就是从微观的角度认为，编辑出版学仅仅是研究编辑、复制、发行等各环节的学科，把其他与编辑出版学交叉产生的边缘学科归入编辑出版学范畴已经超越了编辑出版学的本体。另外，还有人从纸质出版物的角度认为，编辑出版学只是研究图书、报纸、期刊杂志的学问，没有把音像、电子、网络出版物纳入编辑出版学的研究范畴。目前在理论界，被人普遍接受的是宏观的“编辑出版学”概念，以出版物为核心的一切现象和关系，都是编辑出版学所要研究的范畴。

作者：陈相雨　　修订：王梦翔

附表：开设编辑出版学专业的部分学校（院系）情况

批次	学校（院系）	本科专业方向设置	专业实力：硕博士学位点 硕士	专业实力：硕博士学位点 博士	专业实力：学科建设	近三年录取情况：年份	入校分（最高/最低）	专业分（最高/最低）	选测科目等级要求	录取人数	特别关注
本科一批	中国传媒大学（电视与新闻学院电视系）	编辑出版学	编辑出版	编辑出版	拥有一级学科博士学位授予权	2015 2016 2017	379/372(理),377/370(文) 393/382(理),387/383(文) 381/374(理),380/374(文)	— — —	B^+B — —	— — —	文理兼收；拥有数字出版教研室
	武汉大学（信息管理学院）	编辑出版学	出版发行学	出版发行学	拥有博士后流动站	2015 2016 2017	407/380(理),388/378(文) 401/389(理),398/388(文) 394/381(理),392/380(文)	— — —	AB^+ — —	— — —	为全国最先设立编辑出版专业的大学；注重图书的发行研究，侧重于网络与电子出版
	浙江工商大学（人文学院编辑出版系）	编辑出版学	—	—	—	2015 2016 2017	367/346(理),361/347(文) 372/358(理),375/359(文) 365/349(理),363/349(文)	352/351(文) 362/354(理) — —	BB BB — —	2 2 — —	—
	华东师范大学（传播学院）	编辑出版学	—	—	师资力量雄厚，已形成了有年龄层次和职称层次的学科梯队；聘请了多名国内资深专家为兼职教授，参与学科建设	2015 2016 2017	389/379(理),385/374(文) 414/395(理),399/385(文) 397/380(理),383/378(文)	378/375(文) 383/382(理) — —	BB BB — —	7 3 — —	具有“理论指导实践，实践中形成理论”的办学特色
	南京大学（文学院）	信息管理与信息系统（编辑出版学）	编辑出版学	编辑出版学	编辑出版学为二级硕士点和博士点，拥有“南京大学出版科学研究所”校级研究机构	2015 2016 2017	404/385(理),398/380(文) 414/395(理),407/391(文) 412/387(理),402/384(文)	391/385(理) 389/382(文) 398/395(理) 396/391(文) 394/390(理) 395/384(文) 社会科学试验班（含编辑出版学）	AA AA AA AA AA AA	17 12 16 17 12 71	2000 年编辑出版专业本科招生
	南京师范大学（文学院）	汉语言文学（编辑出版学）	—	—	—	2015 2016 2017	382/359(理),377/358(文) 392/370(理),391/371(文) 383/360(理),379/362(文)	370/364(基础班) 368/361(文) 378/372(文) —	AB AB AB —	22 18 10 —	—

续 表

批次	学校（院系）	本科专业方向设置	专业实力：硕博士学位点（硕士）	专业实力：硕博士学位点（博士）	专业实力：学科建设	近三年录取情况：年份	近三年录取情况：入校分（最高/最低）	近三年录取情况：专业分（最高/最低）	近三年录取情况：选测科目等级要求	近三年录取情况：录取人数	特别关注
本科二批	北京印刷学院（出版系）	编辑出版学	传播学（含书刊编辑学、出版产业研究方向）	—	由北京市教委资助成立了出版传播实验室	2015 2016 2017	346/311（理） 343/330（理） 326/320（理）	— — —	— — —	— — —	是我国非重点院校中唯一教育部管理的专业；在全国上百家出版社、杂志社、广告公司建立实习基地
本科二批	衡阳师范学院（中文系）	编辑出版学	—	—	—	2015 2016 2017	318/310（理），317/313（文） 329/315（理），328/326（文） 310/293（理），319/315（文）	314/314 327/327（文） 298/298（理）	BB BB BB	1 1 1	—
本科二批	上海师范大学（人文与传播学院）	编辑出版学	—	—	注重学生的实践能力，学生在校期间将参与编辑出版传媒企事业单位的实训实习活动	2015 2016 2017	352/340（理），351/340（文） 380/368（理），363/353（文） —	351/346（文） — —	BB — —	2 — —	本专业学生能受到完整的出版项目的基本能力训练
本科二批	山东工商学院（政法学院）	编辑出版学	—	—	依托学校工商管理学科的资源优势，培养懂经营、会策划的新型编辑出版人才	2015 2016 2017	358/311（理），326/319（文） 349/332（理），348/334（文） 333/321（理），332/325（文）	320/320 337/337（文） 325/325（文）	BC BC BC	1 1 1	—
本科二批	南昌工程学院（人文与艺术学院）	编辑出版学	—	—	设有多个实训中心和校外教学实习基地	2015 2016 2017	342/311（理），329/313（文） 346/316（理），347/329（文） 332/311（理），324/315（文）	— — —	BC — —	— — —	该专业是2010年新增的专业，坚持“以人为本”的教育教学理念，重视培养学生的专业素质和实践动手能力

注：录取情况涵盖三年，“—”代表没有此项内容或无法获取相关资料。

艺术学类

ART

艺术学门类介绍

艺术学，通常意义上是指研究艺术整体的科学，即艺术学是指系统性地研究关于艺术的各种问题的科学。进一步讲，艺术学是研究艺术实践、艺术现象和艺术规律的专门学问，它是带有理论性和学术性的、有系统知识的人文科学。

学科地位

艺术学在2011年之后由文学门类下设的一级学科独立为单独的学科门类，包括艺术学理论、音乐与舞蹈学、戏剧与影视学、美术学、设计学等5个一级学科。截至2010年，招收艺术类本科专业的普通高校达838所。艺术学是研究生教育最小的学科。截至2012年，有权授予艺术学博士学位的大学有30所，有权授予艺术学硕士学位的大学共203所。对中国大学公布的2006～2011年招生的博士生导师资料统计，艺术学博导占博导总数的1.31%。

学习要求

艺术学类专业要求学生在霍兰德职业倾向测试的技能性维度和艺术性维度上有较高得分。艺术学类专业一般文理兼收。该类专业对学生的专业技能有很高的要求，具体到每个专业各有更为细致的要求，这会在介绍具体专业时给出详细的说明。该类专业毕业生从事的职业主要是教师、研究人员、职员、演员、个体艺术者、美工、自由职业者、设计人员、策划创作人、电视节目编导、编辑、记者、主持人、公务员、编剧人员、游戏设计人员等。

学科分类

艺术学科门类包括艺术学理论、音乐与舞蹈学、戏剧与影视学、美术学、设计学等5个学科大类，共33种本科专业（参照教育部2012年颁布的《普通高等学校本科专业目录》），详见下表。

普通高等学校本科专业目录（艺术学学科门类）

门类	学科大类	专业名称	授予学位（学士）
艺术学	艺术学理论类	艺术史论	艺术学
	音乐与舞蹈学类	音乐表演	艺术学
		音乐学	艺术学
		作曲与作曲技术理论	艺术学
		舞蹈表演	艺术学
		舞蹈学	艺术学
		舞蹈编导	艺术学
	戏剧与影视学类	表演	艺术学
		戏剧学	艺术学
		电影学	艺术学
		戏剧影视文学	艺术学
		广播电视编导	艺术学

(续表)

学科	门类	专业名称	授予学位(学士)
艺术学	戏剧与影视学类	戏剧影视导演	艺术学
		戏剧影视美术设计	艺术学
		录音艺术	艺术学
		播音与主持艺术	艺术学
		动画	艺术学
		影视摄影与制作	艺术学
	美术学类	美术学	艺术学
		绘画	艺术学
		雕塑	艺术学
		摄影	艺术学
		书法学	艺术学
		中国画	艺术学
	设计学类	艺术设计学	艺术学
		视觉传达设计	艺术学
		环境设计	艺术学
		艺术与科技	艺术学
		产品设计	艺术学
		服装与服饰设计	艺术学
		公共艺术	艺术学
		工艺美术	艺术学
		数字媒体艺术	艺术学

学科大类介绍

艺术学理论类

艺术学理论是对艺术进行综合研究,探讨其规律的学科。其研究方向是在音乐,美术、舞蹈,戏剧与戏曲、电影与电视以及曲艺与杂技等艺术门类中,如何对创作,设计、表演、演奏的纷繁现象作整体性的认识,区别其个性与共性,将其共性归纳和构建完整的体系,解释艺术的性质与特点,艺术的发生与发展,艺术的功能和社会作用,艺术在文化中的定位,以及艺术自身的种种问题,使之纳入人文科学和社会科学的轨道。

根据教育部公布的2007年全国高校国家重点学科名单,东南大学的**艺术学学科**为国家二级重点学科。

音乐与舞蹈学类

音乐学专业的培养目标是本专业培养具有一定的马克思主义基本理论素养和系统的专业基本知识,具备一定音乐实践技能和教学能力,能在高、中等专业或普通院校、社会文艺团体、艺术研究单位和文化机关、出版及广播、影视部门从事教学、研究、编辑、评论、管理等方面工作的高级专门人才。舞蹈学专业培养能在学校、艺术团体、艺术(文化)馆,青少年宫等单位从事中国古典舞、中国民间舞、芭蕾舞、现代舞等其他舞种的教学、创作、辅导工作的德、智、体全面发展的高级舞蹈艺术人才和"复合型"专门应用人才。

根据教育部公布的2007年全国高校国家重点学科名单,中央音乐学院和上海音乐学院的**音乐学学科**为国家二级重点学科。

戏剧与影视学类

本学科基于戏剧影视美学与批评、影像研究、电子媒介交织的文化艺术属性研究以及各类语言传播现象的研究，探索戏剧与影视创作规律。通过对当代影视戏剧理论与实践发生、发展的考量，将艺术理论和美学原则融入到戏剧与影视的研究和创作中。在保持独立的地域文化、民族文化的基础上，本学科借鉴当代欧美先进的戏剧影视研究理念，着力推动学科本身艺术规律研究的丰富性与全息性。

根据教育部公布的2007年全国高校国家重点学科名单，中央戏剧学院、上海戏剧学院的戏剧戏曲学学科、中国传媒大学的**广播电视艺术学学科**为国家二级学科。

设计学类

本学科培养目标是通过艺术设计专业理论与实践的学习，在艺术设计领域内既具有系统的专业基础、敏捷的创新思维能力和熟练的设计表现技能，又掌握坚实的理论体系，具有独立承担专业课题研究、设计及其管理的能力。

根据教育部公布的2007年全国高校国家重点学科名单，清华大学的**设计艺术学学科**为国家二级重点学科。

美术学类

本学科的培养目标是为文化艺术部门、各类院校等教育机构、美术馆和博物馆、新闻和出版部门，以及文化产业部门培养能够从事美术创作、美术史论研究、教学、评论、出版编辑、管理和经营等方面工作的专门人才。

根据教育部公布的2007年全国高校国家重点学科名单，中国美术学院的**美术学学科**为国家的二级重点学科。

1

音乐学专业

学科概述

音乐学是用自然科学和社会科学的理论和研究方法，综合研究音乐艺术的一门科学。该专业培养具备一定音乐实践技能和教学能力，能在各类学校、社会文艺团体、艺术研究单位以及文化、出版、广播、影视等部门从事教学、研究、编辑、评论、管理等方面工作的高级人才。该专业一般文理兼收。

学制四年，学业合格授予文学学士学位。

相近专业：作曲与作曲技术理论、音乐表演等。

学习内容

音乐学专业开设的主要课程

类别		课程
专业基础课程	音乐学专业	和声、复调、配器、曲式、音乐学概论、音乐评论写作、中国音乐史、外国音乐史、民族民间音乐概论、世界民族音乐概论、20世纪音乐概论、音乐教育学、音乐教学法、音乐理论专题研究、音乐文学、计算机音乐、音响导演、指挥
	作曲专业	作曲、和声、复调、曲式、配器、计算机音乐制作（电子作曲）、作曲与作曲技术理论、通俗音乐编创、指挥
	音乐表演专业（声乐、器乐）	声乐演唱：演唱、形体、视唱练耳、钢琴、外语语音、表演、歌剧、合唱、键盘和声与即兴伴奏。器乐演奏：演奏、重奏、合奏、伴奏、西方管乐器、乐器演奏、艺术概论、曲式分析、合声
	计算机音乐制作（电子作曲）、录音工程、音响导演专业	作曲、和声、复调、曲式、配器、计算机音乐制作、录音音响学、应用录音技术、多媒体应用技术、MIDI音乐制作、数字音频技术、信号与系统、录音基础、立体声拾音技术、影视声音（艺术创作与技术制作）、音响工程设计、视听语言、音乐配器与制作、扩声基础、现代音响与艺术

注：各校的课程设置会因培养目标的不同而有差异。

毕业去向

音乐学专业毕业生近两年的主要就业去向

职业	工作单位	起薪(元/月)	学历要求	工作内容
中小学教师	中小学	1500～2500	本科、研究生	中小学音乐教学
高校教师	高等院校	1500～3000	研究生	音乐学及相关专业的教学和科研工作
研究人员	机关事业单位科研机构	1500～2500	本科、研究生	音乐理论研究、音乐教育、音乐评论
职员	广播影视部门	1500～2500	本科	音乐编辑、音乐评论
演员	文化团体、专业演出团体、部队文工团	1500～2500	本科	音乐表演、创作
个体艺术、职业者	—	机动	本科	音乐表演、创作等

注：表格中的起薪可能会因为地区差异而存在较大差别。

音乐学专业毕业生主要行业流向及相应平均月薪(人民币:元)

毕业年份	行业流向 TOP3		
2010	小学和中学教育	其他学院和培训机构	中等职业教育机构
	2636	2859	2813
2011	中小学教育机构	其他学院和培训机构	幼儿园与学前教育机构
	2301	2475	2484
2012	中小学教育机构	其他学院和培训机构	幼儿园与学前教育机构
	2856	2856	2518

注:表格中的月薪为该专业毕业生半年后平均月薪。2012 届该专业本科生毕业半年后就业率为 91.4%,工作与专业对口率为 71%,毕业即读研和留学比例为 5.0%。

数据来源:麦可斯-中国 2010、2011、2012 届大学毕业生求职与工作能力调查。

专家提示

1. 关注专业特色

中央音乐学院为国家重点高等艺术院校,是培养音乐专门人才的高等学府,能够代表我国专业音乐教育水平,是专业设置比较齐全、在国内外享有很高声誉的音乐学府;中国音乐学院是以中国传统音乐教育和研究为特色的综合性高等音乐学府,以培养从事民族音乐表演、创作、理论和科技工作的专门人才为主;南京艺术学院为目前国内办学历史最为悠久的高等艺术教育机构之一;南京师范大学音乐学院是江苏省培养中等学校音乐师资的基地,该学科不仅是全省师范院校的“龙头”学科,而且在全国高等师范院校同类学科中享有较高声誉;西安音乐学院的培养目标是高等音乐艺术人才和教师。

与该专业相关的职业资格证书有:教师资格证、高等教师资格证。

中央音乐学院、上海音乐学院的音乐学为国家二级重点学科。

2. 考虑性格适合

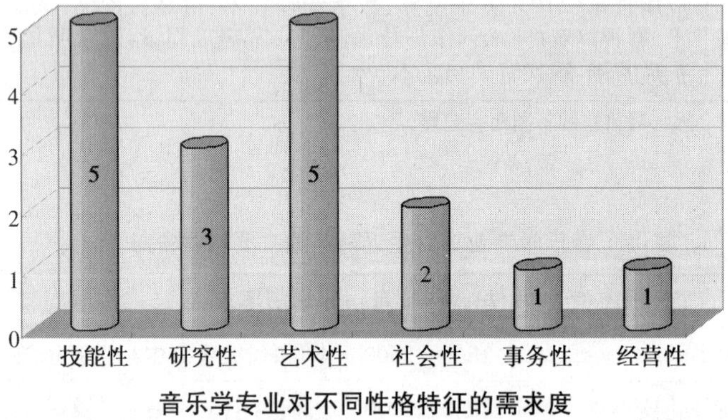

音乐学专业对不同性格特征的需求度

3. 特别提醒

学习音乐专业费用不菲,报考该专业最好有一定的经济基础。因为该专业的研究方向较多,所以学生在报考时要考虑自己的兴趣爱好和专长,选择合适的方向。

作者:张　倩　　修订:王梦翔

附表：开设音乐学专业的部分学校（院系）情况

批次	学校（院系）	本科专业方向设置	专业实力			特别关注
			硕博士学位点		学科建设	
			硕士	博士		
本科一批	中国音乐学院（音乐学系）	音乐学、作曲、民族器乐、声乐歌剧、钢琴、音乐教育	音乐学、器乐、声乐、作曲	音乐学	音乐学学科为市级重点学科	唯一一所以中国民族音乐教育和研究为主要特色的学校
	南京艺术学院（音乐学系）	音乐美学、当代音乐、中国传统音乐、中国音乐史、西方音乐史	音乐美学、当代音乐、中国传统音乐、中国音乐史、西方音乐史	音乐美学、当代音乐、中国传统音乐、中国音乐史、西方音乐史	西方音乐史为江苏省重点学科	为目前国内办学历史最为悠久的高等艺术教育机构之一，其前身溯源于1912年著名画家、教育家刘海粟先生在上海创办的上海美专音乐班
	南京师范大学（音乐学系）	音乐教育	西方音乐史、作曲理论研究、视唱练耳教学与研究	—	音乐学、音乐教育为省重点学科	其历史非常悠久，渊源可追溯到中央大学师范学院艺术系音乐组
	上海音乐学院（音乐学系）	音乐学、作曲指挥、民族音乐、钢琴、声乐、管弦乐器、音乐教育、音乐剧	中国音乐史论、外国音乐史论、系统音乐学理论	—	—	前身是蔡元培先生和音乐教育家萧友梅博士共同创办的中国最早的高等音乐学校国立音乐院
	西安音乐学院（音乐学系）	作曲与作曲技术理论、键盘乐器演奏、管弦乐器演奏、中国乐器演奏、演唱、音乐教育、音乐学	音乐学	—	—	—
	西南大学	音乐学（师范）、音乐学（非师范）、音乐表演、舞蹈	音乐学	音乐学	国家级普通高校特色专业——音乐表演及舞蹈	成立于1996年，其前身为1940年原国立女子师范学院音乐专修科，是我国师范类院校中最早设置音乐专业的院系之一
	中国传媒大学（影视艺术学院）	音乐学（音乐传播、电子音乐制作）	广播影视音乐理论、广播影视音乐应用、传媒音乐研究	音乐学	为电视、电影、广播系统节目制作、音像出版、文化艺术事业等相关单位培养主要从事音乐创作、制作与传播等高级专门人才；学生在完成一年的广播电视和音乐基础的学习后，再分为“音乐传播方向”和“电子音乐制作方向”；是数字媒体时代培养复合型传媒音乐人才的摇篮	—
本科二批	扬州大学（艺术学院）	音乐学（师范类）	—	—	设有音乐制作工作室，在全国率先实行了音乐、美术主辅修复合型教学的改革实践	—
	南京晓庄学院（音乐系）	音乐学（音乐学、师范、现代音乐）	—	—	1990年5月筹建；设教学指导委员会及声乐教研室、钢琴教研室、理论教研室、器乐教研室、继续教育教研室；成立了4个音乐实践团队	一直在教学过程中坚持教学与实践相结合的原则
	江南大学（艺术学院）	音乐学（教师教育）	—	—	创建于上个世纪80年代中期，是以培养中小学音乐师资为主的师范专业	—
	江苏师范大学（原徐州师范大学）（音乐学院）	音乐学（师范类）	音乐学（理论作曲、音乐教育学、音乐表演学、钢琴即兴伴奏）	—	2006年取得音乐学硕士学位授予权；办学条件一流，硬件建设水平已走在了全国同类师范大学的前列；教学与科研的总体水平有了较快发展，办学综合实力在省内同专业中居于前列	音乐学院的前身是1992年12月成立的音乐系，2006年6月更名建院
	南通大学（艺术学院）	音乐学	—	—	原南通师范学院音乐系建于1986年，1999年开始招收本科生	原南通师范学院音乐系建于1986年，于2009年4月并入新成立的艺术学院

注：录取情况涵盖三年，“—”代表没有此项内容或无法获取相关资料。

2

美术学专业

学科概述

美术学是依据一定的物质材料和手段，通过塑造静态的视觉艺术形象反映社会生活的一门艺术学科。美术学主要包括绘画、雕塑、工艺美术、建筑艺术等方向。该专业培养能在各类学校、社会文艺团体、艺术研究单位以及文化、出版及相关部门从事教学和科研、美术评论和编辑、艺术管理等工作的高级专门人才。该专业一般文理兼收。

学制四年，学业合格授予文学学士学位。

相近专业：绘画、雕塑、艺术设计学、艺术设计、戏剧影视美术设计、摄影、艺术学等。

学习内容

美术学专业开设的主要课程

类别		课程
专业基础课程		绘画基础(油画/中国画)、艺术概论、中国通史、世界通史、中国文学(古代汉语)、文献检索与利用、中国美术史、电脑操作、西方美术史、考古学概论、西方艺术批评史、中国古代画论、中国现代美术史、美学原理及中国美学史、西方绘画理论、西方美学史、艺术批评与当代艺术思潮、马列文论、美术外文文献选读、中国古代文献(美术)选读
专业主干课程	绘画(含中国画、油画、版画、壁画)	艺术概论、中国美术史、外国美术史、中国画论、西方画论、美学、素描、色彩 中国画：工笔人物、写意人物、山水、工笔花鸟、书法篆刻 油画：油画、创作、油画材料与技法、构成课、写生创作 版画：黑白木刻、套色木刻、石版技法、铜版画技法、丝网版画技法、水印版画技法 壁画：线描、山水(线绛、重彩)、工笔人物(重彩)、装饰造型、镶嵌工艺、沥粉贴金、漆画工艺、陶瓷、浮雕、壁挂、壁画创作设计
	雕塑	艺术概论、中国美术史、外国美术史、中国画论、西方画论、美学、素描、速写、泥塑(圆雕、浮雕)、创作、专业材料技术实习、临摹、绘画选修
实践课程		绘画写生、摄影与暗房操作、古代美术遗迹考察及博物馆专业实习

注：各校的课程设置会因培养目标的不同而有差异。

毕业去向

美术学专业毕业生近两年的主要就业去向

职业	工作单位	起薪(元/月)	学历要求	工作内容
高校教师	高等院校	1500～3000	研究生	美术绘画教学、绘画创作以及美术宣传工作
中小学教师	中小学校	1500～2500	本科	美术绘画教学
科研工作者	科研单位	1500～2500	研究生	专业艺术研究、艺术管理、艺术批评、史论研究
美工	企事业单位、媒体单位(电台、电视台、报社)	1500～2000	本科	绘画创作、美术宣传工作以及产品销售开发工作 美术设计、制作布景、场景灯光、舞台
自由职业者	—	机动	本科	绘画创作与探索

注：表格中的起薪可能会因为地区差异而存在较大差别。

美术学专业毕业生主要行业流向及相应平均月薪(人民币:元)

毕业年份	行业流向 TOP3		
2010	小学和中学教育	教育辅助服务	广告及相关服务业
	2614	1900	1950
2011	中小学教育机构	建筑装修业	其他娱乐和休闲产业
	2536	2382	2533
2012	中小学教育机构	其他学院和培训机构	幼儿园与学前教育机构
	2480	2838	2523

注:表格中的月薪为该专业毕业生半年后平均月薪。2012 届该专业本科生毕业半年后就业率为 88.1%,工作与专业对口率为 69%,毕业即读研和留学比例为 8.1%。

数据来源:麦可斯-中国 2010、2011、2012 届大学毕业生求职与工作能力调查。

专家提示

1. 关注专业特色

清华大学美术学院是目前规模较大、专业设置较齐全、在国内外具有一定影响的美术学院;南京艺术学院美术学院历史悠久,其前身可以追溯到我国现代艺术大师、著名教育家刘海粟于 1912 年创办的上海美术专科学校;南京师范大学美术学专业分非师范类和师范类,非师范类比较侧重研究美术的基础理论及其实际应用,师范类比较侧重研究美术教育、教学,其培养的专业人才构成了江苏省美术教育的主体;上海师范大学美术学院是沪上美术教育、艺术设计和美术创作的重要基地。

鲁迅美术学院前身是 1938 年建于延安的鲁迅艺术学院,由毛泽东、周恩来等老一代领导人亲自倡导创建。1945 年,延安鲁迅艺术学院迁校至东北。1958 年发展为鲁迅美术学院。1998 年,江泽民同志为学院题词:“弘扬鲁艺传统,培育艺术人才,繁荣社会主义文化事业”。悠久的办学历史积淀了学院深厚的文化内涵和领先的办学实力。经过 70 年的发展,鲁迅美术学院现已成长为师资力量雄厚、专业齐全,办学水平和整体实力居全国同类院校前列、有鲜明的办学特色、在国内外有重要影响的著名高等艺术学府。

美术学专业及其相关专业国家二级重点学科分布情况如下:

美术学:中国美术学院;**设计艺术学**:清华大学、北京协和医学院—清华大学医学部。

2. 考虑性格适合

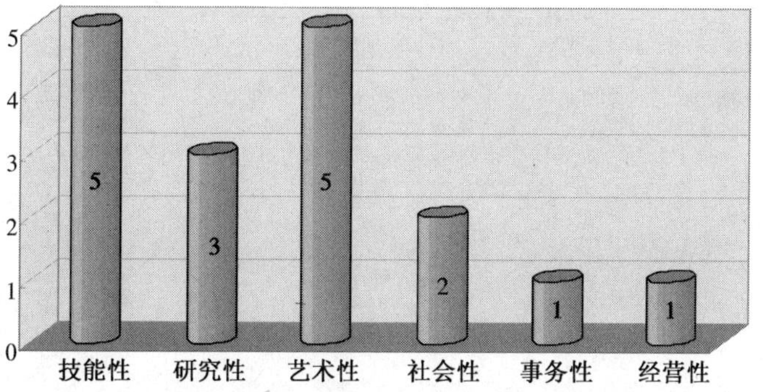

美术学专业对不同性格特征的需求度

3. 特别提醒

色盲、色弱及相关症状不宜报考美术专业；需具有一定的审美意识和创新能力。

作者：张 倩　　修订：王梦翔

附表：开设美术学专业的部分学校（院系）情况

批次	学校（院系）	本科专业方向设置	专业实力		
			硕博士学位点		学科建设
			硕士	博士	
公办本科第一批	南京艺术学院（美术学院）	美术史论、中国画、油画、版画、雕塑、壁画、书法、插画、造型基础	美术学	美术学	美术学为江苏省重点学科，拥有全国综合性艺术院校最早设立的博士点
	广州美术学院（造型艺术学院）	绘画、雕塑、美术学、美术史	美术学、中国美术史、西方美术史	—	中国画专业为省级重点学科
	鲁迅美术学院	中国画、版画、油画、雕塑、摄影、美术教育、美术史论	美术学、设计艺术	—	油画专业为辽宁省重点学科
公办本科第二批	南京师范大学（美术学院）	美术学	美术学	美术学	美术学为江苏省重点学科
	上海师范大学（美术学院）	油画、中国画、书法、美术教育、平面设计、环艺设计、雕塑	油画、国画、视觉传达设计（相近专业）、美术理论研究、美术学	—	—
	徐州师范大学（美术学院）	美术学、艺术设计、绘画	美术学、艺术学	—	—

注：“—”代表没有此项内容或无法获取相关资料。

3

艺术设计专业

学科概述

艺术设计是一门站在艺术的角度研究人与物的关系的学科，主要进行艺术理论、艺术史、材料学、设计学等方面的学习与研究。因为对设计的研究既离不开功能、形式、经济、实用、美观等要素，也离不开社会、人文、地域、传统等方面，所以艺术设计是一门兼具许多学科特点的交叉学科，涵盖了平面设计、工业设计、服装设计、环境设计等专业。该专业培养理论与实践并重，能够独立进行设计、教学或科研工作的综合性艺术设计人才。该专业一般文理兼收。

学制四年，学业合格授予文学学士学位。

相近专业：绘画、雕塑、美术学、艺术设计学、戏剧影视美术设计、景观建筑设计、数字媒体艺术等。

学习内容

艺术设计专业开设的主要课程

类别			课程
专业主干课程	艺术设计	平面设计	造型基础、设计基础、视觉心理学、艺术设计理论、专业技法、专业设计
		装饰艺术设计、陶瓷艺术设计、漆艺艺术设计	造型基础、设计基础、艺术设计理论、专业技法、专业设计、色彩学
		环境艺术设计	造型基础、设计基础、专业技法、人机工程学、专业设计、艺术设计理论
	工业设计		力学、电工学、机械设计基础、工业美术、造型设计基础、工程材料、人机工程学、心理学、计算机辅助设计、视觉传达设计、环境设计
	染织服装	服装设计	服装设计、服装色彩、服装材料、服装结构、成衣纸样与工艺、服装CAD、服装生产工艺与管理、服装工业制板、服装市场营销、服装史、美学、服装工效学、立体裁剪
		染织艺术设计	造型基础、设计基础、专业技法、专业设计、艺术设计理论、图案
	动画设计		影视剧作、影视声音、动画技法、影视动画创作、多媒体技术及应用、动画设计
	广告策划		艺术设计概论、传播学、广告学、美学、中国艺术设计史、外国艺术设计史、中国工艺美术史、外国工艺美术史、艺术考古学、艺术设计基础
	珠宝首饰工艺及设计		造型基础、设计基础、专业技法、专业设计、艺术设计理论

注：各校的课程设置会因培养目标的不同而有差异。

毕业去向

艺术设计专业毕业生近两年的主要就业去向

职业	工作单位	起薪（元/月）	学历要求	工作内容
美术教师	各级学校	1500～2500	本科、研究生	美术教学
设计人员	企事业单位（广告公司、装潢公司、网络公司、园林规划设计院、房地产公司）	1000以上	本科	广告设计、装潢设计、美术设计、服装设计、网页设计
策划、创作人员	电台、电视台、出版社、杂志社等媒体单位	1000以上	本科、研究生	创意动画设计、美术编辑、美术设计
自由职业、私营企业主	—	不定	本科	辅助设计、工艺设计

注：表格中的起薪可能会因为地区差异而存在较大差别。

艺术设计专业毕业生主要行业流向及相应平均月薪(人民币:元)

毕业年份	行业流向 TOP3		
2010	广告及相关服务业	建筑装修业	建筑、工程及相关咨询服务
	2739	2306	2591
2011	广告及相关服务业	建筑装修业	其他娱乐和休闲产业
	2828	2823	3144
2012	建筑展停业	广告相关服务业	住宅建筑施工业
	3201	2908	3080

注:表格中的月薪为该专业毕业生半年后平均月薪。2012 届该专业本科生毕业半年后就业率为 88.8%,工作与专业对口率为 67%,毕业即读研和留学比例为 3.9%。

数据来源:麦可斯-中国 2010、2011、2012 届大学毕业生求职与工作能力调查。

专家提示

1. 关注专业特色

新中国成立初期,中国只有少数几所专门的美术高等院校,艺术设计教育几乎处于空白。传统的工艺美术人才一直依靠几千年承袭的“师傅带徒弟”的方式培养。1955 年轻工业部创建了中央工艺美术学院后才正式开始了中国工艺美术设计人才的培养。过去大部分艺术设计专业开设在一些艺术院校中,现在一些综合性大学也开设了该专业,不同的学校形成了各自的特色:清华大学美术学院是目前规模较大、专业设置较齐全,集综合性、多学科、高层次于一体的艺术设计学院;南京艺术学院设计学院是全国高校中教学层次最齐全、专业覆盖面最广、师资力量最雄厚的艺术设计学院之一;东南大学艺术学系是我国最早设立于综合性大学中的艺术学系,集专业教学、创作设计、理论研究与社会实践于一体,该校发挥工科和建筑学的优势,强化艺术与科技相辅相成的联系,将此学科发展为跨学科、交叉性、边缘性的学科。

江南大学(原无锡轻工大学)是最早将设计的基础学科——三大构成引入中国的高校。1993 年“开创工业设计教学新体系”教改研究获江苏省教学成果一等奖,同年首次获国家教委教学成果二等奖。“设计艺术学”硕士点(原为“工业设计”)经国家教委批准成为全国首批硕士研究生培养点之一。1996 年原无锡轻工大学进入国家“211 工程”重点建设院校行列,设计艺术学学科被列为国家“211 工程”重点建设学科。1998 年设计艺术学学科成为江苏省重点学科。2000 年,创建建筑学专业,开国内艺术院校先河。2001 年“211 工程”一期重点建设子项目设计艺术学学科通过国家教育部专家组的验收。

与该专业有关的职业资格证书有:欧洲 ICPC 服装职业资格证书、《服装设计师》国际职业资格证书、上海市服装设计专业职业资格证书。

清华大学、北京协和医学院—清华大学医学部的设计艺术学是国家二级重点学科。

2. 考虑性格适合

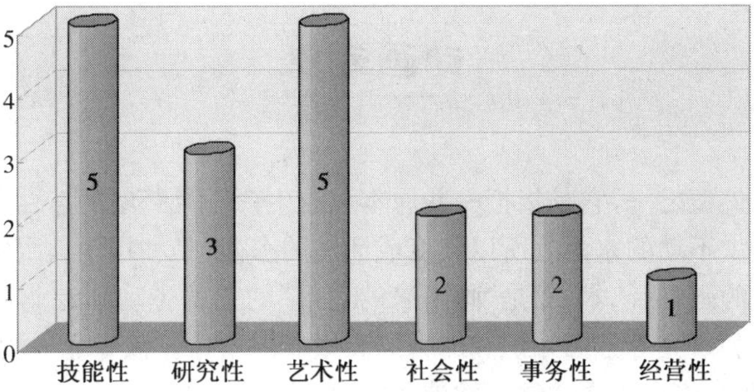

艺术设计专业对不同性格特征的需求度

3. 走出常见误区

艺术设计是美术吗？应该说，这两个专业是有共通之处的。它们都需要学习美术学的基本理论，受到美术基本技能的训练，甚至许多院校把艺术设计就设为美术学的一个方向。但是，两者之间还是有很大区别的。美术着重于审美，是艺术家的个人表达。而设计则是一个有目的的行为，除了美观，还涉及到经济、适用、技术、材料等方面的问题，是一个解决问题的理性过程。因此，艺术设计不等同于美术，相比之下，它更偏重于实用性。

4. 特别提醒

有色觉异常及相关症状的学生不宜报考该专业；建议报考该专业的学生最好有一定的绘画基础；报名时要根据自身情况考虑适合自己的专业方向。

作者：张　倩　　修订：王梦翔

附表：开设艺术设计专业的部分学校（院系）情况

批次	学校（院系）	本科专业方向设置	专业实力		特别关注
			硕博士学位点		
			硕士	博士	
公办本科第一批	清华大学（美术学院）	陶瓷艺术设计、工业艺术设计、装潢艺术设计、环境艺术设计、信息艺术设计	艺术设计学	艺术设计学	前身是中央工艺美术学院
公办本科第二批	南京艺术学院（设计学院）	艺术设计、工业设计、服装设计与工程、艺术设计学	艺术设计、设计艺术学	美术学设计史论、设计教育	前身可以追溯到上海美术专科学校、苏州美术专科学校在20世纪二三十年代设置的工艺图案科
提前民办及独立学院（本科）	东南大学（艺术学院）	工业设计（产品设计、平面设计、环艺设计）	艺术学	—	—
	江南大学（艺术学院）	工业设计、艺术设计	设计艺术学	—	由原无锡轻工大学等合并组建而成

注："—"代表没有此项内容或无法获取相关资料。

4 动画专业

学科概述

动画是电影的类型之一，它是指把一些原本没有生命（不活动）的东西制作成影片，放映后成为有生命的东西。不动的东西之所以会变成活动的东西，是利用了人眼的视觉暂留现象，所以，动画不是“会动的画”的艺术，而是“画出来的运动”的艺术。动画专业培养具有动画、多媒体创作、设计、教学和研究等方面知识和能力的高级专门人才。该专业一般文理兼收。

学制四年，学业合格授予文学学士学位。

相近专业：绘画、雕塑、美术学、艺术设计学、艺术设计等。

学习内容

动画专业开设的主要课程

类　别	课　　程
专业基础课程	版面设计、综合造型基础、综合设计基础、素描、色彩、构成设计、艺术学、摄影、广告学、写作学、运动规律、透视学、市场营销、专业英语
专业主干课程	原画设计、三维动画设计、编导基础、平面广告设计、动画技法、动画造型、场景设计、影视动画创作、多媒体技术及应用设计、后期编辑
实践课程	素描、速写、人物设计、色彩、短片拍摄

注：各校的课程设置会因培养目标的不同而有差异。

毕业去向

动画专业毕业生近两年的主要就业去向

职　业	工作单位	起薪（元/月）	学历要求	工作内容
广告设计	广告公司	3500～5000	大专以上	设计、制作广告
网站美工	网络公司、广告公司	3500～5000	大专以上	设计网页
影视编辑	电视台	2000～5000	大专以上	对影视节目进行编排、处理特效等
美工	动画公司、广告公司	3500～6000	大专以上	动画原稿的手绘及设计
高校教师	高等院校	1500～3000	本科、研究生	动画及相关专业的教学与科研
游戏设计员	游戏软件公司	3000～6000	大专以上	游戏的开发与设计

注：表格中的起薪可能会因为地区差异而存在较大差别。

动画专业毕业生主要行业流向及相应平均月薪（人民币：元）

毕业年份	行业流向 TOP3		
2010	互联网运营与网络搜索引擎业	其他娱乐和休闲产业	电影与电视产业
	3389	2244	2200

续 表

毕业年份	行业流向 TOP3		
2011	互联网运营与网络搜索引擎业	其他娱乐和休闲产业	电影与电视产业
	3438	3453	3054
2012	电影与影祖产业	广告相关服务业	其他娱乐和休闲产业
	2989	3019	3100

注：表格中的月薪为该专业毕业生半年后平均月薪。2012 届该专业本科生毕业半年后就业率为 87.4%，工作与专业对口率为 68%，毕业即读研和留学比例为 6.9%。

数据来源：麦可斯-中国 2010、2011、2012 届大学毕业生求职与工作能力调查。

专家提示

1. 关注专业特色

以前开设动画本科专业的学校主要集中在艺术类院校，每年培养的毕业生很少。近年来许多综合类院校也开设了动画专业，但限于师资和设备，其实力可能不如艺术类院校。另外，不同学校的侧重点有所不同，具有传统美术优势的院校较为重视原画的绘制，例如美术类院校和师范类院校；一些综合性大学的动画专业则更加重视运用计算机等数字设备来进行创作。目前，一些学校也意识到了艺术与技术的结合问题，开始在课程设计等方面力求做到二者兼顾，例如北京电影学院、北京广播学院等。

动画专业及其相关专业国家二级重点学科分布情况如下：

美术：中国美术学院；**设计艺术学**：清华大学、北京协和医学院—清华大学医学部。

2. 考虑性格适合

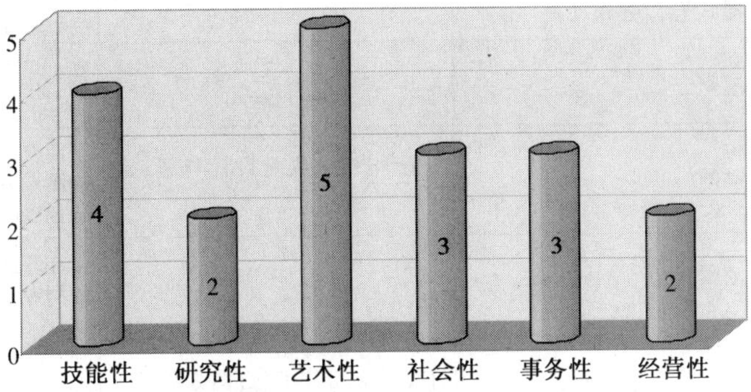

动画专业对不同性格特征的需求度

3. 走出常见误区

动画等于漫画吗？很多人常常会将漫画和动画混为一谈，其实二者有明显的不同。漫画主要考虑单张画面的安排，而在动画的制作中，研究物体怎样运动（包括他们运动的轨迹、方向以及所需的时间）远大于对单张画面安排的考虑。所以相对每一格画面来说，动画更关心“每一格画面与下一格画面之间所产生的效果”，这是漫画不必考虑的。总的看来，在制作上，动画比漫画更为困难和复杂。所以即使是一名优秀的画家也要经过多年艰苦的学习、探索，才能成为一位真正杰出的动画专家。

动画等于“儿童片”吗？许多人一提到动画就觉得是给儿童看的卡通片，这是片面的。由于其自身的特点，动画成为儿童片的一种恰当和重要的表达方式，但并不能完全将动画限定在“给儿童看”的范畴。动画片和儿童片之间有重叠的部分，但并不完全等同。事实上在欧美及日本早就有许多题材严肃、手法深奥的动画作品。动画片既可以是儿童卡通，也可以是成人寓言，甚至是抽象艺术的表达形式。事实上动画片是以一定的故事语言来说明一些道理，让人们从中得到一些有用的知识或者得到一些启发，从而充实自己，丰富人生。

作者：卢　峰　　修订：王梦翔

附表：开设动画专业的部分学校（院系）情况

批次	学校（院系）	本科专业方向设置	专业实力 硕博士学位点 硕士	特别关注
公办本科第一批	北京电影学院（动画学院）	动画、动画艺术、电脑动画	动画创作及多媒体应用研究、动画创作及理论、动画史论、动画剧作	40多年的历史，拥有国内最为完整的影视动画教学实习设施
	中国传媒大学（动画学院）	动画	动画创作及理论、动画学动画创作研究、动画学动画艺术理论研究、动画学动画产业研究	—
	中国美术学院（传媒动画学院）	动画	—	文化部直属重点高等美术学院；2004年，传媒动画学院被国家广电总局首批授予国家动画教学研究基地
	武汉理工大学（艺术与设计学院）	动画（影视动画、工程动画）	—	—
公办本科第二批	南京艺术学院（传媒学院）	动画艺术、动画技术、卡通漫画艺术、建筑动画	—	—
	南京师范大学（美术学院）	动画	—	—
	同济大学（传播与艺术学院）	动画	传播学（空间视觉设计与理论研究）	上海首家开设动画专业的高校，动画专业所在的传播与艺术学院与德国的交流尤为密切
	江苏大学（艺术学院）	动画	—	由江苏理工大学、镇江医学院、镇江师专于2001年合并组建
公办本科第三批	陕西科技大学（设计与艺术学院）	动画	计算机应用技术（含图像处理专业）	—
独立民办（本科）	南京林业大学南方摄影学院	动画	—	位于南京江宁

注：“—”代表没有此项内容或无法获取相关资料。

5

广播电视编导专业

学科概述

广播电视编导是广播电视学里指导节目制作、编排审查播出节目的一门基础学科。广播电视编导专业旨在培养专业的电影、电视、广播及相关媒体的编辑、导演与导播人才。该专业具有政策性强、涉及面广、实际操作能力强的特点，要求学生具有一定的文化、艺术功底，有较强的感悟力和表现力。该专业一般文理兼收。

学制四年，学业合格授予文学学士学位。

相近专业：新闻学、广播电视新闻学、广告学、编辑出版学、传播学、媒体创意、广播电视编导、国际文化交流等。

学习内容

广播电视编导专业开设的主要课程

类　别	课　　程
专业基础课程	古代文学作品选读、中国现代文学、外国文学、现代传播学、当代影视文化专题、影视作品观摩、社会心理学、受众研究、流行文化专题、中国当代文化批判、中外绘画欣赏、中国戏曲艺术、文艺人类学、文艺社会学、广告创意与策划
专业主干课程	电视学概论、广播学概论、导演学、视听语言、中国电影史、世界电影史、视听原理与作品分析、影视创编、主持人艺术、电视节目策划与制作、影视批评、影视表演艺术、电脑技术基础、中国文化通论、艺术概论、中国文学经典、外国文学经典、西方艺术哲学
实践课程	节目策划、摄影、摄像、播音主持，后期剪辑制作都有相关的实践，实习阶段结束后，上交制作好的节目

注：各校的课程设置会因培养目标的不同而有差异。

毕业去向

广播电视编导专业毕业生近两年的主要就业去向

职　业	工作单位	起薪（元/月）	学历要求	工 作 内 容
导演	省市级电视台	1500～2500	研究生	各类电视节目的策划与指导
编辑	出版社、报社、电视台	1500～2500	本科	相关专业报纸、杂志、书籍的策划、评著、编辑；电视台、广播电台的编排剪辑
导播	省市电视台、广播电台	1500～2500	本科	电视台、广播电台各类节目的输送与播映
电视制片人	省市电视台	1500～2500	本科、研究生	电视专题节目或固定节目的前期制作
公务员	企事业单位与党政机关宣传部门	1500～2000	研究生	单位内外的宣传策划工作、公共关系服务
媒体记者	省市各大电视台、电台	1500～2500	本科	广播、电视节目的拍摄制作、播音和主持

注：表格中的起薪可能会因为地区差异而存在较大差别。

广播电视编导业毕业生主要行业流向及相应平均月薪(人民币:元)

毕业年份	行业流向 TOP3		
2010	广播电视业	互联网运营商和网络搜索门户	电影与影视产业
	3140	3461	3244
2011	广播电视业	互联网运营与网络搜索引擎业	报刊、图书出版业
	3527	3825	3513
2012	广播电视业	电影与影视产业	广告及相关服务业
	3449	3756	3980

注:表格中的月薪为该专业毕业生半年后平均月薪。2012 届该专业本科生毕业半年后就业率为 90.4%,工作与专业对口率为 54%,毕业即读研和留学比例为 7.4%。

数据来源:麦可斯-中国 2010、2011、2012 届大学毕业生求职与工作能力调查。

专家提示

1. 关注专业特色

目前国内较早开设广播电视编导专业并已形成自身特色的高等院校有同济大学、上海大学、北京广播学院、华东师范大学等。其中同济大学的广播电视编导专业拥有较好的硬件设备,目前建有一个国内规模最大的、最为先进的美国 Avid 品牌非线性工作编辑室;上海大学的该专业重在为广播影视界、文化传播、新闻宣传部门培养具有较高理论素养和策划操作能力的复合型人才;中国传媒大学和华东师范大学在该专业上侧重于采、编、播合一的技术要求。南京师范大学新闻传播学院广播电视编导专业的设立使得学院"文科与理科渗透、技术与艺术结合、软件与硬件兼备"的办学理念得到了进一步体现。广播电视编导专业的课程在广播电视新闻学专业的课程安排基础上减少部分新闻专业基础课程,增加更多的主持、编导、策划方面的课程。音乐、美术、导演等方面的课程仍然是该专业的主要课程。

与该专业相关的职业资格证书有:全国广播电视编辑记者资格证。

广播电视编导专业及其相关专业国家二级重点学科分布情况如下:

广播电视艺术学:中国传媒大学;**新闻学**:中国传媒大学。

2. 考虑性格适合

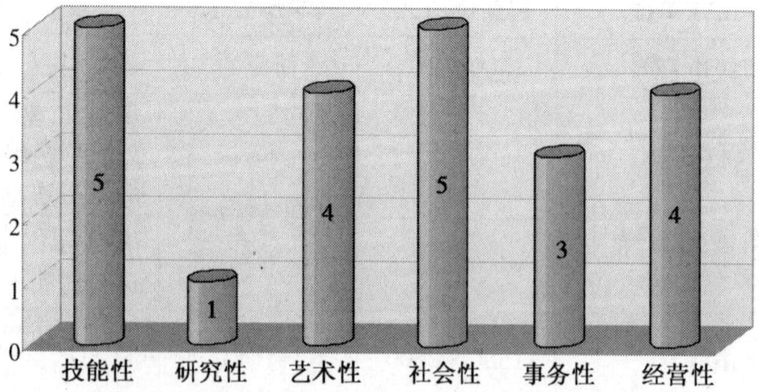

广播电视编导专业对不同性格特征的需求度

3. 走出常见误区

只要技术过得硬,理论无所谓吗? 由于我国对传播学的研究起步较晚,而且国内部分高校是在近几年才逐步开设广播电视编导专业的,因此接受系统教育与专业技术训练的编导人才很少,大部分是由新闻传播学系或其他艺术学系毕业的人担任,这就造成一种假象,认为编导人员只要技术过硬,理论无所谓。实际上,广播电视编导人员除了需要具备创作实践和创作技能外,还需要具有深厚的文化底蕴、新颖的电视观念、扎实的电视基本理论知识,并能运用这些理论知识来指导实践工作,否则会感到力不从心。

关于“白领一职”之说。编导在许多人的眼中是一项非常荣耀和体面的职业,尤其是导演职业,编导们能够经常和明星和媒体打交道,名利双收,实在是难得的白领职业。然而在荣耀与体面的背后我们更应该知道,编导在专业上要接受系统严格的训练,包括理论知识的准备和各种电子设备的运用;就编导个人来讲,还要有较好的艺术理解力与表现力,有扎实的实际操作能力;另外,编导还必须不断地更新自己的知识,以适应工作的需要。所有这些必须通过刻苦学习与反复实践才能得到,要有吃苦的精神,善于与群众和媒体打成一片。

4. 特别提醒

报考该专业需要具备一定的艺术能力,在表演、音乐、文学、美术等方面要有相应的了解。具体情况要视具体学校的要求而定。

需注意部分学校有身高要求:男生 170 厘米,女生 160 厘米。

作者:冯月琴　　修订:王梦翔

附表:开设广播电视编导专业的部分学校(院系)情况

批次	学校(院系)	本科专业方向设置	硕博士学位点	近三年录取情况				
			硕　士	年份	入校分(最高/最低)	专业分(最高/最低)	选测科目等级要求	录取人数
本科一批	华东师范大学(传播学院)	广播电视编导	广播电视艺术学	2015	385/374(文) 389/379(理)	—	BB	—
				2016	398/388(理) 399/385(文)	—	BB	—
				2017	397/380(理) 383/378(文)	—	BB	—
	哈尔滨工业大学(媒体技术与艺术系)	广播电视编导	广播电视艺术学	2015	368/360(文) 386/375(理)	—	AA	—
				2016	393/385(理) 380/375(文)	—	AA	—
				2017	389/376(理) 372/367(文)	—	—	—
	江苏师范大学(原徐州师范大学南京校区)(传媒艺术系)	广播电视编导	—	2015	362/327(理),352/329(文)	338/330	BC	33
				2016	362/337(理),360/343(文)	350/343(文)(广播电视学)	BC	27
				2017	382/337(理),370/338(文)	352/346(理)(广播电视学)	BC	5
						345/338(文)(广播电视学)	BC	35
本科二批	南京大学金陵学院(新传媒系)	广播电视编导	—	2013	326/301(理),347/313(文)	—	BC	—
				2017	339/318(理),341/320(文)	—	—	—
	首都师范大学科德学院(传媒学院)	广播电视编导	—	2011	298/298(理),298/287(文)	298/298(文)	CC	1
				2017	—	—	—	—

注:录取情况涵盖三年,“—”代表没有此项内容或无法获取相关资料。

历史学类

HISTORY

历史学门类介绍

历史学是一门整合型的社会科学，是历史研究主体在马克思主义哲学所提供的一般规律指导下，运用一定的思维认识方式和手段，在与历史客体发生互动作用的过程中，通过对历史客体的分析研究，以理解其特殊规律和特点的一种精神生产实践及其创造出来的产品。

学科地位

历史学是比较小的学科。据国务院学位办公室发表的统计数据，我国大学授予的历史学学士占学士总数的 1.44%，授予的历史学硕士占硕士总数的 1.50%，授予的历史学博士占博士总数的 2.21%。截至 2007 年，全国开设历史学专业的大学共 182 所。

学习要求

历史学学科门类专业培养侧重点会因学校特色的不同而有所差异，有些院校侧重民族史的学习，而师范院校一般侧重历史教育。就历史学学习者自身特点而言，要具备很高的研究性和良好的事务性。该类专业要求学生有较高的研究能力，能够长期从事细致琐碎的工作。历史学学科门类专业一般招收文科生，也有部分高校文理兼收。

学科分类

历史学只有历史学 1 个学科大类，共有 6 种专业（参照教育部 2012 年颁布的《普通高等学校本科专业目录》）详见下表。

普通高等学校本科专业目录（历史学学科门类）

门　类	学科大类	专业名称	授予学位（学士）
历史学	历史学类	世界史	历史学
		考古学	历史学
		文物与博物馆学	历史学
		历史学	历史学
		文物保护技术	历史学
		外国语言与外国历史	历史学/文学学士

根据教育部发布的 2007 年全国高校国家重点学科名单，北京大学、南开大学的**历史学**学科为国家一级重点学科。

专业介绍

世界史

世界史专业研究世界历史的基本知识、人类文明的一般发展历程和世界历史研究的基本方法，主要包括史学理论、外国语、史料学、历史地理学、国际政治学、国际经济学、国际关系学及文化人类学等方面。该专业毕业生能在文化教育、外交外贸、国际文化交流和新闻出版部门以及各类企事业单位从事教学、科研等工作。

根据教育部发布的 2007 年全国高校国家重点学科名单，首都师范大学、东北师范大学、南京大学、武汉大学的**世界史**学科为国家二级重点学科。

文物与博物馆学

博物馆学专业融合了文物学、博物馆学的基本理论和基础知识，主要包括历史、艺术、文化和科技等综合知识。该专业毕业生能在政府文物管理和研究机构、各类博物馆和陈列展览单位、考古部门、文物与艺术品专营单位、海关、新闻出版、教育等单位从事文物与博物馆管理、研究工作。

根据教育部发布的 2007 年全国高校国家重点学科名单，吉林大学的**考古学及博物馆学**学科为国家二级重点学科。

文物保护技术

文物保护技术是一门新兴的，横跨文、理、工等多门学科的边缘科学，也是一门综合性科学。该专业研究内容多，涉及面广，包括文物制作、保护以及与防治有关的科学技术、材料性能、操作工艺和各种勘察、检测等。该专业培养的是既掌握数理化和历史、文物考古的一般知识，又掌握文物保护材料的合成、分析、文物修复等实际技能，能在考古、博物馆、文物管理机构从事文物保护与研究工作的高级专门人才。

1

历史学专业

学科概述

历史学是一门研究人类社会各种历史现象并探寻其发生发展规律的科学，其研究对象主要是以往人类活动遗留下来的各种历史事实和记载这些事实的历史资料（如古代的书籍、档案、文物及其铭文、口头传说、风俗习惯等），同时也对在此基础上产生的各种史学理论、史学方法等进行研究，属社会科学。通过历史学的研究，我们可以弄清历史真相，更加深刻地认识社会现实，从而对社会发展方向作前瞻性的指导。历史学专业主要培养从事历史学教学和科研的专门人才。该专业一般招文科生。

学制四年，学业合格授予历史学学士学位。

相近专业：历史学、世界历史、考古学、博物馆学、民族学、文物保护技术等。

学习内容

历史学专业开设的主要课程

类　别	课　　程
专业基础课程	中国通史、世界通史、史学概论、历史文献学、历史地理、考古学概论、古代文学作品选读、论文写作、中国史学史、西方史学史、考古学通论
专业主干课程	各朝断代史、国别史、地区史、专题史（如经济史、社会史、法制史、文化史等）、专业外语、中西文化交流史、中外历史文化原典导读与选读

注：各校的课程设置会因培养目标的不同而有差异。

毕业去向

历史学专业毕业生近两年的主要就业去向

职　业	工作单位	起薪（元/月）	学历要求	工 作 内 容
中小学历史教师	中小学校	1500～2500	本科	历史课程教授，兼一些行政工作
高校教师	高等院校	1500～3000	本科、研究生	高校历史学专业的教学和科研
编辑	出版社、报社、电视台	1500～2500	本科、研究生	文字稿件的版面安排和编发
公务员	党政机关	1500～2500	本科、研究生	单位内外的文书
科研人员	科研机构	1500～2500	研究生	课题研究
外交、外贸人员	外交部、外贸公司	1500～3000	本科、研究生	科研、翻译等
文职人员	公司、企业	1500～3000	本科	管理、文秘

注：表格中的起薪可能会因为地区差异而存在较大差别。

历史学专业毕业生主要行业流向及相应平均月薪(人民币:元)

毕业年份	行业流向 TOP3		
2010	小学和中学教育	其他各级党政机关	报刊、图书出版业
	2723	2212	2993
2011	中小学教育机构	教育辅助服务业	各级党政领导机构及人大、政协
	2759	2483	2597
2012	中小学教育机构	教育辅助服务业	各级党政领导机构及人大、政协
	2928	2759	2821

注:表格中的月薪为该专业毕业生半年后平均月薪。2012届该专业本科生毕业半年后就业率为8.9%,工作与专业对口率为51%,毕业即读研和留学比例为24.0%。

数据来源:麦可斯-中国2010、2011、2012届大学毕业生求职与工作能力调查。

专家提示

1. 关注专业特色

开设历史学专业的综合性老牌院校有北京大学、吉林大学、复旦大学、南开大学、西北大学、南京大学、兰州大学等,这些院校历史学科设置较全面,但在江苏省内招生的专业有限制,敬请广大考生注意。近年来,随着社会的发展,有些学校开设的历史专业形成了自己的特色。譬如武汉大学、四川大学、西北大学建立了历史学基地班,成绩优异者可直接攻读硕士研究生;中央民族大学的历史学专业重点强调民族史的学习;各类师范院校的历史系则侧重于历史教育,为中学培养历史学科的师资。北京大学历史专业在全国高校同类学科中历史最久,培养人才最多,社会影响最大。历史学系每年评选的奖助学金资源丰富,有光华、优龙等,与美国、日本等国家和地区著名高等院校的相关系、所建立了教学、科研合作关系。复旦大学历史专业是国家文科基础学科人才培养和科学研究基地之一,师资力量雄厚,研究专业方向齐全,科研成果卓著,在国内历史学科中名列前茅。特别在中国近现代史研究,历史、地理等领域颇有学术建树。南京大学设有历史学、考古学两个本科专业。1995年,本系被确定为国家教育部直属的文科人才培养和科学研究基地,特别在蒙元史、中华民国史等领域颇有学术建树。东北师范大学历史专业,门类齐全,世界史优势突出。2000年,世界文明史研究中心被教育部确定为全国高等院校世界历史学科唯一的重点研究基地。

历史学及其相关专业国家二级重点学科分布情况如下:

专门史:清华大学、云南大学、西南大学、厦门大学、四川大学;**中国古代史**:中国人民大学、北京师范大学、中山大学、武汉大学、陕西师范大学;**中国近现代史**:中国人民大学、复旦大学、南开大学、华中师范大学、湖南师范大学、中山大学;**世界史**:首都师范大学、武汉大学、东北师范大学、南京大学;**考古学及博物馆学**:吉林大学;**历史地理学**:复旦大学、陕西师范大学。

2. 考虑性格适合

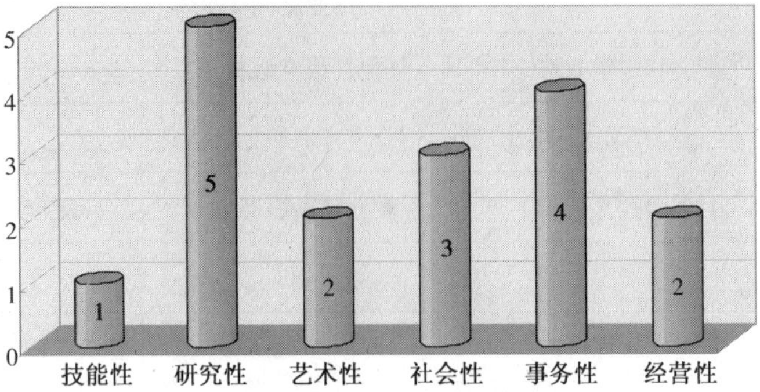

历史学专业对不同性格特征的需求度

3. 走出常见误区

历史学就是"钻故纸堆"吗？许多人一提到历史学，脑海中立刻会浮现出那些终日埋头于故纸堆中，皓首穷经、两耳不闻窗外事的老先生形象。其实对古籍的整理和利用只是历史学研究的重要内容之一，但不是唯一的内容。历史学的研究对象和手段是丰富多彩的，尤其是随着社会的迅猛发展，越来越多的新型学科和研究方法被引入到历史学的研究中来，计量史学、比较史学、经济史、社会史等一系列前所未有的学科不断涌现，特别是各种各样的专门史学科几乎涵盖了社会生产与生活的各个方面，它们中的很大一部分是直接为国民经济各部门提供决策参考，发挥经济效益的应用型学科，所以就更要求研究者随时关注社会发展，了解社会需求，加强与社会的交流。

历史学就是一门"死记硬背"的学科，不是运用思维逻辑进行研究的科学。很多人认为历史非常容易学，只要记记背背就行了。考试也最好考，只需临时抱抱佛脚就万事大吉了。这种看法是绝对错误的。搞历史研究不仅需要良好的记忆力，而且需要敏锐的观察力，以及发现问题并在此基础上运用理性思维进行思考进而解决问题的能力。

学习历史学只要有兴趣就行了吗？实际上历史学专业的学习需要良好的语言表达能力，而且历史学的不同分支对学习者的能力要求也不同。学习古代史、历史文献学等专业需要深厚的古文功底，进行历史哲学、史学史等理论性的研究需要较强的思辨能力，世界史专业则需要较好的英语水平。因此考生应该根据自身的情况，科学地选择。

作者：韩琳琳　修订：王梦翔

附表：开设历史学专业的部分学校(院系)情况

批次	学校(院系)	本科专业方向设置	专业实力			近三年录取情况					特别关注
			硕博士学位点		学科建设	年份	入校分(最高/最低)	专业分(最高/最低)	选测科目等级要求	录取人数	
			硕士	博士							
本科一批	北京大学(历史学系)	历史学	中国古代史、世界古代史、中国近现代史、世界近现代史	中国古代史、中国近现代史、世界地区国别史、世界近现代史	中国古代史、世界近现代史是国家重点学科；历史学系是国家文科基础学科人才培养基地；拥有该专业全国第一家博士后流动站	2015 2016 2017	421/410(理),418/400(文) 431/422(理),420/407(文) 428/415(理),425/405(文)	403/401(文) 407/407(文) 405/405(文)	A^+A^+ A^+A^+ A^+A	2 1 1	北京大学是中国最早建立史学教育的学府
	复旦大学(历史学系)	历史学	史学理论及史学史、历史文献学、专门史、中国古代史、中国近现代史、世界史	史学理论及史学史、历史文献学、专门史、中国古代史、中国近现代史、世界史	中国近现代史为校重点学科；全国唯一的历史、地理重点研究基地	2015 2016 2017	415/401(理),401/391(文) 419/416(理),412/403(文) 413/408(理),409/397(文)	391/391 — —	A^+A A^+A A^+A	2 — —	
	南京大学(历史学系)	历史学	中国近现代史、中国古代史、世界史、专门史、专门史国际关系史	中国近现代史、中国古代史、世界史、国际关系史	世界史为国家重点学科；中国近现代史为江苏省重点学科；国家首批“211工程”单位	2015 2016 2017	404/385(理),398/380(文) 414/395(理),407/391(文) 412/387(理),402/384(文)	387/380(文)(历史学类) 395/391(文)(历史学类) 396/384(文)人文科学试验班(含历史学)	AA AA AA	12 8 53	南京大学历史学系前身溯源于1902年三江师范学堂国史科。1952年院系调整时，由原中央大学历史系、边疆政治系和金陵大学历史系合并而成
	华东师范大学(历史学系)	历史学	史学理论及史学史、专门史、中国古代史、中国近现代史、世界史、课程与教学论	史学理论及史学史、中国古代史、中国近现代史、世界史、历史社会学、历史文献学、专门史、国际冷战史、海外中国学	世界史是上海市教委重点学科；世界史、中国近现代史、史学理论与史学史为教育部“211工程”重点建设学科	2015 2016 2017	389/379(理),385/374(文) 398/385(理),399/385(文) 397/380(理),383/378(文)	377/375(文) 387/387(文) 381/381(文)	BB BB BB	3 2 1	—

续 表

批次	学校（院系）	本科专业方向设置	专业实力：硕博士学位点：硕士	专业实力：硕博士学位点：博士	专业实力：学科建设	近三年录取情况：年份	近三年录取情况：入校分（最高/最低）	近三年录取情况：专业分（最高/最低）	近三年录取情况：选测科目等级要求	近三年录取情况：录取人数	特别关注
本科一批	兰州大学（历史文化学院）	历史学、世界历史	民族学、专门史、马克思主义民族理论与政策、中国古代史、中国近现代史、史学理论与史学史、世界史、中国少数民族史、历史文献学	历史文献学（含敦煌学与古文字学）、民族学、中国少数民族史	敦煌学为国家重点文科研究基地	2015 2016 2017	374/359(理),361/351(文) 385/368(理),376/365(文) 369/359(理),365/354(文)	355/353(文)（历史学类） 369/369(文)（历史学类） 365/358(文)（历史学类）	AB^+ AB^+ AB^+	2 2 3	国家人才培养与科学研究历史学基地，在全国21个历史学基地建设评估中被评为优秀基地
本科一批	四川大学（历史文化学院）	历史学基地班	民族学、史学理论及史学史、考古学及博物馆学、历史地理学、专门史、历史文献学、中国古代史、中国近现代史、世界史	史学理论及史学史、考古学及博物馆学、历史地理学、历史文献学、专门史、中国古代史、中国近现代史、世界史、藏族历史、经济与社会发展、文化遗产与旅游开发、文物学与艺术史	专门史为国家重点学科；拥有历史学博士后科研流动站	2015 2016 2017	389/379(理),378/369(文) 396/382(理),385/381(文) 394/373(理),380/374(文)	375/370(文)（历史学类） 385/384(文)（历史学类） 378/374(文)（历史学类）	AA AA AA	3 3 3	—
本科一批	南京师范大学（社会发展学院）	历史学	中国近现代史、中国古代史、专门史、历史文献学、历史地理学、世界史、考古学及博物馆学、课程与教学论(历史)	专门史（中国经济史）	—	2015 2016 2017	382/359(理),377/358(文) 392/370(理),391/371(文) 383/360(理),379/362(文)	362/358(文) 374/372(文) 366/362(文)	AB AB AB	9 6 11	—
本科一批	江苏师范大学（原徐州师范大学）（历史文化与旅游学院）	历史学	中国古代史、中国近现代史、专门史、世界史、考古与博物馆学、马克思主义发展史	—	2003年历史学专业被评为省高校首批品牌专业；2006年中国古代史被评为江苏省高校重点学科和校重点学科	2015 2016 2017	362/327(理),372/342(文) 388/354(理),392/355(文) 382/337(理),370/338(文)	347/344(文)(师范) 363/355(文)(师范) 353/342(文)(师范)	BC BC BC	24 24 21	—
本科一批	扬州大学（社会发展学院）	历史学	中共党史、史学理论与史学史、中国古代史、中国近现代史、课程与教学论(历史教育)	中国近现代史	—	2015 2016 2017	365/345(理),360/347(文) 375/353(理),375/358(文) 366/337(理),362/342(文)	351/350(文)(师范) 364/359(文)(师范) 351/346(文)(师范)	BB BB BB	9 29 20	—

注：录取情况涵盖三年，“—”代表没有此项内容或无法获取相关资料。

2 考古学专业

学科概述

考古学是一门根据人类活动遗留下来的实物资料研究人类古代社会历史的科学，是历史学的有机组成部分，具有社会科学性质。它所研究的内容包括各种遗迹（如墓葬、建筑遗址等）和各种遗物（如劳动生产工具、生活用品等）。考古学具有重大的功用，能够补充以文字记载历史文献资料的空白，并以获得的实物资料为历史研究提供证据，澄清是非。该专业主要为高校和研究所培养从事教学和科研工作的专门人才。该专业一般招收文科生。

学制四年，学业合格授予历史学学士学位。

相近专业：历史学、世界历史、博物馆学、民族学、文物保护技术等。

学习内容

考古学专业开设的主要课程

类　别	课　　程
专业基础课程	历史学、古代汉语、中国古代史、世界上古史、中国历史文选、古文字学、中国通史
专业主干课程	中国考古学、考古学导论、田野考古学导论、考古绘图、断代考古（如旧石器时代考古、新石器时代考古、夏商周考古、三国两晋南北朝隋唐考古、宋辽金元考古）

注：各校的课程设置会因培养目标的不同而有差异。

毕业去向

考古学专业毕业生近两年的主要就业去向

职　业	工作单位	起薪（元/月）	学历要求	工作内容
研究人员	考古研究所	1500～2500	本科、研究生	考古发掘研究、文物保护与管理
高校教师	高等院校	1500～3000	研究生	考古学及相关专业的教学和科研
管理研究人员	博物馆	1500～2500	本科、研究生	文物保护与管理、民族文化宣传

注：表格中的起薪可能会因为地区差异而存在较大差别。

专家提示

1. 关注专业特色

北京大学考古学系是我国高等院校中第一个考古学系，考古学被国家教委确定为全国高校重点学科。

考古学专业及其相关专业国家二级重点学科分布情况如下：

考古学及博物馆学：吉林大学；**历史地理学**：复旦大学、陕西师范大学；**专门史**：清华大学、云南大学、西南大学、厦门大学、四川大学；**中国古代史**：中国人民大学、北京师范大学、中山大学、陕西师范大学、武汉大学；**中国近现代史**：中国人民大学、复旦大学、南开大学、华中师范大学、湖南师范大学、中山大学；**世界史**：首都师范大学、武汉大学、东北师范大学、南京大学。

2. 考虑性格适合

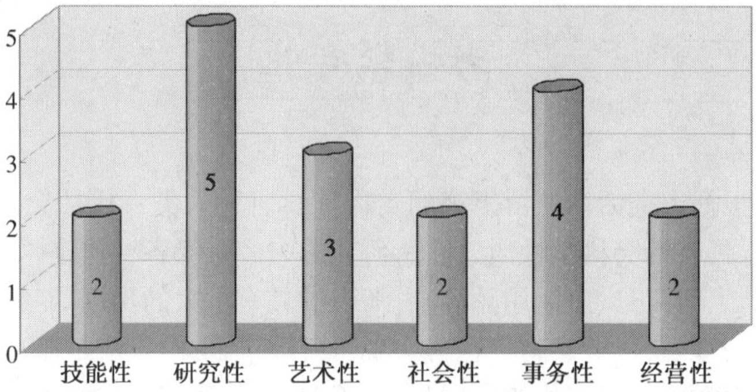

考古学专业对不同性格特征的需求度

3. 走出常见误区

考古学就是古董研究吗？许多人往往会不假思索地把考古学和古董研究联系起来，认为考古学者的工作就是拿着放大镜对文物进行鉴赏并确定其价值。其实考古学主要是研究出土文物的社会性，因此研究的重点是遗迹遗物的整个系列和类型，而不是去研究单独的某一件器物。考古工作者虽然也必须掌握许多文物鉴定技术，但这些技术要求与专门从事文物鉴赏工作的要求相比还是有诸多不同的。

从事考古学研究只需做好田野考古吗？田野考古只是考古学研究的一个重要步骤，这一步骤不是孤立存在的，是和考古理论密切联系的。只有掌握了考古学的基本理论知识才能从事具体的田野考古工作，否则，只能是盲目的、破坏性的挖掘。实际的发掘工作结束后，更需要展开理论研究，两者结合才是考古的最终目的。

作者：杨国誉　　修订：王梦翔

附表：开设考古学专业的部分学校(院系)情况

批次	学校(院系)	本科专业方向设置	硕博士学位点		近三年录取情况				
			硕士	博士	年份	入校分(最高/最低)	专业分(最高/最低)	选测科目等级要求	录取人数
本科一批	南京大学(历史学系)	考古学	考古学及博物馆学	考古学及博物馆学	2015	404/385(理) 398/380(文)	387/380(文)	AA	12
					2016	414/395(理) 407/391(文)	395/391(文) (历史学类)	AA	8
					2017	412/387(理) 402/384(文)	396/384(文) 人文科学试验班(含考古学)	AA	53
	武汉大学(历史学院)	考古学	考古学及博物馆学	—	2015	407/380(理),388/378(文)	379/378(文) 历史学类(含基地班)	AB^+	4
					2016	401/389(理),398/388(文)	388/388(文) 历史学类(含基地班)	AB^+	2
					2017	394/381(理),392/380(文)	381/381(文) (历史学类)	AB^+	2

注：录取情况涵盖三年，"—"代表没有此项内容或无法获取相关资料。

农 学 类

AGRICULTURE

农学门类介绍

农学是研究农业种植方法和农业科技的一类科学，它涉及农业环境、作物和畜牧生产、农业工程和农业经济等多种科学，另外还包括了林业科学和水产科学，其特点是实践性强、综合性强。

学科地位

农学是四大学科门类之一。据国务院学位办公室发表的统计数据，我国大学授予的农学学士占学士总数的4.08%，授予的农学硕士占硕士总数的2.89%，授予的农学博士占博士总数的4.19%。另据教育部高校学生司发布的博士生导师资料统计，在全国大学40 110名博士生导师中，有2 163名是农学博导，占博导总数的5.39%。截至2007年，全国开设农学专业的大学共150所。

学习要求

由于农学学科门类各专业对掌握数学、物理、生物、化学等基础知识的要求较高，所以一般农学院校只招收理科生。部分专业，比如园林专业，对学生的美术功底也有一定要求。另外，农学各专业的实践性较强，各农业院校在加强基础理论教学的同时，都强调对学生进行一般技能的培养，注重将各种技术应用到实际生产中去，提高学生的动手能力、实践能力、科学研究能力和发展能力。一般农学院校学生的实践环节有课程实验、教学实习、生产实习、课程设计、毕业论文(毕业设计)、科研训练、生产劳动和社会实践等。

就学习者的特点而言，农学学科门类各大专业都要求学习者有较高的技能性和研究性，部分专业(如林学、园林)对艺术性有一定要求，相对而言，大部分专业都对社会性的要求不高。

学科分类

农学学科门类包括植物生产、林学、草学、自然保护与环境生态、动物生产、动物医学、水产等7个学科大类，共27种本科专业(参照教育部2012年颁布的《普通高等学校本科专业目录》)，详见下表。

普通高等学校本科专业目录(农学学科门类)

学科门类	学科大类	专业名称	授予学位(学士)	专业名称	授予学位(学士)
农　学	植物生产类	农学	农学	茶学	农学
		园艺	农学	烟草	农学
		植物保护	农学	应用生物科学	农学/理学
		植物科学与技术	农学	农艺教育	农学
		种子科学与工程	农学	园艺教育	农学
		设施农业科学与工程	农学/工学		
	草学类	草业科学	农学		
	自然保护与环境生态类	野生动物与自然保护区管理	农学	水土保护与荒漠化防治	农学
		农业资源与环境	农学		
	动物生产类	动物科学	农学	蚕学	农学
		蜂学	农学		
	动物医学类	动物医学	农学	动植物检疫	农学/理学
		动物药学	农学		

（续表）

学科门类	学科大类	专业名称	授予学位（学士）	专业名称	授予学位（学士）
农学	水产类	水产养殖学	农学	水族科学与技术	农学
		海洋渔业科学与技术	农学/工学		
	林学类	林学	农学	园林	农学
		森林保护	农学		

学科大类介绍

植物生产类

植物生产类是研究植物生长发育与产品形成规律，植物生产与环境，植物生产技术基础，植物改良与种子产业，植物生产经营与管理，作物、蔬菜、果树、观赏植物、药用植物等各种植物栽培技术的一类学科。植物生产类专业毕业生可到农业、园林及植物所等单位从事科研、技术开发、生产及管理等工作。

根据教育部发布的2007年全国高校国家重点学科名单，该类学科获国家一级重点学科称号的院校如下。

教育部批准的2007年植物生产类国家一级重点学科开设学校名单

学科名称	学校名称
作物学	中国农业大学
	南京农业大学
	河南农业大学
	华中农业大学
园艺学	浙江大学
农业资源利用	中国农业大学
	南京农业大学
	浙江大学
植物保护	中国农业大学
	南京农业大学
	浙江大学

草学类

草业科学是以草类新品种培育、城市草坪绿化、生态恢复重建、牧草生产加工为研究对象的新兴学科。草业科学类专业培养具有牧草栽培与育种、草坪建植与管理、牧草加工与贮藏、草地调查与规划、草地生态学及草地保护等方面的基础理论、基本知识和技能，能在草业、畜牧业、农业及园林绿化等相关部门或单位从事技术与设计、推广与开发、经营与管理、教学与科研等工作的高级科学技术人才。草业科学类专业毕业生主要到草业、畜牧业、环境保护等企业、行政管理部门或科研教学单位从事管理、技术推广和科研等工作。

林学类

林学类专业学生主要学习与森林资源有关的植物、野生动物的生长、繁殖、保护以及森林环境规划等方面的知识，能在林业、农业、环境保护、野生动物科研院所等部门从事森林培育、森林资源保护、森林生态环境建设、森林游憩资源规划设计、野生动物保护等工作。

根据教育部发布的2007年全国高校国家重点学科名单，北京林业大学、东北林业大学的**林学**学科为国家一级重点学科。

自然保护与环境生态类

自然保护与环境生态类专业培养具备生态学、园林学、森林及草场培育学、水利工程、环境工程以及农业资源等方面的知识，能在园林、国土资源、水利、农业、林业、环境保护等部门从事各类园林绿地的规划设计及养护管理、水土保持与荒漠化防治的规划、设计、施工，森林生态环境建设等工作的高级工程技术人才。

动物生产类

动物生产类是以生物学为基础，研究动物遗传变异、生长发育、生育繁殖、消化代谢以及管理等方面的理论知识与技能的一类科学。伴随着生物技术、信息技术等新技术的发展，特别是动物基因组计划的全面启动和阶段成果的取得，动物生产类学科各专业已成为21世纪生命科学中较有挑战性和发展潜力的专业。动物生产类专业毕业生主要到农业院校、科研院所、畜牧生产企业、饲料加工企业、国家机关等单位从事农业科研、教育和行政管理工作，还可从事企业经营、市场营销以及畜产品开发等工作。

根据教育部发布的2007年全国高校国家重点学科名单，中国农业大学的**畜牧学**学科为国家一级重点学科。

动物医学类

动物医学类是研究动物疾病的发生发展规律，并在此基础上对疾病进行诊断、治疗以及防御的一类综合性学科。动物医学类专业培养具备动物医学与药学方面的基本理论、基本知识和基本技能，能在兽医业务部门、动物生产单位及有关部门从事兽医、防疫检疫、教学、科学研究等工作的高级科学技术人才。

根据教育部发布的2007年全国高校国家重点学科名单，中国农业大学、南京农业大学的**兽医学**学科为国家一级重点学科。

水产类

水产类是主要研究与水产动、植物养殖相关科学、水族养殖、鉴赏以及海洋渔业等相关方面的理论知识和技能的一类科学。该专业毕业生主要到水产养殖及海洋渔业生产、教育、科研和管理等部门、水族产业的企事业单位从事教学、科学研究、养殖开发及管理等工作。

根据教育部发布的2007年全国高校国家重点学科名单，中国海洋大学的**水产**学科为国家一级重点学科；上海水产大学、华中农业大学的**水产养殖**学科为国家二级重点学科。

1 农学专业

学科概述

农学研究作物生产、作物遗传与育种及种子生产与经营管理等方面的基本理论和基本技能，以及如何把生物技术、信息技术引入到现代农业生产中等现实问题。该专业培养具备农业生物科学、农业生态科学、作物生长发育和遗传规律等方面理论知识的高级科学技术和经营管理人才。该专业要求学生掌握农业生产特别是农作物高产、优质、高效栽培的理论和实践技能，作物性状遗传规律和现代育种技术，种子生产、检测、加工、贮藏及经营和管理技术，掌握农业经营管理的基本知识，熟悉农业政策与法规、农业推广的基本理论。

学制四年，学业合格授予农学学士学位。

相近专业：园艺专业、植物保护专业等。

学习内容

农学专业开设的主要课程

类 别	课 程
专业基础课程	植物学、植物生理学、植物营养与施肥、植物病理学、遗传学、细胞生物学、细胞遗传学、分子遗传学、生物统计
专业主干课程	作物育种学、耕作学、种子学、农业生态学、特产学、农业推广技术、农业气象、农业昆虫学、农业经济管理、作物栽培与耕作学、植物育种学、农产品营销学、农业推广学、农业经济管理、农业生产机械化
专业实验	作物发育形态、田间诊断、作物杂交和选择、种子生产

注：各校的课程设置会因培养目标的不同而有差异。

毕业去向

农学专业毕业生近两年的主要就业去向

职 业	工作单位	起薪(元/月)	学历要求	工作内容
技术人员	农场、种子公司、农业技术推广部门	1500～2500	专科、本科	农业经营、农业技术推广
行政人员	农业企业	1500～2500	专科、本科	企业经营、行政管理
公务员	国家机关	1500～2500	本科、研究生	农业行政管理
高校教师	高等院校	1500～2000	研究生	农学及相关专业的教学和科研
研究员	农业科研院所	2000～2500	研究生	农业科研、农产品开发

注：表格中的起薪可能会因为地区差异而存在较大差别。

农学专业毕业生主要行业流向及相应平均月薪(人民币:元)

毕业年份	行业流向 TOP3		
2008	农业生产作物类	为农业服务类	其他各级党政机关
	1716	1852	1828
2009	农作物种植辅助业	农药、化肥等农业化学制品制造	其他各级党政机关
	1747	2446	1661

注：表格中的月薪为该专业毕业生半年后平均月薪。2011届该专业本科生毕业半年后就业率为91.3%，工作与专业对口率为54%，毕业即读研和留学比例为15%。

数据来源：麦可斯-中国2008、2009、2011届大学毕业生求职与工作能力调查。

专家提示

1. 关注专业特色

农学专业是农学类院校中一个必设的专业。随着农业科技创新速度的不断加快，生物技术、信息技术和新材料加工等新技术在农业中的广泛应用，农学专业在保持其传统特色的基础上，正在焕发出勃勃生机。考生在选择学校时需关注该学校专业研究的侧重点、学校的实验条件等。例如，中国农业大学农学系，创建于1959年，为全国作物栽培学与耕作学科的创始单位；南京农业大学农学院拥有一个国家级重点实验室和多个部级重点实验室；扬州大学农学院在作物遗传工程、高新技术育种、精确农业新技术、作物优质调控与农业生态环境保护等方面进行研究。

农学及其相关专业的国家二级重点学科分布情况如下：

作物栽培学与耕作学：沈阳农业大学、扬州大学、山东农业大学、湖南农业大学；**作物遗传育种**：浙江大学、华南农业大学、海南大学(华南热带农业大学)、四川农业大学。

2. 考虑性格适合

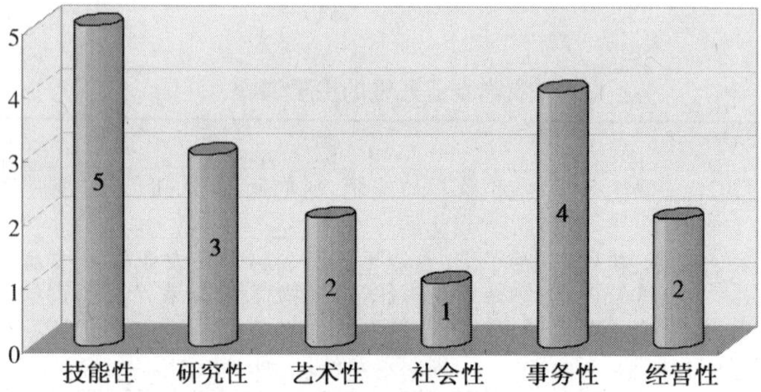

农学专业对不同性格特征的需求度

3. 走出常见误区

学农学等于种田吗？农学专业不是简单的农作物种植、培育，它不仅要学习农作物生长发育和遗传规律方面的理论知识，更多地要研究、开发新的作物品种，把先进的生物技术和信息技术应用到作物生产、检测、加工中来。譬如：运用基因工程、数量遗传与生物统计的知识及相关的实验技术对作物遗传育种开展研究，并且对农业生产进行有计划的科学管理。学农学并不像有的人认为的那么没出息，该专业的毕业生受过作物生产和作物新品种选育等方面的基本训练，具有作物育种、作物栽培与耕作、种子生产与营销等方面的基本技能，可以到企业、事业单位及行政管理部门从事应用研究、技术开发、生产管理和行政管理等工作。

4. 特别提醒

该专业需要学生具备良好的数学、生物、化学等基本理论知识。

作者：苏　打　　修订：王梦翔

附表：开设农学专业的部分学校（院系）情况

批次	学校（院系）	本科专业方向设置	专业实力：硕博士学位点：硕士	专业实力：硕博士学位点：博士	专业实力：学科建设	近三年录取情况：年份	入校分（最高/最低）	专业分（最高/最低）	选测科目等级要求	录取人数	特别关注
本科一批	南京农业大学（农学院）	农学	作物遗传育种、作物栽培学与耕作学、遗传学	作物遗传育种、作物栽培学与耕作学	拥有作物学博士后流动站；拥有2个国家重点学科、1个农业部重点学科、1个江苏省重中之重学科；建有1个国家重点实验室、1个国家大豆改良中心、1个教育部重点开放实验室、1个农业部重点开放实验室、2个江苏省技术研究中心、2个农业部技术研究中心	2015 2016 2017	373/352(理),373/353(文) 381/363(理),384/367(文) 367/354(理),373/357(文)	368/355(理) 372/364(理) 360/355(理)	AB AB AB	21 20 20	—
本科一批	扬州大学（农学院）	农学	作物遗传育种、作物栽培学与耕作学、农产品安全与环境、植物生物技术、农业信息化技术、区域农业发展、农业推广	作物遗传育种、作物栽培学与耕作学、农产品安全与环境、植物生物技术、农业信息化技术、区域农业发展	拥有作物学一级学科博士学位授予权和作物学博士后流动站；作物栽培与耕作学为国家重点学科，作物遗传育种为省重点学科，农产品安全与环境为江苏省重点学科；拥有江苏省作物栽培生理重点实验室，江苏省植物功能基因组学重点实验室	2015 2016 2017	371/344(理) 375/353(理),375/358(文) 376/333(理),362/342(文)	369/349(理) 373/349 361/336(理)	BB BC BC	48 69 79	—
本科一批	华南农业大学（农学院）	农学	作物遗传育种、作物栽培学与耕作学	作物遗传育种、作物栽培学与耕作学	拥有作物学博士后流动站；作物遗传育种为国家重点学科，作物遗传育种和生态学为农业部和广东省重点学科；拥有广东省植物分子育种重点实验室	2015 2016 2017	371/344(理) 360/354(理) 348/340(理)	347/347(理) 355/354(理) 348/348(理)（农林经济管理） 345/345(理)(园林)	BB BB BB BB	1 2 1 1	—
本科一批	中国农业大学（农学与生物技术学院）	农学	作物遗传育种、作物栽培学与耕作学、作物生理学	作物遗传育种、作物栽培学与耕作学、作物生理学	拥有国家玉米改良中心等8个部级重点实验室或研究中心；作物栽培学与耕作学、作物遗传育种学等5个国家级重点学科	2015 2016 2017	376/367(理),351/348(文) 386/378(理),378/368(文) 380/367(理),363/357(文)	— 385/384(理) 372/370(理)	AB AB AB	— 2 2	—

续 表

批次	学校（院系）	本科专业方向设置	专业实力			近三年录取情况					特别关注
			硕博士学位点		学科建设	年份	入校分（最高/最低）	专业分（最高/最低）	选测科目等级要求	录取人数	
			硕士	博士							
本科二批	淮阴工学院（生化学院）	农学	—	—	—	2015 2016 2017	347/314(理),338/316(文) 346/317(理),351/330(文) 327/304(理),329/313(文)	— 330/317(理)植物生产类(农学,园艺) 326/314(文)(园林) 321/313(文)(植物生产类)	BC BC BC BC	— 40 50 40	—
	安徽农业大学（农学院）	农学	作物栽培学与耕作学、作物遗传育种	作物遗传育种	拥有作物遗传育种专业博士学位授予点，作物栽培学与耕作学、草业科学、作物遗传育种硕士学位授予点；拥有作物育种、种子、粮食作物栽培、经济作物栽培、耕作与农业生态5个教研室	2015 2016 2017	341/326(理) 331/327(文) 351/334(理) 348/342(文) 330/325(理) 333/330(文)	331/329(理) 344/342(理) 328/327(理)	BB BB BB	2 2 2	—
	扬州大学（农学院）	农学	农业信息化技术	农业化信息技术	—	2015 2016 2017	354/333(理),348/335(文) 360/343(理),361/349(文) —	— — —	BB BB —	— — —	—
	山西农业大学（农学院）	农学	农药学、作物栽培与耕作学、作物遗传育种学、植物病理学、农业昆虫与害虫防治、植物学	作物学、作物栽培与耕作学、作物遗传育种学、农业昆虫与害虫防治	拥有作物栽培与耕作学、作物遗传育种学、农业昆虫学3个省重点学科和植物病理学1个省重点扶持学科	2015 2016 2017	323/311(理),322/313(文) 333/317(理),338/328(文) 321/304(理),327/318(文)	315/315(理) 326/326(理) 317/317(理)	BB BB BB	1 1 1	拥有4个重点学科实验室、12个各级各类专业实验室、1个标本馆及多个研究所和研究中心

注：录取情况涵盖三年，“—”代表没有此项内容或无法获取相关资料。

2

园艺专业

学科概述

园艺学是研究园艺作物育种、园艺植物栽培、园艺设施构建等基本理论和基本技能的一门学科，具体可分为果树学、蔬菜学、茶学、观赏园艺等多个方向。该专业重在培养有较强适应性和一定专业特长的应用型园艺人才，要求毕业生掌握扎实的园艺基础知识、基本理论和基本技能，能从事果树、蔬菜、观赏园艺、设施园艺及其他相关技术的科技推广、开发应用、经营管理及教学科研等工作。

学制四年，学业合格授予农学学士学位。

相近专业：园林专业等。

学习内容

园艺专业开设的主要课程

类　别		课　　程
专业基础课程	植物科技类	植物学、植物生理学、生物化学、遗传学、基础微生物学、植物保护通论、土壤肥料学通论
	园艺类	园艺学总论、园艺作物育种学总论、设施园艺学、园艺植物组织培养学、园艺产品商品学
专业主干课程		园艺作物病虫害防治、园艺产品贮藏加工学、果树专题、蔬菜专题、观赏植物专题、专业英语
专业选修课程	园艺作物生产与管理	园艺作物栽培生理生态学、果树栽培学、蔬菜栽培学、观赏植物栽培学、园艺作物修剪学、园艺产业经营管理
	园艺作物育种与繁殖	果树育种学、蔬菜育种学、观赏植物育种学、园艺作物种子种苗学、园艺作物生物技术、园艺作物种质资源学
	设施园艺	设施作物栽培学、设施园艺工程、设施栽培环境调控、无土栽培学、园艺作物工厂化育苗、设施园艺管理与经营
	观赏园艺	观赏植物分类学、园林植物生态学、花卉采后生理与技术、花卉(栽培学)、园林树木(栽培学)、插花艺术与盆景学、园林植物栽培与管理、草坪学
专业实验		园艺作物分类与识别、园艺场(园)及庭院规划设计、园艺作物繁殖、园艺作物整形、园艺作物品质鉴定、园艺作物保鲜

注：各校的课程设置会因培养目标的不同而有差异。

毕业去向

园艺专业毕业生近两年的主要就业去向

职　业	工作单位	起薪(元/月)	学历要求	工 作 内 容
技术人员	园艺企业	1500～2500	专科、本科	园艺技术与园艺设计、园艺技术推广
行政人员	园艺企业、园林管理部门	1500～2000	专科、本科	园艺经营与管理
公务员	农业行政管理部门	1500～2000	本科、研究生	园艺管理
高校教师	高等院校	1500～2000	研究生	园艺及相关专业的教学和科研
研究人员	科研部门	2000～2500	研究生	园艺科研

注：表格中的起薪可能会因为地区差异而存在较大差别。

园艺专业毕业生主要行业流向及相应平均月薪(人民币:元)

毕业年份	行业流向 TOP3		
2008	为农业服务类	农业生产作物类	林业
	1924	1663	1675
2009	其他各级党政机关	农作物种植辅助业	瓜菜种植业
	1587	1600	2245

注:表格中的月薪为该专业毕业生半年后平均月薪。2011 届该专业本科生毕业半年后就业率为 91.7%,工作与专业对口率为 47%,毕业即读研和留学比例为 10%。

数据来源:麦可斯-中国 2008、2009、2010、2011 届大学毕业生求职与工作能力调查。

专家提示

1. 关注专业特色

园艺产业和其他农业产业相比,具有劳动密集、技术密集以及资金密集的特点。无论是从长远发展来看,还是从近期调整优化农业结构的需要来看,园艺产业都具有诱人的发展前景。园艺专业一般设置在各类农业院校中,它尤其注重实践能力的培养,学生在学习时,除了要掌握园艺理论知识外,还要深入到生产实践中去,培养动手操作能力等。考生在报考时要注意各校的学科建设以及各校的具体专业方向。

园艺及其相关专业的国家二级重点学科分布情况如下:

果树学:中国农业大学、山东农业大学、华中农业大学、华南农业大学、西北农林科技大学;**蔬菜学**:沈阳农业大学、南京农业大学。

2. 考虑性格适合

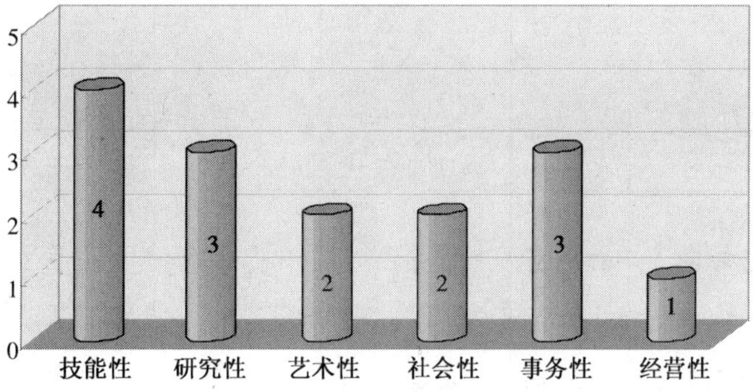

园艺专业对不同性格特征的需求度

3. 走出常见误区

园艺专业与园林专业相同吗？园艺专业以生物学为基础，研究果树、蔬菜、花卉的育种、栽培等；而园林专业则侧重于研究各类城乡景观规划设计的原理及方法。园艺专业的毕业生主要到农业、园林管理等部门从事与园艺科学有关的技术与设计、开发与推广、经营与管理、教学与科研工作；园林专业的学生主要到城市建设、规划、园林部门、科研机构、高等院校等，从事各类城乡景观规划设计、施工、管理以及教学、科研工作。

4. 特别提醒

该专业需要学生具备良好的生物、化学、数学等基本理论知识。

作者：李　洁　　修订：王梦翔

附表：开设园艺专业的部分学校（院系）情况

批次	学校（院系）	本科专业方向设置	专业实力 硕博士学位点 硕士	博士	学科建设	近三年录取情况 年份	入校分（最高/最低）	专业分（最高/最低）	选测科目等级要求	录取人数	特别关注
本科一批	南京农业大学（园艺学院）	园艺	果树学、蔬菜学、茶学、园林植物与观赏园艺	果树学、蔬菜学、茶学、观赏园艺（自设）、药用植物学（自设）	拥有园艺学一级学科博士学位授予权和园艺学博士后流动站；蔬菜学为国家和农业部重点学科，果树学为省重点学科	2015 2016 2017	373/352(理),373/353(文) 381/363(理),384/367(文) 367/354(理),373/357(文)	357/353(理) 368/363(理) 367/355(理)	AB AB AB	24 17 20	—
本科一批	扬州大学（园艺与植物保护学院）	园艺	果树学、蔬菜学	—	拥有水生蔬菜研究室、银杏综合开发中心、园林花卉研究所	2015 2016 2017	365/345(理),360/347(文) 375/353(理),375/358(文) 376/333(理),362/342(文)	— — —	BB BB BC	— — 74	—
本科一批	华南农业大学（园艺学院）	园艺	果树学、蔬菜学、茶学、园艺产品采后学、观赏园艺	果树学、蔬菜学、园艺产品采后学、观赏园艺	拥有园艺学一级学科博士学位授予权和园艺学博士后流动站；果树学为国家重点学科，园艺学为省重点学科；拥有广东省果蔬保鲜重点实验室	2015 2016 2017	371/344(理) 360/354(理) 348/340(理)	345/345(理) 360/360(理) 345/345	BB BB BB	1 1 1	—
本科一批	西北农林科技大学（园艺学院）	园艺	果树学、蔬菜学、茶学、园艺植物种植资源学、设施园艺工程、园林植物与观赏园艺	果树学、蔬菜学、茶学、园艺植物种植资源学、园林植物与观赏园艺、设施园艺工程	拥有园艺学一级学科博士学位授予权和园艺学博士后流动站；果树学、蔬菜学、茶学为陕西省重点学科	2015 2016 2017	361/348(理),354/346(文) 372/362(理),366/361(文) 361/353(理),356/353(文)	— — 355/353	AB AB BB	— — 3	—
本科一批	南京林业大学（森林资源与环境学院）	园艺	—	—	有林学、生物学2个一级学科博士学位授予点和林学、生物学2个博士后流动站；植物学科、森林育种、水土保持与荒漠化防治为国家林业局重点学科，拥有17个校级实验室，4个研究所，5个研究中心	2015 2016 2017	364/345(理),359/346(文) 379/354(理),378/358(文) 364/338(理),362/340(文)	351/347(理) 360/355(理) 348/341	BB BB BB	8 10 10	—
本科二批	山东农业大学（园艺科学与工程学院）	园艺	果树学、蔬菜学	果树学、蔬菜学	拥有园艺学一级学科博士学位授予权和博士后流动站；果树学为国家重点学科，蔬菜学为山东省重点学科	2015 2016 2017	350/319(理),336/326(文) 348/332(理),347/339(文) 335/325(理),335/328(文)	336/331(理) 344/334(理) 330/329	BC BC BC	4 5 2	—

续 表

批次	学校（院系）	本科专业方向设置	专业实力			近三年录取情况					特别关注
			硕博士学位点		学科建设	年份	入校分（最高/最低）	专业分（最高/最低）	选测科目等级要求	录取人数	
			硕士	博士							
本科二批	淮阴工学院（生化学院）	园艺	—	—	—	2015 2016 —	347/314(理),338/316(文) 346/317(理),351/330(文) —	328/314(理)（风景园林） 335/318(理)（风景园林） —	BC BC —	40 32 —	—
	江西农业大学（农学院）	园艺	园艺学	—	园艺专业为江西省特色专业和品牌专业，省级重点学科、国家级实验教学示范中心	2015 2016 2017	323/311(理),322/313(文) 339/328(理),345/338(文) 330/319(理),329/324(文)	316/312(理) — 324/321(理)	BB BB BB	2 — 2	—
	扬州大学（园艺与植物保护学院）	园艺	园艺学	—	园艺与园林校级教学实验室，实验农牧场、智能温室等校内实习场所及中国农科院等校外实习基地20余个	2015 2016 2017	351/328(理) 355/336(理) 302/296(理)	343/329(理) 351/337(理) 302/296(理)	BB BC CC	70 74 20	—
	安徽农业大学（园艺学院）	园艺	果树学、蔬菜学	—	拥有园艺学国家一级学科、园艺学博士后流动站，具有果树学、蔬菜学硕士学位授予权	2015 2016 2017	341/326(理),331/327(文) 351/334(理),348/342(文) 330/325(理),333/330(文)	329/327(理) 348/335(理) —	BB BB BB	2 2 2	—

注：录取情况涵盖三年，“—”代表没有此项内容或无法获取相关资料。

3

植物保护学专业

学科概述

植物保护学是一门新型的综合性学科。它主要研究有害生物、有益生物、植物和环境之间的相互关系，探索有害生物的发生、发展规律，以寻求识别以及综合控制的方法和技术。该专业培养具有植物保护学科的基本理论、基本知识和基本技能，能在农业、工业、商业、贸易及其他相关领域从事与植物保护有关的教学、科研、生产、推广、管理、经营、技术服务等工作的宽口径、通用型人才。

学制四年，学业合格授予农学学士学位。

相近专业：农学专业、园艺专业等。

学习内容

植物保护学专业开设的主要课程

类　别	课　　程
专业基础课程	植物学、动物学、微生物学、植物生理学、植物生物化学、遗传学、昆虫学、农产品安全生产、农业气象学、作物学通论
专业主干课程	普通植物病理学、昆虫学通论、有害生物综合防治、植物保护技术、果树虫害、果树病害、植物化学保护、杂草防除、昆虫分类学、植物诊断病害、植物病害流行、植物检疫、生物农药及生物防治、植物免疫学、农药生物测定、农药合成原理、农药制剂学、农药检验与分析、农业植物病理学、农业昆虫学
专业实验	植物病原物属的鉴别、分离与培养实验、主要作物病害诊断、测报与防治、农业昆虫重要目及科的鉴别实验、常见害虫识别、测报与防治、农药常用剂型的加工制备和物理性状测定、农药分析与毒性测定、药害试验

注：各校的课程设置会因培养目标的不同而有差异。

毕业去向

植物保护学专业毕业生近两年的主要就业去向

职　业	工作单位	起薪（元/月）	学历要求	工 作 内 容
高校教师	高等院校	1500～2000	研究生	植物保护及相关专业的教学
技术研究人员	各级植保站、植物园、农林场及相关科研单位	1500～2500	本科、研究生	科研开发、技术指导、生产、技术推广、技术服务、生产管理
企业员工	企业研发、贸易部门	2000～3000	本科、研究生	研发、质检、经营、销售
公务员	海关、环保、检验检疫（植物检疫）、相关管理部门	1000～2500	本科、研究生	质检监督、植物检疫、行政管理

注：表格中的起薪可能会因为地区差异而存在较大差别。

植物保护学专业毕业生主要行业流向及相应平均月薪（人民币：元）

毕业年份	行业流向 TOP3		
2008	为农业服务类	农业生产作物类	其他各级党政机关
	1847	1911	1467
— 2009	农作物种植辅助业	农药、化肥等农业化学制品制造	其他各级党政机关
	2200	2265	1877

注：表格中的月薪为该专业毕业生半年后平均月薪。2011 届该专业本科生毕业半年后就业率为 92.7%，工作与专业对口率为 50%，毕业即读研和留学比例为 16.0%。

数据来源：麦可斯-中国 2008、2009、2011 届大学毕业生求职与工作能力调查。

专家提示

1. 关注专业特色

随着土地沙漠化、草被面积的日益减少、国土资源的流失，植物保护学专业也就相应产生。植物保护学专业在教学过程中社会实践比较多，一般主要有公益劳动、农事实习、社会实践、科研训练和毕业实习等，实践性教学一般不少于30周。比如中国农业大学开设的普通植物病理学、昆虫学通论、有害生物综合防治、植保技术都有相应的实验课。

植物保护学及其相关专业的国家二级重点学科分布情况如下：

植物病理学：福建农林大学、西北农林科技大学；**农业昆虫与害虫防治**：华南农业大学；**农药学**：华中师范大学、贵州大学、南开大学。

2. 考虑性格适合

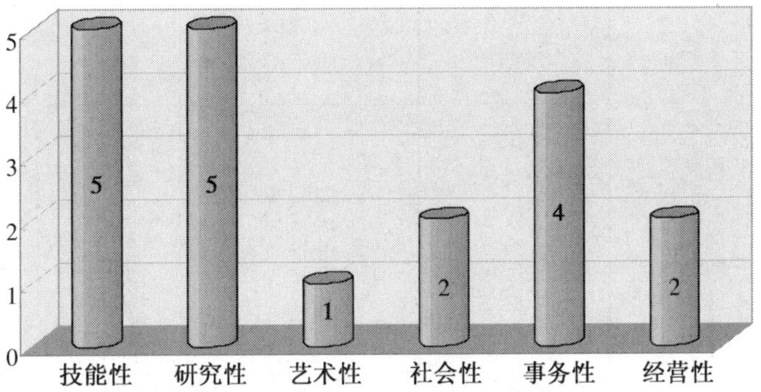

植物保护学专业对不同性格特征的需求度

3. 走出常见误区

植物保护学专业是一个很空的专业，没什么前途吗？众所周知，我国是一个农业大国，但是每年还要从国外进口大批农产品，原因何在？就是因为我国农业整体水平落后，表现为植物病虫害的肆虐、农药的滥施、土地资源流失严重、投入与产出的失衡等。因此，可以说植物保护和国家的发展大计息息相关，和人们最基本的生活息息相关，该专业有着良好的发展前景。

4. 特别提醒

该专业需要学生具备良好的生物、化学、数学等基本理论知识。

作者：金　霞　　修订：王梦翔

附表：开设植物保护学专业的部分学校（院系）情况

批次	学校（院系）	本科专业方向设置	专业实力：硕博士学位点：硕士	专业实力：硕博士学位点：博士	专业实力：学科建设	近三年录取情况：年份	近三年录取情况：入校分（最高/最低）	近三年录取情况：专业分（最高/最低）	近三年录取情况：选测科目等级要求	近三年录取情况：录取人数	特别关注
本科一批	南京农业大学（植物保护学院）	植物保护学	植物病理学、农业昆虫与害虫防治、农药学	植物病理学、农业昆虫与害虫防治、农药学、植物检疫与生物安全	拥有植物保护学博士后流动站；植物病理学、农业昆虫与害虫防治、农药学为国家重点学科，植物检疫与生物安全为省重点学科；拥有病虫监测与治理重点开放实验室	2015 2016 2017	373/352(理),373/353(文) 381/363(理),384/367(文) 367/354(理),373/357(文)	359/356(理) 370/365(理) 360/355(理)	AB AB AB	4 15 17	—
	华中农业大学（植物科学技术学院）	植物保护学	植物病理学、农业昆虫与害虫防治、农药学	植物病理学	植物病理学、农业昆虫与害虫防治、植物营养学为省部级重点学科；拥有湖北食用菌研究所、湖北农药制剂研究中心	2015 2016 2017	361/348(理),355/344(文) 374/359(理),366/360(文) 361/348(理),355/347(文)	348/348(理) 360/360(理) —	B⁺B B⁺B B⁺B	2 2 —	—
	华南农业大学（资源环境学院）	植物保护学	植物病理学、农业昆虫与害虫防治、农药学、土壤学、植物营养学、肥料学	植物病理学、农业昆虫与害虫防治、农药学、土壤学、植物营养学、肥料学	拥有植物保护学博士后流动站；农业昆虫与害虫防治为国家重点学科；拥有教育部农药化学与生物学重点实验室、农业部昆虫学重点开放实验室、教育部生物防治工程研究中心	2015 2016 2017	371/344(理) 360/354(理) 348/340(理)	— 354/354(理) 344/340(理)	BB BB BB	— 1 2	—
	吉林大学（植物科学学院）	植物保护	植物保护学	—	拥有有害生物综合防治研究中心和植物保护研究室等4个专业研究室	2015 2016 2017	380/358(理),369/360(文) 387/374(理),383/377(文) 382/365(理),376/366(文)	— — —	AB⁺ AB⁺ AB⁺	— — —	—
	沈阳农业大学（植物保护学院）	植物保护	植物病理学、农业昆虫与害虫防治、农药学、有害生物与环境安全	植物保护、植物病理学、农业昆虫与害虫防治、农药学、有害生物与环境安全	植物病理学为农业部重点学科、辽宁省重点学科，农业昆虫与害虫防治、农药学为辽宁省重点学科	2015 2016 2017	343/334(理) 354/343(理) 334/327(理)	— — —	BB BB BB	— — —	—
	中国农业大学（农学与生物技术学院）	植物保护	植物病理学、农业昆虫与害虫防治、植物检疫与生态健康	植物病理学、农业昆虫与害虫防治、植物检疫与生态健康	植物病理学和昆虫学为国家级重点学科，拥有农业部分子植物病理学、生物防治重点开放实验室	2015 2016 2017	376/367(理),351/348(文) 386/378(理),378/368(文) 380/367(理)	375/368(理)（植物生产类） 383/381(理) 371/369(理)	AB AB AB	8 4 3	—

续表

批次	学校（院系）	本科专业方向设置	专业实力：硕博士学位点：硕士	专业实力：硕博士学位点：博士	专业实力：学科建设	近三年录取情况：年份	近三年录取情况：入校分（最高/最低）	近三年录取情况：专业分（最高/最低）	近三年录取情况：选测科目等级要求	近三年录取情况：录取人数	特别关注
本科二批	扬州大学（园艺与植物保护学院）	植物保护学	植物病理学、农业昆虫与害虫防治、农药学	农业昆虫与害虫防治	—	2015 2016 2017	354/333（理） 348/335（文） 375/353（理） 375/358（文） 376/333（理） 362/342（文）	— — —	BB BB —	— — —	—
本科二批	云南农业大学（植物保护学院）	植物保护学	植物病理学、农业昆虫与害虫防治、农药学	植物病理学	拥有植物保护学一级学科博士学位授予权和植物保护学博士后流动站；植物病理学是农业部、云南省重点学科；农业昆虫与害虫防治是云南省重点学科；拥有农业生物多样性与病害控制教育部重点实验室、云南省植物病理学重点实验室	2015 2016 2017	339/317(理),325/313(文) 344/326(理),332/329(文) 321/320(理),327/318(文)	— 327/327（理） 321/320（理）	BC BC BC	— 1 2	—
本科二批	青岛农业大学（生物技术学院）	植物保护	植物病理学、农业昆虫与害虫防治、农药学、农业推广	植物病理学、农业昆虫与害虫防治、农药学	植物病理学为“十一五”省级重点学科，农药学为院重点建设学科	2015 2016 2017	330/318(理),335/315(文) 336/329(理),337/335(文) 324/320(理),329/326(文)	324/320（理） 336/330（理） 324/320（理）	BB BB BB	4 4 4	—
本科二批	山西农业大学（农学院）	植物保护	植物保护、农业推广、植物病理学、农业昆虫与害虫防治、农药学	农业昆虫与害虫防治	拥有农业昆虫学省重点学科和植物病理学省重点扶持学科	2015 2016 2017	323/311(理),322/313(文) 333/317(理),338/328(文) 318/309(理),327/318(文)	312/311（理） 319/319（理） 318/309（理）	BB BB BB	2 2 2	—

注：录取情况涵盖三年，“—”代表没有此项内容或无法获取相关资料。

4 林学专业

学科概述

林学是研究森林的生长发育、结构与功能以及对森林进行培育、管理、保护和利用的理论与技术的综合学科。林学研究的主要任务是阐明森林的形成、生长、发育等基本规律，了解林木产量形成的内在机制及其与环境之间的关系，研究森林的结构和森林生物之间的相互关系等。该专业旨在培养具备森林培育、经济林栽培、园林植物栽培与造型、林木遗传育种和品种改良、森林病虫害防治与检疫、野生动植物资源开发利用、森林资源信息管理等方面的知识，能在林业、农业等行政部门、农林院校及科研机构从事与森林培育、森林生态、森林保护、城镇林业和野生动植物资源的综合开发利用、生产管理、行政管理和教学等工作的高级专门人才。

学制四年，学业合格授予农学学士学位。

相近专业：森林资源保护与游憩专业等。

学习内容

林学专业开设的主要课程

类　别	课　　程
专业基础课程	有机化学、无机化学、生物化学、植物学、植物生理学、植物资源学、遗传学、土壤学、气象学、树木学、森林生态学、植物病理学、昆虫学、生物技术
专业主干课程	林木育种学、森林培育学、森林保护学、森林计测学、森林经理学、森林经营学、森林生态学、森林昆虫学、测树学、林木病理学、环境保护学、植物营养与肥料学、测量与林业遥感、林木遗传学、森林经济学、食用菌栽培、经济植物栽培、城市林业、林业生态工程
专业实验	森林植物、土壤理化分析、植物生理生化、林木种子品质检验、林木遗传育种、森林资源动态监测、野生经济植物加工与利用、森林资源信息采集处理

注：各校的课程设置会因培养目标的不同而有差异。

毕业去向

林学专业毕业生近两年的主要就业去向

职　业	工作单位	起薪(元/月)	学历要求	工作内容
高校教师	高等院校	1500～2000	研究生	林学及相关专业的科研和教学
研究人员	科研院所	1500～3000	研究生	林学基础研究
行政人员	林业局	1500～3000	专科、本科、研究生	森林警察、行政管理
园林规划人员	园林设计单位	1500～2500	专科、本科、研究生	园林规划、景观设计
技术人员	农业部门	1500～2500	专科、本科、研究生	林业生产、林区规划等相关技术工作

注：表格中的起薪可能会因为地区差异而存在较大差别。

林学专业毕业生主要行业流向及相应平均月薪(人民币:元)

毕业年份	行业流向 TOP3		
2008	林业	其他各级党政机关	为农业服务类
	1567	1676	1833
2009	林业辅助业	商业性林业种植	林产品培养与采集
	1940	1976	1603

注:表格中的月薪为该专业毕业生半年后平均月薪。2011 届该专业本科生毕业半年后就业率为 91.7%,工作与专业对口率为 45%,毕业即读研和留学比例为 27%。

数据来源:麦可斯-中国 2008、2009、2011 届大学毕业生求职与工作能力调查。

专家提示

1. 关注专业特色

目前,一般在林业大学和农业大学均开设林学专业,如南京林业大学、沈阳农业大学、华中农业大学等都有林学专业,并各具特色。如北京林业大学在森林培育与保护方面具有较强实力,沈阳农业大学在半干旱地区造林技术研究方面处于领先地位。

林学及其相关专业的国家二级重点学科分布情况如下:

林木遗传育种:南京林业大学;**森林培育**:中南林业科技大学;**森林保护学**:南京林业大学。

2. 考虑性格适合

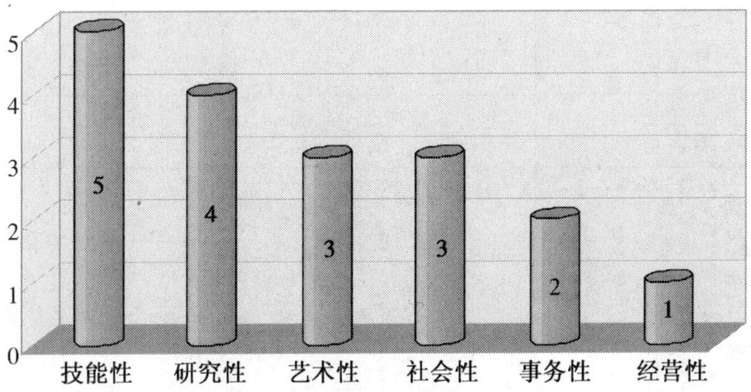

林学专业对不同性格特征的需求度

3. 走出常见误区

林学专业毕业生就业范围很窄吗? 林学专业的学生毕业后,可到经济林栽培育种、经济林开发与研究、林业生物技术、家具设计、森林保护、景观生态设计、旅游资源开发与规划设计、园林植物栽培、园林设计等相关单位去工作。保护生态环境、科学种植任重而道远,加上国家重视森林资源与环保,该专业的毕业生就业范围较为广泛。

4. 特别提醒

该专业需要学生具备良好的生物、化学、外语等基本理论知识。

作者:黄　远　　修订:王梦翔

附表：开设林学专业的部分学校（院系）情况

批次	学校（院系）	本科专业方向设置	专业实力：硕博士学位点：硕士	专业实力：硕博士学位点：博士	专业实力：学科建设	近三年录取情况：年份	近三年录取情况：入校分（最高/最低）	近三年录取情况：专业分（最高/最低）	近三年录取情况：选测科目等级要求	近三年录取情况：录取人数	特别关注
本科一批	北京林业大学（林学院）	林学	森林培育、森林保护学、森林经理学、生态学、林木遗传育种、野生动物保护和利用	森林培育、森林保护学、森林经理学、生态学、林木遗传育种、野生动物保护和利用	拥有林学一级学科博士学位授予权和林学博士后流动站；森林培育为国家重点学科，生态学、森林保护学和森林经理为部级重点学科；拥有教育部北京市共建森林培育与保护重点实验室	2015 2016 2017	372/351(理),363/350(文) 385/366(理),379/365(文) 360/356(理),363/356(文)	365/358(理) 372/367(理) 360/356(理)	BB BB BB	4 5 6	—
本科一批	南京林业大学（森林资源与环境学院）	林学	林木遗传育种学、森林培育、森林保护学、森林经理学、野生动植物保护与利用、水土保持与荒漠化防治、林木基因组与生物信息学	林木遗传育种学、森林培育、森林保护学、森林经理学、野生动植物保护与利用、水土保持与荒漠化防治、林木基因组与生物信息学	拥有林学一级学科博士学位授予权和林学博士后流动站；林产化学加工工程、林才科学与技术、生态学和林木遗传育种为国家重点学科，植物学为林业局重点学科，林木遗传育种学、生态学、森林培育、森林保护学、植物学为省部级重点学科；生态工程开放实验室和林木遗传与基因工程开放实验室为林业局重点实验室	2015 2016 2017	364/345(理) 359/346(文) 379/354(理) 378/358(文) 364/338(理) 362/340(文)	354/346(理) 352/346(理)(水土保持与生态工程) 365/355(理) 351/343(理)	BB BB BB BB	19 8 25 15	该专业隶属的森林资源与环境学院是南京林业大学实力较强的学院
本科一批	西南大学（资源环境学院）	林学	林学、农业推广	—	拥有水土保持研究所	2015 2016 2017	359/348(理),367/351(文) 380/361(理),378/366(文) 379/354(理),364/357(文)	— — —	B^+B B^+B —	— — —	—

续 表

批次	学校（院系）	本科专业方向设置	专业实力			近三年录取情况					特别关注
			硕博士学位点		学科建设	年份	入校分（最高/最低）	专业分（最高/最低）	选测科目等级要求	录取人数	
			硕士	博士							
本科二批	南京林业大学（森林资源与环境学院）	林学	林木遗传育种、森林培育、森林保护学	林木遗传育种、森林培育、森林保护学	拥有林学国家级重点学科	2015 2016 2017	347/340(理),344/336(文) 357/350(理),358/350(文) 362/340(文)	— — —	BC BB —	— — —	—
本科二批	江西农业大学（园林与艺术学院）	林学	农业推广、林学、水土保持与荒漠化防治、森林培育	水土保持与荒漠化防治、森林培育	水土保持与荒漠化防治学科属林学一级学科，是江西省建立最早的林学类学科点，于1998年获批硕士点授予权，2003年获批博士点授予权	2015 2016 2017	331/321(理),333/324(文) 339/328(理),345/338(文) 330/319(理)	321/321(理) 328/328(理) 320/320(理)	BB BB BB	1 1 1	—
本科二批	山西农业大学（林学院）	林学	森林培育学、林学	森林培育学	2004年被确立为省级品牌专业，森林培育学科2004年被确立为省级重点建设学科	2015 2016 2017	323/311(理),322/313(文) 333/317(理),338/328(文) 321/304(理),327/318(文)	312/312(理) 320/320(理) 306/305(理)	BB BB BB	1 1 1	—

注：录取情况涵盖三年，“—”代表没有此项内容或无法获取相关资料。

5

园林专业

学科概述

园林专业是建立于生态学、植物学、建筑学和美学基础上的，将科学性和艺术性完美结合的一门交叉学科。它以风景园林(包括各类绿地)的环境规划设计、施工管理和园林植物配置为主要学习和研究对象，旨在培养掌握园林植物的选择、栽培、造景技术并能够进行城市园林绿地及风景名胜区、生态园规划设计的高级专业人才。

学制四年，学业合格授予农学学士学位。

相近专业：园艺、城市规划专业等。

学习内容

园林专业开设的主要课程

类　别	课　　程
专业基础课程	化学、物理学、VB程序设计、3D及图像处理技术、线性代数与概率论、画法几何、美术(素描、水彩、水粉)、园林设计初步、园林艺术、植物学、园林树木学、园林苗圃学、花卉学、植物生理学、气象学、城市生态学、中外园林史、投资项目评估、园林管理、工程招投标
专业主干课程	园林建筑设计、园林工程、园林制图、园林规划设计、风景区规划、园林植物病虫害防治、园林植物遗传育种、园林树木学、花卉学、园林植物组织培养、园林植物种植设计、园林植物配置与造景、花卉采后生理与保鲜、草坪学、盆景艺术、插花艺术、园林施工技术、园林风景与空间构成、城市规划概论、规划设计法规、平面艺术设计、环境艺术设计、风景绘画
专业实验	园林树木学、花卉学、园林植物遗传育种、园林建筑、园林工程、园林规划设计、计算机辅助设计(CAD)

注：各校的课程设置会因培养目标的不同而有差异。

毕业去向

园林专业毕业生近两年的主要就业去向

职　业	工作单位	起薪(元/月)	学历要求	工作内容
项目经理	园林绿化工程公司、房地产公司	2000～2500	本科、研究生	园林工程的接洽、规划设计以及施工管理
工程监理人员	园林绿化工程公司、房地产公司	1500～2000	本科、研究生	园林工程施工管理
园林设计人员	设计院、园林局、外企	1000～2500	专科、本科、研究生	各类绿地环境规划设计
园林科研人员和技术人员	林科院、花卉中心、种苗公司、苗圃等企事业单位	1000～2500	专科、本科、研究生	园林植物新品种的开发研究、花卉生产营销与栽培管理
高校教师	高等院校	1500～2000	研究生	园林及相关专业的教学和科研

注：表格中的起薪可能会因为地区差异而存在较大差别。

园林专业毕业生主要行业流向及相应平均月薪(人民币:元)

毕业年份	行业流向 TOP3		
2010	商业性林业种植	建筑、工程及相关咨询服务	住宅建筑施工业
	2111	3115	2285
2011	商业性林业种植	住宅建筑施工业	房地产开发业
	2700	3153	4172
2012	商业性园林种植业	林业服务业	住宅建筑工业
	2528	2411	2696

注:表格中的月薪为该专业毕业生半年后平均月薪。2011 届该专业本科生毕业半年后就业率为 96.3%,工作与专业对口率为 73%,毕业即读研和留学比例为 9%。

数据来源:麦可斯-中国 2010、2011、2012 届大学毕业生求职与工作能力调查。

专家提示

1. 关注专业特色

各类农林院校都开设园林专业。农业大学的园林专业通常较偏重园艺,林业大学则较偏重园林规划设计;南京林业大学的园林专业是我国南方成立最早、影响较大、拥有硕博点学科的专业,园林植物与观赏园艺专业可授予农学博士和硕士学位,园林规划设计专业可授予工学硕士学位。

2. 考虑性格适合

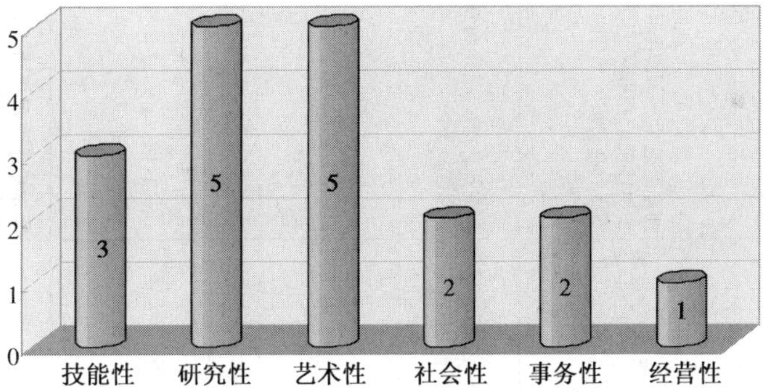

园林专业对不同性格特征的需求度

3. 走出常见误区

学会计算机绘图,就不需要手绘吗? 绘制效果图是园林设计中一个比较重要的步骤,它为后续的实际建造提供了不可缺少的帮助。以前,效果图主要靠手绘,对设计者的绘画能力有较高的要求,现今随着计算机运用的普及,电脑制图越来越普及,于是许多考生和家长认为只要学些绘图软件的运用就可以了,不需要再学手绘了。电脑绘图确实比手绘简便易行,但作为一种辅助设计工具,它画出的效果图很难体现手工绘图所表现出来的个人风格,而且线条呆板,内容单一,画面缺少生动性。考生若想在园林设计方面有所成就,扎实的手绘功底是不可或缺的。

4. 特别提醒

该专业需要学生具备一定的美术功底以及良好的生物、化学等基本理论知识。

作者:李 林　　修订:王梦翔

附表：开设园林专业的部分学校（院系）情况

批次	学校（院系）	本科专业方向设置	专业实力：硕博士学位点：硕士	专业实力：硕博士学位点：博士	专业实力：学科建设	近三年录取情况：年份	近三年录取情况：入校分（最高/最低）	近三年录取情况：专业分（最高/最低）	近三年录取情况：选测科目等级要求	近三年录取情况：录取人数	特别关注
本科一批	北京林业大学（园林学院）	园林	园林植物与观赏园艺	园林植物与观赏园艺	园林植物与观赏园艺为国家重点学科	2015 2016 2017	372/351(理),363/350(文) 385/366(理),379/365(文) 380/354(理),363/350(文)	369/361(理) 378/374(理) 367/362(理)	BB BB BB	6 6 6	园林学院是我国建立最早、学科队伍最强的园林教育基地
	南京农业大学（园艺学院）	园林	园林植物与观赏园艺	园林植物与观赏园艺	拥有园艺学一级学科博士学位授予权和园艺学博士后流动站	2015 2016 2017	373/352(理),373/353(文) 381/363(理),384/367(文) 367/354(理),373/357(文)	362/361(理)(风景园林) 358/346(文)(风景园林) 370/369(理) 370/369(理)(风景园林) 376/367(文)(风景园林) 366/358	AB AB AB AB AB AB	8 2 2 2 6 3	是全国同类系科中创建最早者（1921年），其历史可追溯到原中央大学和金陵大学园艺系
	中国农业大学（农学与生物技术学院）	园林	观赏园艺、园林植物与观赏园艺	观赏园艺、园林植物与观赏园艺	拥有园艺学一级学科博士学位授予权	2015 2016 2017	376/367(理),351/348(文) 386/378(理),378/368(文) 380/367(理)	368/368(理) 380/380(理) 372/372(理)	AB AB AB	1 1 1	1905年10月成立京师大学堂农科大学。它是我国农业高等教育的历史起源地
	华南农业大学（林学院）	园林	园林植物与观赏园艺、风景园林	—	—	2015 2016 2017	371/344(理) 360/354(理) 345/340	345/345(理) — 345/345	BB — BB	1 — 1	新生入校后考查美术，一年后分城市园林绿化建设与管理方向和风景园林规划设计方向
	南京林业大学（风景园林学院）	园林	园林植物与观赏园艺、城市规划与设计（风景园林规划与设计）	园林植物与观赏园艺	—	2015 2016 2017	364/345(理),359/346(文) 379/354(理),378/358(文) 364/338(理),362/340(文)	358/350(理) 354/347(文) 366/355(理) 363/359(文) 364/350	BB BB BB BB BB	28 20 29 10 18	由原南京林学院更名而成
	西南大学（园艺园林学院）	园林	果树学、蔬菜学、花卉学、园林植物与观赏园艺、植物学、细胞生物学、微生物学、药用植物栽培学	园艺学、果树学、蔬菜学、花卉学、茶学	园林专业为重庆市重点建设学科；拥有蔬菜学、果树学重点建设学科以及重点实验室、1个省部级工程中心，园艺学博士后流动站	2015 2016 2017	359/348(理),367/351(文) 380/361(理),378/366(文) 379/354(理),364/357(文)	356/351(理) 365/364(理) 359/355(理)	B^+B B^+B B^+B	2 2 3	其前身是西南农业大学园艺园林学院，始建于1950年的西南农学院园艺系，是最早设立和建设的院系之一
	西北农林科技大学（林学院）	园林	—	—	—	2015 2016 2017	361/348(理),354/346(文) 372/362(理),366/361(文) 361/353	352/351(理) 363/362(理) 355/353(理)	AB BB BB	3 3 3	—

续 表

批次	学校（院系）	本科专业方向设置	专业实力			近三年录取情况					特别关注
			硕博士学位点		学科建设	年份	入校分（最高/最低）	专业分（最高/最低）	选测科目等级要求	录取人数	
			硕士	博士							
本科二批	扬州大学（园艺与植物保护学院）	园林	—	—	—	2015 2016 2017	351/328(理) 355/336(理) 339/296(理) 362/342(文)	350/335(理) 355/336(理) 302/296	BC BC CC	70 36 20	1992年江苏农学院与扬州其他6所院校合并组而成
	安徽农业大学（林学与园林学院）	园林	—	—	—	2015 2016 2017	341/326(理),331/327(文) 351/334(理),348/342(文) 330/328(理),333/330(文)	332/332(理) 346/346(文) 329/327	BB BB BB	2 1 2	—
	天津农学院（园艺系）	园林	—	—	2010年园林专业批准为天津市品牌专业，拥有7个综合实验室	2015 2016 2017	330/311(理),324/318(文) 340/319(理),343/329(文) 323/304(理),326/319(文)	— — —	BB BB —	— — —	—
	淮阴工学院（生命科学与化学工程学院）	园林	—	—	—	2015 2016 2017	347/314(理),338/316(文) 346/317(理),351/330(文) 327/304(理),329/313(文)	325/314(理) 343/329(文) 324/317(理) —	BC BC BC BC	35 32 32 —	—
	江苏师范大学（原徐州师范大学）（生命科学学院）	园林	植物学	—	拥有江苏省遗传学重点学科、药用植物生物技术重点实验室、生物学教学实验示范中心	2015 2016 2017	362/327(理),352/329(文) 362/337(理),360/343(文) —	345/328(理) 335/329(文) — —	BC BC BC —	16 16 — —	—

注：录取情况涵盖三年，“—”代表没有此项内容或无法获取相关资料。

6 农业资源与环境专业

学科概述

农业资源与环境主要研究农业资源的合理有效利用，协调农业资源与环境之间的矛盾，以期达到农业资源与环境的可持续发展，是一门理论性与实践性要求都很高的学科。该专业主要培养能在农业、土地、环保、农资等部门从事农业资源管理及利用、农业环境保护、农业生态、资源遥感与信息技术的教学、科研、管理等工作的高级科学技术人才。

学制四年，学业合格授予农学学士学位。

相近专业：水土保持与荒漠化防治专业等。

学习内容

农业资源与环境专业开设的主要课程

类　别	课　　程
专业基础课程	普通化学、有机化学、分析化学、基础生物化学、普通地质学、测量学、作物概论、外语、计算机应用、农业化学导论、环境科学导论、普通生态学
专业主干课程	土壤学、环境化学、环境工程学、作物施肥原理、农业与环境化学分析、无土栽培原理与技术、土壤调查与制图、农业资源与利用、土壤污染与防治、遥感与信息技术
专业实验	土壤与农业化学分析、植物营养研究方法、环境质量分析与监测、土壤调查与制图、地质与地貌、测量与制图、气象观测

注：各校的课程设置会因培养目标的不同而有差异。

毕业去向

农业资源与环境专业毕业生近两年的主要就业去向

职　业	工作单位	起薪(元/月)	学历要求	工 作 内 容
农技推广人员	土壤肥料工作站	1500～2500	本科、研究生	对各类农业生产单位进行技术指导
科研人员	科研院所	1500～2500	本科、研究生	科研课题的规划、实施
管理及技术人员	环保公司、农业科技企业	1500～2500	本科、研究生	公司的管理、技术开发及推广
公务员	土地资源管理、环境保护等部门	1200～2000	本科、研究生	相关政策的制订、调研、实施
高校教师	理、工、农业高等院校	1500～2000	研究生	农业资源与环境及相关专业的教学和研究

注：表格中的起薪可能会因为地区差异而存在较大差别。

农业资源与环境专业毕业生主要行业流向及相应平均月薪(人民币：元)

毕业年份	行业流向 TOP3		
2008	为农业服务类	农业生产作物类	其他各级党政机关
	1827	1411	1686

注：表格中的月薪为该专业毕业生半年后平均月薪。2011 届该专业本科生毕业半年后就业率为 89.3%，工作与专业对口率为 44%，毕业即读研和留学比例为 18%。

数据来源：麦可斯-中国 2008、2011 届大学毕业生求职与工作能力调查。

专家提示

1. 关注专业特色

在众多院校中，中国农业大学和南京农业大学属老牌农学类院校，综合实力都很强。同时，西北农林科技大学、华中农业大学、华南农业大学、西南农业大学的实力也较强。一些地方院校也大多具有明显的地方特色。

农业资源与环境及其相关专业的国家二级重点学科分布情况如下：

土壤学：中国农业大学、南京农业大学、西北农林科技大学；**植物病理学**：福建农林大学、西北农林科技大学。

2. 考虑性格适合

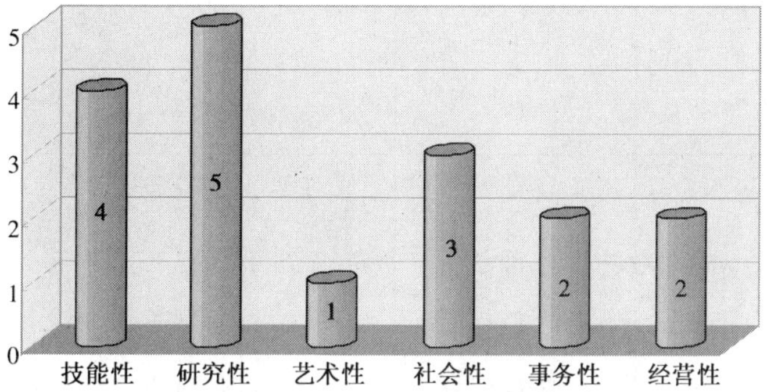

农业资源与环境专业对不同性格特征的需求度

3. 走出常见误区

学农无用吗？长期以来，社会上存在“学农无用”的说法，这主要是由于我国长期存在城乡二元经济结构、工农“剪刀差”等现象，造成农业人口比重过大、农村发展过慢、农民收入过低，进而影响人们对农业科技人才的认识。随着“三农”问题受关注程度的提高、农业人口转移的加快、农业集约化程度和科技含量的提高，对农业科技人才的需求和要求将会大大提高，农业院校毕业生将会有更广阔的发展天地。

4. 特别提醒

该专业需要学生具备良好的生物、化学、数学等基本理论知识。

作者：于剑光　　修订：王梦翔

附表：开设农业资源与环境专业的部分学校(院系)情况

批次	学校(院系)	本科专业方向设置	专业实力：硕博士学位点：硕士	专业实力：硕博士学位点：博士	专业实力：学科建设	近三年录取情况：年份	近三年录取情况：入校分(最高/最低)	近三年录取情况：专业分(最高/最低)	近三年录取情况：选测科目等级要求	近三年录取情况：录取人数	特别关注
本科一批	南京农业大学(资源与环境科学学院)	农业资源与环境	土壤学、植物营养学、生态学	土壤学、植物营养学、生态学	拥有农业资源利用博士后流动站;土壤学为国家重点学科,植物营养学是省重点学科	2015 2016 2017	373/352(理),373/353(文) 381/363(理),384/367(文) 367/354(理),373/357(文)	359/354(理) 374/366(理) —	AB AB —	16 12 —	—
本科一批	华中农业大学(资源与环境学院)	农业资源与环境	土壤学、植物营养学、资源环境信息工程(自设)	土壤学、植物营养学、资源环境信息工程(自设)	拥有农业资源利用一级学科博士学位授予权和农业资源利用博士后流动站;土壤学为省重点学科;拥有部级重点实验室1个	2015 2016 2017	361/348(理),355/344(文) 374/359(文),366/360(文) 355/347(文)	— — —	B^+B B^+B B^+B	— — —	—
本科一批	西南大学(资源环境学院)	农业资源与环境	土壤学、植物营养学、水土保持与荒漠化防治	土壤学、植物营养学、农业环境保护(自设)	拥有农业资源利用一级学科博士学位授予权;拥有农业资源利用和农林经济管理两个博士后流动站;拥有省级重点实验室1个	2015 2016 2018	359/348(理),367/351(文) 380/361(理),378/366(文) 379/354(理),364/357(文)	— — —	B^+B B^+B —	— — —	2005年7月由原西南师范大学、西南农业大学合并而成;入学第一年统一学习环境生态类的基础课程,第二年根据人才需求情况和学生的学习成绩、志愿情况可选择本大类的农业资源与环境、林学、水土保持与荒漠化防治等专业学习
本科一批	吉林大学(植物科学学院)	农业资源与环境	农业资源利用学、农业资源与环境	植物学	—	2015 2016 2017	380/358(理),369/360(文) 387/374(理),383/377(文) 382/365(理),376/366(文)	— — —	AB^+ AB^+ AB^+	— — —	—

续 表

批次	学校（院系）	本科专业方向设置	专业实力			近三年录取情况					特别关注
			硕博士学位点		学科建设	年份	入校分（最高/最低）	专业分（最高/最低）	选测科目等级要求	录取人数	
			硕士	博士							
本科二批	江西农业大学（国土资源与环境学院）	农业资源与环境	环境科学、农业资源利用	—	环境科学专业为江西省品牌专业，建有1个江西省资源与环境实验中心、一座日处理600 m^3的污水生态处理试验基地	2015 2016 2017	331/321(理)，333/324(文) 339/328(理)，345/338(文) 330/319(理)，329/324(文)	321/321(理) 331/331(理) 322/322(理)	BB BB BB	1 1 1	—
	安徽农业大学（资源与环境学院）	农业资源与环境	环境科学、环境工程、农药学、土壤学、植物营养学、气象学	—	拥有作物学一级学科博士点、两个省级重点学科；拥有作物遗传育种、作物栽培学与耕作学、草业科学3个硕士点	2015 2016 2017	341/326(理)，331/327(文) 351/334(理)，348/342(文) 330/325(理)，333/330(文)	328/327(理) 336/334(理) 326/325(理)	BB BB BB	2 2 2	已建立“农产品安全”省级重点实验室和“逆境与植物营养”校级重点实验室
	山东农业大学（资源与环境学院）	农业资源与环境	土壤学、植物营养学、土地资源管理、农业推广、环境科学、环境工程	农业资源利用、土壤学、植物营养学、土地资源利用与信息技术、农业生态环境	建有土壤资源省级重点实验室，该学科与中国土地勘测规划院和山东省国土资源厅联合建有“土地质量研究及人才培养基地”	2015 2016 2017	350/319(理)，336/326(文) 348/332(理)，347/339(文) 335/325(理)，335/328(文)	337/319(理) 339/337(理) 335/327(理)	BC BC BC	4 4 4	—
	山西农业大学（资源与环境学院）	农业资源与环境	土壤学、植物营养学	土壤学	土壤学为省级重点学科，拥有环境监测中心、土地科学研究所、土壤实验室等多个实验室	2015 2016 2017	323/311(理)，322/313(文) 333/317(理)，338/328(文) 321/304(理)，327/318(文)	316/316(理) 318/318(理) 313/313(理)	BB BB BB	1 1 1	—

注：录取情况涵盖三年，“—”代表没有此项内容或无法获取相关资料。

7

动物科学专业

学科概述

动物科学是一门应用现代生物科学的理论，研究畜禽及珍稀动物的育种、繁殖和饲养管理技术，提高畜牧业经济效益的学科。该专业培养具有坚实的生物科学理论基础，掌握国内外畜牧科学先进技术，具备畜牧业生产管理的宏观调控能力，并能从事工厂化畜牧生产、经营、管理和科研工作的高级应用型人才。

学制四年，学业合格授予农学学士学位。

相近专业：水产养殖学、草业科学、特种经济动物饲养、野生动物与自然保护区管理专业等。

学习内容

动物科学专业开设的主要课程

类　别	课　　　程
专业基础课程	无机化学、有机化学、统计学基础、生物统计学、动物学、机械设计基础、兽医学、家禽生态学
专业主干课程	动物生物化学、动物生理学、动物育种学、动物遗传学、动物繁殖学、家畜环境卫生学、动物营养与饲料学、养猪学、养羊学、养牛学、养禽学、经济动物饲养学、畜牧经济管理学、畜产品加工学、动物解剖与组织胚胎学、饲料加工工艺与设备、微生物学、饲料作物栽培学、数量遗传学、畜牧业机械化、淡水养殖学、特种经济动物生产、蜂生产学、饲料添加剂、动物营养代谢病、饲料配方设计
专业实验	动物遗传实验、饲料分析、动物繁殖学实验、家畜环境卫生学实验、动物生理试验、动物生产学试验、生物化学实验、微生物学试验

注：各校的课程设置会因培养目标的不同而有差异。

毕业去向

动物科学专业毕业生近两年的主要就业去向

职　业	工作单位	起薪（元/月）	学历要求	工作内容
企业员工	畜禽产品生产、开发企业、兽药及兽医器械的生产研发企业	1500～3000	本科、研究生	畜禽产品开发与营销、珍稀动物产品饲养与开发
高校教师	高等院校	1500～2000	研究生	动物科学及相关专业的教学与科研
研究人员	科研院所	2000～3000	研究生	研发、基础研究
畜牧师	大型养殖场	2000～2500	本科、研究生	动物养殖规划、设计
公务员	海关、商检、畜牧兽医管理、公安、国防等部门	1500～2500	本科、研究生	研发、质检、管理

注：表格中的起薪可能会因为地区差异而存在较大差别。

动物科学专业毕业生主要行业流向及相应平均月薪(人民币:元)

毕业年份	行业流向 TOP3		
2010	动物生产辅助业	养猪业	家禽业
	2263	2877	2388
2011	养猪业	动物生产服务业	养猪业
	3609	2917	2730
2012	养殖业	动物生产服务业	家禽业
	3363	2935	2939

注:表格中的月薪为该专业毕业生半年后平均月薪。2011 届该专业本科生毕业半年后就业率为 88.4%,工作与专业对口率为 55%,毕业即读研和留学比例为 20%。

数据来源:麦可斯-中国 2010、2011、2012 届大学毕业生求职与工作能力调查。

专家提示

1. 关注专业特色

要想知道学校在该专业的实力与特色,应当关注两个内容:一是看其学术水平,比如重点学科的分布情况,是否有博士后流动站、科研项目、实验室等;二是看其是否有足够的实验性场站、生产基地等。例如中国农业大学的动物科学技术学院实力雄厚,拥有多个国家和部级重点开放实验室、研究中心以及多个校内外实习基地等,另有十多个学会秘书处挂靠在该院;南京农业大学动物科技学院源于 1921 年东南大学设立的畜牧系,它是国内最早设立的一个畜牧兽医高等教育单位。该院拥有动物繁育研究所、动物遗传育种研究室以及江苏省奶牛育种中心、乳牛科学研究所等各种研究机构。学校拥有的这些研究中心、实验室、实习基地和挂靠学术团体等机构,可以为培养具有创新精神和实践能力的人才提供强有力的条件保障。

动物科学及其相关专业的国家二级重点学科分布情况如下:

动物遗传育种与繁殖:西北农林科技大学、华中农业大学、广西大学;**动物营养与饲料科学**:东北农业大学 、四川农业大学;**特种经济动物饲养**:浙江大学、西南大学;**草业科学**:内蒙古农业大学、甘肃农业大学、新疆农业大学;**水产养殖**:上海水产大学、华中农业大学。

2. 考虑性格适合

动物科学专业对不同性格特征的需求度

3. 走出常见误区

动物科学只研究家畜、家禽的养殖吗？在90年代以前，我国一般将动物科学统称为“畜牧学”（目前它依然属于畜牧学一级学科之下），主要是研究各种家畜、家禽（主要包括猪、牛、羊、马、鸡、兔等）的生产与繁育问题。近年来，随着经济的发展，这门学科的研究范围已不再局限于前面所讲的动物的养殖，已扩大到了像特种经济动物（如鸵鸟、蓝孔雀）、野生动物（如动物园中的动物）等的养殖，因而改称动物科学。但这门学科的核心没变，还是研究动物的生产及繁育问题。

养殖无学吗？由于历史的原因，我国畜牧科学的发展水平较低，有些人认为养殖没有可学的东西，只要是人就会饲养动物，看一看也就行了。实际上，一个好的场站设计能极大地降低畜禽的死亡率，一个恰当的饲料配方能大大加快畜禽产品的生产速度，合理的饲养管理会大大增加养殖场的经济效益。当你走进这一专业时，你会发现其中有太多值得学习的东西。

养殖地位低下吗？在一些人的观念中，养殖似乎只与农村、农民、落后相联系。实际上，随着我国城市化进程的加快，养殖业在人们生活中扮演的角色越来越重要，从事这一行的前景也越来越好。

4. 特别提醒

该专业需要学生具备良好的数学、英语、化学和生物等基本理论知识。

作者：孙越异　　修订：王梦翔

附表：开设动物科学专业的部分学校(院系)情况

批次	学校(院系)	本科专业方向设置	专业实力			近三年录取情况					特别关注
			硕博士学位点		学科建设	年份	入校分(最高/最低)	专业分(最高/最低)	选测科目等级要求	录取人数	
			硕士	博士							
本科一批	中国农业大学(动物科技学院)	动物科学	动物遗传育种与繁殖、动物营养与饲料科学、草业科学、畜牧生物工程	动物遗传育种与繁殖、动物营养与饲料科学、草业科学、畜牧生物工程、特种经济动物饲养(含蚕、蜂)	动物遗传育种与繁殖学、动物营养与饲料科学为国家重点学科;拥有动物营养学国家重点实验室、农业部畜禽遗传育种重点开放实验室、农业部动物营养学重点开放实验室、国家饲料工程技术研究中心、国家家禽测定中心、农业部饲料工业中心等国家和省部级研究中心	2015 2016 2017	376/367(理),351/348(文) 386/378(理),378/368(文) 380/367(理),363/357(文)	368/367(理) 381/378(理) 375/370(理)	AB AB AB	4 4 4	—
	南京农业大学(动物科学学院)	动物科学	动物遗传育种与繁殖、动物营养与饲料科学、草业科学、特种经济动物饲养	动物遗传育种与繁殖、动物营养与饲料科学、草业科学、水产养殖	动物营养与饲料科学为省重点学科	2015 2016 2017	373/352(理),373/353(文) 381/363(理),384/367(文) 367/354(理),373/357(文)	358/353(理) — 359/354	AB AB AB	10 — 15	—
	华中农业大学(动物科学技术学院)	动物科学	动物遗传育种与繁殖、动物营养与饲养科学、水产养殖	动物遗传育种与繁殖、水产养殖	拥有畜牧学博士后流动站;拥有国家重点学科、省部级重点学科、省部级重点实验室各1个	2015 2016 2017	361/348(理),355/344(文) 374/359(理),366/360(文) 361/348(理),355/341(文)	349/349(理) 360/359(理) 349/349(理)	B^+B B^+B^+ B^+B	2 2 2	学校位于湖北省武汉市
	扬州大学(动物科学与技术学院)	动物科学	动物遗传育种与繁殖、动物营养与饲料科学、草业科学、特种经济动物饲养	动物遗传育种与繁殖	拥有畜牧学博士后流动站;拥有江苏省高校国家重点学科培育点、江苏省重点学科各1个、江苏省重点实验室1个、江苏省产学研联合培养研究生示范基地1个	2015 2016 2017	371/344(理) 382/347(理),375/358(文) 339/296(理),362/342(文)	365/348(理) 364/351(理) —	BB BB —	20 25 —	由原扬州工学院等6所院校合并而成
	江南大学(食品学院)	动物科学	动物营养与饲料科学	—	—	2015 2016 2017	380/356(理),367/353(文) 392/366(理),362/358(文) 372/355(文)	— — —	BB BB —	— — —	—

续 表

批次	学校（院系）	本科专业方向设置	专业实力			近三年录取情况					特别关注
			硕博士学位点		学科建设	年份	入校分（最高/最低）	专业分（最高/最低）	选测科目等级要求	录取人数	
			硕士	博士							
本科二批	江西农业大学（动物科学技术学院）	动物科学	特种经济动物饲养、动物营养与饲料科学	动物营养与繁殖	特种经济动物饲养在2006年被江西省教育厅批准为江西省“十一五”重点学科。动物营养与饲料科学现为江西省动物营养与饲料科学高校重点实验室、江西省动物营养与饲料科学示范性硕士点	2015 2016 2017	331/321(理),333/324(文) 339/328(理),345/338(文) 330/319(理),329/324(文)	326/322(理) 330/329(理) 321/319(理)	BB BB BB	4 3 3	—
	山西农业大学（动物科技学院）	动物科学	畜牧学	动物遗传育种与繁殖	动物遗传育种与繁殖为国家重点学科	2015 2016 2017	323/311(理),322/313(文) 337/317(理),338/328(文) 321/304(理),327/318(文)	320/320(理) 322/320(理) 307/306(理)	BB BB BB	2 2 2	—
	西南民族大学（生命科学与技术学院）	动物科学	动物遗传育种与繁殖、生态学	—	为四川省本科人才培养基地	2015 2016 2017	329/312(理),333/320(文) 340/327(理),345/335(文) —	314/313(理) 329/327(理) —	BB BB —	2 2 —	—
	扬州大学（动物科学与技术学院）	动物科学	动物遗传育种与繁殖、动物营养与饲料科学、草业科学、特种经济动物饲养	动物遗传育种与繁殖、动物营养与饲料科学、草业科学、特种经济动物饲养、动物发育生物学	动物遗传育种与繁殖专业为国家重点学科（培育）、江苏省重点学科、博士点学科。畜牧学为江苏省重点一级学科和江苏省重点学科	2015 2016 2017	354/333(理),348/335(文) 360/343(理),361/349(文) 376/333(理),362/342(文)	— — —	BB BB BB	— — —	—
	江苏师范大学（原徐州师范大学）（生命科学学院）	动物科学	植物学、动物学、遗传学、生物化学与分子生物	—	拥有江苏省遗传学重点学科、药用植物生物技术重点实验室、生物学教学实验示范中心	2015 2016 2017	362/327(理),352/329(文) 362/337(理),342/330(文) 336/298(文)	— — —	BC BC BC	— — —	—

注：录取情况涵盖三年，“—”代表没有此项内容或无法获取相关资料。

医学类

MEDICAL SCIENCE

医学门类介绍

医学是认识、保持和增强人类健康，预防和治疗疾病，促使机体康复的科学知识体系和实践活动。在倡导生物－心理－社会医学模式的今天，医学兼具了自然科学和社会科学的属性。

学科地位

据国务院学位办公室发表的统计数据，我国大学授予的医学学士占学士总数的8.16%，大部分医学学科门类专业学生本科毕业后授予医学学士学位，其中医学检验专业、医学影像学专业、护理学专业、药学专业依学校而定可授予医学或理学学士学位，药物制剂专业可授予医学或工学或理学学士学位，医学心理学专业授予理学学士学位，药事管理专业授予管理学学士学位。除个别学校护理学、药学和针灸推拿学等专业本科学制四年外，其余大部分专业学制为五年，本硕连读学制为七年，本硕博连读学制为八年。

医学是中国高校第三大学科。据国务院学位办公室发表的统计数据，我国大学授予的医学硕士占硕士总数的12.05%，医学博士占博士总数的16.53%。另据教育部高校学生司发布的博士生导师资料统计，在全国大学 40 110 名博士生导帅中，有 5 389 名是医学博导，占博导总数的 13.44%。截至 2007 年，全国开设医学专业的大学共 198 所。

学习要求

由于医学学科门类专业对化学、生物等基础知识要求较高，所以大部分医学院校只招收理科生，中医学类、护理学类专业以及个别院校开设的医学心理学专业文理兼收。

医学专业学生的临床实践能力是评价高等医学教育质量的重要指标之一。一般医学院校的在校生主要实践环节有计算机应用实习、基础医学课程实验、临床见习、临床实习(一般不少于 1 年)等。

医学教育是一个终身学习的过程，这个过程早在进入医学院就读之前就已经开始了。就学习者的特点来说，按照霍兰德职业倾向测试，医学学科门类的八大学科类中除了基础医学和中医学外，都要求学习者有很高的技能性和良好的事务性。而相对来说，医学专业对于艺术性(除口腔医学外)和经营性的要求不高。另外，好的医生特质还包括专注、细致，有助人之心、合作的意愿，以及同理心等。

学科分类

医学学科门类包括基础医学、公共卫生与预防医学、医学技术、口腔医学、中医学、中西医结合、临床医学、法医学、护理学、药学、中药学等 11 个学科大类，目前全国普通高等学校医学本科专业有 44 种(参照教育部 2012 年颁布的《普通高等学校本科专业目录》)，详见下表。

普通高等学校本科专业目录(医学学科门类)

学科门类	学科大类	专业名称	授予学位(学士)
医学	基础医学类	基础医学	医学
	公共卫生与预防医学类	预防医学	医学
		食品卫生与营养学	医学/理学
		妇幼保健医学	医学
		卫生监督	医学
		全球健康学	医学/理学

（续表）

学科门类	学科大类	专业名称	授予学位(学士)
医学	医学技术类	康复治疗学	医学/理学
		医学影像技术	医学/理学
		医学检验技术	医学/理学
		眼视光学	医学/理学
		口腔医学技术	医学/理学
		医学实验技术	医学/理学
		卫生检验与检疫	医学/理学
		听力与言语康复学	医学
	口腔医学类	口腔医学	医学
	中医学类	中医学	医学
		针灸推拿学	医学
		壮医学	医学
		哈医学	医学
		蒙医学	医学
		藏医学	医学
		维医学	医学
		藏药学	医学/理学
		蒙药学	医学/理学
		中药制药	理学/工学/医学
		中草药栽培与鉴定	医学/理学
	中西医结合类	中西医临床医学	医学
		麻醉学	医学
		医学影像学	医学
		眼视光医学	医学
		精神医学	医学
		放射医学	医学
	临床医学类	临床医学	医学
	法医学类	法医学	医学
	护理学类	护理学	医学/理学
	药学类	药学	医学/理学
		药物制剂	医学/理学
		临床药学	医学/理学
		药事管理	医学/理学
		药物分析	医学/理学
		药物化学	医学/理学
		海洋药学	医学/理学
	中药学类	中药学	医学/理学
		中药资源与开发	医学/理学

学科大类介绍

基础医学类

基础医学学科大类只设基础医学一个专业。基础医学是研究与人体生命科学相关的基本理论、基本知识和基本技能的学科。它包括研究人体的结构、功能、遗传和发育的学科，以及研究病原体、免疫及病理过程、药物作用等内容的学科。与临床医学相比，基础医学更注重科研能力的培养。该专业学生应掌握现代基础医学各学科的基本理论及临床医学等基本知识，接受基础医学各学科技能基本训练并重点掌握几类基本的生物医学实验技术。该专业毕业生主要在高等院校和医学科研机构从事教学、医学实验研究等工作。

根据教育部发布的2007年全国高校国家重点学科名单，复旦大学、第二军医大学、第四军医大学的**基础医学**学科为国家一级重点学科。

公共卫生与预防医学类

预防医学是以人群为主要研究对象，按照预防为主的卫生工作方针，从群体的角度探索与人类疾病和健康相关的问题（如社会、心理、环境等因素与疾病和健康的关系），预防疫病的发生，控制疾病的发展及促进健康的科学。预防医学学科大类设置了预防医学、卫生检验、妇幼保健医学、营养学4个专业。该类专业毕业生应较系统地掌握预防医学的基本理论知识，获得防疫工作的能力并熟悉健康教育工作。预防医学与临床医学的不同之处在于它是以人群为对象，而不是仅限于以个体为对象。预防医学类专业毕业生主要进入医疗预防部门和卫生检验部门从事疾病预防、食品卫生检验和管理等工作。

临床医学类

临床医学类是研究疾病的诊断、治疗和预防（针对个体的预防）等学科的总称。它是根据病人的临床表现，从整体出发来研究疾病的病因、发病机理和病理过程，进而确定诊断，通过治疗和预防以消除疾病、减轻病人痛苦、恢复病人健康。临床医学与医学技术类包括临床医学、麻醉学、医学影像学和医学检验学等专业。临床医学类专业毕业生主要在各级医院从事诊治和研究工作，也可到医学院校从事教学和科研工作。

口腔医学类

口腔医学类是研究口腔的常见病、多发病的诊治、修复和预防工作的科学，研究内容包括口腔内科学、口腔外科学、口腔修复学、口腔正畸学和口腔预防保健医学。口腔医学类毕业生主要进入综合性医院的口腔专科、口腔科医院等医疗机构从事诊治及管理工作，也可到医学高校从事教学和科研工作。

根据教育部发布的2007年全国高校国家重点学科名单，北京大学、四川大学的**口腔医学**学科为国家一级重点学科。

中医学类

中医学是中国的传统医学，是中华民族在长期医疗实践过程中逐渐形成的具有独特理论风格和诊疗特点的医学体系。中医学类包括中医学、针灸推拿学、蒙医学、藏医学、中西医临床医学等专业，其理论体系包括基础理论、临床诊治、预防养生三大部分。中医学类专业毕业生主要进入各级中医医院、综合医院和康复医院从事诊治和科研工作，也可到中医学院从事教学和科研工作。

根据教育部2007年发布的全国高校国家重点学科名单，该类学科获国家一级重点学科称号的院校如下。

中医学：北京中医药大学、广州中医药大学；**中西医结合**：复旦大学。

法医学类

法医学类只设法医学1个专业。法医学是应用医学及其他自然科学的理论与方法，研究并解决立法、侦查、审判实践中涉及的医学问题的科学。它是一门应用医学，又是法学的一个分支。该专业毕业生应掌握基础医学、临床医学、法学及法医学的基本理论和基本知识，具有医学、法医学的基本技能和法医学鉴定的基本能力。临床法医学是应用临床医学和法医学的理论和技术，研究和解决与法律有关的人体伤、残以及其他生理病理等医学问题的学科，是法医学的重要的学科分支。法医学专业毕业生主要在各级公、检、法、医学教学、科研等部门从事法医及法医学科研等方面工作。

护理学类

护理学类只设护理学1个专业。护理学专业培养具备人文社会科学、医学、预防保健的基本知识及护理学的基本理论知识和技能，能在护理领域内从事临床护理、预防保健、护理管理、护理教学和护理科研的高级专门人才。护理学专业毕业生主要在各级医院医疗机构，康复机构，医疗研究机构和高、中等医药院校从事护理、重症监护、康复护理、社区护理保健、教学、科研和管理工作。

药学类

药学是研究药物与机体相互作用及其作用规律的科学，主要任务是进行各种药物的研制及合理应用。药学类包括药学、药物制剂、中药学等多个专业。该类专业毕业生应具备药学学科基本理论、基本知识和实验技能。该类专业毕业生主要在医院、药品检验部门、药物研究机构、医药院校、制药厂、医药公司等从事药物开发、研究、生产质量保证和合理用药、医药销售等方面的工作。

根据教育部2007年发布的全国高校国家重点学科名单，该类学科获国家一级重点学科称号的院校如下。

药学：北京大学、清华大学(北京协和医学院－清华大学医学部)、中国药科大学、第二军医大学；**中药学**：北京中医药大学、黑龙江中医药大学、上海中医药大学、南京中医药大学、成都中医药大学。

1

基础医学专业

学科概述

基础医学是研究与人体生命科学相关的基本理论、基本知识和基本技能的一门科学。该专业培养具备自然科学、生命科学和医学科学基础理论知识和实验技能，熟悉基础医学先进仪器设备，能够从事基础医学各学科的教学、科研以及基础与临床相结合的医学实验工作的高级专门人才。

学制五年，学业合格授予医学学士学位；学制七年，学业合格授予医学硕士学位；学制八年，学业合格授予医学博士学位。

相近专业：卫生检验、医学信息工程、妇幼保健医学、中西医结合、卫生监督等。

学习内容

基础医学专业开设的主要课程

类　别	课　　程
专业基础课程	医学英语、医用无机化学、医用物理学、细胞生物学、医用有机化学、组织胚胎学、系统解剖学、生物化学与分子生物学、生理学、病理学、微生物学、免疫学、病理生理学、法医学、寄生虫学、药理学、神经生理学、医学伦理学、医学统计学、医学遗传学、医学心理学、局部解剖学、医学文献信息学
专业主干课程	诊断学、影像诊断学、核医学、康复医学、预防医学、流行病学、卫生学、中医学、针灸学、口腔医学、眼科学、传染病学、妇产科学、儿科学、内科学、外科学、神经病学、精神病学、老年医学、耳鼻咽喉科学、皮肤性病学

注：各校的课程设置会因培养目标的不同而有差异。

毕业去向

基础医学专业毕业生近两年的主要就业去向

职　业	工作单位	起薪（元/月）	学历要求	工作内容
教学科研人员	教学医院	1000～2000	本科、研究生	基础医学相关专业的教学、科研
科研人员	生命科学、医学科研机构	1500～2000	研究生	基础医学相关专业的研究
	企事业单位	1000～2500	本科、研究生	医用材料的研发
高校教师	高等院校	1500～2000	研究生	基础医学及相关专业的教学和科研
医师	医院各临床科室	1500～3000	本科、研究生	临床诊疗
医药代表	医药公司	1500 以上	本科	药物销售

注：表格中的起薪可能会因为地区差异而存在较大差别。

专家提示

1. 关注专业特色

五年制基础医学专业主要培养综合性人才，可满足基础医学各专业方向发展的需求。近年来，一些学校开设的基础医学专业形成了各自的特色，如哈尔滨医科大学的免疫学、病原生物学、病理学与病理生理学已经建设成为省级重点学科；四川大学的病理学与病理生理学、法医学是省级重点学科，病理学与病理生理学实验室是省重点实验室。

基础医学及其相关专业的国家二级重点学科分布情况如下：

人体解剖与组织胚胎学：山东大学、南方医科大学；**免疫学**：北京大学、中国协和医科大学、第三军医大学；**病理学与病理生理学**：北京大学、中国协和医科大学、上海交通大学、华中科技大学、中南大学、汕头大学。

2. 考虑性格适合

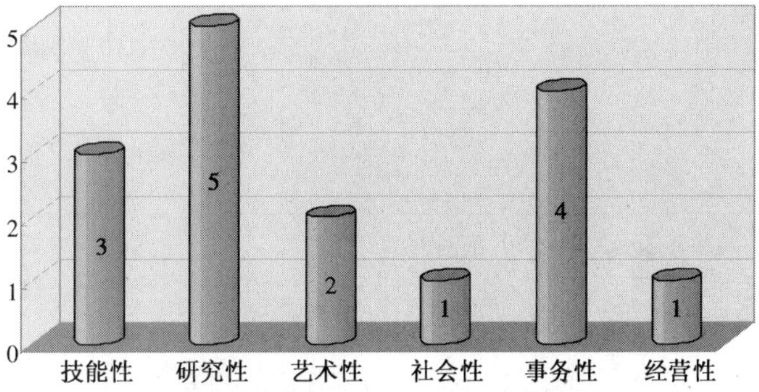

基础医学专业对不同性格特征的需求度

3. 走出常见误区

基础医学无用吗？多少年来由于人们偏重应用性学科，我国的基础医学专业水平与国际先进水平有一定的差距，我国基础医学专业人才处于缺乏状态。基础医学是为临床应用服务的，其发展水平代表了一个国家的医学发展潜力。基础医学专业学生毕业后不是直接从事临床医学工作，而是在高等医学、药学院校和各科研院所从事教学和科研工作，出国留学访问的机会也较多。

作者：梁国栋　　修订：李婉君

附表：开设基础医学专业的部分学校（院系）情况

批次	学校（院系）	本科专业方向设置	专业实力			近三年录取情况					特别关注
			硕博士学位点		学科建设	年份	入校分（最高/最低）	专业分（最高/最低）	选测科目等级要求	录取人数	
			硕士	博士							
本科一批	复旦大学（基础医学院）	基础医学	人体解剖与组织胚胎学、免疫学、病原生物学、病理学与病理生理学、法医学	人体解剖与组织胚胎学、免疫学、病原生物学、病理学与病理生理学	基础医学院拥有5个国家重点学科：人体解剖、生理学、生物化学、神经生物学、病理学，其中生物化学和病理学也是上海市教委的重点学科；该院拥有基础医学、生物学、中西医结合基础博士后流动站和1个国家重点实验室、2个卫生部重点实验室	2015 2016 2017	415/401(理),401/391(文) 419/416(理),412/403(文) 413/408(理),406/394(文)	— — —	A⁺A A⁺A A⁺A	— — —	前身是上海医科大学基础医学院，创建于1955年；现有院士1名
本科一批	哈尔滨医科大学（基础医学院）	基础医学	人体解剖与组织胚胎学、免疫学、病原生物学、病理学与病理生理学、法医学、放射医学	人体解剖与组织胚胎学、免疫学、病原生物学、病理学与病理生理学、法医学、放射医学	省重点学科3个：免疫学、病原生物学、病理学与病理生理学；拥有基础医学和生物学2个博士后流动站；是国家理科（医药学）基础科学研究和教学人才培养基地	2015 2016 2017	377/344(理)，344/344(文) 379/364(理)，356/356(文) 363/333(理)	347/347(理)（七年制本硕连读） 368/368（本硕连读） 361/356	BB BB BB	1 1 2	—
本科一批	四川大学（基础医学与法医学院）	基础医学	人体解剖与组织胚胎学、病原生物学、病理学与病理生理学、免疫学、法医学、生理学、生物医学工程、生物化学与分子生物学	人体解剖与组织胚胎学、病原生物学、病理学与病理生理学、免疫学、法医学、生理学、生物医学工程、生物化学与分子生物学	拥有2个“211工程”重点建设学科、5个四川省重点学科、3个省部级重点实验室；拥有基础医学博士后流动站；拥有基础医学一级学科博士学位授予权	2015 2016 2017	389/370(理),378/369(文) 396/382(理),385/381(文) 394/373(理),380/374(文)	378/376(理)(基地班) 385/383(基地班) 376/376	AA AA AA	2 3 2	由原华西医科大学并入

续表

批次	学校（院系）	本科专业方向设置	专业实力			近三年录取情况					特别关注
			硕博士学位点		学科建设	年份	入校分（最高/最低）	专业分（最高/最低）	选测科目等级要求	录取人数	
			硕士	博士							
本科一批	南京大学（医学院）	基础医学	基础医学	基础医学	拥有基础医学教学中心，下设形态学实验室等5个实验室，形成人体解剖实验系统等7个系统和平台	2015 2016 2017	404/385(理),398/380(文) 414/395(理),407/391(文) 412/387(理),402/384(文)	— — —	AA AA AA	— — —	—
	北京大学医学部（基础医学院）	基础医学	基础医学	基础医学	拥有"生物学"和"基础医学"2个一级学科博士学位授权点；基础医学北京市重点学科建设项目通过北京市教育委员会组织的中期检查评估，评估结果为"优秀"	2015 2016 2017	421/416(理),418/400(文) 422/406(理) 425/381	— 413/412(理) 410/386(理)	A^+A A^+A AA	— 3 4	7个国家重点学科，1个北京市重点学科，2个博士后流动站
	首都医科大学(基础医学院	基础医学	基础医学、生物学	—	神经生物学为国家重点学科；生理学、细胞生物学、病原生物学、人体解剖与组织胚胎学为北京市重点学科；病理学与病理生理学、免疫学、生物化学与分子生物学、动物学为北京市重点建设学科	2015 2016 2017	384/351(理) 389/374(理) 382/363(理)	— — 367/367	B^+B^+ B^+B^+ B^+B^+	— — 2	隶属于细胞生物学系的"肝脏保护与再生调节实验室"和神经生物学系的"神经再生修复研究实验室"为北京市重点实验室
	南方医科大学（基础医学院）	基础医学	基础医学	基础医学	基础医学为一级学科，拥有1个医学基础实验教学中心	2015 2016 2017	380/345(理) 390/356(理) 378/360(理)	— — —	BB BB BB	— — —	—

注：录取情况涵盖三年，"—"代表没有此项内容或无法获取相关资料。

2

临床医学专业

学科概述

临床医学是医学科学中应用医学理论去研究疾病诊断、治疗的各个学科的总称。临床医学是医科大学、学院必设的一门专业，属理科类，旨在培养临床医疗工作者。它培养学生根据病人的症状、体征、实验室及特殊检查结果和试验性治疗，从整体出发对各种资料加以归纳、综合、分析，找出疾病的病因、发病机理和病理过程，做出正确的诊断，通过合理的预防和治疗，消除疾病，减轻病人痛苦，恢复其健康。临床医学专业的方向（如内、外科等）大多是毕业后进入各级医院后确定的，但目前也有少数专业在入学时确定，如妇幼专业、眼耳鼻喉专业、医学心理学专业等。

学制五年，学业合格授予医学学士学位；学制七年，学业合格授予医学硕士学位；学制八年，学业合格授予医学博士学位。

相近专业：麻醉学、医学影像学、医学检验学、放射医学、眼视光学、康复治疗学、精神医学、医学技术、听力学、医学实验学等。

学习内容

五年制临床医学本科专业开设的主要课程

类　别	课　　程
专业基础课程	医学外语、解剖学、组织学与胚胎学、生理学、生物化学、微生物学、免疫学、病理学、病理生理学、药理学、寄生虫学、医学细胞生物学、基础化学、医用有机化学、医用无机化学、人体寄生虫学、医学遗传学、医用高等数学、医学物理学
专业主干课程	诊断学、内科学、外科学、妇产科学、儿科学、传染病学、口腔医学、眼科学、耳鼻喉科学、皮肤科学、神经病学、精神病学、医学心理学、卫生学、流行病学、放射科学、核医学、医学伦理学

注：各校的课程设置会因培养目标的不同而有差异。

毕业去向

临床医学专业毕业生近两年的主要就业去向

职　业	工作单位	起薪（元/月）	学历要求	工 作 内 容
医师	医院各临床科室	1000～2000	本科、研究生	临床诊疗
医疗技术人员	医院放射科 CT、B超室	1000～2000	本科	医学检查
高校教师	高等院校	1500～2000	研究生	临床医学及相关专业的教学和科研
核保人员	保险公司	1500～2500	本科	核保、核赔
医药销售人员	医药、医疗器械公司	1500 以上	本科	药物、医疗器械销售
药品研发人员	医药公司	1000～2500	本科、研究生	药品研究与开发

注：表格中的起薪可能会因为地区差异而存在较大差别。

临床医学专业毕业生主要行业流向及相应平均月薪(人民币:元)

毕业年份	行业流向 TOP3		
2010	全科住院医院(包括门诊)	专科住院医院(包括门诊)	其他非住院医疗服务业
	1791	2049	1979
2011	全科住院医院(包括门诊)	专科住院医院(包括门诊)	医疗设备及用品制造
	2192	2492	3932
2012	全科住院医院(包括门诊)	专科住院医院(包括门诊)	公共卫生服务机构(含疾控中心等)
	2678	2859	2785

注:表格中的月薪为该专业毕业生半年后平均月薪。2012 届该专业本科生毕业半年后就业率为 93.7%,工作与专业对口率为 97%,毕业即读研和留学比例为 44.2%。

数据来源:麦可斯-中国 2010、2011、2012 届大学毕业生求职与工作能力调查。

专家提示

1. 关注专业特色

临床医学专业是医学院校必设的专业,开设比较早的院校有北京大学(由原北京医科大学并入)、四川大学(由原华西医科大学并入)和复旦大学(由原上海医科大学并入)。近年来,不同的院校发展形成了各自的优势,如北京大学的临床医学综合实力雄厚,有 10 个国家重点学科,多项技术处于国际或全国前列;复旦大学有 10 个卫生部临床重点学科,普通外科、创伤外科及显微外科等领域的学术研究达国际先进水平;中国医科大学设有临床医学日语班;四川大学率先在全国开展了以测试临床思维、技能为主的临床多站考试;南京医科大学是江苏省综合水平最高的医学院校,其内科学、外科学、儿科学及精神医学专业水平较高,其中心血管内科、普通外科、皮肤性病学以及康复医学专业方向在华东地区处于领先水平。

临床医学及其相关专业的国家二级重点学科分布情况如下:

内科学(呼吸系病):中国医科大学、首都医科大学;**内科学(血液病)**:苏州大学、华中科技大学、北京大学;**内科学(传染病)**:浙江大学、重庆医科大学、复旦大学;**内科学(内分泌与代谢病)**:中南大学、中山大学;**内科学(肾病)**:北京大学;**儿科学**:北京大学、复旦大学、重庆医科大学、上海交通大学、浙江大学、四川大学;**神经病学**:吉林大学、复旦大学、中南大学、中山大学、首都医科大学、重庆医科大学;**精神病与精神卫生学**:北京大学、中南大学;**皮肤病与性病学**:北京大学、中国协和医科大学、中国医科大学、安徽医科大学、第四军医大学;**外科学(神经外科)**:首都医科大学;**外科学(整形)**:上海交通大学;**外科学(普外)**:南京大学、华中科技大学、中山大学、四川大学、中国医科大学、浙江大学;**外科学(胸心外)**:中南大学、中国协和医科大学;**外科学(泌尿外)**:天津医科大学、西安交通大学、北京大学、华中科技大学;**妇产科学**:北京大学、中国协和医科大学、华中科技大学、复旦大学、山东大学、四川大学;**眼科学**:北京大学、首都医科大学、复旦大学、中山大学、青岛大学;**耳鼻咽喉科学**:首都医科大学、复旦大学、中南大学、中山大学;**肿瘤学**:北京大学、中国协和医科大学、复旦大学、中山大学、天津医科大学、浙江大学、四川大学;**运动医学**:北京大学;**中西医结合临床**:大连医科大学、南方医科大学、第二军医大学、天津医科大学。

2. 考虑性格适合

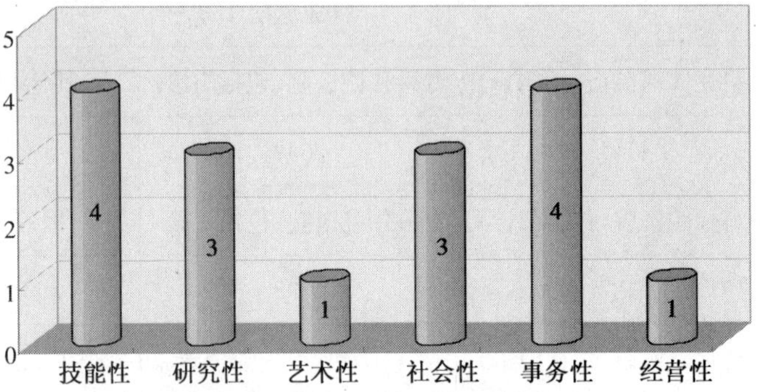

临床医学专业对不同性格特征的需求度

3. 特别提醒

医学是博大精深的学科，临床医学的学习任务十分繁重，需要付出很多的艰辛和汗水，随着生物—心理—社会医学模式的提出，对医学工作者的素质要求更高，临床医学专业的学生需要掌握更多的知识和技能。因此，选择这个专业，就要做好吃苦的准备。另外，随着医学的不断发展和社会对医生的要求不断提高，五年的本科学习已经不能满足成为一名优秀医生的需要，因此，选择这个专业还要做好继续深造和终身学习的准备。

作者：王　纯　　修订：李婉君

附表：开设临床医学专业的部分学校（院系）情况

批次	学校（院系）	本科专业方向设置	专业实力：硕博士学位点：硕士	专业实力：硕博士学位点：博士	专业实力：学科建设	近三年录取情况：年份	近三年录取情况：入校分（最高/最低）	近三年录取情况：专业分（最高/最低）	近三年录取情况：选测科目等级要求	近三年录取情况：录取人数	特别关注
本科一批	北京大学（北京大学医学部基础医学院）	临床医学（五年制、八年制）	内科学、儿科学、神经病学、皮肤病与性病学、外科学、妇产科学、眼科学、耳鼻咽喉科学、中西医结合临床、运动医学、精神病与精神卫生学、肿瘤学	内科学、儿科学、外科学、神经病学、妇产科学、眼科学、耳鼻咽喉科学、运动医学、精神病与精神卫生学	拥有10个国家重点学科	2015 2016 2017	421/410(理)， 418/400(文) 422/406(理)， 420/407(文) 425/381(理)， 425/405(文)	— 422/418(本硕连读) 418/411(理) 425/412(8年) 405/393(理)	$A^{+}A$ $A^{+}A$ AA	— 2 3 3 3	北京大学医学部由原北京医科大学并入
	复旦大学（医学院）	临床医学（五年制、七年制）	内科学、儿科学、老年医学、神经病学、皮肤病与性病学、外科学、妇产科学、眼科学、耳鼻咽喉科学、中西医结合临床、运动医学、精神病与精神卫生学、肿瘤学、康复医学与理疗学、急诊医学、显微医学	内科学、儿科学、神经病学、皮肤病与性病学、外科学、妇产科学、眼科学、耳鼻咽喉科学、中西医结合临床、运动医学、精神病与精神卫生学、肿瘤学、康复医学与理疗学	拥有16个国家重点学科	2015 2016 2017	415/401(理)， 401/391(文) 419/416(理)， 412/403(文) 413/408(理)， 406/394(文)	402/399(本博连读) 398/391(理) 396/396(5+3一体化) 398/398(理) 403/394(理) 404/396(5+3) 394/394(儿科)	$A^{+}A$ $A^{+}A$ AA	5 5 1 1 5 5 3	由原上海医科大学并入
	四川大学（华西临床医学院）	临床医学（五年制、七年制）	医学遗传学、病理学与病理生理学、移植工程学、循证医学、内科学、儿科学、老年医学、神经病学、精神病与精神卫生学、皮肤病与性病学、影像医学与核医学、临床检验诊断学、护理学、外科学、妇产科学、眼科学、视光学、耳鼻咽喉科学、肿瘤学、康复医学与理疗学、运动医学、麻醉学、急诊医学、中西医结合临床、生理学、临床药物与器械评价科学、药剂学	内科学、老年医学、儿科学、外科学、妇产科学、眼科学、耳鼻咽喉科学、精神病与精神卫生学、肿瘤学、生理学、神经病学、医学遗传学、病理学与病理生理学、皮肤病与性病学、影像医学与核医学、运动医学、康复医学与理疗学、麻醉学、临床药物与器械评价科学、中西医结合临床	拥有7个临床医学一级学科国家重点学科、2个国家重点（培育）学科、15个省重点学科、6个四川省医学重点学科； 拥有1个临床医学博士后流动站、2项“211工程”重点学科建设项目、8个重点实验室	2015 2016 2017	389/370(理) 378/369(文) 397/382(理) 385/381(文) 394/373(理) 380/374(文)	381/377(理) 383/382(本硕博连读) 393/386(理) 396/393(本硕博连读) 386/380(理) 394/385(3+5)	AA AA AA	5 2 3 2 4 2	由原华西医科大学并入。率先在全国开展了以测试临床思维、技能为主的临床多站考试
	苏州大学（第二临床医学院）	临床医学	内科学、儿科学、老年医学、神经病学、皮肤病与性病学、外科学、妇产科学、精神病与精神卫生学、急诊医学、肿瘤学、临床检验诊断学、康复医学与理疗学、耳鼻咽喉科学、运动医学、麻醉学、眼科学、中西医结合临床医学	外科学、内科学、儿科学	拥有1个国家重点学科、2个省重点学科、1个博士后科研流动站；拥有外科一级学科博士学位授予权	2015 2016 2017	387/360(理)， 377/358(文) 396/371(理)， 383/368(文) 381/360(理)， 379/359(文)	387/367(理)(5+3一体化) 370/362(儿科医学) 396/375(5+3一体化) 381/374(理) 386/372(儿科医学) 381/363(5+3) 374/362(理) 366/360(儿科)	AB AB AB AB AB AB	90 30 100 51 8 102 41 27	由原苏州医学院并入

续 表

批次	学校（院系）	本科专业方向设置	专业实力：硕博士学位点：硕士	专业实力：硕博士学位点：博士	专业实力：学科建设	近三年录取情况：年份	近三年录取情况：入校分（最高/最低）	近三年录取情况：专业分（最高/最低）	近三年录取情况：选测科目等级要求	近三年录取情况：录取人数	特别关注
本科一批	中国医科大学（各临床学院均设有本专业）	临床医学	内科学、儿科学、老年医学、神经病学、精神病与精神卫生学、皮肤病与性病学、临床检验诊断学、护理学、外科学、妇产科学、眼科学、耳鼻咽喉科学、肿瘤学、康复医学与理疗学、运动医学、麻醉学、急诊医学、应用心理学	内科学、儿科学、老年医学、神经病学、精神病与精神卫生学、皮肤病与性病学、临床检验诊断学、护理学、外科学、妇产科学、眼科学、耳鼻咽喉科学、肿瘤学、康复医学与理疗学、运动医学、麻醉学、急诊医学	拥有2个国家重点学科、3个省重点学科	2015 2016 2017	374/361（理） 383/361（理） 371/352（理）	374/370(理)(5+3一体化) 370/364(理) 383/379(5+3一体化)(本硕连读) 374/371(儿科医学)(5+3一体化)(本硕连读) 375/370(理) 365/364(8年) 364/363(儿科) 364/360(理)	BB BB BB BB	2 12 2 2 12 2 2 10	设有临床医学专业日语班
本科一批	南京医科大学（各临床医学院）	临床医学	肿瘤学、应用心理学、内科学、神经病学、儿科学、老年医学、皮肤病与性病学、外科学、妇产科学、眼科学、耳鼻咽喉科学、康复医学与理疗学、运动医学、急诊医学、中医内科学、精神病与精神卫生学、影像医学与核医学、临床检验诊断学、麻醉学、急诊医学、护理学	老年医学、神经病学、皮肤病与性病学、运动医学、内科学、外科学、儿科学	拥有4个省重点学科、5个省重点学科实验室；拥有基础医学、临床医学博士后流动站；内科、外科、精神科、皮肤性病科是省重点学科；内科学是国家重点学科培育建设点并拥有一级学科博士学位授予权	2015 2016 2017	394/363(理) 398/372(理) 395/364(理)	394/371(理)(5+3一体化) 381/363(理) 381/363(理)(儿科医学) 371/363(理)(精神医学) 398/379(学制为5+3医) 388/374(儿科医学)(学制为5+3) 388/372(理) 387/373(理)(儿科学) 380/373(理)(精神医学) 387/371(8年) 378/364(儿科) 379/364(理) 372/364(精神)	B⁺B B⁺B B⁺B	81 249 108 30 104 55 298 33 30 105 35 228 21	—

注：录取情况涵盖三年，"—"代表没有此项内容或无法获取相关资料。

3 麻醉学专业

学科概述

麻醉学专业是培养麻醉及急救人才的医学专业，其研究方向广泛，包括临床技能培训与研究、重要脏器（心、肺、脑）功能衰竭的机制及其防治的研究、全麻药作用原理的研究、疼痛信息的传递及其调控的研究、围手术期人体生理机能调控的研究等。该专业培养的学生要求具有基础医学、临床医学的基本知识与一般医疗技能，并且掌握麻醉医学基础与临床的基本理论知识和操作技能，具备各种麻醉技术及复苏、急救技术和麻醉医学科学研究的能力。

学制五年，学业合格授予医学学士学位。

相近专业：临床医学、医学影像学、医学检验学、放射医学、眼视光学、康复治疗学、精神医学、医学技术、听力学、医学实验学等。

学习内容

麻醉学专业开设的主要课程

类　别	课　　程
专业基础课程	医学外语、医用高等数学、医用无机化学、医用物理学、细胞生物学、医用有机化学、组织胚胎学、系统解剖学、生物化学、生理学、病理学、微生物学、免疫学、病理生理学、法医学、寄生虫学、药理学、医学伦理学、医学统计学、医学遗传学、麻醉药理学、麻醉设备学、麻醉生理学、麻醉解剖学
专业主干课程	诊断学、影像诊断学、核医学、康复医学、预防医学、流行病学、卫生学、中医学、针灸学、口腔医学、眼科学、传染病学、妇产科学、儿科学、内科学、外科学、神经病学、精神病学、老年医学、耳鼻咽喉科学、皮肤性病学、急救医学、临床麻醉学、危重病医学、临床疼痛学、麻醉医学工程学

注：各校的课程设置会因培养目标的不同而有差异。

毕业去向

麻醉学专业毕业生近两年的主要就业去向

职　业	工作单位	起薪（元/月）	学历要求	工作内容
麻醉医师	医院麻醉科、外科监护室	1500～2500	本科、研究生	临床麻醉
工程师	外资企业	1500～2500	本科、研究生	麻醉器具药品的研发、生产与管理
科研人员	科研单位	1500～2500	研究生	麻醉学科研项目及课题的研究
高校教师	高等院校	1500～2500	研究生	麻醉医学及相关专业的教学和科研

注：表格中的起薪可能会因为地区差异而存在较大差别。

麻醉学专业毕业生主要行业流向及相应平均月薪（人民币：元）

毕业年份	行业流向 TOP3		
2009	全科住院医院	专科住院医院	医疗诊所
	2200	2611	2000

注：表格中的月薪为该专业毕业生半年后平均月薪。2009 届该专业本科生毕业半年后就业率为 88.3%，工作与专业对口率为 100%，毕业即读研和留学比例为 23.0%。

数据来源：麦可斯-中国 2009 届大学毕业生求职与工作能力调查。

专家提示

1. 关注专业特色

医学院校最初并没有专门开设麻醉学本科专业，随着麻醉在临床工作中的作用越来越重要，人们开始重视其高层次专业化的教育。徐州医学院率先在我国开始了该专业的本科教育，它的麻醉学专业在我国麻醉学界颇具声誉，师资力量雄厚，实验条件优越，该校开设的急救医学专业极具特色。此外，哈尔滨医科大学的麻醉学专业也是较有名的。

中国协和医科大学、华中科技大学的麻醉学是国家二级重点学科。

2. 考虑性格适合

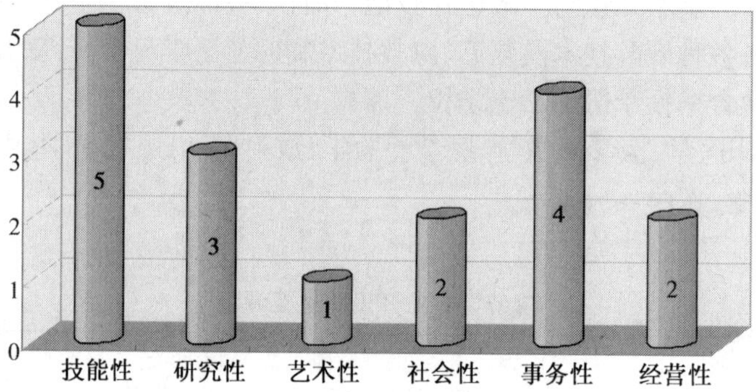

麻醉学专业对不同性格特征的需求度

3. 走出常见误区

麻醉医师是做辅助工作的吗？ 由于种种原因，人们通常认为麻醉医师从事的是"辅助工作"。其实麻醉医师并不只是在手术开始时实施麻醉，而是需要在手术中全程监控患者的生命体征，随时向手术医生汇报情况，并及时进行处理。此外，麻醉医师在监护病房和急诊患者的抢救中进行气管插管等操作，对挽救患者生命起着至关重要的作用。因此麻醉学是一门非常重要的临床科学，其水平代表了一所医院所能开展手术类别的能力。由于麻醉学起步较晚，目前我国麻醉医师从业人员中受过高等院校专业教育的为数不多，且该专业每年的毕业学生数量极为有限，因此该专业毕业生就业前景比较乐观。

作者：梁容川　　修订：李婉君

附表：开设麻醉学专业的部分学校（院系）情况

批次	学校（院系）	本科专业方向设置	专业实力：硕博士学位点：硕士	专业实力：硕博士学位点：博士	专业实力：学科建设	近三年录取情况：年份	近三年录取情况：入校分（最高/最低）	近三年录取情况：专业分（最高/最低）	近三年录取情况：选测科目等级要求	近三年录取情况：录取人数	特别关注
本科一批	徐州医学院（麻醉学院）	麻醉学（急救医学、体外循环灌注）	麻醉学	麻醉学	麻醉学是国家重点学科培育点、江苏省麻醉临床医学中心培育点、省重点学科；拥有省重点实验室	2015 2016 2017	377/348(理) 381/360(理) 367/331(理)	377/353(理) 381/362(理) 367/353(理)	BB BB BB	228 230 210	为全国第一个麻醉本科专业；与中国医科大学、中科院上海药物研究所、中国科技大学、大连医科大学、同济医科大学等单位联合培养博士研究生
本科一批	哈尔滨医科大学（第三临床医学院、附属第二医院）	麻醉医学	麻醉学	麻醉学	拥有博士后流动站、省重点学科、省重点实验室	2015 2016 2017	377/344(理),344/344(文) 379/364(理),356/356(文) 363/333(理)	358/358(理) 368/368(理) 357/357(理)	BB BB BB	1 1 1	—
本科一批	延边大学（医学部临床医学院）	麻醉医学	麻醉学	—	—	2015 2016 2017	374/352(理),350/342(文) 383/363(理),362/357(文) 372/359(理),355/338(文)	362/362(理) 373/369(理) —	BC BC BC	2 2 2	位于吉林省延边朝鲜族自治州
本科一批	中南大学（临床医学院）	麻醉学	麻醉学	麻醉学	—	2015 2016 2017	379/367(理),370/359(文) 399/380(理),382/376(文) 392/369(理),378/369(文)	371/368(理) 391/387(理) 376/375(理)	AA AA AA	2 3 2	即原湖南医科大学
本科一批	中山大学（中山医学院）	麻醉学	麻醉学	麻醉学	—	2015 2016 2017	392/378(理),382/374(文) 402/385(理),390/385(文) 395/378(理),382/378(文)	— — —	AA AA AA	— — —	中山医学院前身为中山大学基础医学院，更早的源头则是原中山医科大学基础学院
本科一批	中国医科大学（临床学院）	麻醉学	—	—	设有基础医学、临床医学和生物学 3 个博士后流动站	2015 2016 2017	374/361(理) 383/361(理) 371/352(理)	364/362(理) 371/371(理) 360/359(理)	BB BB BB	2 2 2	博士学位授权一级学科 2 个，博士学位授权学科、专业点 43 个，硕士学位授权学科、专业点 55 个

续 表

批次	学校（院系）	本科专业方向设置	专业实力			近三年录取情况					特别关注
			硕博士学位点		学科建设	年份	入校分（最高/最低）	专业分（最高/最低）	选测科目等级要求	录取人数	
			硕士	博士							
本科二批	潍坊医学院（麻醉学系）	麻醉学	麻醉学	—	拥有麻醉学研究室，为院级重点学科	2015 2016 2017	347/313(理) 355/336(理) —	345/345(理) 351/348(理) —	BB BB —	3 3 —	—
	沈阳医学院	麻醉学	—	—	学院有10个重点学科，5个研究中心，2个技术中心	2015 2016 2017	347/339(理) 353/334(理) —	347/347(理) 349/349(理) —	BB BB —	1 1 —	—
	广东医学院（第一、二临床医学院）	麻醉学	—	—	—	2015 2016 2017	344/320(理) 336/329(理) 347/338(理)	320/320(理) — 343/342	BB BB BB	1 — 3	—
	福建医科大学（临床医学院）	麻醉学	麻醉学	—	拥有基础医学、临床医学2个博士后科研流动站	2015 2016 2017	348/332(理) 355/344(理) 364/348(理)	— — 353/352	BB BB BB	— — 2	—

注：录取情况涵盖三年，"—"代表没有此项内容或无法获取相关资料。

4

医学影像学专业

学科概述

医学影像学是一门非常重要的科学，其理论涉及介入放射学、血管成像、多排CT灌注成像、血管超声、介入超声、CT三维成像研究等方面，在临床诊断工作中起着不可替代的作用。该专业培养具有基础医学、临床医学、医学影像学的基础知识及能力，能在医疗卫生单位从事医学影像诊断、介入放射和医学成像技术等方面工作的医学影像学高级人才。

学制四年或五年，学业合格授予医学学士学位。

相近专业：临床医学、麻醉学、医学检验学、放射医学、眼视光学、康复治疗学、精神医学、医学技术、听力学、医学实验学等。

学习内容

医学影像学专业开设的主要课程

类 别	课 程
专业基础课程	医学英语、医用高等数学、医用物理学、医用无机化学、细胞生物学、医用有机化学、组织胚胎学、系统解剖学、医用电子学、断层解剖学、生物化学、生理学、病理学、微生物学、免疫学、病理生理学、法医学、寄生虫学、药理学、医学伦理学、医学统计学、医学遗传学、医学心理学
专业主干课程	诊断学、影像诊断学、核医学、康复医学、预防医学、流行病学、卫生学、中医学、针灸学、口腔医学、眼科学、传染病学、妇产科学、儿科学、内科学、外科学、神经病学、精神病学、老年医学、耳鼻咽喉科学、皮肤性病学、放射诊断学、CT诊断学、MRI诊断学、超声诊断学、X线摄影学、影像设备学、介入放射学、放射治疗学、计算机原理与接口

注：各校的课程设置会因培养目标的不同而有差异。

毕业去向

医学影像学专业毕业生近两年的主要就业去向

职 业	工作单位	起薪(元/月)	学历要求	工 作 内 容
临床影像医师	医院放射科、超声科、核医学科	1500～2500	本科、研究生	医学影像诊断、介入治疗及医学成像技术
保健医师	保健预防机构	1000～2500	本科、研究生	疾病预防保健
工程师	外资企业	1500～2500	本科、研究生	临床所需的医学材料、药剂和仪器的研发及生产
公务员	卫生保健管理部门	1000～2000	本科、研究生	疾病调查及预防管理
医药销售	医药、医疗器械公司	1500～2500	本科	药物、医疗器械销售

注：表格中的起薪可能会因为地区差异而存在较大差别。

医学影像学专业毕业生主要行业流向及相应平均月薪(人民币:元)

毕业年份	2008	2009		
行业流向TOP3	医疗健康服务	全科住院医院	医疗设备和诊断	专科住院医院
	1649	1942	1866	2258

注：表格中的月薪为该专业毕业生半年后平均月薪。2009届该专业本科生毕业半年后就业率为96.3%，工作与专业对口率为96%，毕业即读研和留学比例为14.6%。

数据来源：麦可斯-中国2008、2009届大学毕业生求职与工作能力调查。

专家提示

1. 关注专业特色

南方医科大学、南京医科大学、苏州大学、天津医科大学、中国医科大学、哈尔滨医科大学的医学影像学专业实力较强且各具特色。如苏州大学的优势是放射医学；南方医科大学的强项是影像诊断学；徐州医学院的优势是医学影像工程。

医学影像学及其相关专业的国家二级重点学科分布情况如下：

影像医学与核医学：中国协和医科大学、复旦大学、四川大学、第二军医大学；**放射医学**：苏州大学。

2. 考虑性格适合

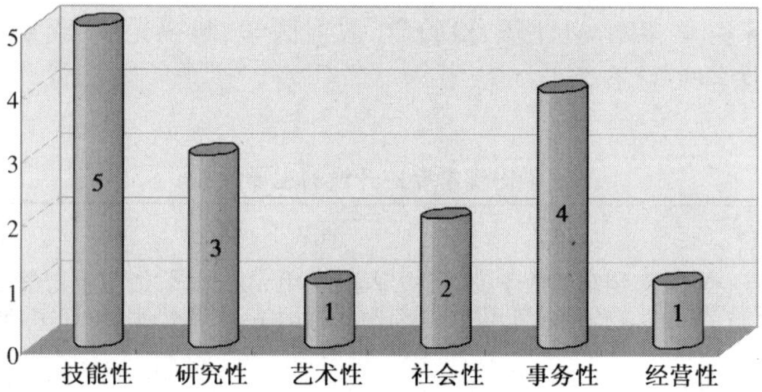

医学影像学专业对不同性格特征的需求度

3. 走出常见误区

影像医师就是"拍片子的"吗？受传统思想的影响，在谈到医学影像学专业时，常有人不屑一顾，认为"拍片子而已，哪需要本科毕业生去做，太浪费人才了"。其实这一观点是极其片面的，随着影像诊断技术的发展，其涉及领域日益广泛。医学影像学专业的毕业生除了可以从事X射线诊断、B超诊断外，还可以从事CT（计算机断层扫描）、MRI（核磁共振）和介入放射诊断及治疗，可见该专业与计算机信息技术紧密结合，培养的是医学发展急需的综合性人才。目前，各级医疗保健机构对该专业高层次人才需求量较大。

作者：梁国栋　　修订：李婉君

附表：开设医学影像学专业的部分学校(院系)情况

批次	学校(院系)	本科专业方向设置	专业实力			近三年录取情况					特别关注
			硕博士学位点		学科建设	年份	入校分(最高/最低)	专业分(最高/最低)	选测科目等级要求	录取人数	
			硕士	博士							
本科一批	南京医科大学(第一、第三临床医学院、鼓楼临床医学院)	医学影像学	影像医学、核医学	—	—	2015 2016 2017	394/363(理) 398/372(理) 395/364(理)	380/364(理) 384/372(理) 375/364(理)	B^+B B^+B B^+B	32 41 44	—
本科一批	哈尔滨医科大学(附属第三医院)	医学影像学	影像医学、核医学	影像医学、核医学	省重点学科	2015 2016 2017	377/344(理),344/344(文) 356/356(文) 363/333	346/344(理) 371/367(理) 355/354(理)	BB BB BB	3 3 3	—
本科一批	天津医科大学(医学影像系)	医学影像学、临床医学(七年制医学影像学)、医学影像学(影像技术)	影像医学与核医学	影像医学与核医学	天津市重点发展学科	2015 2016 2017	378/349(理) 390/372(理) 378/357(理)	364/364(理) 379/379(理) 366/366(理)	BB BB BB	1 1 1	—
本科一批	中国医科大学(医学影像系)	医学影像学	影像医学、核医学	影像医学、核医学	为辽宁省重点学科、国家“211工程”重点建设学科	2015 2016 2017	374/361(理) 383/361(理) 371/352(理)	363/363(理) 370/369(理) 359/359(理)	BB BB BB	1 2 2	—
本科一批	苏州大学(放射医学与公共卫生学院)	医学影像学	影像医学和核医学	—	放射医学为国家重点学科、国防科工委重点学科、省重中之重学科；拥有江苏省放射医学与防护重点实验室	2015 2016 2017	387/360(理),377/358(文) 396/371(理),385/370(文) 381/360(理),379/359(文)	369/363(理) 380/373(理) 371/362(理)	AB AB AB	18 19 17	由原苏州医学院并入
本科一批	重庆医科大学(第二临床学院医学影像系)	医学影像学	影像医学与核医学	影像医学与核医学	影像医学与核医学为重庆市级重点学科	2015 2016 2017	368/344(理) 393/356 368/355	344/344(理) 371/371(理) 359/359(理)	B^+B B^+B B^+B	1 2 2	临床医学专业为国家级、市级特色专业

续 表

批次	学校（院系）	本科专业方向设置	专业实力			近三年录取情况					特别关注
			硕博士学位点		学科建设	年份	入校分（最高/最低）	专业分（最高/最低）	选测科目等级要求	录取人数	
			硕士	博士							
本科二批	南通大学（医学院）	医学影像学	影像医学与核医学	—	—	2015 2016 2017	356/327(理),347/328(文) 366/339(理),363/343(文) 363/332(理),354/335(文)	349/343(理) 361/353(理) 359/341(理)	BB BB BB	32 31 30	—
	江苏大学（医学技术学院）	医学影像学	影像医学与核医学	—	—	2015 2016 2017	354/332(理),347/333(文) 358/343(理),355/345(文) 363/342(理),367/338(文)	354/335(理) 357/347(理) 352/342(理)	BB BB BB	80 70 21	由原镇江医学院并入
	徐州医学院（影像医学院）	医学影像学	影像医学和核医学	—	—	2015 2016 2017	380/331(理),339/322(文) 377/344(理),348/337(文) 367/331	348/339(理) 366/350(理) 363/341	BB BB BB	45 98 107	本科学制五年（与矿业大学联合办学：在矿业大学学习两年半，在徐州医学院学习两年半）
	沈阳医学院	医学影像学	—	—	—	2015 2016 —	347/339(理) 353/334(理) —	341/341(理) 338/338(理) —	BB BB —	1 1 —	—
	湖南中医药大学（第一中医临床学院）	医学影像学	—	—	—	2015 2016 2017	337/325(理) 345/334(理) 351/331(理)	337/331(理) 345/341(理) 345/336(理)	BB BB BB	4 4 4	—

注：录取情况涵盖三年，"—"代表没有此项内容或无法获取相关资料。

5

医学检验技术专业

学科概述

医学检验技术是用先进的科学技术及现代化仪器设备分析研究人体内部各系统、器官、细胞的结构与功能，以提高疾病预防、诊断、鉴别的水平。它是一门新型医学技术专业，是临床医学的重要组成部分。近年来，随着生物化学、分子生物学、免疫学及单克隆抗体技术的发展，医学检验项目越来越多，在诊断疾病中发挥的作用越来越大。该专业主要培养具有一定临床医学基本理论、医疗技能以及临床医学检验和相关检验技术，能承担医学检验及有关生物制品检验、药品检验、食品检验、商品检验、环境监测等技术和研究工作的高级复合型人才。

学制五年，学业合格授予医学或理学学士学位。

相近专业：临床医学、麻醉学、医学影像学、放射医学、眼视光学、康复治疗学、精神医学、医学技术、听力学、医学实验学等。

学习内容

医学检验技术专业开设的主要课程

类　别	课　　程
专业基础课程	医学英语、医用有机化学、医用高等数学、人体解剖学、组织胚胎学、医用物理学、医用生物学、基础化学、寄生虫学、微生物学、免疫学、病理学、物化基础、生物化学、生理学、眼科学、诊断学、内科学、外科学、放射诊断学、医学外语、妇产科学、药理学、病理生理学、耳鼻咽喉科学、传染病学、口腔科学、神经精神病学、皮肤性病学、儿科学
专业主干课程	疾病微生物、临床检验、临床生化、诊断微生物、血液学、同位素医学应用、卫生学、临床实验室管理学、临床免疫学、临床检验学、生物化学实验技术、食品检验、商品检验、大气及水质检验、卫生分析化学

注：各校的课程设置会因培养目标的不同而有差异。

毕业去向

医学检验技术专业毕业生近两年的主要就业去向

职　业	工作单位	起薪(元/月)	学历要求	工 作 内 容
研究人员	科研院所	2000～3000	研究生	研发、基础研究
企业员工	企业	2000～3000	专科、本科、研究生	经营贸易、研发、试剂研制和营销
公务员	海关、商检、公安、环保、国防等部门	1000～2500	专科、本科、研究生	医学检验、技术监督管理
医药代表	医药公司	1500 以上	本科	药物销售
医疗设备维修师	医院、医疗器械公司	1000～2500	专科、本科	医疗器械的日常护养及维修
医生	医院检验科、疾病控制中心、血站、计划生育指导站	1000～3000	专科、本科、研究生	医学检验、常规检验

注：表格中的起薪可能会因为地区差异而存在较大差别。

医学检验技术专业毕业生主要行业流向及相应平均月薪(人民币:元)

毕业年份	2008	2009		
行业流向 TOP3	医疗健康服务	全科住院医院	医疗设备和诊断	专科住院医院
	1800	2334	2467	2000

注：表格中的月薪为该专业毕业生半年后平均月薪。2011 届该专业本科生毕业半年后就业率为 98.2%，工作与专业对口率为 96%，毕业即读研和留学比例为 4%。

数据来源：麦可斯-中国 2009、2011 届大学毕业生求职与工作能力调查。

专家提示

1. 关注专业特色

医学检验技术专业的学生既需要学习大量临床医学检验的基本理论知识，也需要学习专业技能，特别注重动手能力与机械操作能力。考生在选择学校时应注意该校的实验条件和环境。北京大学医学部、四川大学都设有国家重点实验室。四川大学实验设备优良，除常规使用的教学设备外，还有可供教学使用的大型实验设备，如全自动生化分析仪、血凝仪、多头显微镜、全自动细菌鉴定仪等。

医学检验技术及其相关专业的国家二级重点学科分布情况如下：

临床检验诊断学：重庆医科大学；**人体解剖与组织胚胎学**：山东大学、南方医科大学；**病理学与病理生理学**：上海交通大学、华中科技大学、中南大学、北京大学、中国协和医科大学、汕头大学。

2. 考虑性格适合

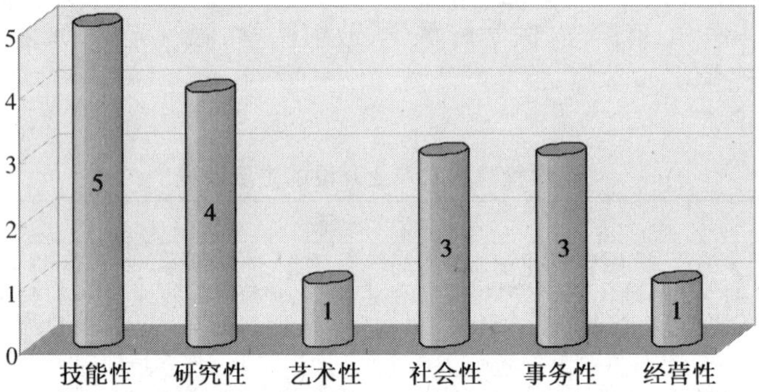

医学检验技术专业对不同性格特征的需求度

3. 走出常见误区

医学检验技术专业没有前途吗？过去临床检验科室一直被看做是医院的“辅助科室”，只对临床部门起“辅助”作用。目前检验科室已经成为各医院很重要的一个部门。衡量一个医院整体水平的高低，其中很重要的一方面就是这个医院的检验部门可以检测多少项目、检测的水平如何，以及所应用的技术手段是否先进。另外，随着检测技术的不断发展，检测项目的逐步增多，临床疾病的诊断对医学检验项目的依赖愈加明显。该专业是一个新型的医学专业，近几年不论是临床检验还是卫生检验，社会需求量都较高。

作者：黄文光　　修订：李婉君

附表：开设医学检验专业的部分学校（院系）情况

批次	学校（院系）	本科专业方向设置	专业实力			近三年录取情况					特别关注
			硕博士学位点		学科建设	年份	入校分（最高/最低）	专业分（最高/最低）	选测科目等级要求	录取人数	
			硕士	博士							
本科一批	中南大学（临床医学院）	医学检验	免疫学、病理学与病理生理学、病原生物学、微生物学、临床检验诊断学	微生物学、免疫学、病原生物学、病理学与病理生理学、临床检验诊断学	拥有1个国家重点学科、3个国家重点实验室、1个省级重点学科、2个省级重点实验室	2015 2016 2017	379/367(理),370/359(文) 399/380(理),382/376(文) 392/369(理),378/369(文)	378/378(理) — —	AA AA AA	1 — —	由原湖南医科大学并入
	江苏大学（医学技术学院医学检验系）	医学检验	免疫学、临床检验诊断学、病原生物学	临床检验诊断学	临床检验诊断学为江苏省重点学科；拥有2个省部级重点实验室	2015 2016 2017	369/349(理),360/343(文) 376/358(理),383/355(文) 363/342(理),367/338(文)	363/349(理) 371/358(理) 363/342(理)	BB BB BB	65 77 109	由原镇江医学院并入
	兰州大学（基础医学）	医学检验学	临床检验诊断学	—	—	2015 2016 2017	374/359(理),361/351(文) 380/368(理),376/365(文) 369/359(理),365/354(文)	— — —	AB$^+$ AB$^+$ AB$^+$	— — —	现有8个国家重点学科、2个国家重点培育学科
	南京医科大学（基础医学）	医学检验学 医学检验技术	临床检验诊断学	临床检验诊断学（分子病理诊断）	拥有临床检验诊断学硕士点、2002年被认定为当时省内唯一的临床检验省级临床重点专科	2015 2016 2017	394/363(理) 398/372(理) 395/364(理)	373/363(理) 386/372(理) —	B$^+$B B$^+$B B$^+$B	17 20 —	—
	苏州大学（医学部基础科学与生物科学学院）	医学检验学	临床检验诊断学	—	—	2015 2016 2017	387/360(理),377/358(文) 396/371(理),383/368(文) 381/360(理),379/359(文)	366/362(理) （医学检验技术） 376/372(理) 365/351(理)	AB AB AB	15 14 15	临床医学为江苏省品牌专业，放射医学和生物技术专业为江苏省特色专业
	徐州医学院	医学检验学	临床医学检验	—	—	2015 2016 2017	377/348(理) 381/360(理) 367/331(理)	— — 354/335	BB BB BB	— — 70	—

续 表

批次	学校（院系）	本科专业方向设置	专业实力			近三年录取情况					特别关注
			硕博士学位点		学科建设	年份	入校分（最高/最低）	专业分（最高/最低）	选测科目等级要求	录取人数	
			硕士	博士							
本科二批	大连医科大学（检验医学院）	医学检验（临床血液检验）	病原生物学、病理学与病理生理学、免疫学、临床检验诊断学	病理学与病理生理学	—	2015 2016 2017	— — —	— — —	— — —	— — —	该学院是我国第一所检验医学院
	南通大学（基础医学院）	医学检验学	临床医学检验	—	—	2015 2016 2017	356/327(理),347/328(文) 366/339(理),363/343(文) 363/332(理),354/335(文)	350/340(理) 357/347(理) 351/336(理)	BB BB BB	48 53 39	—
	哈尔滨医科大学（基础医学院）	医学检验学	—	—	—	2015 2016 2017	338/328(理) 353/330(理) 363/333	337/336(理) 348/334(理) —	BB BB BB	4 4 —	—

注：录取情况涵盖三年，“—”代表没有此项内容或无法获取相关资料。

6

口腔医学专业

学科概述

口腔医学研究的内容主要包括口腔内科学、口腔外科学、口腔修复学、口腔正畸学和口腔预防保健医学。该专业培养具有常规临床医学基础理论知识和口腔医学基础理论知识，具有较熟练的口腔临床操作技能，能从事高等医学教育、科研工作的高级专业人才。

学制五年，学业合格授予医学学士学位；学制七年，学业合格授予医学硕士学位。

相近专业：口腔修复工艺学专业（学制四年或五年，学业合格授予理学学位）等。

学习内容

口腔医学专业开设的主要课程

类　别	课　　程
专业基础课程	医学英语、医用高等数学、医用无机化学、医用物理学、细胞生物学、医用有机化学、组织胚胎学、系统解剖学、生物化学、生理学、病理学、微生物学、免疫学、病理生理学、口腔生物学、口腔组织病理学、口腔解剖学、口腔解剖生理学、法医学、寄生虫学、药理学、医学伦理学、医学统计学、医学心理学
专业主干课程	诊断学、影像诊断学、核医学、康复医学、预防医学、流行病学、卫生学、中医学、针灸学、口腔医学、眼科学、传染病学、儿科学、内科学、外科学、神经病学、精神病学、老年医学、耳鼻咽喉科学、皮肤性病学、口腔临床药物学、口腔颌面医学、口腔材料学、口腔预防医学、口腔种植学、口腔正畸学、口腔修复学、儿童口腔病学、口腔颌面外科学、口腔黏膜病学、口腔牙体牙髓病学、口腔牙周病学

注：各校的课程设置会因培养目标的不同而有差异。

毕业去向

口腔医学专业毕业生近两年的主要就业去向

职　业	工作单位	起薪（元/月）	学历要求	工 作 内 容
口腔医师	医院口腔科	1500～2500	本科、研究生	口腔常见病、多发病的诊疗、修复和预防
保健医师	保健预防机构	1000～2000	本科、研究生	口腔疾病的预防与保健
病理科医师	医院病理科	1000～2000	本科、研究生	口腔专业病理分析
口腔技工	医院或专业口腔技术工厂	1000～2500	本科、研究生	专业口腔修复
工程师	外资企业	1000～2500	本科、研究生	口腔临床所需的各种医用材料仪器的研发和生产
公务员	卫生疾控管理部门	1000～2000	本科、研究生	口腔疾病调查及预防管理

注：表格中的起薪可能会因为地区差异而存在较大差别。

口腔医学专业毕业生主要行业流向及相应平均月薪（人民币：元）

毕业年份	行业流向 TOP3		
2009	全科住院医院	牙医诊所	医疗诊所
	1788	1700	1517

注：表格中的月薪为该专业毕业生半年后平均月薪。2009 届该专业本科生毕业半年后就业率为 75.3%，工作与专业对口率为 93%，毕业即读研和留学比例为 30.1%。

数据来源：麦可斯-中国 2009 届大学毕业生求职与工作能力调查。

专家提示

1. 关注专业特色

五年制口腔医学专业主要培养综合性口腔通科医生，该专业的研究生阶段才有具体的专业方向。四川大学、武汉大学、北京大学医学部、第四军医大学四所院校被称为口腔医学“四大名旦”。这些学校的口腔医学专业各有特色，如第四军医大学的口腔内科学，四川大学的口腔外科学和口腔修复学等专业值得关注。

武汉大学的口腔基础医学是国家二级重点学科。

2. 考虑性格适合

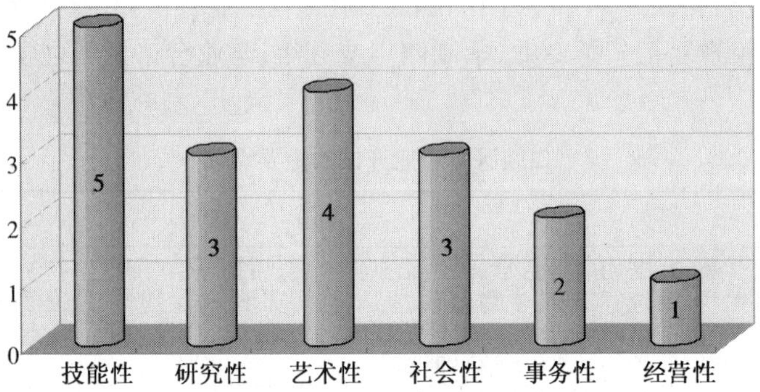

口腔医学对不同性格特征的需求度

3. 走出常见误区

学口腔医学就是当“拔牙医生”吗？由于种种原因，目前我国的口腔医学从业人员中，受过正规系统教育的人较少，大部分是接受各类短期培训或是自学的。所以许多人在谈到学口腔医学时，常会不屑地认为那将来只是当“拔牙医生”而已，“技术太简单了，不值得去学”。其实，口腔医学专业学生在校期间不仅要学习全部口腔医学专业理论，同时还要学习全部临床医学专业理论。该专业毕业生理论功底扎实，技术标准，实践能力强，发展潜力大，可从事口腔专业各科的工作。在发达国家，人们的口腔保健意识和牙齿美容意识非常强，口腔医学从业人员比例远高于我国，口腔医生的地位颇高、收入颇丰。我国的口腔医学正处于快速发展时期，社会对该专业毕业生的需求量也会越来越大。

作者：梁　智　　修订：李婉君

附表：开设口腔医学专业的部分学校（院系）情况

批次	学校（院系）	本科专业方向设置	专业实力：硕博士学位点：硕士	专业实力：硕博士学位点：博士	专业实力：学科建设	近三年录取情况：年份	近三年录取情况：入校分（最高/最低）	近三年录取情况：专业分（最高/最低）	近三年录取情况：选测科目等级要求	近三年录取情况：录取人数	特别关注
提前本科	第四军医大学（口腔医学系）	口腔医学	口腔临床医学、口腔基础医学	口腔临床医学、口腔基础医学	口腔内科学为国家重点学科；拥有全军口腔内科学重点实验室、全军口腔医学研究所	2015 2016 2017	380/351（理） 386/380（理） 368/358（理）	374/374(理)(男,高级口腔医师) 367/367(理)(男,口腔临床医师) 386/367(理)(男,口腔临床医师) 364/364(理)(军事医学,男)	BB BB BB BB	1 1 2 1	口腔医学院为卫生部临床药理基地；拥有一级学科博士后流动站
本科一批	四川大学（华西口腔医学院）	口腔医学	口腔临床医学、口腔基础医学	口腔临床医学、口腔基础医学	口腔颌面外科学、口腔修复学为国家级重点学科；口腔内科学和口腔正畸学为四川省重点学科；拥有口腔医学博士后流动站；建有卫生部口腔生物医学工程重点实验室	2015 2016 2017	389/370(理) 378/369(文) 396/382(理) 385/381(文) 394/373(理) 380/374(文)	389/377(理) 394/385(理) 386/385(理)	AA AA AA	5 5 4	口腔医学、口腔临床医学和口腔基础医学是国家“九五”、“十五”、“十一五”、“211 工程”重点建设学科
本科一批	哈尔滨医科大学（口腔医学院）	口腔医学	口腔临床医学	—	口腔医学为一级学科、黑龙江省重点学科	2015 2016 2017	377/344(理),344/344(文) 379/364(理),356/356(文) 363/333	362/356(理) 377/369(理) 361/356(理)	BB BB BB	2 2 2	该系是我国较早创建的口腔医学系之一
本科一批	南京医科大学（口腔医学院）	口腔医学	口腔基础医学、口腔临床医学	—	江苏省口腔学科中最早建立硕士点	2015 2016 2017	394/363(理) 398/372(理) 365/333(理)	386/366(理) 386/374(理) —	$B^{+}B$ $B^{+}B$ BB	12 22 —	—
本科一批	中国医科大学（口腔医学院）	口腔医学	口腔基础医学、口腔临床医学	口腔临床医学	—	2015 2016 2017	374/361(理) 383/361(理) 371/352(理)	363/363(理) 373/370(理) 371/367(理)	BB BB BB	1 2 2	—
本科一批	首都医科大学（口腔医学院）	口腔医学	口腔临床医学、口腔基础医学、口腔颌面外科学、口腔内科学	口腔临床医学、口腔基础医学、口腔内科学、口腔颌面外科学	口腔临床医学为北京市重点学科	2015 2016 2017	384/351(理) 389/374(理) 382/363	376/376(理)(本硕连读) (5+3一体化) 381/381(理) 384/384(5+3一体化) (本硕连读) 371/371(理)	$B^{+}B^{+}$ $B^{+}B^{+}$ $B^{+}B^{+}$	1 1 1 1	—

续 表

批次	学校（院系）	本科专业方向设置	专业实力：硕博士学位点：硕士	专业实力：硕博士学位点：博士	专业实力：学科建设	近三年录取情况：年份	近三年录取情况：入校分（最高/最低）	近三年录取情况：专业分（最高/最低）	近三年录取情况：选测科目等级要求	近三年录取情况：录取人数	特别关注
本科一批	同济大学(医学与生命科学部口腔医学院)	口腔医学	口腔临床医学、口腔基础医学	口腔临床医学	为同济大学重点扶持学科；儿童口腔医学铁路医疗卫生开放实验室为省部级重点实验室	2015 2016 2017	409/386(理)，392/380(文) 415/395(理)，398/390(文) 405/387(理)，391/381(文)	393/393(理) 405/405(理) —	BB BB BB	1 1 —	由原上海铁道大学、同济大学合并组建而成
	武汉大学（口腔医学院）	口腔医学	口腔临床医学、口腔基础医学	—	拥有口腔医学一级学科博士学位授予权、口腔医学博士后流动站；为国家“211工程”项目单位；设有教育部口腔生物医学工程重点实验室；口腔基础医学为国家重点学科	2015 2016 2017	407/380(理)，388/378(文) 401/389(理)，398/388(文) 394/381(理)，392/380(文)	395/392(理) — —	AB^+ AB^+ AB^+	2 — —	原湖北医科大学口腔医学院
	中山大学（光华口腔医学院）	口腔医学	口腔临床医学	口腔临床医学	拥有广东省唯一的口腔临床医学博士学位授予权；口腔临床医学是广东省高等学校名牌专业；广东省口腔临床重点学科	2015 2016 2017	392/378(理)，382/374(文) 402/385(理)，390/385(文) 395/378(理)，382/378(文)	382/382(理) 385/387(理) —	AA AA AA	2 2 —	原中山医科大学
	南通大学（医学院）	口腔医学	—	—	—	2015 2016 2017	370/344(理)，351/342(文) 378/353(理)，361/355(文) 363/332(理)，354/335(文)	360/349(理) 370/362(理) 362/347(理)	BB BB BB	25 28 37	—

注：录取情况涵盖三年，所缺年份表示当年未招生；“—”代表没有此项内容或无法获取相关资料。

7

中医学专业

学科概述

中医学是一门研究中医诊断治疗及中医发展的科学，它以中医学基础理论、中医学临床理论、中医学人文理论为主要研究内容。该专业涉及面广，兼授内、外、妇、儿各科，旨在培养熟悉临床应用并具备独立科研能力的复合型医学人才。

学制五年，学业合格授予医学学士学位；学制七年，学业合格授予医学硕士学位。

相近专业：针灸推拿学、蒙医学、藏医学、中西医临床医学等。

学习内容

中医学专业开设的主要课程

类　别	课　程
专业基础课程	医学英语、统计学基础、人体解剖学、生理学、生物化学、病理学、药理学、组织胚胎学、生物学、细胞生物学、医学遗传学、免疫与病原学
专业主干课程	中医学基础、中医诊断学、中药学、方剂学、医古文、中医古典医籍、中医内科学、中医外科学、中医妇科学、中医儿科学、针灸学、内经、伤寒论、西医内科学、诊断学基础、中医眼科学、温病学、金匮要略、中医急诊学

注：各校课程设置会因培养目标的不同而有差异。

毕业去向

中医学专业毕业生近两年的主要就业去向

职　业	工作单位	起薪(元/月)	学历要求	工作内容
中医师	中医院、综合医院中医科	1500～3000	本科、研究生	中医临床病症的辩证论治和急、难、重症的初步处理
高校教师	高等院校	1500～2000	研究生	医学基础理论及临床知识的教学和科研
科研人员	中医临床科研机构	1000～2500	本科、研究生	中医学研究
公务员	中医管理机构	1500～2000	本科、研究生	管理中医医疗机构
编辑	出版机构	1000～3000	本科、研究生	编辑、校对中医药书籍
医药代表或业务员	医药经营公司、医疗器械经营公司、进出口公司	1000～3000	本科	各种试验用试剂、实验设备药品、医疗器械的销售

注：表格中的起薪可能会因为地区差异而有所不同。

中医学专业毕业生主要行业流向及相应平均月薪(人民币:元)

毕业年份	行业流向 TOP3		
2008	医疗健康服务		
	1566		
2009	全科住院医院	专科住院医院	门诊治疗中心
	1700	1688	2214

注：表格中的月薪为该专业毕业生半年后平均月薪。2009 届该专业本科生毕业半年后就业率为 81.6%，工作与专业对口率为 77%，毕业即读研和留学比例为 18.9%。

数据来源：麦可斯-中国 2008、2009 届大学毕业生求职与工作能力调查。

专家提示

1. 关注专业特色

中医学是一门口传心授的专业，选择该专业时首先应当重视学校的综合实力，例如学校是否拥有大量具有丰富临床经验的教师；学校能否为学生提供完善的实践操作条件；学校是否拥有大量的医学古籍和其他医学图书资源等。

中医学及相关专业的国家二级重点学科分布情况如下：

中医基础理论：辽宁中医药大学、山东中医药大学；**中医临床基础**：浙江中医药大学；**中医医史文献**：南京中医药大学、山东中医药大学；**方剂学**：黑龙江中医药大学；**中医诊断学**：湖南中医药学院；**中医内科学**：天津中医药大学、上海中医药大学；**中医外科学**：上海中医药大学；**中医骨伤科学**：上海中医药大学；**中医妇科学**：黑龙江中医药大学、成都中医药大学；**中医儿科学**：南京中医药大学；**中医五官科学**：成都中医药大学；**中西医结合基础**：北京中医药大学、河北医科大学。

2. 考虑性格适合

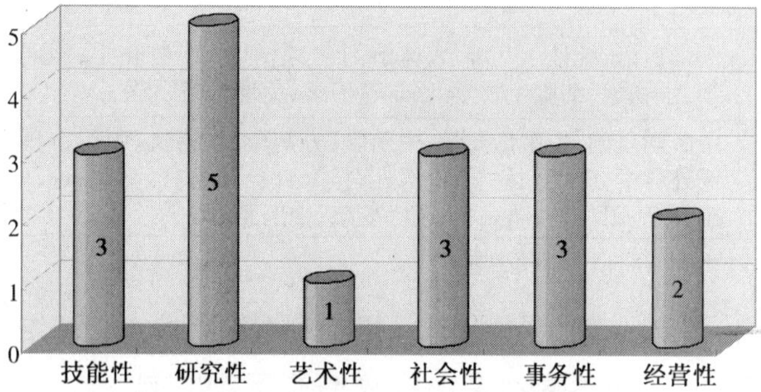

中医学专业对不同性格特征的需求度

3. 走出常见误区

中医师“越老越吃香”吗？在一般人的眼里，中医师越老，技术越好。他们平时看病，都愿意找老中医。这种认识是有一定道理的。但应该看到，古代中医派别众多，看家经验秘而不传，故只有通过长期临床实践方可一点一点地积累经验。但中医学也在不断吸取现代科学先进成果，中医学习也逐渐由家传转向学校教学。现在我国已经形成了一套比较完善的中医教学体系，加上现代化的教学手段，现在的年轻中医具有更多获取临床经验的途径。与老中医相比，他们在外语和计算机应用上占有优势，大多具有一定的西医基础，能够更好地医治病症。

中医不如西医吗？中医和西医在治疗上是各有优势。人们普遍认为中医在治疗急性病方面不如西医，中医只能治疗一些长期的慢性病，中医在手术项目方面不如西医。但是我们应该看到，中医的最大优势在于临床实践中能解决西医不能解决的疑难杂症，且副作用小。而且，中医也在不断吸取西医的成果，进行自我充实和完善。

作者：袁　媛　　修订：李婉君

附表：开设中医学专业的部分学校（院系）情况

批次	学校（院系）	本科专业方向设置	专业实力：硕博士学位点：硕士	专业实力：硕博士学位点：博士	专业实力：学科建设	近三年录取情况：年份	近三年录取情况：入校分（最高/最低）	近三年录取情况：专业分（最高/最低）	近三年录取情况：选测科目等级要求	近三年录取情况：录取人数	特别关注
本科一批	北京中医药大学（基础医学院）	中医学（七年制：科研方向南开班、针推对外交流方向、中医骨伤方向、中医临床方向），中医学（五年制：中医学、中西医临床医学方向）	中医基础理论、中医临床基础、中医医史文献、方剂学、中医诊断学、中医内科学、中医外科学、中医妇科学、中医儿科学、针灸推拿、中西医结合基础、中西医结合临床、药物分析学、微生物与生物化学、临床中药学、中药化学、中药药理学、中药制药学、中药生药学	中医基础理论、中医临床基础、中医医史文献、方剂学、中医诊断学、中医内科学、中医外科学、中西医结合基础、中医儿科学、针灸推拿、中西医结合临床、中药学	中医基础理论、方剂学、中医诊断学、中医内科学为国家重点学科；中医临床基础、中医文献学为北京市重点学科	2015	378/354（理）	373/373（理）（岐黄园医实验班）	AB	1	—
								373/365（理）（中医师）		3	
								370/370（理）（中医师京华班）		1	
								365/360（理）（中西医结合医师）		3	
								362/360（理）（针灸推拿医师）		2	
								378/378（理）（针灸推拿对外交流医师）		1	
								363/363（理）（中医学）		2	
								369/369（理）（中医学实验班）		1	
						2016	384/363（理）	372/372（实验班）		1	
								366/366（卓越中药师）		1	
								375/375（时珍国药班）	AB	1	
								383/378（卓越中医）	AB	3	
								384/373（卓越中医学）		3	
								372/372（儿科）		1	
								372/366（卓越针推）		3	
								375/370（卓越针推对外）		2	
						2017	383/351（理）	359/359（中药）	AB	1	
								383/376（中医）		2	
								369/367（中西医）		2	
								365/365（儿科）		1	
								365/363（针推）		2	
								364/358（对外）		2	
								377/374（京华班）		3	
								364/364（理）		1	

续 表

批次	学校（院系）	本科专业方向设置	专业实力：硕博士学位点：硕士	专业实力：硕博士学位点：博士	专业实力：学科建设	近三年录取情况：年份	近三年录取情况：入校分（最高/最低）	近三年录取情况：专业分（最高/最低）	近三年录取情况：选测科目等级要求	近三年录取情况：录取人数	特别关注
本科一批	上海中医药大学(基础学院、中药学院、针推学院)	中医学类(五年制骨伤方向)、中医学针灸推拿英语班(七年制,与上海交通大学外语学院联合办学)、中医学(七年制,医药结合方向)	伤寒、中医医史、中医基础理论、中医医史文献、方剂学、药剂学、中医诊断学、中医内科学、中医外科学、中医妇科学、中医儿科学、中医骨伤科学、中医五官科学、中西医结合基础、中西医结合临床、中医临床基础、生药学、药理学、中药学、针灸推拿学、中医诊疗技术与临床应用、中医工程、中药制药工程、中医外语、中医伦理学、中医保健体育	中医基础理论、中医临床基础、中医医史文献、中医诊断学、方剂学、中医内科学、中医外科学、中医妇科学、中医儿科学、中医骨伤科学、中西医结合基础、针灸推拿学、中药学、中西医结合临床	中医基础理论是中医药管理局重点学科;中医内科学、中医外科学为国家重点学科;拥有中医博士后流动站	2015	365/356(理)	362/361(理) (针灸推拿英语) 365/360(理) (5+3一体化) 359/358(理)	B^+B	2 5 2	是全国中医院校中最早建立针灸专业的学校
						2016	376/360(理)	376/360 (针灸推拿英语) 374/368 (学制为5+3医) 366/365(理)	B^+B	2 5 2	
						2017	373/356(理)	361/360(英) 373/363(5+3) 358/358(理)	B^+B	3 5 2	

续表

批次	学校（院系）	本科专业方向设置	专业实力			近三年录取情况					特别关注
			硕博士学位点		学科建设	年份	入校分（最高/最低）	专业分（最高/最低）	选测科目等级要求	录取人数	
			硕士	博士							
本科一批	南京中医药大学（基础医学院）	中医学（七年制，中西医结合方向）、中医学（五年制，中西医结合、医学生物技术、医学法语、医学日语、医学西班牙语、医学德语方向）	中医基础理论、中医临床基础、中医医史文献、方剂学、中医诊断学、中医内科学、中医外科学、中医妇科学、中医儿科学、中医骨伤科学、中医五官科、中西医结合临床、中西医结合基础、中医康复学、针灸推拿学、康复医学与理疗学、中药学、药理学、生药学、药剂学	中医基础理论、中医临床基础、中医医史文献、方剂学、中医诊断学、中医内科学、中医外科学、中医妇科学、中医儿科学、中医骨伤科学、中医五官科、中医康复学、中药学、中西医结合临床、针灸推拿学、中西医结合基础	中医医史文献学科是国家教育部重点学科；中医医史文献学、中医临床基础学、中医方剂学是国家中医药管理局局级重点学科	2015	378/346（理）	378/364（本博连读）	BB	20	—
							375/354（文）	368/356（本硕连读）		77	
								360/354（理）		74	
						2016	387/359（理）	387/370（本博连读）	BB	29	
							382/366（文）	377/367（本硕连读）	BB	80	
								369/363（理）	BB	41	
						2017	377/337（理）	377/359（拔尖）	BB	29	
							374/335（文）	366/353（5＋3）		75	
								361/351（理）		44	

续 表

批次	学校（院系）	本科专业方向设置	专业实力：硕博士学位点 硕士	专业实力：硕博士学位点 博士	专业实力：学科建设	近三年录取情况：年份	入校分（最高/最低）	专业分（最高/最低）	选测科目等级要求	录取人数	特别关注
本科一批	黑龙江中医药大学（中医药研究院）	中医学	中医基础理论、中医医史文献、方剂学、中医内科学、中医妇科学、中医骨伤科学、中医临床基础、中医外科学、中医五官科学、中医儿科学、中医诊断学、中西医结合基础、中西医结合临床、中医护理学、中医伦理学	中医基础理论、中医医史文献、方剂学、中医内科学、中医妇科学、中医骨伤科学、中医临床基础、中医外科学、中医五官科学、中医儿科学、中医诊断学、中西医结合基础、中西医结合临床	拥有中医学博士后科研流动站；中医妇科学、方剂学为国家重点学科	2015 2016 2017	361/344（理） 375/353（理） 349/331（理）	351/344（理）（5+3一体化）（本硕连读） 349/345（理） 375/353（5+3一体化） 355/353（理） 355/353（中医儿科学）（5+3一体化） 349/338（5+3） 339/334（理）	BB BB BB BB BB	10 9 5 5 5 5 5	—
	天津中医药大学（中医药研究院）	中医学	中医基础理论、中医临床基础、中医医史文献、方剂学、中医诊断学、中医内科学、中医外科学、中医妇科学、中医儿科学、中医五官科学、中医骨伤科学、中西医结合基础、中西医结合临床	中医基础理论、中医医史文献、方剂学、中医诊断学、中医内科学、中医妇科学、中医外科学、中医骨伤科学、中医儿科学	中医经典文献的整理与研究全国领先；天津市重点学科	2015 2016 2017	360/355（理） 370/363（理） 352/332（理）	359/355（中医拔尖创新人才培养模式改革）（九年制本硕博连读） 360/355（理） 370/365（5+3一体化）（本硕连读） 366/363（中医儿科学）（5+3一体化）（本硕连读） 352/348（5+3） 348/346（5+3儿科） 346/341（理） 348/341（骨伤）	BB BB BB BB	2 8 4 2 4 2 5 2	—
	辽宁中医药大学（基础医学院和第一临床医学院）	中医学类专业（七年制本硕连读）	中医基础理论、中医临床基础、方剂学、中医诊断学、中医内科学、中医外科学、中医妇科学、中医儿科学、中医五官科学、中医骨伤科学、中西医结合基础	中医基础理论、中医内科学、方剂学、中医儿科学、中西医结合基础、中药学、中西医结合临床	中医基础理论、中药生药学、中医外科肛肠学科、中医儿科学为国家中医药管理局中医药重点学科	2015 2016 2017	— — —	— — —	— — —	— — —	—

注：录取情况涵盖三年，“—”代表没有此项内容或无法获取相关资料。

8

针灸推拿学专业

学科概述

针灸推拿学是一门以中医理论为指导，根据经络腧穴学，以针灸或推拿手法预防或治疗疾病的科学。针灸推拿是中医诊疗方法之一，弥补了中医方剂疗法的不足。该专业在招生时一般没有文理限制，部分学校还开设了英语方向。

学制四年或五年，学业合格授予医学学士学位。

相近专业：中医学、蒙医学、藏医学、中西医临床医学等。

学习内容

针灸推拿学专业开设的主要课程

类别	课程
专业基础课程	医学英语、统计学基础、正常人体解剖学（包括局部解剖学）、生理学、病理学、生物化学、药理学、组织胚胎学、医学遗传学、免疫与病原学
专业主干课程	中医基础理论、中医诊断学、中药学、方剂学、中医内科学、中医骨伤科学（针灸专业学生不开此课）、诊断学基础、西医内科学、神经内科学、神经定位、经络学、腧穴学、刺法灸法学、针灸治疗学、按摩推拿学、针灸医籍选、实验针灸学、中医妇科学、中医儿科学、中医伤科学、西医外科学总汇、医古文

注：各校课程设置会因培养目标的不同而有差异。

毕业去向

针灸推拿学专业毕业生近两年的主要就业去向

职业	工作单位	起薪（元/月）	学历要求	工作内容
中医师或针灸推拿师	中医医院或综合医院	1000～2500	本科、研究生	预防、诊治疾病
高校教师	高等院校	1500～2000	研究生	针灸推拿及相关专业的教学及科研
科研人员	科研机构	1000～2500	本科、研究生	中医及针灸推拿学方面的理论及临床研究
针灸推拿师	康复保健机构	1000～2000	本科、研究生	康复保健治疗
	国外综合医院及诊所	依所在国家不同而不同	本科、研究生	康复保健治疗及教学

注：表格中的起薪可能会因为地区差异而有所不同。

专家提示

1. 关注专业特色

针灸推拿学是一门操作性很强的学科，要求教师有较丰富的临床经验，因此考生在填报志愿时，应关注学校实习基地条件。

天津中医药大学、成都中医药大学的针灸推拿学是国家二级重点学科。

2. 考虑性格适合

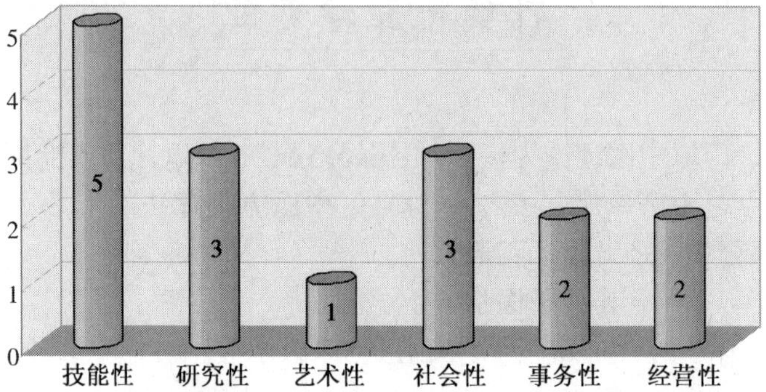

针灸推拿学专业对不同性格特征的需求度

3. 走出常见误区

针灸推拿能速成吗？许多人认为针灸推拿只是一门操作性的技术，通过几个月的短期培训就可速成，社会上也有大量的此类培训班。由于目前越来越多的国家承认了中医针灸推拿的合法性，加上其良好的疗效，所以有大量没有医学背景的人员在出国前试图通过短期培训，到国外谋生。但是，应该认识到，针灸推拿学是中医学的一个分支学科，离不开中医学理论的深厚底蕴和一定的西医基础，只有将理论和实践结合起来才能超越纯技能的机械操作。此外，国外对此类从业人员的要求也非常高，即便通过国内的相关培训，要取得当地的从业资格仍然比较困难。

作者：钱春霞　　修订：李婉君

附表：开设针灸推拿学专业的部分学校（院系）情况

批次	学校（院系）	本科专业方向设置	专业实力			近三年录取情况					特别关注
			硕博士学位点		学科建设	年份	入校分（最高/最低）	专业分（最高/最低）	选测科目等级要求	录取人数	
			硕士	博士							
本科一批	北京中医药大学（针灸学院）	中医学专业（七年制针灸推拿方向）、中医学专业（七年制针灸推拿对外交流方向）、中医学专业（七年制针灸推拿康复方向）、针灸推拿学专业	针灸推拿学	针灸推拿学	国家中医药管理局针灸重点建设学科	2015 2016 2017	378/354（理） 385/362（理） 383/351（理）	359/359（理） 356/356（理）（康复） 356/356（理） 354/354（康复） 357/357（理）	AB AB AB	1 1 1 1 1	—
本科一批	南京中医药大学（针灸系）	针灸推拿学	针灸推拿学	针灸推拿学	国家中医药管理局重点学科、江苏省重点学科；建有针药结合省部共建三级科研实验室	2015 2016 2017	378/346（理），375/354（文） 387/359（理），382/366（文） 377/337（理），374/335（文）	— — 360/347（理）	BB BB BB	— — 40	—
本科一批	天津中医药大学（针灸系）	针灸学（五年制临床方向本科、七年制本硕连读）	针灸推拿学	针灸推拿学	针灸为国家重点学科、国家中医药管理局重点学科、天津市“重中之重”学科、天津市教委重点学科	2015 2016 2017	360/355（理） 370/363（理） 352/332（理）	— — 342/342	BB BB BB	— — 2	—
本科一批	南方医科大学（针灸系）	针灸推拿学	针灸推拿学	针灸推拿学	—	2015 2016 2017	380/345（理） 388/352（理） 378/360（理）	— — —	BB BB BB	— — —	—
本科一批	湖南中医药大学（针灸系）	针灸推拿学	针灸推拿学	针灸推拿学	针灸推拿学院学科水平国内领先；针灸推拿学是湖南省重点学科、重点专业及国家中医药管理局重点学科共建单位	2015 2016 2017	353/344（理） 365/356（理） 351/331（理）	346/344（理） 357/356（理） 346/333（理）	BB BB BB	3 5 5	有“经脉-脏腑相关规律与机制的研究”、“针灸治病作用机理研究”等5个主要学科研究方向

续 表

批次	学校（院系）	本科专业方向设置	专业实力：硕博士学位点 硕士	专业实力：硕博士学位点 博士	专业实力：学科建设	近三年录取情况：年份	入校分（最高/最低）	专业分（最高/最低）	选测科目等级要求	录取人数	特别关注
本科二批	南京中医药大学（针灸推拿学院）	针灸推拿学	针灸推拿学	针灸推拿学	该专业为国家重点学科、国家中医药管理局局级重点学科；建有省重点实验室；为全国针灸进修教育基地和国际针灸培训中心	2015 2016 —	354/331(理),354/332(文) 359/343(理),359/325(文) —	354/339(理) 354/350(文) 359/348(理) 359/350(文) —	BB BB BB —	63 22 35 20 —	—
	辽宁中医药大学（第一临床学院和针灸推拿学院）	针灸推拿(英语班和六年制日语班)	针灸推拿学(临床)、针灸推拿学(基础)	—	—	2015 2016 2017	330/317(理) 331/315(文) 340/319(理) 334/327(文) —	— — —	BB BB —	— — —	—
	天津中医药大学(针灸系)	针灸推拿学	针灸推拿学	针灸推拿学	设有针灸学基础教研室,针灸学实验教学中心被评为国家实验教学示范中心	2015 2016 2017	353/327(理) 356/343(理) —	343/343(理) — —	BB BB —	1 — —	—
	山西中医药大学(针灸系)	针灸推拿学	针灸推拿学	—	针灸推拿学科为山西省高等院校“品牌专业”、院级“重点学科”；拥有该专业的硕士学位授权点	2015 2016 2017	334/310(理) 342/317(理) —	328/328(理) 330/330(理) —	BB BB —	1 1 —	—

注:录取情况涵盖三年,“—”代表没有此项内容或无法获取相关资料。

9

法医学专业

学科概述

法医学是研究并解决法律上有关医学问题的一门科学，以现代医学为基础，以五大分支（法医病理学、法医临床学、法医物证学、法医毒理学和司法精神病学）为内涵，以人（活体、尸体）和物为研究对象，运用生物学的、化学的和物理学的研究方法，探讨与人类健康及生命相关的理论及实践。学生经过严格的医学基础训练，掌握法医学基本理论、基本知识和基本技能，具有分析问题、科学思维和独立工作的能力，能承担一般案件的法医学鉴定工作，并能对疑难案件作初步处理。该专业旨在培养从事民事、刑事案件的法医学鉴定、教学和科研工作的高级人才。

学制四年，学业合格授予法学学士学位；学制五年，学业合格授予医学学士学位；

相近专业：医学司法鉴定（学制六年，学业合格授予医学、法学双学士学位）。

学习内容

法医学专业开设的主要课程

类别		课程
专业基础课程		医学英语、医用有机化学、医用无机化学、医用高等数学、医用物理学、人体解剖学、组织胚胎学、生物学、生理学、药理学、病理学、病理生理学、生物化学、病原学、卫生统计学、诊断学、内科学、外科学、妇科学、儿科学、眼科学、耳鼻咽喉科学、传染病学、皮肤性病学、精神病学、神经病学、肿瘤病学、医学伦理学
专业主干课程	医学方向	法医学概论、法医病理学、法医物证学、法医临床学、法医毒理与毒物分析学、司法精神病学、刑侦技术学
	法学方向（医学司法鉴定专业增设）	法理学、中国法制、宪法学、刑法学、行政法与行政诉讼法学、民法学、商事法学、知识产权法学、经济法学、刑事诉讼法学、民事诉讼法学、国际法学、国际私法学、国际经济法学、卫生法学、律师与公证实务、证据学、仲裁学

注：各校课程设置会因培养目标的不同而有差异。

毕业去向

法医学和医学司法鉴定专业毕业生近两年的主要就业去向

职业	工作单位	起薪（元/月）	学历要求	工作内容
司法鉴定人员	社会服务中介机构	1500～2000	双学位	司法项目鉴定
医学鉴定人员	综合性医院	1500～2000	双学位	医学项目鉴定
行政人员	医院质控科室、医学会	1000～2500	双学位	管理与协调

续 表

职 业	工作单位	起薪(元/月)	学历要求	工 作 内 容
公务员	司法厅、司法局仲裁管理部门	1200～2500	双学位	监督管理
法医、法官	公、检、法系统	1500～2000	双学位	技术鉴定与案件审理
教师、科研人员	医学院校、政法学院和研究所	1500～2500	双学位	教学、科研、检案
律师、公证员	律师事务所、公证处、保险公司	1500～2500	双学位	委托代理、技术咨询

注：表格中的起薪可能会因为地区差异而有所不同。

专家提示

1. 关注专业特色

中山大学、四川大学、华中科技大学、复旦大学以及中国医科大学等院校的法医学专业师资力量雄厚、仪器设备精良，学科发展较为均衡；苏州大学的专业实力也比较强；南京医科大学是国内法医学高等教育发源地之一，与百年老校南京师范大学联合设置的医学司法鉴定专业(医学、法学双学位)是对法医学专业的拓展，为国内首创，于 2003 年招生，顺应了法制建设对复合型人才的需求，有着广阔的市场前景。

西安交通大学、四川大学有法医学国家二级重点学科。

2. 考虑性格适合

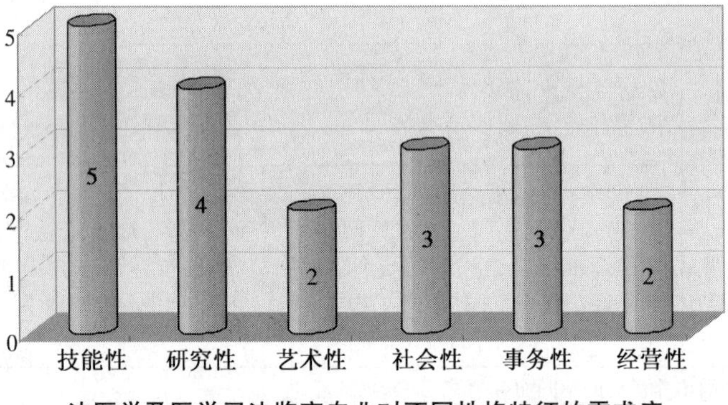

法医学及医学司法鉴定专业对不同性格特征的需求度

3. 走出常见误区

法医学就是与恐怖的尸体打交道吗？尸体解剖是法医学工作的重要内容，对死者死亡原因、死亡时间和损伤时间，以及暴力方式和案件性质的分析大有裨益；除此之外，法医临床学对个体进行伤情判断、伤残程度、劳动能力、性功能等检查，面对的基本上都是活体。如今法医学从刑事侦查走向了民事鉴定，从伤情鉴定到亲子鉴定，步步走进了百姓的生活。

法医学有前途吗？目前我国司法鉴定体制面临改革，医学司法鉴定任务日益繁重，司法鉴定中介机构如雨后春笋般成长起来，但当前专业人员的数量不足，质量欠佳，法医学和司法鉴定专业的毕业生就业前景广阔。

4. 特别提醒

色盲、色弱、嗅觉功能障碍、化学试剂过敏者，不宜报考法医学和医学司法鉴定专业。此外，法医学从业无性别要求。

作者：王建文　　修订：李婉君

附表：开设法医学专业的部分学校(院系)情况

批次	学校(院系)	本科专业方向设置	专业实力：硕博士学位点 硕士	博士	近三年录取情况：年份	入校分(最高/最低)	专业分(最高/最低)	选测科目等级要求	录取人数	特别关注
本科一批	复旦大学(上海医学院法医学系)	法医学	法医学	—	2015 2016 2017	415/401(理),401/391(文) 417/406(理),412/403(文) 404/394(理),409/391(文)	— — —	A^+A A^+A AA	— — —	—
本科一批	中国医科大学(法医学院)	法医学	法医学	法医学	2015 2016 2017	374/361(理) 387/370(理) 371/352(理)	361/361(理) 376/376(理) 359/358(理)	BB BB BB	2 2 2	—
本科一批	华中科技大学(同济医学院法医学系)	法医学	法医学	—	2015 2016 2017	392/374(理),375/366(文) 404/388(理),389/380(文) 392/379	374/374(理) 388/388(理) 384/380(理)	AB^+ AB^+ AB^+	2 2 2	—
本科一批	苏州大学(基础医学与生物科学学院)	法医学	法医学	—	2015 2016 2017	387/360(理),377/358(文) 396/371(理),385/370(文) 381/360(理),379/350(文)	364/360(理) 382/372(理) 367/360(理)	AB AB AB	4 7 10	—
本科二批	河南科技大学(法医学院)	法医学	法医学	—	2015 2016 2017	341/318(理),333/324(文) 340/329(理),353/326(文) 331/323	— — —	BB BB BB	— — —	—
本科二批	河北医科大学(基础医学院)	法医学	法医学	法医学	2015 2016 2017	357/339(理) 364/339(理) —	348/342(理) 355/354(理) —	BB BB —	3 3 —	法医学为省级重点学科，法医学实验室为省级重点实验室

注：录取情况涵盖三年，"—"代表没有此项内容或无法获取相关资料。

10

护理学专业

学科概述

护理学是一门在自然科学与社会科学理论指导下的综合性专业，是研究有关预防保健与疾病防治过程中的护理理论与技术的科学。护理学以基础医学、临床医学、预防医学、康复医学以及与护理相关的社会、人文科学理论为基础，形成其独特的理论体系、应用技术和护理艺术，为人们生老病死这一生命现象的全过程提供全面、系统、整体的服务。该专业培养的学生不仅要具备系统的护理理论知识与技能，还要在临床护理实践中有较强的分析和解决问题的能力，并具有一定的护理管理能力，初步具有从事护理教育和科研的能力。

学制四年或五年，学业合格授予医学或理学学士学位。

学习内容

护理学专业开设的主要课程

类　别	课　　程
专业基础课程	医学英语、医用高等数学、公共关系学、医用物理学、生理学、医用无机化学、医用有机化学、细胞生物学、人体解剖学、组织胚胎学、生物化学、药理学、病理学、免疫学
专业主干课程	护理伦理学、护理心理学、护理学基础、药物治疗学(病因学)、诊断学基础、内科护理学、外科护理学、妇产科护理学、儿科护理学、急重症护理学、护理管理学、预防医学、急救医学、症状护理学、神经科与精神科护理学、社区护理、老年护理、护理实践中的教与学、护理科研方法、健康评估、康复护理学、护理教育学、护理美学

注：各校课程设置会因培养目标的不同而有差异。

毕业去向

护理学专业毕业生近两年的主要就业去向

职　业	工作单位	起薪(元/月)	学历要求	工 作 内 容
高级护理	大中型医院、疗养机构	1500～2500	本科、研究生	护理急、慢性和重症病人
普通护理	医院	1000～2500	专科、本科	护理急、慢性和重症病人
家庭护理	家庭、社区	1500～2500	专科、本科、研究生	护理急、慢性和重症病人
医生	社区	1000～3000	本科、研究生	按照护理程序对服务对象实施整体护理、护理管理
高校教师	高等院校	1500～2000	研究生	护理学及相关专业的教学与科研

注：表格中的起薪可能会因为地区差异而有所不同。

护理学专业毕业生主要行业流向及相应平均月薪(人民币:元)

毕业年份	行业流向 TOP3		
2010	全科住院医院(包括门诊)	专科住院医院(包括门诊)	医疗诊所
	2202	2186	1617
2011	全科住院医院(包括门诊)	专科住院医院(包括门诊)	医疗设备及用品制造业
	2582	2772	3229
2012	全科住院医院(包括门诊)	专科住院医院(包括门诊)	公共卫生服务机构(含疾控中心等)
	3050	3100	3377

注:表格中的月薪为该专业毕业生半年后平均月薪。2012 届该专业本科生毕业半年后就业率为 94.2%,工作与专业对口率为 87%,毕业即读研和留学比例为 6%。

数据来源:麦可斯-中国 2010、2011、2012 届大学毕业生求职与工作能力调查。

专家提示

1. 关注专业特色

现阶段开设的护理学专业正逐步向高层次发展,大部分院校已将其开设为本科专业,还有一些为本硕连读专业。随着现代医学的发展,护理学正发展成具有独立知识体系和研究范围的专业,已不再停留在简单的技能训练上,学生不但要具备基础的护理知识,还应具备人际沟通、社会学等相关的技能和知识。中国协和医科大学是我国最早招收八年制护理专业的重点医科大学。

2. 考虑性格适合

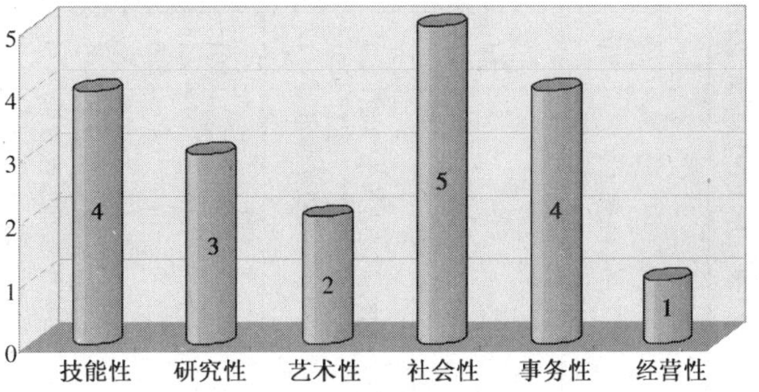

护理学专业对不同性格特征的需求度

3. 走出常见误区

护理是伺候人的差事吗? 社会上普遍认为从事护理工作的人员不需要具备丰富的医学知识,因为这是简单的伺候人的事情,地位不高,没有医生重要。其实这种观点是错误的。护理是综合了预防、诊断、治疗的全方位的医疗工作,护理人员在执行医生治疗方案的同时,可根据病人实际情况给医生提出建议,且在环境、病痛等方面的把握上较医生有很大优势。可以说护理人员是整个医疗网络的中转环节,他们的工作能促进病人与医生的配合,保持病人身心健康,对病人的康复有举足轻重的作用。

护理工作只是女性从事的职业吗? 长期以来,人们已经形成了思维定势,认为护理工作只能由女性来担当。虽然部分高校的护理专业并没有性别限制,但报考的男生仍然较少。随着世界人口老龄化趋势加剧,护士短缺成为全球性问题,仅有的女性护理人员已经不能满足市场需求,大量男性疾病及某些护理工作需由男性来承担,男性护理人员的缺乏已经成为医疗系统中的一大难题。目前,很多国家从国外引进护士以缓解本土急缺局面,我国的就业观念也开始与国际接轨,男护士的队伍正在壮大,社会也开始正视男生在护理工作中的角色。

作者:袁　媛　　修订:李婉君

附表：开设护理学专业的部分学校（院系）情况

批次	学校（院系）	本科专业方向设置	专业实力：硕博士学位点 硕士	专业实力：硕博士学位点 博士	专业实力：学科建设	近三年录取情况：年份	入校分（最高/最低）	专业分（最高/最低）	选测科目等级要求	录取人数	特别关注
本科一批	北京大学医学部（护理学院）	护理学	护理学	—	—	2015 2016 2017	421/406(理),418/400(文) 422/406(理),420/407(文) 425/381(理)	— — —	A⁺A A⁺A AA	— — —	由原北京医科大学并入
本科一批	吉林大学（护理学院）	护理学	护理学	—	拥有护理学博士学位授予权、吉林省卫生厅医学护理重点实验室	2015 2016 2017	380/358(理) 387/347(理) 382/365(理)	— — —	AB⁺ AB⁺ AB⁺	— — —	—
本科一批	中国医科大学（护理学院）	护理学	—	—	—	2015 2016 2017	374/361(理) 388/370(理) 371/352(理)	— — —	BB BB BB	— — —	—
本科一批	东南大学医学院	护理学	护理学	—	是江苏省唯一一家承担护理专业远程教育教学的院系，也是江苏省唯一一家承办中等职业学校护理专业骨干教师培训任务的教学基地	2015 2016 2017	383/354(理),368/347(文) 412/392(理),394/386(文) 389/368	367/354(理) 374/362(理) —	BB BB BB	6 8 —	1984年成立的护理学教研室是护理学系前身，2000年开始招收高中起点的护理本科学生
本科一批	江南大学（医药学院	护理学	—	—	2007年成立医药学院	2015 2016 2017	380/356(理),367/353(文) 392/366(理),385/366(文) 375/356	— — —	BB BB BB	— — —	—
本科二批	南通大学（护理学院）	护理学、护理学（涉外护理）	—	—	—	2015 2016 2017	356/327(理),347/328(文) 366/339(理),363/343(文) 363/332(理),354/335(文)	343/331(理) 341/330(文) 349/341(理) 355/343(文) 341/332(理)	BB BB BB BB BB	40 40 35 37 40	与美国Rad Ford大学护理学院建立合作交流关系，探索国际就业途径

续 表

批次	学校（院系）	本科专业方向设置	专业实力：硕博士学位点：硕士	专业实力：硕博士学位点：博士	专业实力：学科建设	近三年录取情况：年份	近三年录取情况：入校分（最高/最低）	近三年录取情况：专业分（最高/最低）	近三年录取情况：选测科目等级要求	近三年录取情况：录取人数	特别关注
本科二批	安徽理工大学（医学院）	护理学	—	—	—	2015 2016 2017	322/312(文) 343/317(理) 331/320(文) 342/336(文) 332/326(理) 330/324(文)	317/317(文) 329/325(理) 327/326(文) 342/336(文) —	BB BB BB	3 4 —	—
本科二批	武汉工业学院（健康科学与护理系）	护理学	—	—	—	2015 2016 2017	— — —	— — —	— — —	— — —	—
本科二批	扬州大学（医学院）	护理学	—	—	—	2015 2016 2017	351/328(理),348/335(文) 355/336(理),361/349(文) 376/333(理),362/342(文)	341/333(理) 344/335(理) —	BB BB BC	75 75 —	—
本科二批	徐州医学院（护理学系）	护理学(麻醉护理)、护理学(助产护理)	—	—	—	2015 2016 2017	380/331(理),339/322(文) 371/309(理),348/337(文) 335/321	348/331(理) 350/335(理) 335/321(理)	BC BC BC	378 335 40	—
本科二批	南京医科大学（护理学院）	护理学	护理学	护理学	护理学科是江苏省第一个护理硕士学位授权点，是江苏省唯一个护理学博士学位授权点；拥有护理学教学研究实验中心	2015 2016 2017	365/336(理),349/332(文) 365/341(理),369/349(文) 395/364(理),360/334(文)	352/336(理) 349/334(文) 355/347(理) 369/350(文) —	BB BB BB BB B^+B	74 30 206 20 —	—
本科二批	南京中医药大学（护理学院）	护理学	护理学	—	护理学专业被评为国家级特色专业建设点，护理实验教学中心被评为全国唯一的国家级护理实验教学示范中心	2015 2016 2017	354/331(理),354/332(文) 359/343(理),364/346(文) 377/337(理),374/335(文)	350/333(文) 345/331(理) 355/343(理) 363/346(文) 351/337	BB BB BB BB BB	160 169 135 184 82	—

注：录取情况涵盖三年，“—”代表没有此项内容或无法获取相关资料。

11 药学专业

学科概述

药学是研究药物及其作用规律的科学，包括药物化学、药理学、药理毒理学、药剂学、药物分析学、临床药理、药物代谢动力学等多门分支学科，主要任务是进行各种药物的研制及其合理应用，是一门交叉性和综合性非常强的学科，也是生命科学的重要组成部分。药学专业旨在培养从事药物合成、药物分析、药物检验、药物制剂以及指导临床合理用药等工作的药学高级专门人才。

学制四年或五年，学业合格授予医学学士学位或理学学士学位。

相近专业：中药学、药物制剂、中草药栽培与鉴定、藏药学、中药资源与开发、应用药学、海洋药学、药事管理等。

学习内容

药学专业开设的主要课程

类　别	课　　程
专业基础课程	医学英语、医用高等数学、概率统计、医用物理学、医用无机化学、医用有机化学、物理化学、分析化学、计算机应用基础、文献检索、医学统计学
专业主干课程	生物化学及分子生物学、微生物学、人体解剖生理学、药物化学、天然药物化学、药剂学、药理学、药物分析学、药事法规、药事管理与法规、临床药理学、药代动力学、简明现代医学、生物制剂学、生药学、药用植物学

注：各校课程设置会因培养目标的不同而有差异。

毕业去向

药学专业毕业生近两年的主要就业去向

职　业	工作单位	起薪(元/月)	学历要求	工 作 内 容
研发人员	医药企业、公司的研发中心、药物研究所、科研机构、化妆品生产制造商	1500～2500	本科、研究生	新药开发、新药注册、剂型改造
质量控制员(QC)、质量保证员(QA)、工艺员	医药企业的生产部门	1500～2500	本科	质量检验、质量管理、质量监督，药物制剂生产与技术管理
医药代表或业务员	医药经营公司、医疗器械经营公司、进出口公司	1000～3000	本科	各种试验用试剂、实验设备药品、医疗器械的销售
公司职员	医药企业市场部	1000～2500	本科	市场调查、开发与推广
药剂师	医院药房、零售药店	1000～2500	本科	各级医院药剂科调剂、制剂、检验、临床药物治疗、合理用药及药物流通、管理工作
公务员及事业单位人员	各级卫生、药监、检验检疫、疾病控制中心、药检等政府部门、事业单位	1000～2500	本科、研究生	药品检验、监督、管理

注：表格中的起薪可能会因为地区差异而有所不同。

药学专业毕业生主要行业流向及相应平均月薪(人民币:元)

毕业年份	行业流向 TOP3		
2010	药品和医药制造业	全科住院医院(包括门诊)	医疗设备及用品制造业
	3371	2902	3898
2011	药品和医药制造业	全科住院医院(包括门诊)	医疗设备及用品制造业
	3391	2964	3880
2012	药品和医药制造业	全科住院医院(包括门诊)	其他医疗健康服务业
	2641	2580	2874

注:表格中的月薪为该专业毕业生半年后平均月薪。2012 届该专业本科生毕业半年后就业率为 92.9%,工作与专业对口率为 86%,毕业即读研和留学比例为 20.3%。

数据来源:麦可斯-中国 2010、2011、2012 届大学毕业生求职与工作能力调查。

专家提示

1. 关注专业特色

在全国近 100 所高等药学院校中,药学学科发展历史较久的有:中国药科大学、沈阳药科大学、北京大学药学院、复旦大学药学院、四川大学华西药学院、浙江大学药学院。除此之外,第二军医大学药学院是培养各种层次药学人才的教学科研基地;南京中医药大学药学院以中药教育为特色。近年来,随着药学逐渐成为生命科学的一个研究热点,该专业正引起越来越多的人的关注,一些医科大学和综合性大学(如大连医科大学、南京医科大学、上海交通大学等)陆续新增了该专业。其中,医科大学新增的药学专业多侧重临床,如南京医科大学 2002 年增设了药学专业临床药学方向。

药学及相关专业的国家二级重点学科分布情况如下:

中药学:北京中医药大学、上海中医药大学、南京中医药大学、成都中医药大学、黑龙江中医药大学;**药剂学**:沈阳药科大学、复旦大学、四川大学;**药理学**:哈尔滨医科大学、南京医科大学、中南大学、中山大学

2. 考虑性格适合

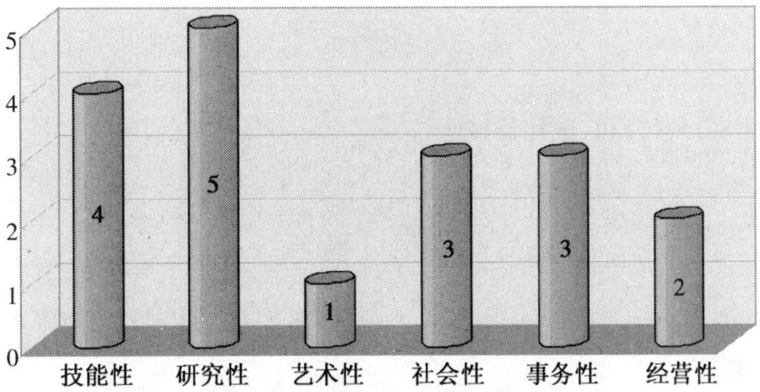

药学专业对不同性格特征的需求度

3. 走出常见误区

树立对药学专业的正确认识。很多学生和家长对于该专业的认识只停留在"顾名思义"阶

段，仅仅凭名称去判断它的“好”和“坏”，认为学“药”的以后多半是去卖药。由于人们对药学专业不了解，报考北京大学医学部药学专业的学生少之又少，每年都需要从临床医学系、基础医学系等调配学生。打算报考药学专业的学生，应对该专业有所了解和认识，不能单凭印象或感觉去决定自己今后的专业方向。

总体就业形势看好并不等于个体就业形势就好。随着人们生活水平的提高，人们对药品质量、品种、数量和医疗技术、医疗条件的要求也越来越高。在科技迅速发展的今天，从行业整体发展的趋势来看，以高科技开发为依托的医药行业属于“朝阳产业”。各医药公司、制药企业是吸收药学专业毕业生的主要单位，医药的贸易、经销、检验和医药信息管理对药学专业技术人员的需求也在不断提高。总的来说，药学专业毕业生的就业形势普遍看好，供不应求。但是，由于地区不同、招聘单位条件不同、用人单位对毕业生的要求不同、个人期望及目标不同，在总体就业形势比较乐观的大背景下，每个药学专业毕业生在实际就业时还存在个体差异。

作者：窦　环　　修订：李婉君

附表：开设药学专业的部分学校(院系)情况

批次	学校（院系）	本科专业方向设置	专业实力：硕博士学位点：硕士	专业实力：硕博士学位点：博士	专业实力：学科建设	近三年录取情况：年份	近三年录取情况：入校分（最高/最低）	近三年录取情况：专业分（最高/最低）	近三年录取情况：选测科目等级要求	近三年录取情况：录取人数	特别关注
本科一批	北京大学医学部（药学院）	药学（本硕连读六年）	药物化学、生药学、药剂学、无机化学、药物分析学	药物化学、生药学、药剂学	拥有药学博士后流动站、1个国家重点实验室、2个国家重点学科；药学拥有一级学科博士授予权	2015 2016 2017	421/416(理),418/400(文) 427/419(理),420/407(文) 425/381(理)	— — 402/391	AA AA AA	— — 2	原北京医科大学药学院，始建于1941年
	复旦大学（基础医学院、药学院）	药学	药物化学、药剂学、生药学、药物分析学、药理学、生物化学与分子生物学、	药物化学、药剂学、生药学、药理学、生物化学与分子生物学	拥有药学一级学科博士学位授予权；拥有1个药学一级学科博士后流动站、1个上海市教委重点二级学科（药物化学）；药学学科是上海市十个重中之重学科之一	2015 2016 2017	415/401(理),401/391(文) 417/406(理),412/403(文) 413/408(理),409/397(文)	— — —	A⁺A A⁺A A⁺A	— — —	原上海医科大学药学院，创建于1936年；经国家教育部和国家计委批准，复旦大学生命科学学院与药学院联合设立“国家生命科学与技术人才培养基地——生物医药点”
	中国药科大学（药学院）	药学	生物化学、药物化学、药剂学、药物分析学、药理学、制药工程学、药物代谢动力学、临床药学	药物化学、药剂学、药物分析学、药理学、制药工程学、临床药学、药物代谢动力学	药学院拥有2个国家重点学科（药物化学和药剂学）；药理学为国家重点学科培育点；建有药学一级学科博士后流动站	2015 2016 2017	383/356(理),364/352(文) 389/366(理),380/365(文) 377/354(理),361/354(文)	383/370(理)（基础药学理科基地） 371/366(理) 380/368(理)(国家生命科学与技术人才培养基地) 382/375(理) 389/379(基础药学理科基地) 377/369(基础) 369/365(人才)	AB AB AB	16 38 10 35 16 16 11	该校为中国最早独立设置的药学高等学府、教育部直属高校；是我国首批具有博士、硕士学位授予权的高等学校之一
	沈阳药科大学（药学院）	药学（国家理科基地班）、药学（英语班）、药学（日语班）、药学（临床药学）、药学	药物化学、药剂学、生药学、药物分析学、微生物与生化药学、药理学、天然药物化学、药事管理学、临床药学、药学信息学、中药化学、中药生物技术、中药药理学、中药制剂学、中药鉴定学、中药分析学、中药炮制学、制药工程	药物化学、药剂学、生药学、药物分析学、微生物与生化药学、药理学、天然药物化学、药事管理学、临床药学、药学信息学、中药化学、中药生物技术、中药药理学、中药制剂学、中药鉴定学、中药分析学、中药炮制学	拥有1个药学博士后流动站、1个国家重点学科、11个省重点学科	2015 2016 2017	355/344(理) 366/355(理) 350/336	355/353(理) 351/351(理)(第一学年强化英语教学) 363/363 350/347(理) 343/343(英)	AB AB AB	2 1 1 2 1	创建于1931年，是全国两所综合性药科大学之一；药学(国家理科基地班)学制四至八年，实行“学士—硕士—博士”连读分流制；药学(英语班)、药学(日语班)学制均为五年；药学(临床药学)学制四年

续 表

批次	学校（院系）	本科专业方向设置	专业实力：硕博士学位点：硕士	专业实力：硕博士学位点：博士	专业实力：学科建设	近三年录取情况：年份	近三年录取情况：入校分（最高/最低）	近三年录取情况：专业分（最高/最低）	近三年录取情况：选测科目等级要求	近三年录取情况：录取人数	特别关注
本科一批	南京医科大学(药学院)	药学	药学	药学	拥有药理学博士学位授予点，药学院已初步建成教研相长的教学研究型学院框架，初步建立生物医学型的药学教育模式，坚持面向临床，服务经济建设的办学宗旨	2015 2016 2017	394/363(理) 398/372(理) 395/364	373/363(理) 378/372(理) 372/364(临床医学)(理)	B^+B B^+B B^+B	46 43 84	2005 年学院获得国家药学一级学科硕士学位授予权
本科一批	苏州大学(药学院)	药学	药学	药学	拥有药理学博士点、药学一级学科硕士点	2015 2016 2017	387/360(理),377/358(文) 396/371(理),385/370(文) 381/360(理),379/359(文)	367/360(理) 377/371(理) 369/361(理)	AB AB AB	26 26 33	—
本科二批	南通大学(医学院)	药学		—	—	2015 2016 2017	356/327(理),347/328(文) 366/339(理),363/343(文) 363/332(理),354/335(文)	348/332(理) 353/341(理) 341/333(理)	BB BB BB	78 85 86	—
本科二批	徐州医学院(药学系)	药学	药学	—	2011 年新增药学为一级学科硕士点	2015 2016 2017	380/331(理),339/322(文) 377/344(理),348/337(文) 367/331(理)	362/334(理) 356/345(理) 349/333(理)	BC BC BB	142 60 62	—
本科二批	辽宁医学院	药学	药学	—	药学为一级学科硕士点	2015 2016 2017	341/313(理) 344/316(理) 337/327(理)	330/330(理) 333/333(理) 328/328(理)	BB BB BB	2 2 1	—
本科二批	烟台大学(药学院)	药学	药学	—	2010 年新增药学为一级学科硕士点；曾获评“山东省药物筛选评价重点实验室”	2015 2016 2017	355/341(理),342/326(文) 360/345(理),354/343(文) 336/329(理),338/330(文)	346/342(理) 353/350(理) 333/333(理)	BC BC BC	2 1 2	—

注：录取情况涵盖三年，“—”代表没有此项内容或无法获取相关资料。

12

预防医学专业

学科概述

预防医学是以人群为主要研究对象，按照预防为主的卫生工作方针，应用生物医学、环境医学与社会医学的理论，流行病学与卫生统计学的方法和毒理学、生物化学、免疫学及分子生物学等高新技术来预防疾病的发生，控制疾病的发展及促进健康的一门科学。该专业培养具备预防医学基本理论知识和卫生检测技术，能在卫生防疫、环境卫生或食品卫生监测等机构从事预防医学工作的医学高级专门人才。

学制四年或五年，学业合格授予医学学士学位；学制七年，学业合格授予医学硕士学位。

相近专业：卫生检疫、妇幼保健医学、营养学等。

学习内容

预防医学专业开设的主要课程

类　别	课　　程
专业基础课程	医学英语、医用高等数学、医用有机化学、基础化学、人体解剖学、组织胚胎学、医用物理学、医用生物学、寄生虫学、微生物学与免疫学、病理学、生物化学、生理学、细胞生物学、医学遗传学、医学伦理学、药理学、病理生理学、机能实验、病原免疫实验学、眼科学、诊断学、内科学、外科学、放射诊断学、妇产科学、耳鼻咽喉科学、传染病学、口腔科学、神经精神病学、皮肤性病学、儿科学、心理学
专业主干课程	卫生统计学、卫生分析化学、预防医学、专业外语、放射防护、卫生毒理学、卫生事业管理和社会医学、流行病学、环境卫生学、劳动卫生与职业病学、营养与食品卫生学、儿童少年卫生学、卫生法制与卫生监督、卫生法学、分析化学与仪器分析、健康教育、软件包应用

注：各校课程设置会因培养目标的不同而有差异。

毕业去向

预防医学专业近两年的毕业就业去向

职　业	工作单位	起薪(元/月)	学历要求	工作内容
卫生技师	疾病预防与控制中心，社区卫生保健中心，职业病防治中心	1000～2000	本科、研究生	科研与疾病预防和控制卫生防疫、职业病防治、卫生方针的实施、人群合理营养指导等
高校教师	高等院校	1500～2500	研究生	预防医学的教学、科研
研究人员	计划生育研究所	1500～2500	本科、研究生	医药研发、卫生科研
企业员工	企业研发、贸易部门	2000～3000	本科、研究生	医药研发、医药销售
公务员	海关、环保、检验检疫、卫生监督、环境卫生监督、食品卫生监督等单位	1000～2500	本科、研究生	卫生行政管理、卫生监督执法 卫生检测监测

注：表格中的起薪可能会因为地区差异而有所不同。

预防医学专业毕业生主要行业流向及相应平均月薪(人民币:元)

毕业年份	行业流向 TOP3		
2008	医疗健康服务	其他各级党政机关	
	1902	2761	
2009	其他各级党政机关	其他非住院医疗服务	全科住院医院
	3138	2120	2100

注:表格中的月薪为该专业毕业生半年后平均月薪。2009 届该专业本科生毕业半年后就业率为 90.4%,工作与专业对口率为 91%,毕业即读研和留学比例为 26.3%。

数据来源:麦可斯-中国 2008、2009 届大学毕业生求职与工作能力调查。

专家提示

1. 关注专业特色

预防医学专业在我国起步比较晚,传统的医学教育模式不能适应该专业的教学要求,相对于临床医学专业的学习来说,它更需要一些大型的社区调查、社区实践等活动和比较先进的实验室设备。北京大学医学部(原北京医科大学)、复旦大学(原上海医科大学)和东南大学(原铁道医学院)等院校是我国为数不多的开设该专业的首批院校。考生在选择学校的时候应考虑该学校的实验环境,特别提醒的是北京大学、东南大学、复旦大学都有国家和部属重点实验室。

预防医学及相关专业的国家二级重点学科分布情况如下:

流行病与卫生统计学:北京大学、山东大学、复旦大学;**劳动卫生与环境卫生学**:中国医科大学、南京医科大学、华中科技大学;**营养与食品卫生学**:哈尔滨医科大学、四川大学。

另外东南大学医学院的流行病与卫生统计学、劳动卫生与环境卫生、营养与食品卫生和卫生毒理学是铁道部重点学科。

2. 考虑性格适合

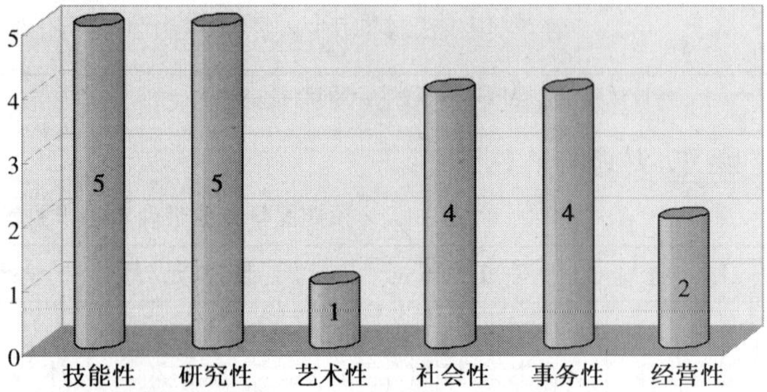

预防医学专业对不同性格特征的需求度

3. 走出常见误区

学医的就是干临床的,学预防的没什么前途? 历届预防医学专业的新生里面,很少有第一志愿填报该专业的,大多都是报其他专业被调剂过来的。他们是在走进了预防医学专业以后,才认识到该专业的重要性。预防医学的地位在"非典"之后空前提高,国家越来越重视"预防为主,医疗为辅"的医学模式。随着物质生活水平的提高,人们越来越关注自己的健康,生病了去医院就医的"亡羊补牢"方式已经被许多人所抛弃。"预防为主"已经不是一句空话。我国现在正进行着卫生体制改革,传统的卫生防疫站分为疾病预防与控制中心、卫生监督所两个机构,急需预防医学(公共卫生)的专业人才。近两年的就业形式也表明,预防医学专业毕业生的一次就业率比较高。

作者:毕章华　　修订:李婉君

附表：开设预防医学专业的部分学校(院系)情况

批次	学校(院系)	本科专业方向设置	专业实力：硕博士学位点 硕士	专业实力：硕博士学位点 博士	专业实力：学科建设	近三年录取情况：年份	入校分(最高/最低)	专业分(最高/最低)	选测科目等级要求	录取人数	特别关注
本科一批	哈尔滨医科大学(公共卫生学院)	预防医学	流行病与卫生统计学、营养与食品卫生学、劳动卫生与环境卫生、少儿卫生与妇幼保健、卫生毒理学、社会医学与卫生事业管理	流行病与卫生统计学、营养与食品卫生学、劳动卫生与环境卫生、少儿卫生与妇幼保健、卫生毒理学、社会医学与卫生事业管理、军事预防学	公共卫生与预防医学实验室为省级重点实验室；营养与食品卫生学为国家重点学科	2015 2016 2017	377/344(理) 344/344(文) 356/356(文) 363/333(理)	351/344(理) — 355/353(理)	BB BB BB	1 — 3	—
本科一批	苏州大学(放射医学与公共卫生学院)	预防医学、预防医学(卫生法学)	流行病学与卫生统计学、劳动卫生与环境卫生、营养与食品卫生学、卫生毒理学	卫生毒理学、劳动卫生与环境卫生学、流行病学与卫生统计学	—	2015 2016 2017	387/360(理),377/358(文) 396/371(理),385/370(文) 381/360(理),379/359(文)	366/361(理) 375/371(理) 364/360(理)	AB AB AB	21 25 26	—
本科一批	中南大学(公共卫生学院)	预防医学	流行病与卫生统计学、劳动卫生与环境卫生学、营养与食品卫生学、儿少卫生与妇幼保健学、卫生毒理学、军事预防医学	流行病与卫生统计学、社会医学与卫生事业管理	—	2015 2016 2017	379/367(理),370/359(文) 390/377(理),382/363(文) 392/369(理),378/369(文)	— — 375/370(理)	AA AA AA	— — 2	—
本科一批	南昌大学(医学院)	预防医学	流行病与卫生统计学	营养与食品卫生学	—	2015 2016 2017	361/349(理),353/345(文) 374/358(理),365/350(文) 361/350(理),356/350(文)	— — —	BB BB BB	— — —	—
本科一批	东南大学医学院(公共卫生学院)	预防医学	公共卫生与预防医学	劳动卫生与环境卫生学、卫生毒理学	拥有卫生与预防医学博士后流动站	2015 2016 2017	383/354(理),368/347(文) 412/392(理),385/358(文) 389/368(理)	371/359(理) 379/364(理) 372/368(理)	BB BB BB	19 19 18	—
本科一批	北京大学医学部(公共卫生学院)	预防医学	公共卫生与预防医科	—	公共卫生与预防医学是国家重点学科，专业全国排名第二	2015 2016 2017	421/410(理) 422/406(理) 425/381(理)	— — 397/387	AA AA AA	— — 2	—

续 表

批次	学校（院系）	本科专业方向设置	专业实力			近三年录取情况					特别关注
			硕博士学位点		学科建设	年份	入校分（最高/最低）	专业分（最高/最低）	选测科目等级要求	录取人数	
			硕士	博士							
本科二批	南通大学（公共卫生学院）	预防医学	预防医学	—	预防医学专业是江苏省特色专业、江苏省品牌专业建设点、国家级特色专业建设点	2015 2016 2017	356/327(理),347/328(文) 366/339(理),363/343(文) 363/332(理),354/335(文)	356/333(理) 357/343(理) 345/336(理)	BB BB BB	70 69 25	—
本科二批	徐州医学院（公共卫生学院）	预防医学	公共卫生与预防医学	—	2011年新增公共卫生与预防医学为一级学科硕士点	2015 2016 2017	380/331(理),339/322(文) 377/344(理),348/337(文) 367/331(理)	349/340(理) 357/357(理) 353/339(理)	BB BB BB	34 27 35	—
本科二批	安徽医科大学（公共卫生学院）	预防医学	公共卫生与预防医学	—	本专业为国家级特色专业和省级教改示范专业;拥有公共卫生与预防医学博士后科研流动站	2015 2016 2017	361/330(理) 364/332(理) 365/332(理)	— — 341/332	BB BB BB	— — 5	公共卫生与预防医学为一级硕士点
本科二批	沈阳医学院	预防医学	—	—	预防医学专业为国家特色专业和辽宁省特色示范专业	2015 2016 2017	347/339(理) 350/342(理) 337/327(理)	341/339(理) 342/340(理) 328/327(理)	BB BB BB	3 3 3	—

注:录取情况涵盖三年,"—"代表没有此项内容或无法获取相关资料。

管理学类

SCIENCE of ADMINISTRATION

管理学门类介绍

管理学是系统研究管理活动的基本规律和一般方法的科学。管理学是为适应现代社会化大生产的需要而产生的，它的目的是：研究在现有的条件下，如何通过合理的组织和配置人、财、物等因素，提高生产力的水平。

学科地位

管理学虽然是近几年增设的学科，但竞争激烈、发展速度很快。根据国务院学位办公室发表的统计数据，我国大学授予的管理学学士占学士总数的 7%，授予的管理学硕士占硕士总数的 9.18%，授予的管理学博士占博士总数的 4.64%。据教育部高校学生司发布的博士生导师资料统计，在全国大学 40 110 名博士生导师中，有 2 257 名是管理学博导，占博导总数的 5.63%。目前，管理学已经超过农学，成为中国第四大学科。截至 2007 年，全国开设管理学专业的大学共 572 所。

学习要求

管理学是为了更好地指导人们的管理实践活动而从人们的管理实践活动中总结出来的规律，要学习管理学，必须注意将管理理论和管理活动结合起来，尤其是注意通过管理实践来检验、丰富管理理论、管理原则和管理方法，要将现代科学技术的成果应用于管理过程。同时必须注重纵向和横向的比较分析，从历史发展的角度和不同企业、不同地区、不同国家的角度对人类的管理实践、管理活动进行比较研究，鉴别优劣、取长补短、古为今用、洋为中用，探索管理活动的普遍联系。

此外，管理学是一门实践性很强的应用性学科，通过研究分析成功或失败的管理个案，有助于将知识融会贯通，提高分析能力和解决问题的能力。同时注意用系统的观点来研究管理学，既要分析各要素之间的相互联系和相互作用方式，又要考察管理系统与外部环境之间的动态联系。

由于管理学是融自然科学和社会科学于一体的综合性学科，其下设的不同专业对学习者的要求也各有不同。就学习者自身的特点来说，按照霍兰德职业倾向测试，管理学的四大学科大类中除了管理科学与工程类要求学习者有较高的研究性和技能性，除了图书档案学类要求学习者有较高的事务性之外，其他学科大类均对社会性和经营性要求较高，艺术性要求则普遍较低。另外，优秀的管理学从业者的特质还包括性格开朗、心胸宽广，具有竞争意识和市场意识等。

学科分类

管理学是在自然科学和社会科学两大领域的交叉点上建立起来的，涉及数学、社会科学、技术科学以及领导学、决策科学等。同时，管理学也是一门多分支的学科体系。管理学门类下设管理科学与工程、工商管理、公共管理、农业经济管理、图书档案学等 9 个学科大类，共有 46 种本科专业（参照教育部 2012 年颁布的《普通高等学校本科专业目录》），详见下表。

普通高等学校本科专业目录（管理学学科门类）

学科门类	学科大类	专业名称	授予学位（学士）
管理学	管理科学与工程类	管理科学	管理学/理学
		信息管理与信息系统	管理学/工学
		工程管理	管理学/工学
		工程造价	管理学/工学/理学
		房地产开发与管理	管理学
		保密管理	管理学

（续表）

学科门类	学科大类	专业名称	授予学位（学士）
管理学	工商管理类	工商管理	管理学
		市场营销	管理学
		会计学	管理学
		财务管理	管理学
		人力资源管理	管理学
		审计学	管理学/经济学
		国际商务	管理学/经济学
		物业管理	管理学/经济学
		资产评估	管理学
		文化产业管理	管理学/艺术学
		劳动关系	管理学
		体育经济与管理	管理学
		财务会计教育	管理学
		市场营销教育	管理学
	物流管理与工程类	物流管理	管理学
		物流工程	管理学/工学
		采购管理	管理学
	工业工程类	工业工程	管理学/工学
		标准化工程	管理学
		质理管理工程	管理学
	电子商务类	电子商务	管理学/经济学/工学
		电子商务及法律	管理学
	旅游管理类	旅游管理	管理学
		酒店管理	管理学
		旅游管理与服务管理	管理学
		会展经济与管理	管理学
	公共管理类	行政管理	管理学
		公共事业管理	管理学
		劳动与社会保障	管理学
		土地资源管理	管理学/工学
		城市管理	管理学
		海关管理	管理学
		交通管理	管理学/工学
		海事管理	管理学
		公共关系学	管理学
	农业经济管理类	农林经济管理	管理学
		农村区域发展	管理学/农学
	图书情报与档案管理	图书馆学	管理学
		档案学	管理学
		信息资源管理	管理学

学科大类介绍

管理科学与工程类

管理科学与工程类是综合运用系统科学、管理科学、数学、经济和行为科学及工程方法，结合信息技术研究解决社会、经济、工程等方面的管理问题的学科。

管理科学与工程类专业主要有两类：一类属于建筑学院(通常授予工学学位)，毕业后主要从事工程管理与建设，例如工程造价管理等。另一类属于管理学院(通常授予管理学学位)，主要学习信息管理、电子商务或者物流管理等，包括知识系统和决策支持系统方向；所学内容基本上与计算机类专业相似，但比计算机类专业增加了会计和管理等经济学类课程，目的是为了更加适合财务系统或者金融系统的开发。该类专业学生毕业后主要从事信息系统开发与建设，如果个人对编程知识掌握得较好，也可以进入计算机行业，从事软件开发与设计工作。

根据教育部发布的2007年全国高校国家重点学科名单，**管理科学与工程**为国家一级重点学科的院校有：清华大学(北京协和医学院—清华大学医学部)、北京航空航天大学、天津大学、大连理工大学、哈尔滨工业大学、上海交通大学、浙江大学、合肥工业大学、中南大学、西安交通大学、国防科学技术大学。

工商管理类

工商管理学科是综合运用管理、经济、法律及企业管理方面的知识和能力，解决企事业单位及政府部门的管理以及教学、科研方面问题的学科。工商管理是应用性很强的学科，它的目标是依据管理学、经济学和企业管理的基本理论和基本知识，通过运用现代管理的方法和手段来进行有效的企业管理和经营决策，因此工商管理类学科很注重培养学生的管理能力。

工商管理类专业就业渠道主要有三类：第一类是企业单位，也是最广泛的就业渠道，去制造、销售、服务及其他类型的企业单位从事管理工作；第二类是事业单位，通过事业编制考试进入事业单位的管理岗位，或是通过教师资格考试进入大专院校从事管理学方面的教学工作或行政工作；第三类是政府部门，通过公务员考试进入政府部门从事管理工作。

根据教育部发布的2007年全国高校国家重点学科名单，**工商管理**学科为国家一级重点学科的院校有：中国人民大学、清华大学(北京协和医学院—清华大学医学部)、厦门大学、中山大学、西安交通大学。

公共管理类

公共管理类作为现代管理科学五大分支之一，是未来世界和当代中国具有发展潜力和广阔前途的学科。公共管理类在学科意义上的内容包括公共管理原理、行政管理、城市管理、公共政策、发展管理、教育经济管理以及劳动和社会保障等方向。

现代公共管理与传统管理的区别集中体现在是否将目标定位在公共利益上，公共管理不仅为社会提供高效优质服务，而且更应当强调社会公平，因为社会公平是作为分配的公共服务的法律和现实基础。当代新公共管理倡导从主体的广泛意义上理解公共管理，公共管理的主体不再只限于政府和组织，进而可以把公共管理和公共行政区分开来。

农业经济管理类

农业经济管理类学科是综合运用系统的管理科学和经济科学的基础理论和相关的农(林)业科学基础知识，结合农(林)业经济管理的基本方法和技能，解决各类农(林)业企业、教育科研单位和各级政府部门的经营管理、市场营销、金融财会、政策研究等方面问题的学科。它的目标是依据管理科学和经济科学的基本理论和相关的农(林)业科学基本知识，通过运用调查、策划、技术经济分析、计算机应用等方面的方法和手段，研究并解决农业、农村现代化与区域发展中的复杂性问题，更好地服务于全国的农业、农村经济发展，提高我国农业经济管理的整体水平。

根据教育部发布的2007年全国高校国家重点学科名单，**农业经济管理**学科为国家二级重点学科的院校有：中国人民大学、中国农业大学、南京农业大学、华中农业大学、华南农业大学、西北农林科技大学。

图书情报与档案管理

图书档案管理学科是综合运用系统的档案学基础知识与文化知识，结合现代信息技术的基本技能，解决国家机关、企事业单位的档案机构、信息部门的信息服务、信息管理工作等方面研究问题的学科。它的目标是依据档案管理与信息管理的基本知识，以及图书档案学的基础理论知识，结合现代技术和手段收集、整理、开发、利用文献的能力，为国家培养能在图书情报机构和各类企事业单位的信息部门从事信息服务及管理工作的应用型、复合型图书馆高级专门人才，以及能在国家机关、企事业单位的档案机构、信息部门从事信息服务、信息管理工作及研究工作的应用型、复合型档案学高级专门人才。

根据教育部发布的2007年全国高校国家重点学科名单，**图书馆、情报与档案管理**学科为国家一级重点学科的院校有：武汉大学。

1 管理科学专业

学科概述

管理科学专业主要培养能用先进的管理思想、系统方法、数量模型和信息技术去分析企业活动和社会经济活动的高级管理决策人才与管理技术人才。该专业要求学生具有扎实广阔的基础知识、深入实用的专业知识，包括会计与财务、生产与计划、市场与营销等经营方面的知识；掌握运筹学、统计学等管理决策方法，具有较强的计算机应用能力。

学制四年，学业合格授予管理学学士学位。

相近专业：信息管理与信息系统、工业工程、工程管理、房地产经营管理、产品质量工程、项目管理专业等。

学习内容

管理科学专业开设的主要课程

类　别		课　　程
专业基础课程		高等数学、线性代数、普通物理、物理实验、概率统计
专业主干课程	管理学方向	管理科学、现代项目管理学、组织行为学、管理经济学、管理控制与决策模型、管理系统工程、项目管理、战略管理、生产与运作管理、博弈论、模糊数学与管理
	经济学方向	宏观经济学、微观经济学、统计学、会计学、经济学、财务管理学、国际贸易和金融、货币银行学、国际金融、国际贸易原理、投资理论、市场营销、经济计量学
	运筹学方向	运筹学、运营计划与控制
	计算机科学与技术方向	计算机系列基础、电子技术基础及实验、管理信息系统、数据库技术、计算机数据通讯、管理决策与计算机方法

注：各校的课程设置会因培养目标的不同而有差异。

毕业去向

管理科学专业毕业生近两年的主要就业去向

职　业	工作单位	起薪（元/月）	学历要求	工 作 内 容
管理人员	公司	1500～2500	专科、本科、研究生	运营、组织管理
高校教师	高等院校	1500～2000	研究生	管理科学相关专业的教学和科研
科研人员	科研院所	2000～3000	研究生	研发、基础研究、技术管理
行政主管	外资、合资企业	2000～3000	专科、本科、研究生	管理、经营
公务员	政府部门	1000～2500	专科、本科、研究生	组织管理

注：表格中的起薪可能会因为地区差异而存在较大差别。

管理科学专业毕业生主要行业流向及相应平均月薪（人民币：元）

毕业年份	行业流向 TOP3		
2008	除计算机的电子电器设备及其零件制造业	食品制品业	百货商品店
	2195	1967	1460

注：表格中的月薪为该专业毕业生半年后平均月薪。

数据来源：麦可斯-中国2008届大学毕业生求职与工作能力调查。

专家提示

1. 关注专业特色

管理科学专业属于管理科学与工程类(包括管理科学、信息管理与信息系统两个专业)。管理科学是随着经济的发展和人们生产生活的自动化、机械化、信息化,而发展起来的一个新兴专业。管理科学是当今就业面较广的专业之一,但是由于该专业开设的时间不长,各院校还没有形成自己的特色。考生在报考时,或考虑学校的知名度,或考虑该专业所在院系的其他专业特点,可依据自己的需要和实际情况进行选择。管理科学专业的毕业生可以在管理学、经济学等相关专业继续深造。

2. 考虑性格适合

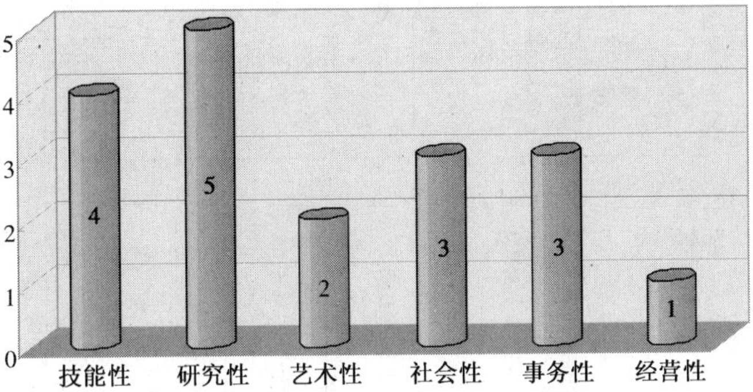

管理科学专业对不同性格特征的需求度

3. 走出常见误区

管理科学专业很有前途吗? 管理科学虽然是一门新开设的专业,但它是顺应时代的需求而产生的。该专业培养的学生能到各级管理部门、工商企业、金融机构、科研单位,运用现代管理方法与信息技术对运营管理、组织管理和技术管理中的问题进行量化分析、科学决策和组织实施。毕业生经过锻炼可胜任市场部、计划部主管与经理等职务,参与公司的预测和决策,并向经济分析师、证券分析师方向发展。

作者:黄文光　　修订:李婉君

附表：开设管理科学专业的部分学校（院系）情况

批次	学校（院系）	本科专业方向设置	专业实力			近三年录取情况					特别关注
			硕博士学位点		学科建设	年份	入校分（最高/最低）	专业分（最高/最低）	选测科目等级要求	录取人数	
			硕士	博士							
本科一批	复旦大学（管理学院管理科学系）	管理科学与工程	管理科学与工程	管理科学与工程	拥有管理科学与工程博士后流动站	2015 2016 2017	415/401(理),401/391(文) 419/416(理),412/403(文) 413/408(理),409/397(文)	406/403(理)（工商管理类） 417/416(理)（经济管理试验班） 412/408(理)（经济管理试验班） 400/400(文)（经济管理试验班）	$A^{+}A$ $A^{+}A$ $A^{+}A$ $A^{+}A$	7 15 2 6	拥有全国首个管理科学博士点
	上海大学（国际工商与管理学院管理科学与工程学系）	管理科学与工程	管理科学与工程	—	—	2015 2016 2017	387/369(理),367/359(文) 386/379(理),383/379(文) 379/369(理),373/368(文)	387/374(理)（工商管理） 386/382(理)（工商管理） 377/373(理)（工商管理）	BB BB BB	5 4 5	1999年该学院由原国际商学院、经济管理学院和文学院的两个系（行政管理系、文献信息管理系）合并而成
	中国科学技术大学（管理学院管理科学系）	管理科学	管理科学与工程	管理科学与工程	设有管理研究中心	2015 2016 2017	399/391(理) 413/401(理) 407/392(理)	395/395(理)（管理科学与工程类） 406/401(理)（经济管理试验班） 392/392(理)（经济管理试验班）	AA AA AA	2 3 2	1983年成立系统科学与管理科学系，后更名为管理科学系
	苏州大学（政治与公共管理学院管理科学系）	管理科学	管理科学与工程	—	—	2015 2016 2017	387/360(理),377/358(文) 385/370(文),396/371(理) 379/359(文),381/360(理)	370/364(理) 365/358(文) 375/371(理) 375/370(文) 366/361(理) 361/359(文)	AB AB AB AB	8 10 8 16 7 15	苏州大学为省属重点综合性大学和国家“211”工程重点建设高校
	中南财经政法大学（工商管理学院管理科学系）	管理科学	企业管理、技术经济与管理	企业管理、技术经济与管理	拥有工商管理博士后流动站	2015 2016 2017	387/369(理),388/366(文) 389/379(理),390/377(文) 388/369(理),379/369(文)	370/370(理) 368/367(文) 382/382(理) 378/378(文) 371/371(理) 371/371(文)	AB AB AB AB	1 2 1 2 1 2	由中南政法学院、中南财经大学合并而成
	山西财经大学（管理科学与工程学院）	管理科学	管理科学与工程	—	省级重点建设学科	2015 2016 2017	338/316(理),340/323(文) 349/334(理),349/339(文) 347/331(理),346/336(文)	— — —	BB BB BB	— — —	—

续 表

批次	学校（院系）	本科专业方向设置	专业实力			近三年录取情况					特别关注
			硕博士学位点		学科建设	年份	入校分（最高/最低）	专业分（最高/最低）	选测科目等级要求	录取人数	
			硕士	博士							
本科一批	江西财经大学（信息管理学院数学与管理工程系）	管理科学	管理科学与工程	管理科学与工程	拥有管理科学与工程硕士生博士生实验室	2015 2016 2017	375/347(理),366/342(文) 386/362(理),373/362(文) 369/351(理),359/348(文)	354/354(理) 348/348(文) 366/366(理) 363/363(文) 352/352(理)(管理科学与工程类)(信息管理学院) 351/349(文)(管理科学与工程类)(旅游与城市管理学院)	BB BB BB	1 1 1 1 1 2	管理科学专业从2002年开始招生
本科一批	上海理工大学（管理学院管理科学与工程系）	管理科学	管理科学与工程	管理科学与工程	拥有管理科学与工程博士后流动站	2015 2016 2017	374/357(理),358/350(文) 379/370(理),370/364(文) 369/359(理),364/351(文)	366/361(理)(管理科学与工程类) 352/350(文)(管理科学与工程类) 372/371(理)(管理科学与工程类) 369/365(文)(管理科学与工程类) 365/361(理) 359/352(文)(管理科学与工程类)	BB BB BB	6 7 4 6 4	—
本科一批	南京财经大学（管理科学与工程学院）	管理科学	—	—	设有系统评价与设计研究中心，拥有质量工程实验室和工业工程实验室	2015 2016 2017	372/348(理),370/347(文) 360/355(理),379/359(文) 373/346(理),362/347(文)	358/351(理) — 352/346(理)	AB BB B^+B	29 — 22	—
本科一批	济南大学（管理学院）	管理科学与工程系	管理科学与工程	—	设有管理学院现代管理研究所，管理学院实验中心	2015 2016 2017	357/321(理),355/332(文) 363/347(理),360/350(文) 370/346(理),369/339(文)	346/346(理)(管理科学与工程类) — —	BC BC BC	2 — —	—
本科二批	山东工商学院（管理科学与工程学院）	管理科学	—	—	管理科学与工程学科是山东省重点学科、硕士学位授权建设学科	2015 2016 2017	358/311(理),326/319(文) 349/332(理),348/334(文) 333/321(理),332/325(文)	— — —	BC BC BC	— — —	2003年2月由管理科学与工程系更名而成，有管理信息系统、产业与技术经济两个开放式研究所

注：录取情况涵盖三年，“—”代表没有此项内容或无法获取相关资料。

2

信息管理与信息系统专业

学科概述

信息管理与信息系统专业以信息技术广泛普及和运用为其主要标志，是研究信息的收集、开发和利用的原理、原则及技术方法，同时还研究信息交流传播规律以及信息产业发展机制。该专业主要培养具备现代管理学理论基础、计算机科学技术知识及应用能力，掌握系统思想和信息系统分析与设计方法以及信息管理等知识和能力的高级专门人才。信息管理与信息系统作为一门由管理学、信息学、计算机科学、数学等多学科整合而成的专业，具有综合性、实践性、先进性强的特点。

学制四年，学业合格授予管理学学士学位。

相近专业：管理科学、工程管理、工业工程、电子商务、产品质量工程、项目管理专业等。

学习内容

信息管理与信息系统专业开设的主要课程

类　别		课　　程
专业基础课程		高等数学、线性代数、概率论与数理统计、计算机文化基础、计算机文化基础实验、微观经济学、宏观经济学、管理学、运筹学、统计学、离散数学、C/C＋＋程序设计
专业主干课程	管理学方向	管理工程、系统工程、生产运作管理、人力资源管理、财务管理、供应链管理、电子商务、信息管理学
	经济学方向	经济学、经济法学、会计学、金融学、营销学
	计算机科学方向	信息学概论、信息经济学、信息系统分析与设计、信息检索、信息服务与用户、情报分析与预测、知识产权法、计算机原理、计算机语言与程序设计、数据库技术、数据结构、计算机网络、计算机图像处理、管理信息系统、操作系统、编译方法、数据库

注：各校的课程设置会因培养目标的不同而有差异。

毕业去向

信息管理与信息系统专业毕业生近两年的主要就业去向

职　业	工作单位	起薪（元/月）	学历要求	工 作 内 容
软件工程师、网络工程师	IT 类、通信类相关企业	2000～3000	本科	软件开发、系统维护
高校教师	高等院校	1500～2000	本科、研究生	信息管理与信息系统相关专业的教学和科研
科研人员	研究机构	1500～2500	研究生	情报学研究
咨询人员、信息管理员	企、事业单位的信息中心	1500～2500	本科、研究生	情报分析、信息管理
公务员	国家工业和信息部门	1500～3000	本科、研究生	情报分析、信息管理
市场营销人员	公司	1500～3000	本科、研究生	广告策划、技术支持、产品销售

注：表格中的起薪可能会因地区差异而存在较大差别。

信息管理与信息系统专业毕业生主要行业流向及相应平均月薪(人民币:元)

毕业年份	行业流向 TOP3		
2010	储蓄信用中介	软件出版业	计算机及外国设备制造业
	3677	2873	3201
2011	软件开发业	储蓄信用中介	互联网运营与网络搜索引擎业
	3529	3958	3492
2012	软年开发业	储蓄信用中介	其他金融投资业
	4001	4583	4486

注:表格中的月薪为该专业毕业生半年后平均月薪。2012 届该专业本科生毕业半年后就业率 91.7%,工作与专业对口率 58%,毕业即读研和留学比例为 13.5%。

数据来源:麦可斯-中国 2010、2011、2012 届大学毕业生求职与工作能力调查。

专家提示

1. 关注专业特色

信息管理与信息系统专业是适应市场与信息产业发展需求而产生的一门新兴的交叉型学科,大部分高校在 90 年代中后期才设立该专业。该专业偏重计算机应用与信息技术应用,所以一些理工科院校的学科基础更坚实一些。此外,该专业的硕士、博士点一般都设在"管理科学与工程"这个一级学科点下,所以"管理科学与工程"专业比较强的高校应该在信息管理方面实力也较强。

与本专业相关的职业资格证有:国家企业信息管理师职业资格证、网络工程师职业资格证、电子商务师职业资格证等。

2. 考虑性格适合

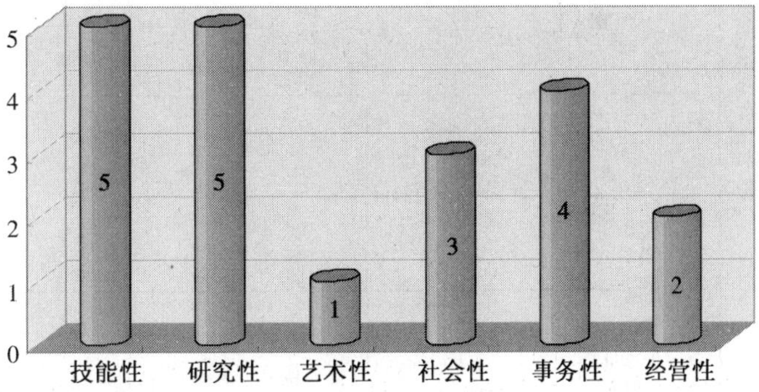

信息管理与信息系统专业对不同性格特征的需求度

3. 走出常见误区

信息管理专业与计算机专业差不多吗? 虽然信息管理与信息系统专业着重培养计算机应用能力和信息管理能力兼备的人才,需要学习很多计算机知识,但是该专业始终偏重于应用计算机分析和处理信息;而计算机专业着重学习系统的计算机软硬件知识。可见两者其实不一样。

信息管理就是图书管理吗? 信息管理与信息系统专业在大部分学校都设在信息管理系,虽然许多学校信息管理系的前身是图书馆系,但是该专业已经开拓出自己的新领域,成为以信息技术应用为主要标志、与管理学相结合的新兴学科。

作者:林虹萍　　修订:李婉君

附表：开设信息管理与信息系统专业的部分学校(院系)情况

批次	学校(院系)	本科专业方向设置	专业实力			近三年录取情况					特别关注
			硕博士学位点		学科建设	年份	入校分(最高/最低)	专业分(最高/最低)	选测科目等级要求	录取人数	
			硕士	博士							
本科一批	南京大学(信息管理系)	信息管理与信息系统	信息资源管理、情报学	信息资源管理、情报学、图书馆学	建有国家信息资源管理南京研究基地	2015 2016 2017	404/385(理),398/380(文) 414/395(理),407/391(文) 412/387(理),402/384(文)	391/385(理) 389/382(文) 398/395(理) 396/391(文) 394/390(理) (社会科学试验班) (含信息管理与信息系统)	AA AA AA	14 17 12 16 17 12	—
	东南大学(经济管理学院管理科学与工程系)	信息管理与信息系统	管理科学与工程	管理科学与工程	拥有管理科学与工程博士后流动站	2015 2016 2017	413/383(理),383/375(文) 419/392(理),394/386(文) 407/384(理),387/379(文)	386/384(理) 398/392(理)(工商管理及管理科学与工程类) —	AB AB AB	22 15 —	国家"985 工程"重点建设高校
	同济大学(经济与管理学院管理科学与工程系)	信息管理与信息系统	管理科学与工程	管理科学与工程(信息管理与信息系统方向)	拥有管理科学与工程博士后流动站	2015 2016 2017	409/386(理),392/380(文) 415/395(理),398/390(文) 405/387(理),391/381(文)	399/389(理) 387/387(文) 401/395(理) 398/396(文)(社会科学试验班管理类) 392/388(理)(社会科学试验班管理类) 385/385(文)(社会科学试验班管理类)	BB BB BB	7 1 5 1 5 1	—
	上海财经大学(信息管理与工程学院)	信息管理与信息系统	管理科学与工程、电子商务	管理科学与工程、企业信息管理	—	2015 2016 2017	409/388(理),405/389(文) 420/398(理),420/398(理) 406/390(理),401/383(文)	— 401/399(理) (管理科学与工程类) 391/390(理) (信息管理与信息系统)	BB BB BB	— 8 3	信息管理与工程学院是上海乃至全国财经院校中成立较早、资格较老的院系
	北京航空航天大学(经济管理学院信息系统工程系)	信息管理与信息系统	技术经济与管理、管理科学与工程、系统工程	管理科学与工程	管理科学与工程为国家重点学科;拥有博士后流动站	2015 2016 2017	390/381(理),372/371(文) 400/391(理),387/384(文) 392/381(理),376/374(文)	385/382(理) 391/391(理) (管理科学与工程类) —	AA AA AA	2 2 —	经济管理学院是我国理工科高校中成立较早的管理类学院之一
	中国人民大学(信息学院经济信息管理系)	信息管理与信息系统	管理科学与工程	—	—	2015 2016 2017	404/396(理),398/382(文) 413/400(理),405/398(文) 411/394(理),402/392(文)	386/383(文) 401/401(理)(信息资源管理) 398/398(文)(信息资源管理) 392/392(文)(信息资源管理)	$A^{+}A$ $A^{+}A$ $A^{+}A$	3 1 1 2	—

续 表

批次	学校（院系）	本科专业方向设置	专业实力			近三年录取情况					特别关注
			硕博士学位点		学科建设	年份	入校分（最高/最低）	专业分（最高/最低）	选测科目等级要求	录取人数	
			硕士	博士							
本科一批	武汉大学（社会科学学部信息管理学院）	信息管理与信息系统	情报学、档案学、图书馆学、管理科学与工程、信息资源管理、出版发行学	图书馆、情报与档案管理、管理科学与工程	图书馆学、情报学为国家重点学科；拥有1个图书馆、情报与档案管理博士后流动站	2015 2016 2017	407/380(理),388/378(文) 398/388(文),401/389(文) 392/380(文),394/381(理)	385/385(理)（管理科学与工程类） 395/392(理)（管理科学与工程类） 384/383(理)（管理科学与工程类）	AB^+ AB^+ AB^+	2 2 2	武汉大学信息资源研究中心为国家人文社会科学重点研究基地；设有国家信息资源管理（武汉）研究基地
本科一批	重庆大学（经济与工商管理学院）	信息管理与信息系统	管理科学与工程	管理科学与工程	—	2015 2016 2017	380/368(理),368/363(文) 397/380(理),384/379(文) 381/369(理),375/370(文)	369/369(理) 381/381(理) 372/372(理)	AB AB AB	1 1 1	—
本科一批	南京邮电大学（经济与管理学院管理科学与工程系）	信息管理与信息系统	管理科学与工程、企业管理	—	是省级特色专业建设点	2015 2016 2017	378/354(理),366/345(文) 388/364(理),375/358(文) 373/353(理),362/344(文)	362/355(理) 370/365(理) 359/353(理)	B^+B B^+B BB	36 32 39	—
本科一批	上海理工大学（管理学院管理科学与工程系）	信息管理与信息系统	管理科学与工程、企业管理	管理科学与工程（信息管理与信息系统方向）	设有管理科学与工程博士后流动站	2015 2016 2017	374/357(理),358/350(文) 379/370(理),370/364(文) 369/359(理),364/351(文)	366/361(理)（管理科学与工程类） 352/350(文)（管理科学与工程类） 372/371(理)（管理科学与工程类） 369/365(文)（管理科学与工程类） 365/361(理) 359/352(文)	BB BB BB	6 7 4 4 6 4	2002年该专业为中美合作办学
本科一批	南京林业大学（经济管理学院）	信息管理与信息系统	信息管理与电子商务	—	—	2015 2016 2017	347/340(理),344/336(文) 357/350(理),358/350(文) 364/338(理),362/340(文)	344/340(理) 353/350(理)（信息与计算科学） 347/339(理)（信息与计算科学）	BB BB BB	34 30 27	
本科二批	南京中医药大学（经贸管理学院）	信息管理与信息系统	—	—	设有信息管理与信息系统实验室	2015 2016 2017	354/331(理),354/332(文) 359/343(理),364/346(文) 377/337(理),374/335(文)	353/331(理) 339/335(文) 352/343(理) 346/337(理)	BB BB BB	41 12 25 32	—

注：录取情况涵盖三年，“—”代表没有此项内容或无法获取相关资料。

3 工程管理专业

学科概述

工程管理是研究施工建设活动和施工管理规律的一门专业。它以现代施工建设管理作为主要学习和研究对象，探讨施工建设管理的理论和实践问题，掌握管理、规划、施工、建设活动的基本规律。该专业主要培养具备土木工程技术、与工程管理相关的经济、法律以及管理等基本知识，具有一定实践能力的高级工程管理人才。

学制四年，学业合格授予管理学学士学位。

相近专业：管理科学、工业工程、工程造价、房地产经营管理、产品质量工程、项目管理、资产评估专业等。

学习内容

工程管理专业开设的主要课程

类　别	课　　程
专业基础课程	高等数学、工程数学、大学物理、管理原理、经济学、法律基础、统计学、运筹学、会计学、高等语言程序设计、财务管理、市场营销、计算机基础、人力资源管理
专业主干课程	土木工程概论、工程经济学、工程力学、工程项目管理、工程项目融资、项目可行性研究与评估、经济法、混凝土结构、施工技术、建筑法规、工程合同管理、工程制图、国际工程承包、工程估价、房屋建筑学、工程项目进度控制

注：各校的课程设置会因培养目标的不同而有差异。

毕业去向

工程管理专业毕业生近两年的主要就业去向

职　业	工作单位	起薪(元/月)	学历要求	工 作 内 容
项目策划人员	房地产开发单位	1200～2500	本科、研究生	房地产项目的前期策划及项目管理、销售策划
项目经理	建设单位	1200～2000	本科	工程的具体管理
建设监理	监理单位	1500～2500	本科	对施工单位实施监督管理
中介评估咨询员	中介评估咨询单位	1200～2000	本科	招标、投标代理及拆迁评估
公务员	政府机关	1500～2500	本科、研究生	政府机关建设部门的相关工作

注：表格中的起薪可能会因为地区差异而存在较大差别。

工程管理专业毕业生主要行业流向及相应平均月薪(人民币:元)

毕业年份	行业流向 TOP3		
2010	住宅建筑施工业	建筑基础、结构和楼房外观承建业	非住宅建筑施工业
	2745	2914	2976
2011	住宅建筑施工业	高速公路、街道及桥梁建筑业	房地产开发
	3260	3515	4135
2012	住宅建筑施工业	房地产开发业	建筑基础、结构、楼房外观承建业
	3149	3848	3098

注:表格中的月薪为该专业本科生毕业半年后平均月薪。2012届该专业本科生毕业半年后就业率为93.4%,工作与专业对口率为85%,毕业即读研和留学比例为8.9%。

数据来源:麦可斯-中国2010、2011、2012届大学毕业生求职与工作能力调查。

专家提示

1. 关注专业特色

开设工程管理专业的综合性院校有东南大学、天津大学、重庆大学、南京工业大学、西安建筑科技大学等。近年来随着社会的发展,各学校开设的工程管理专业形成了不同的特色。譬如,南京工业大学工程管理专业注重培养为工程规划的实施而服务的人才;天津大学等院校重视培养国际性工程管理人才;河海大学等水利类院校则注重培养水利工程管理人才。

与本专业有关的职业资格证有:项目管理师职业资格证、工程师职业资格证等。

2. 考虑性格适合

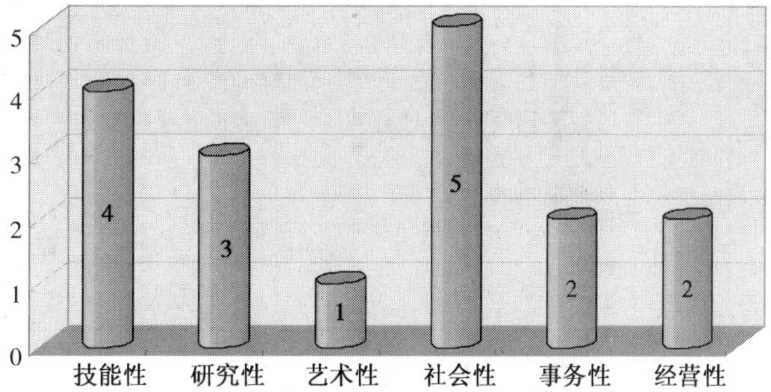

工程管理专业对不同性格特征的需求度

3. 走出常见误区

从业人员具备工程管理理论就行了吗? 目前我国的建筑队伍很庞大,但是只有一小部分是毕业于建筑院校或各类专业训练班、受过较系统的专业知识教育,大部分则是从最基层的工人成长起来的,所以管理层的水平与素质不高。其实,工程管理工作的基础业务知识很复杂,对从业者的要求很高。工程管理者除了应具有广博的知识,还应该对某一领域如法律、经济等有一定的认识和了解,并需要较广泛的社会关系。同时,建筑行业的特殊性要求从业人员有丰富的经验,对工程项目能很好地规划控制。

作者:朱姜雄　　修订:李婉君

附表：开设工程管理专业的部分学校(院系)情况

批次	学校(院系)	本科专业方向设置	专业实力			近三年录取情况						特别关注
			硕博士学位点		学科建设	年份	入校分(最高/最低)	专业分(最高/最低)	选测科目等级要求	录取人数	
			硕士	博士							
本科一批	东南大学(土木工程学院)	工程管理	管理科学与工程、土木工程建造与管理	管理科学与工程	拥有1个教育部重点实验室、2个博士后流动站	2015 2016 2017	413/383(理),383/375(文) 419/392(理),394/386(文) 407/384(理),387/379(文)	386/383(理) 393/393(理) —	AB AB AB	5 5 —	侧重土木工程管理
	南京工业大学(管理科学与工程学院工程管理系)	工程管理	管理科学与管理工程	—	工程管理为江苏省特色专业	2015 2016 2017	377/348(理),359/345(文) 379/358(理),374/357(文) 377/345(理),357/339(文)	355/349(理) 351/345(文) 365/358(理) 361/357(文) 360/346(理) 347/341(文)	BB BB BB	27 12 31 10 30 10	由南京化工大学和南京建筑工程学院合并而成
	天津大学(管理学院、公共管理学院工程管理系)	工程管理	管理科学与工程、工业工程、工程管理、信息管理与信息系统	工业工程、工程管理、信息系统与信息管理、管理科学与工程	管理科学与工程为国家一级重点学科；拥有博士后流动站	2015 2016 2017	386/375(理),375/370(文) 398/386(理),— 389/378(理),—	380/380(理) 390/389(理) 388/380(理)	AB AB AB	1 2 3	—
	湖南大学(土木工程学院建筑工程系)	工程管理	结构工程、道路工程、岩土工程、市政工程	结构工程	拥有土木水利学科博士后流动站	2015 2016 2017	385/364(理),376/367(文) 387/378(理),386/377(文) 383/369(理),376/371(文)	379/371(理) 382/379(理) —	B^+B^+ B^+B^+ B^+B^+	2 5 —	—
	大连理工大学(土木水利学院)	工程管理	管理科学与工程	管理科学与工程	拥有管理科学与工程博士后流动站和国家一级重点学科	2015 2016 2017	388/368(理),369/352(文) 388/380(理),373/367(文) 380/370(理),367/359(文)	— 381/381(理) 374/372(理)	AA AA AB	1 1 2	—
	江南大学(环境与土木工程学院)	工程管理	管理科学与工程	—	拥有一级学科硕士点	2015 2016 2017	380/356(理),367/353(文) 392/366(理),385/366(文) 375/356(理),372/355(文)	362/356(理) 368/367(理) 370/367(文) 359/357(理)	BB BB BB	12 8 16 12	—
	南京农业大学(工学院)	工程管理	—	—	设有工程管理教研室,工程质量检测与控制实验室和管理模拟(软件)实验室	2015 2016 2017	373/352(理),373/353(文) 381/363(理),384/367(文) 367/354(理),373/357(文)	359/353(理) 369/363(理) 358/354(理)	AB AB AB	25 22 26	是由我国最早创办的两个农业工程系——原金陵大学农业工程系和原中央大学农业工程系合并发展而来,是我国农业工程学科的发源地之一

续 表

批次	学校（院系）	本科专业方向设置	专业实力			近三年录取情况					特别关注
			硕博士学位点		学科建设	年份	入校分（最高/最低）	专业分（最高/最低）	选测科目等级要求	录取人数	
			硕士	博士							
本科一批	江苏大学（理学院）	工程管理	管理科学与工程	管理科学与工程	拥有管理科学与工程博士后科研流动站，国家重点建设学科，江苏省重点学科	2015 2016 2017	343/319(理)，333/313(文) 363/351(理)，355/345(文) 363/342(理)，367/338(文)	— — 347/343(理)	BB BB BB	— — 8	—
本科一批	南通大学（建筑工程学院）	工程管理	—	—	—	2015 2016 2017	356/327(理)，347/328(文) 366/339(理)，363/343(文) 363/332(理)，354/335(文)	339/330(理) 348/340(理) 345/332(理)	BB BB BB	69 60 71	—
本科二批	天津城市建设学院（管理工程系）现天津城建大学	工程管理	管理科学与工程	—	—	2014 2017	366/312(理) 331/323(理)	340/340(理) 327/327(理)	BB BB	1 1	—
本科二批	上海师范大学（建筑工程学院）	工程管理	—	—	设有上海市属高校中唯一个大型结构工程实验室	2015 2016 2017	352/340(理)，351/340(文) 367/350(理)，363/353(文) 368/340(理)，361/353(文)	— 357/356(文) （工商管理类） 355/353(文) （工商管理类）	BB BB BB	— 5 2	—

注：录取情况涵盖三年，“—”代表没有此项内容或无法获取相关资料。

4

工商管理专业

学科概述

工商管理是指通过运用现代管理理念和方法对企业进行有效的管理和经营的一门专业。作为管理学的一个分支，工商管理着重培养具有扎实的管理学、经济学理论基础，具备规划、组织、领导、协调的基本能力，能够有效进行人际沟通并能胜任企业规划、决策、经营、管理等工作的高级专门人才。

学制四年，学业合格授予管理学学士学位。

相近专业：财务管理、市场营销、会计学、人力资源管理、旅游管理、电子商务、物流管理、国际商务、特许经营管理专业等。

学习内容

工商管理专业开设的主要课程

类别		课程
专业基础课程		高等数学、线性代数、概率论与数理统计、政治经济学、微观经济学、宏观经济学、逻辑学、管理学原理、会计学原理、应用统计学
专业主干课程		运筹学、市场营销学、人力资源管理、运作管理、财务管理、组织行为学、经济法学、管理信息系统、战略管理、管理思想的演变与发展
选修课程	企业管理方向	国际贸易、国际企业管理、市场调查与预测、国际市场营销、管理沟通、企业文化与跨文化管理、证券投资、质量管理、商务谈判、商务案例分析、广告策划、管理会计、电子商务概论、物流管理
	营销管理方向	国际贸易、市场调查与预测、消费心理学、国际市场营销、房地产经营管理、公共关系学、商务谈判、商务案例分析、管理会计、广告策划、电子商务概论、物流管理、国际服务贸易、管理沟通
	财务管理方向	国际贸易、国际企业管理、管理沟通、管理会计、证券投资、审计学、商务案例分析、货币银行学、公司金融学、投资项目管理、房地产经营管理、税收学、电子商务概论、成本会计

注：各校的课程设置会因培养目标的不同而有差异。

毕业去向

工商管理专业毕业生近两年的主要就业去向

职业	工作单位	起薪(元/月)	学历要求	工作内容
策划顾问	管理咨询公司	1800～2500	本科	为企业发展提供方案，进行企业管理咨询与策划
人力资源管理人员	企事业单位	1500～2000	专科、本科	人力资源管理
财务人员	企事业单位、金融机构	1000～3000	专科、本科	财务管理
营销人员	企业	1500～3000	专科、本科	营销、策划
行政管理	企事业单位	1500～2500	本科	单位的日常事务管理

续 表

职　业	工作单位	起薪(元/月)	学历要求	工 作 内 容
高校教师	高等院校	1500～2500	研究生	工商管理及相关专业的教学和科研
公务员	政府机关	1500～2500	本科、研究生	对政府部门的经济事务进行管理、咨询

注：表格中的起薪可能会因为地区差异而存在较大差别。

工商管理专业毕业生主要行业流向及相应平均月薪(人民币:元)

毕业年份	行业流向 TOP3		
2010	储蓄信用中介	其他金融投资业	其他各级党政机关
	3554	3506	2350
2011	储蓄信用中介	其他金融投资业	房地产开发业
	3750	3500	3398
2012	储蓄信用中介	其他金融投资业	物流仓储业
	4361	4088	3183

注:表格中的月薪为该专业本科生毕业半年后平均月薪。2012 届该专业本科生毕业半年后就业率为 92%,工作与专业对口率为 63%,毕业即读研和留学比例为 9.7%。

数据来源:麦可斯-中国 2010、2011、2012 届大学毕业生求职与工作能力调查。

专家提示

1. 关注专业特色

我国以前培养的工商管理人才较少,由于社会需求量较大,目前开设这个专业的学校很多。在众多学校中,应该关注不同学校的师资力量、教学设施等,例如中国人民大学的师资力量和教学设施相对较强,其企业管理为国家重点学科;浙江大学管理学院拥有校级交叉学科研究中心 5 个,校级研究所 12 个,教学实力也较强;南京大学的工商管理专业实力较为雄厚,其现代工商管理为江苏省重点学科。

南开大学、南京大学、北京大学的企业管理为国家二级重点学科。

2. 考虑性格适合

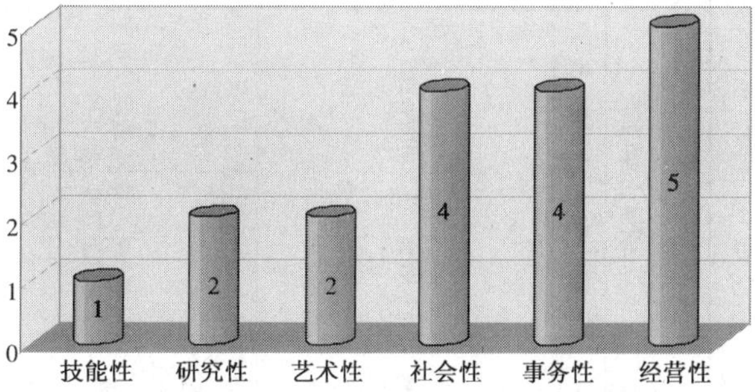

工商管理专业对不同性格特征的需求度

3. 走出常见误区

学工商管理毕业后就从事管理工作吗? 认为管理专业的学生毕业后就可以直接担任管理职务,这是不现实的。对一名本科生来说,必须从基层工作做起,只有在熟悉了各方面的事务,培养了相应的能力,才有可能从事管理工作。

工商管理专业是“万金油”吗? 工商管理专业的特殊性,决定了学生将会学习数学、经济、管理、人际沟通等多方面的知识,故该专业有“万金油”之称。但这些知识的学习程度不深,学生应从一开始就有意识地了解自己的个性特征,根据个人的特点来选择适合自己的专业。

作者:孙峰峰　　修订:李婉君

附表：开设工商管理专业的部分学校（院系）情况

批次	学校（院系）	本科专业方向设置	专业实力：硕博士学位点：硕士	专业实力：硕博士学位点：博士	专业实力：学科建设	近三年录取情况：年份	近三年录取情况：入校分（最高/最低）	近三年录取情况：专业分（最高/最低）	近三年录取情况：选测科目等级要求	近三年录取情况：录取人数	特别关注
本科一批	南京大学（管理学院工商管理系）	工商管理	工商管理	工商管理	拥有工商管理博士后流动站；建有企业跨国经营研究中心、企业战略研究所等科研基地	2015 2016 2017	404/385(理),398/380(文) 414/395(理),407/391(文) 412/387(理),402/384(文)	398/388(理) 393/388(文) 405/399(理) 399/397(文) 406/395(理)（经济管理试验班） 402/392(文)（经济管理试验班）	AA AA AA	52 25 50 20 60 30	南京大学工商管理学最早可以追溯到1902年的三江高等师范时期，那时叫做“商科”，1986年成立企业管理系
本科一批	东南大学（经济管理学院工商管理系）	工商管理	企业管理、行政管理、工商管理	管理科学与工程、系统工程	拥有管理科学与工程、交通运输工程博士后流动站	2015 2016 2017	413/383(理),383/375(文) 419/392(理),394/386(文) 407/384(理),387/379(文)	386/384(理) 398/392(理)（工商管理及管理科学与工程类） —	AB AB AB	22 15 —	东南大学是教育部直属的全国重点大学；是“985工程”和“211工程”重点建设大学之一
本科一批	南京理工大学（经济管理学院企业管理系）	工商管理	企业管理、工商管理	管理科学与工程	拥有管理科学与工程一级学科博士后流动站和博士学位授予权；设有现代管理研究所等科研机构	2015 2016 2017	384/375(理),373/358(文) 393/383(理),382/373(文) 384/374(理),372/362(文)	383/375(理) 388/383(理)（人力资源管理、工商管理、会计学） 376/374(理)（工商管理类）	AB AB AB	9 17 9	学院完成了包括国家自然科学基金、社会科学基金和“863”在内的百余项科研项目
本科一批	南京师范大学（商学院工商管理系）	工商管理	企业管理	决策学	建有南师大国际经济研究所、江苏省高级市场人才培训中心和江苏省企业发展研究中心等研究机构	2015 2016 2017	382/359(理),377/358(文) 392/370(理),391/371(文) 383/360(理),379/362(文)	368/364(理) 365/360(文) 376/373(理) 375/373(文) 366/361(理)（工商管理类） 367/362(文)（工商管理类）	AB AB AB	10 10 12 10 28 32	经国家学位委员会批准，学院与澳大利亚麦考瑞大学联合培养了两届经济学硕士研究生

续表

批次	学校（院系）	本科专业方向设置	专业实力：硕博士学位点 硕士	专业实力：硕博士学位点 博士	专业实力：学科建设	近三年录取情况：年份	入校分（最高/最低）	专业分（最高/最低）	选测科目等级要求	录取人数	特别关注
本科一批	苏州大学（商学院工商管理系）	工商管理	企业管理、工商管理	金融学	金融学为江苏省重点学科；拥有金融证券实验室、会计模拟实验室等现代化教学设施和设备	2015 2016 2017	387/360(理),377/358(文) 396/371(理),385/370(文) 381/360(理),379/359(文)	371/368(理) 368/363(文) 379/376(理) 379/376(文) 369/365(理) 367/361(文)	AB AB AB	8 12 10 11 12 16	—
本科一批	南京林业大学（经济管理学院工商管理系）	工商管理	企业管理、林业经济管理	林业经济管理	建有包括企业管理模拟实验室在内的经济管理实验中心；为省级基础示范实验中心	2015 2016 2017	364/345(理),359/346(文) 379/354(理),378/358(文) 364/338(理),362/340(文)	355/346(理) 370/355(理)(工商管理、市场营销等4个专业) 352/338(理)(工商管理类) 356/340(文)(工商管理类)	BB BB BB	34 12 90 46	南京林业大学于1985年成立经济管理系，1993年成立经济管理学院
本科二批	南京财经大学（工商管理学院工商管理系）	工商管理	企业管理	—	工商管理专业为校级品牌专业；企业管理专业为省级重点学科；技术经济与管理为校重点建设学科；人力资源管理专业为校特色专业	2015 2016 2017	368/342(理),352/341(文) 365/353(理),362/354(文) 373/346(理),362/347(文)	— — 357/347(理) 355/347(文)	BB BB B^+B	— — 40 40	工商管理学院的前身是原南京经济学院工商管理系，目前已成为该校管理学专业覆盖面最大的院(系)
本科二批	天津商业大学（商学院工商管理系）	工商管理	工商管理、企业管理	—	企业管理为天津市重点建设学科；建有管理创新与评价研究中心和经济管理综合实验中心等实验实训中心	2015 2016 2017	343/315(理),341/319(文) 352/338(理),350/343(文) 333/324(理),332/321(文)	335/324(理) 339/332(文) 341/340(理)(工商管理类) 350/346(文)(工商管理类) 328/324(理)(工商管理类、财务管理) 332/330(文)(工商管理类)	BB BB BB	2 3 2 2 6 6	管理类学科始建于1980年，是天津商业大学最早开办的学科专业，也是我国较早开办侧重于商业企业管理专业的院校之一

注：录取情况涵盖三年，“—”代表没有此项内容或无法获取相关资料。

5 市场营销专业

学科概述

市场营销在我国是一门较为新兴的专业，大多设置在管理类或经济类学科中。市场营销专业主要培养具有较强的市场分析能力和预测能力、具有营销方案的策划与组织实施的能力，具有市场研究分析的基本素质，能运用所学的专业知识分析和解决实际问题的高级专门人才。

学制四年，学业合格授予管理学学士学位或经济学学士学位。

相近专业：工商管理、国际经济与贸易、广告学、人力资源管理、旅游管理、商品学、电子商务、物流管理、国际商务、汽车营销专业等。

学习内容

市场营销专业开设的主要课程

类　别	课　　程
专业基础课程	宏观经济学、微观经济学、政治经济学、经济法、管理学原理、现代企业管理、会计学原理、新产品开发管理、营销渠道管理及创新、财务管理学
专业主干课程	营销学原理、服务营销学、营销公共关系、市场营销调研、现代营销沟通、现代推销学、金融营销学、保险营销学、消费者行为学、公关实务、定价策略、电子商务与网络营销、应用统计学、国际市场营销、国际企业管理、现代广告学、商务谈判、消费心理学、中外营销案例分析

注：各校课程设置会因培养目标的不同而有差异。

毕业去向

市场营销专业毕业生近两年的主要就业去向

职　业	工作单位	起薪(元/月)	学历要求	工 作 内 容
市场策划人员	广告企业	2000～3000	本科	企业形象设计，产品策划
咨询人员	咨询公司	2000～3000	本科、研究生	在产品、人事、管理方面为企业的发展提出建议
高校教师	高等院校	1500～2000	本科、研究生	市场营销专业的教学与科研
公务员	政府机关	1500～2000	本科、研究生	对政府部门的经济事务进行管理、咨询
营销人员	企业	1500～3000	专科、本科	营销工作

注：表格中的起薪可能会因为地区差异而存在较大差别。

市场营销专业毕业生主要行业流向及相应平均月薪(人民币:元)

毕业年份	行业流向 TOP3		
2010	储蓄信用中介	电子产品和电器用品零售业	家用电器制造业
	3500	2799	3202
2011	储蓄信用中介	其他金融投资业	房地产开发业
	3533	3633	3952

续 表

毕业年份	行业流向 TOP3		
2012	储蓄信用中介	其他金融投资业	房地产开发业
	4368	4223	3868

注：表格中的月薪为该专业本科生毕业半年后平均月薪。2012 届该专业本科生毕业半年后就业率为 93%，工作与专业对口率为 68%，毕业即读研和留学比例为 7.1%。

数据来源：麦可斯-中国 2010、2011、2012 届大学毕业生求职与工作能力调查。

专家提示

1. 关注专业特色

市场营销专业大多开设在一些综合性大学和财经类院校，如复旦大学、山东大学、东北财经大学等。这些院校主要培养实用性人才，但由于每个院校具有不同特点，侧重点也有所不同。如复旦大学的强项在于培养国际性的营销管理人才；北京大学在培养学生专业素质的同时，更注重学生的计算机和网络技术的应用，注重案例教学；西安交通大学则侧重于国有企业的改革与管理，并且与国外进行合作研究，取得了一定成果；山东大学在市场营销方面研究得较早，学术成果较为丰富，在理论研究方面优势较为明显。

南开大学、南京大学、北京大学的企业管理是国家二级重点学科。

与本专业相关的职业资格证有：市场营销师职业资格证、估价师职业资格证。

2. 考虑性格合适

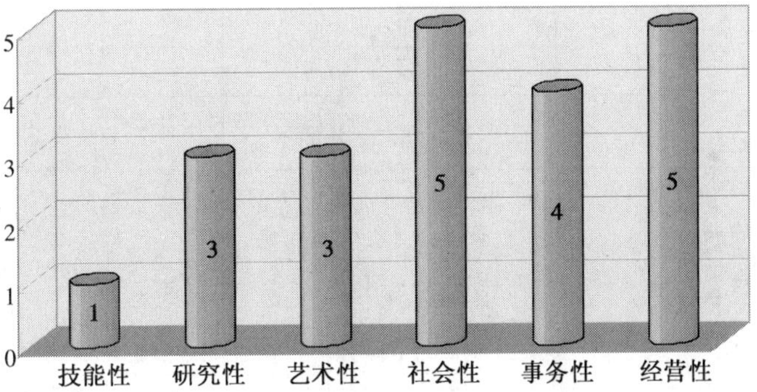

市场营销专业对不同性格特征的需求度

3. 特别提醒

营销是单纯的销售吗？ 许多人认为，营销就是销售，销售就是营销。其实，这是一种错误的认识。事实上，营销是为了满足消费者需求而进行的一系列活动，包括很多内容与环节，有产品销售、产品策划、企业形象设计、销售渠道的设计及企业的宣传等；而销售只是营销中的一个环节。学习市场营销是为了培养市场意识、竞争意识和形象意识，从而具有新一代营销人员必备的素质。

营销行业对从业者的素质要求。 由于在营销这个行业，存在许多易变因素，容易遭遇挫折，这就要求从业者具备良好的心理素质。除了要对市场营销工作有兴趣以外，还需要具备下列素质：性格开朗、积极上进、心胸宽阔、百折不挠等。只有如此，才能够获得有效发展，才有可能在这一领域做出成绩。该行业的工作能最大限度地锻炼人的各种才能，完善自身的人格与品质。

作者：李艳萍　　修订：李婉君

附表：开设市场营销专业的部分学校（院系）情况

批次	学校（院系）	本科专业方向设置	专业实力：硕博士学位点：硕士	专业实力：硕博士学位点：博士	专业实力：学科建设	近三年录取情况：年份	近三年录取情况：入校分（最高/最低）	近三年录取情况：专业分（最高/最低）	近三年录取情况：选测科目等级要求	近三年录取情况：录取人数	特别关注
本科一批	复旦大学（管理学院市场营销系）	市场营销	市场营销	工商管理、应用经济学	建有与中国市场学会合作的“中国市场营销研究中心”；拥有工商管理、应用经济学博士后流动站	2015 2016 2017	415/401（理），401/391（文） 419/416（理），412/403（文） 413/408（理），409/397（文）	406/403（理） 417/416（理）（经济管理试验班） 412/408（理）（经济管理试验班） 400/400（文）（经济管理试验班）	A⁺A A⁺A A⁺A	7 15 6 2	市场营销系是复旦大学1999年设立的
本科一批	中国人民大学（商学院营销系）	市场营销	市场营销管理	市场营销管理	企业管理为国家重点学科；设有中国市场营销研究中心	2015 2016 2017	404/346（理），398/382（文） 413/400（理），405/398（文） 411/394（理），402/392（文）	398/396（理） 394/387（文） 406/403（理）（工商管理类） 401/399（文）（工商管理类） 400/396（理）（工商管理类） 395/392（文）（工商管理类）	A⁺A A⁺A A⁺A	4 4 4 7 4 6	中国人民大学商学院的市场营销本科专业始于1993年，是全国高校中最先开办本科营销专业的学校
本科一批	江西财经大学（工商管理学院市场营销系）	市场营销	企业管理、工商管理	产业经济学	建有产业经济研究中心、民营企业发展研究中心；市场营销专业为省级品牌专业	2015 2016 2017	375/347（理），366/342（文） 386/362（理），373/362（文） 369/351（理），—	355/354（理） 363/362（文） 355/351（理）（工商管理类）	BB BB BB	2 2 2	—
本科一批	上海理工大学（管理学院）	市场营销	企业管理（企业）、国际贸易学、技术经济与管理、工商管理	管理科学与工程	设有MBA教育中心、工商管理研究所、财政金融研究所、商务贸易研究所以及经济管理实验中心	2015 2016 2017	374/357（理），358/350（文） 379/370（理），370/364（文） 369/359（理），364/351（文）	— — —	BB BB BB	— — —	原商学院始建于1988年，可追溯到20世纪30年代的沪江大学城中区商学院，历代校友在商界建树颇多
本科一批	暨南大学（管理学院）	市场营销	企业管理	企业管理	拥有市场营销博士、硕士点，为国家特色专业	2015 2016 2017	380/349（理），374/342（文） 382/369（理），379/370（文） 373/360（理），376/361（文）	— — 362/361（文）	AB AB AB	— — 3	
本科一批	南京大学（商学院）	市场营销	企业管理	企业管理	拥有南京大学市场研究与咨询中心、中国直销研究中心等研究机构，拥有28个博士后流动站，一级学科国家重点学科8个、二级学科国家重点学科13个	2015 2016 2017	404/385（理），398/380（文） 414/395（理），407/391（文） 412/387（理），402/384（文）	398/388（理） 393/388（文） 405/399（理）（工商管理类） 399/397（文）（工商管理类） 406/395（理）（经济管理试验班） 402/392（文）（经济管理试验班）	AA AA AA	52 25 50 20 60 30	有国家重点实验室6个，国家基础学科人才培养基地12个，教育部人文社会科学重点研究基地4个

续　表

批次	学校（院系）	本科专业方向设置	专业实力			近三年录取情况					特别关注
			硕博士学位点		学科建设	年份	入校分（最高/最低）	专业分（最高/最低）	选测科目等级要求	录取人数	
			硕士	博士							
本科一批	南通大学（商学院）	市场营销	经济学、管理学	—	拥有经济学、管理学2个学士学位授权点	2015 2016 2017	356/327(理),347/328(文) 366/339(理),363/343(文) 363/332(理),354/335(文)	347/337(理) 338/330(文) 346/342(理) 348/343(文) 336/335(理) 338/335(文)	BB BB BB	20 130 10 36 16 25	学院建有由“金融工程实验室”和“金蝶K/3ERP实验室”组成的实验中心，以及“南通大学—浪潮集团企业管理信息化研究中心”
本科一批	南京审计大学（管理学院）	市场营销	—	—	管理学院成立于2006年8月	2015 2016 2017	358/341(理),351/338(文) 369/352(理),362/353(文) 381/347(理),383/350(文)	351/341(理) 347/338(文) 358/352(理) 359/353(文) 355/347(理) 355/350(文)	BB BB B^+B	49 48 44 43 26 16	—
本科二批	安徽财经大学（工商管理学院）	市场营销	企业管理	—	企业管理学2008年被列为安徽省B类重点学科	2015 2016 2017	348/341(文) 361/352(理),358/353(文) 343/330(理),339/333(文)	— — —	BB BB BB	— — —	—
本科二批	常州工学院（经济与管理学院）	市场营销	—	—	—	2015 2016 2017	346/321(文) 354/331(理),357/336(文) 339/321(理),330/323(文)	— 341/333(理) 331/322(理) 328/325(文)	BC BC BC	— 33 15 15	—
本科二批	南京财经大学（营销与物流管理学院）	市场营销	企业管理（市场营销）	—	市场营销专业为江苏省教育厅特色专业、学样品牌专业，企业管理是江苏省重点学科	2015 2016 2017	368/342(理),352/341(文) 365/353(理),362/354(文) 329/318(理),332/325(文)	— — 329/318(理) 332/325(文)	BB BB B^+B	— — 20 20	—

注：录取情况涵盖三年，“—”代表没有此项内容或无法获取相关资料。

6

财务管理专业

学科概述

财务管理专业要求学生掌握财务、金融等及管理学、经济学的基本理论和基本知识，接受财务、金融管理方法和技巧的基本训练，掌握财务、金融管理的定性和定量分析方法，具有分析和解决财务、金融问题的基本能力。

学制四年，学业合格授予管理学学士学位。

相近专业：工商管理、会计学、审计学、电子商务、国际商务、会计电算化专业等。

学习内容

财务管理专业开设的主要课程

类别		课程
专业基础课程		马克思主义政治经济学、西方经济学、社会主义经济学、微观经济学、宏观经济学、高等数学、微积分、概率论、线性代数、统计学、财政学、国际贸易、货币银行学、市场营销学、管理学、经济法概论、基础会计、中级财务会计、财经法规与职业道德
专业主干课程		高级财务会计、审计学、财务管理、电算化会计、国际财务管理、国际金融、财务分析、税务运筹与纳税会计、金融市场、证券投资学、成本会计、管理会计、财务管理信息系统
专业选修课程	跨国公司理财方向	专业外语、国际结算、计量经济学、跨国公司理财、管理信息化技术、资本运营、资产评估学
	金融产品理财方向	专业外语、市场营销学、金融会计、管理信息化技术、计量经济学、资产评估学
	政府及非营利组织财务管理方向	财政学、政府及非营利组织会计、计量经济学、管理信息化技术、专业外语
	网络财务方向	管理信息化技术、ERP 沙盘模拟对抗、计量经济学、国际结算、专业外语、资产评估学

注：各校的课程设置会因培养目标的不同而有差异；财务管理专业对学生的数理基础要求较高。

毕业去向

财务管理专业毕业生近两年的主要就业去向

职业	工作单位	起薪(元/月)	学历要求	工作内容
银行管理人员	银行	1800～3000	本科、研究生	业务发展，财务与投资分析
证券业人员	证券、基金公司	1500～3000	本科、研究生	财务与投资分析、项目可行性研究；证券、资信评估
审计员	会计师事务所、审计署特派办及审计局、高校及企事业单位(内审)	1800～3000	本科	基建审计、离任审计、内部审计
会计	银行、高校、医院等	1500～2500	本科	财务核算、资金管理、理财、投资
公务员	行政事业单位	1800～3000	本科	税务检查、审计
高校教师	高等院校	1500～2500	研究生	财务管理及相关专业的教学和科研
科研人员	研究机构	2000～3000	本科、研究生	财务管理相关领域的研究

注：表格中的起薪可能会因为地区差异而存在较大差别。

财务管理专业毕业生主要行业流向及相应平均月薪(人民币:元)

毕业年份	行业流向 TOP3		
2010	储蓄信用中介	会计、审计与税务服务业	其他金融投资业
	3375	3061	3661
2011	储蓄信用中介	会计、审计与税务服务业	其他金融投资业
	3334	3317	3777
2012	储蓄信用中介	会计、审计与税务服务业	其他金融投资业
	4033	3301	3914

注:表格中的月薪为该专业本科生毕业半年后平均月薪。2012 届该专业本科生毕业半年后就业率为 94.5%,工作与专业对口率为 83%,毕业即读研和留学比例为 7.9%。

数据来源:麦可斯-中国 2010、2011、2012 届大学毕业生求职与工作能力调查。

专家提示

1. 关注专业特色

在大多数院校,财务管理专业都是最近十几年内新开设的,是顺应经济发展和社会需求而设立的新专业。该专业注重培养懂财务、懂管理的综合性人才。目前几乎所有财经类院校都开设了该专业,还有部分综合性大学和师范类院校也开设了该专业。但是在不同的院校,财务管理专业开设在不同的院系中。如南京大学的该专业设在会计系,复旦大学设在金融系;中国人民大学则设在商学院。这些院系本身的实力在某种程度上就决定了财务管理专业的实力。另外,财务管理专业的毕业生可以报考工商管理硕士(MBA)。

东北财经大学、上海财经大学、中央财经大学、西南财经大学、中南财经政法大学的会计学是国家二级重点学科。与本专业相关的职业资格证有:理财规划师职业资格证。

2. 考虑性格适合

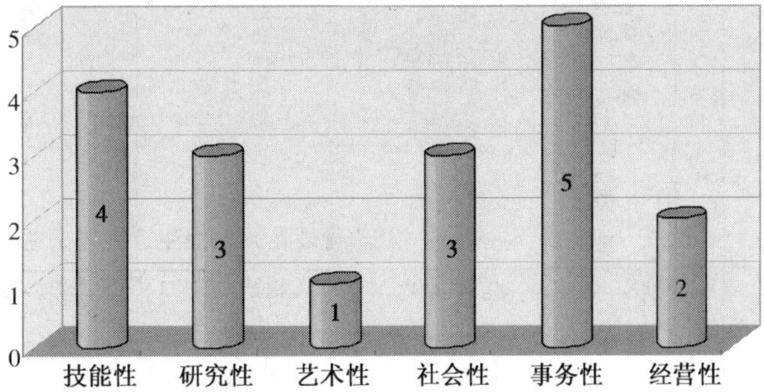

财务管理专业对不同性格特征的需求度

3. 走出常见误区

财务管理等同于会计、记账吗? 虽然会计学专业和财务管理专业通常作为相关专业都会在财经类院校中同时开设,部分财务管理专业甚至设在会计系下,但是这两个专业在具体课程设置方面还是有很大差别的,而且财务管理专业下会设有多个具体方向,有助于该专业学生从事具体岗位的工作或进一步深造。通常,财务管理人员主要从事资金的筹措、运营和分配工作,是一种具有更高管理能力的专门人才。

作者:陈文艳　　修订:李婉君

附表：开设财务管理专业的部分学校（院系）情况

批次	学校（院系）	本科专业方向设置	专业实力			近三年录取情况					特别关注
			硕博士学位点		学科建设	年份	入校分（最高/最低）	专业分（最高/最低）	选测科目等级要求	录取人数	
			硕士	博士							
本科一批	南京大学（商学院—管理学院会计学系）	财务管理	会计学（理财方向）	会计学	江苏省唯一的会计学省级重点学科；设有江苏财务会计与会计研修中心	2015 2016 2017	404/385（理），398/380（文） 414/395（理），407/391（文） 412/387（理），402/384（文）	398/388（理） 393/388（文） 405/399（理）（工商管理类） 406/395（理）（经济管理试验班）（含财管） 402/392（文）（经济管理试验班）（含财管）	AA AA AA	52 25 50 60 30	财务管理专业属于会计学系（原名国际会计系，成立于1993年）
	中国人民大学（商学院财务系）	财务管理	财务管理	财务管理	设有财务理论研究所、会计与财务管理研究所	2015 2016 2017	404/346（理），398/382（文） 413/400（理），405/398（文） 411/394（理），402/392（文）	— — —	A⁺A A⁺A A⁺A	— — —	国内最早培养MBA的学院
	复旦大学（管理学院财务金融系）	财务金融	财务管理、金融工程管理	—	拥有工商管理博士后流动站	2015 2016 2017	415/401（理），401/391（文） 419/416（理），412/403（文） 413/408（理），409/397（文）	406/403（理） 417/416（理）（经济管理试验班） 412/408（理）（经济管理试验班） 400/400（文）（经济管理试验班）	A⁺A A⁺A A⁺A	7 15 6 2	—
	四川大学（工商管理学院）	财务管理	会计学、企业管理	工商管理	拥有工商管理一级学科博士点，企业管理为四川省重点学科	2015 2016 2017	378/369（文） 396/382（理），385/381（文） 394/373（理），380/374（文）	— — —	AA AA AA	— — —	“七五”、“八五”期间，四川大学被确定为国家首批重点建设的大学之一
	扬州大学（商学院）	财务管理	工商管理	—	拥有工商管理一级学科硕士点	2015 2016 2017	371/344（理），360/347（文） 375/353（理），375/358（文） 366/337（理），362/342（文）	351/349（文） 363/355（理） 365/358（文） 352/341（理）（工商管理类） 354/344（文）（工商管理类）	BC BB BB	11 66 19 65 65	扬州大学商学院曾经在早年分设为经济学院和管理学院，于2010年重新合并为商学院

续 表

批次	学校（院系）	本科专业方向设置	专业实力			近三年录取情况					特别关注
			硕博士学位点		学科建设	年份	入校分（最高/最低）	专业分（最高/最低）	选测科目等级要求	录取人数	
			硕士	博士							
本科一批	南京信息工程大学（经济管理学院）	财务管理	管理科学与工程、工商管理	—	拥有会计手工模拟实验室、会计学实验教学中心、经济管理综合实验中心	2015 2016 2017	378/348(理),357/344(文) 383/357(理),370/357(文) 370/342(理),356/340(文)	356/344(文) 365/357(理) 365/358(文) 351/342(理) 350/341(文)	BB BB BB	67 20 18 55 32	经济管理学院成立于2006年8月
	南京财经大学（会计学院财务管理系）	财务管理	会计学（含财务管理方向）	—	会计学为江苏省重点建设学科；财务管理专业为校级特色专业、校级品牌建设专业	2015 2016 2017	368/342(理),352/341(文) 365/353(理),362/354(文) 373/346(理),362/347(文)	— — 359/352(理) 355/348(文)	BB BB B^+B	— — 37 35	—
	南京审计大学（会计学院财务管理系）	财务管理	—	—	设有财务与会计研究所、财会案例工作室	2015 2016 2017	358/341(理),351/338(文) 369/352(理),362/353(文) 381/347(理),383/350(文)	— — 361/353(理) 361/353(文)	BB BB B^+B	— — 52 32	—
本科二批	常州工学院（经济与管理学院）	财务管理	—	—	设有专业实验室和专门实习基地	2015 2016 2017	360/325(理),346/321(文) 354/331(理),357/336(文) 339/321(理),330/323(文)	360/339(理) 354/351(理) 357/340(文) 335/322(理)	BC BC BC	40 34 40 80	—
	淮阴工学院（经济管理学院）	财务管理	—	—	工商管理学科为校级重点学科，有专业实验室和专门实习基地	2015 2016 2017	347/314(理),338/316(文) 346/317(理),343/329(文) 327/304(理),329/313(文)	— 335/320(理)(工商管理类) 339/329(文)(工商管理类) 324/315(文)(工商管理类)	BC BC BC	— 78 89 102	—
	徐州工程学院（管理学院）	财务管理	—	—	财务管理专业为国家级特色专业建设点，设有财务管理教研室、实验室	2015 2016 2017	343/308(理),341/313(文) 352/322(理),348/328(文) 339/312(理),335/315(文)	330/325(文) 346/333(理) 343/336(文) 331/319(理) 327/322(文)	BC BC BC	50 43 50 36 56	—

注：录取情况涵盖三年，“—”代表没有此项内容或无法获取相关资料。

7

人力资源管理专业

学科概述

人力资源管理就是运用科学的方法，对与一定物力相结合的人力进行合理的培训、组织和调配，使人力、物力保持最佳比例，同时对人的思想、心理和行为进行恰当的控制和协调，充分发挥人的主观能动性，使人尽其才、事得其人、人事相宜，以实现组织目标。人力资源管理专业主要培养具有管理、经济、法律及人力资源管理等方面的知识和能力，能从事人力资源管理、研究和教学工作的复合型高级人才。

学制四年，学业合格授予管理学学士学位。

相近专业：工商管理、劳动与社会保障、旅游管理、物流管理、国际商务、特许经营管理、物业管理专业等。

学习内容

人力资源管理专业开设的主要课程

类别		课程
专业基础课程		高等数学、概率论与数理统计、线性代数、微观经济学、宏观经济学、应用统计学、西方经济学、劳动经济学、人力资源统计、企业会计、财务管理、管理会计、管理学、管理思想史、组织行为学、企业文化、公共关系、人事心理学、管理哲学、管理心理学、民商法、管理信息系统、市场营销
专业主干课程		运筹学、薪酬与绩效管理、领导学、人力资源预测与规划、人力资源管理、人才市场学、管理技术、决策理论与方法、企业战略管理、工资与福利理论、人力资源会计、雇佣与培训、劳资关系、面试技巧
专业选修课程	企业人力资源管理	国际贸易、国际企业管理、市场调查与预测、国际市场营销、管理沟通、商务案例分析、人员招聘与甄选、职业生涯规划与管理、组织设计
	公共部门人力资源管理	社会学、社会保障学、保险学、管理沟通、商务案例分析、人员招聘与甄选、职业生涯规划与管理、组织设计

注：各校的课程设置会因培养目标的不同而有差异。

毕业去向

人力资源管理专业毕业生近两年的主要就业去向

职业	工作单位	起薪（元/月）	学历要求	工作内容
人事职员	普通企业	1500～2500	本科	员工关系处理、招聘、培训、薪酬及绩效考评
招聘专员	猎头公司	1500～2500	本科	帮助企业物色不同层次人才，帮助中高级人才谋取合理的职位
培训助理	培训公司	1500～3000	本科	专门帮助企业制定培训计划，并提供相关培训服务
人力资源分析员	管理咨询公司	2000～3000	本科、研究生	为客户提供人力资源各模块的咨询服务，进行相关信息的收集、整理、统计和规划
公务员	事业单位、政府机关	1200～2500	本科、研究生	政府及事业单位人事工作
高校教师	高等院校	1500～2500	研究生	人力资源管理及相关专业的教学和科研

注：表格中的起薪可能会因为地区差异而存在较大差别。

人力资源管理专业毕业生主要行业流向及相应平均月薪(人民币:元)

毕业年份	行业流向 TOP3		
2010	储蓄信用中介	其他各级党政机关	发电和输电业
	3488	2382	3153
2011	房地产开发业	储蓄信用中介	企业管理咨询业
	3575	3729	3237
2012	储蓄信用中介	企业管理咨询业	其他金融投资业
	4350	3614	4240

注:表格中的月薪为该专业本科生毕业半年后平均月薪。2012 届该专业本科生毕业半年后就业率为 92.2%,工作与专业对口率为 66%,毕业即读研和留学比例为 8.8%。

数据来源:麦可斯-中国 2010、2011、2012 届大学毕业生求职与工作能力调查。

专家提示

1. 关注专业特色

在我国,人力资源管理是一个比较新的专业,现在有相当多的学校都开设了此专业,并形成了各自的特色。如中国人民大学注重研究人力资源的宏观方面,即整个社会的保障体系和失业就业问题;南开大学更注重研究微观方面即企业的人力资源运行情况,如培训、薪酬计划等。还有一些大学的人力资源管理专业正处于蓬勃发展期。

人力资源管理及其相关专业的国家二级重点学科分布情况如下:

企业管理:北京大学、南开大学、南京大学;**行政管理**:中国人民大学、中山大学。

与本专业相关的职业资格证有:人力资源管理职业资格证。

2. 考虑性格适合

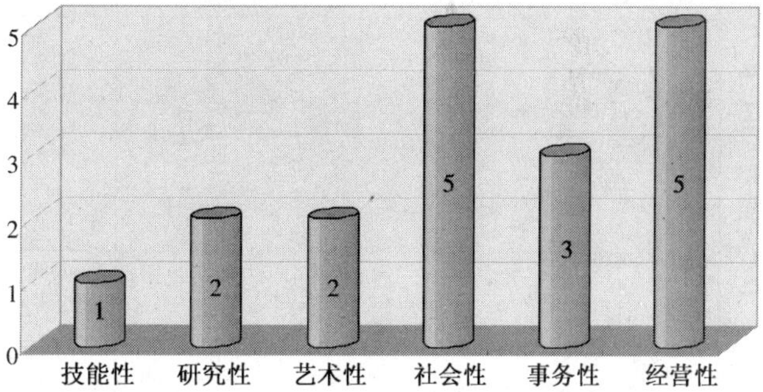

人力资源管理专业对不同性格特征的需求度

3. 走出常见误区

从事人力资源管理工作就是当官吗?很多同学认为搞人力资源管理就可以当官,因为我国传统儒家文化认为管人就是当官。在以人为本的今天,人力资源管理对企业的贡献是巨大的,但是,一个管理体系完善单位的人力资源部门有着其特定的工作内容和性质,人力资源工作者不应该简单地被理解为掌握着员工"生杀大权"的"老板",更应该被视为单位领导及各部门直线负责人的合作伙伴。相对于一个企业中的直线经理而言,人力资源管理者的工作更多的是协助和建议。例如招聘员工,人力资源管理者负责安排整个招聘流程,并运用相关知识和技能对应聘者进行考察,但是最终决定权还是在相关部门的直线经理手上。所以不能简单地认为从事人力资源管理工作就是"当官"。

作者:张煜煜　　修订:李婉君

附表：开设人力资源管理专业的部分学校（院系）情况

批次	学校（院系）	本科专业方向设置	专业实力			近三年录取情况					特别关注
			硕博士学位点		学科建设	年份	入校分（最高/最低）	专业分（最高/最低）	选测科目等级要求	录取人数	
			硕士	博士							
本科一批	中国人民大学（劳动人事学院组织与人力资源管理系）	人力资源管理（企事业单位和公共政府部门方向）	人力资源管理	人力资源管理	人力资源管理专业是劳动人事学院重点发展学科	2015 2016 2017	404/346(理),398/382(文) 407/360(理),405/398(文) 411/394(理),402/392(文)	389/389(文) 399/398(文) 398/398(理) 392/392(文)	A⁺A A⁺A A⁺A	2 2 1 2	国内最早培养人力资源管理专业人才的教学基地和重要的科研基地
本科一批	南开大学（商学院人力资源系）	人力资源管理	人力资源管理	人力资源管理	企业管理（人力资源管理与开发方向）为国家重点学科；设有工商管理博士后流动站	2015 2016 2017	391/380(理),397/374(文) 401/389(理),391/385(文) 394/379(理),387/378(文)	385/384(理)(工商管理类) 388/387(理) 383/381(理)(工商管理类)	AA AA AB⁺	2 2 2	—
本科一批	南京理工大学（经济管理学院企业管理系）	人力资源管理	工商管理	管理科学与工程	设有人力资源管理研究中心	2015 2016 2017	384/375(理),373/358(文) 393/383(理),382/373(文) 384/374(理),372/362(文)	383/375(理)(工商管理类) 388/383(理) 376/374(理)(工商管理类)	AB AB AB	9 17 9	经济管理学院是我国高校中较早成立的经济管理学院
本科一批	河海大学（商学院管理学系）	人力资源管理	企业管理	技术经济及管理（人力资源管理与组织行为方向）	设有人力资源研究中心；拥有工商管理博士后流动站	2015 2016 2017	384/370(理),369/360(文) 402/379(理),382/365(文) 384/368(理),371/359(文)	373/373(理) 365/361(文) 380/380(理) 377/372(文) 371/369(理) 361/360(文)	AB AB AB	1 10 1 3 3 6	商学院始建于1983年，是中国较早建立的管理、经济学科院系之一
本科一批	南京大学（商学院）	人力资源管理	企业管理	人力资源管理	国家级重点学科，江苏省人力资源管理学会和南京大学人力资源管理战略研究所的挂靠单位	2015 2016 2017	404/385(理),398/380(文) 414/395(理),407/391(文) 412/387(理),402/384(文)	398/388(理) 393/388(文) 405/399(理) 402/392(文) (经济管理试验班)(含人资) 406/395(理) (经济管理试验班)(含人资)	AA AA AA	52 25 50 30 60	有国家重点实验室6个，国家基础学科人才培养基地12个，教育部人文社会科学重点研究基地4个

续　表

批次	学校（院系）	本科专业方向设置	专业实力：硕士	专业实力：博士	专业实力：学科建设	年份	入校分（最高/最低）	专业分（最高/最低）	选测科目等级要求	录取人数	特别关注
本科一批	南京师范大学（商学院工商系）	人力资源管理	企业管理、金融学、决策学	决策学	江苏省高级市场人才培训中心等研究机构挂靠商学院；人力资源管理研究为该院管理学科建设项目	2015 2016 2017	343/320(理),338/323(文) 352/332(理),351/338(文) 383/360(理),379/362(文)	336/320(理) 334/323(文) 347/335(理) 349/338(文) 366/361(理)(工商管理类) 367/362(文)(工商管理类)	BB BB AB	20 30 10 20 28 32	该学院近年来的生源质量和毕业生就业水平均在全校名列前茅
本科一批	南通大学（商学院）	人力资源管理	—	—	设有人力资源管理教研室，与省内知名企事业单位合作共建了12个教学实践基地	2015 2016 2017	356/327(理),347/328(文) 366/339(理),363/343(文) 363/332(理),354/335(文)	338/330(文) 354/343(理) 349/344(文) 343/336(文)	BB BB BB	130 10 31 25	建有由“金融工程实验室”和“金蝶K/3ERP实验室”组成的实验中心，以及“南通大学—浪潮集团企业管理信息化研究中心”
本科一批	南京财经大学（工商管理学院）	人力资源管理	企业管理	—	企业管理专业是首批建成的硕士学位点之一，也是省级重点学科	2015 2016 2017	368/342(理),352/341(文) 365/353(理),362/354(文) 373/346(理),362/347(文)	— — 356/347(理) 356/347(文)	BB BB B^+B	— — 20 35	技术经济与管理是学校重点建设学科
本科二批	南京工程学院（经济管理学院）	人力资源管理	—	—	设立人力资源管理教研室、人力资源管理模拟实验室	2015 2016 2017	364/335(理),350/336(文) 372/347(理),359/350(文) 365/326(理),341/332(文)	343/337(理) 342/336(文) 352/345(理) 354/350(文) 334/327(理) 338/332(文)	BB BB BB	16 12 15 10 19 10	—
本科二批	淮阴工学院（经济管理学院）	人力资源管理	—	—	校特色专业，设有人力资源管理实验室	2015 2016 2017	347/314(理),338/316(文) 346/317(理),343/328(文) 327/304(理),329/313(文)	328/316(理) 328/317(文) 335/320(理) 324/315(文) (工商管理类)	BC BC BC	95 97 78 102	—

注：录取情况涵盖三年，“—”代表没有此项内容或无法获取相关资料。

8

旅游管理专业

学科概述

旅游管理专业是根据旅游业蓬勃发展的需求而设置的，主要培养能在各类旅游企业及相关部门从事旅游资源开发和管理的高级专门人才。旅游管理是兼具自然科学和社会科学性质的交叉性专业，要求学生同时具有多方面的知识，在学习工商管理基本理论的基础上，掌握现代旅游管理的基本理论和基本技能。

学制四年，学业合格授予管理学学士学位或理学学士学位。

相近专业：工商管理、市场营销、人力资源管理、电子商务专业等。

学习内容

旅游管理专业开设的主要课程

类别		课程
学科基础课程		高等数学、线性代数、概率统计学、自然地理学、人文地理学、中国通史、管理学原理、西方经济学
专业主干课程		旅游学概论、中国旅游资源、公共关系学、中外礼仪、导游业务与模拟导游、客源国概况、旅游经济学、旅游文化学、旅游景观学、饭店管理概论、旅行社管理概论、旅游心理学与旅游消费行为、旅游法规、旅游英语、饭店英语、旅游规划、旅游地理学、旅游景观与导游实习
专业选修课程	旅游企业管理	企业战略与质量管理、旅行社业务管理实务、饭店餐饮与娱乐管理、饭店前厅与客房管理、旅游人力资源开发与管理、旅游市场营销学、旅游财务与会计、旅游投资学、旅游文秘、旅游广告学
	旅游资源开发与管理	旅游度假区开发与管理、旅游景区管理实务、旅游项目策划与管理、生态旅游与旅游环境保护、遗产保护与遗产旅游、景观生态学导论、旅游景观设计、区域可持续发展、规划制图、旅游广告学
	旅游信息化管理	地理信息系统、旅游管理信息系统、数据库原理、程序设计基础、旅游电子商务、电子地图、虚拟旅游实现技术、旅游广告学
	旅游教育	心理学基础、教育学基础、教育技术学、旅游教育教学法、旅游广告学

注：各校的课程设置会因培养目标的不同而有差异。

毕业去向

旅游管理专业毕业生近两年的主要就业去向

职业	工作单位	起薪(元/月)	学历要求	工作内容
教师	中等职业学校、高等院校	1200～2500	研究生	旅游管理及相关专业的教学和科研
企业职员	旅行社、饭店、景区景点	1000～2500	专科、本科	进行旅游经营活动，如导游、饭店服务、景区景点的讲解与管理
公务员	各级旅游主管部门	2000～3000	本科、研究生	旅游决策、管理
外企职员	外资公司	3000左右	本科、研究生	负责公司具体事务

注：表格中的起薪可能会因为地区差异而存在较大差别。

旅游管理专业毕业生主要行业流向及相应平均月薪(人民币:元)

毕业年份	行业流向 TOP3		
2010	旅客住宿业	旅行与票务服务业	储蓄信用中介
	2596	2559	3338
2011	旅客住宿业	旅行与票务服务业	综合性餐饮业
	2511	2979	2239
2012	旅客住宿业	旅行与实务服务业	综合性餐饮业
	2802	2911	2704

注:表格中的月薪为该专业本科生毕业半年后平均月薪。2012 届该专业本科生毕业半年后就业率为 91.0%,工作与专业对口率为 43%,毕业即读研和留学比例为 7.1%。

数据来源:麦可斯-中国 2010、2011、2012 届大学毕业生求职与工作能力调查。

专家提示

1. 关注专业特色

在全国旅游界比较有名、综合实力较强的院校有南开大学、北京第二外国语学院、复旦大学、华东师范大学等,这些院校的旅游管理专业形成了各自的特色。如北京第二外国语学院注重培养学生的外语能力,同时重视基础理论和专业知识的学习;复旦大学侧重于让学生熟悉国内和国际旅游业的历史、现状和发展趋势,掌握旅游管理的业务知识和基本技能;东南大学侧重旅游文化方面的研究;南京师范大学地理科学学院紧密结合市场需求,对人才培养方向把握准确,毕业生的就业优势明显。

旅游管理及相关专业的国家二级重点学科分布情况如下:

企业管理:北京大学、南开大学、南京大学;**技术经济及管理**:重庆大学;**教育经济与管理**:北京大学、北京师范大学。与本专业相关的职业资格证有:导游资格证、酒店管理师职业资格证。

2. 考虑性格适合

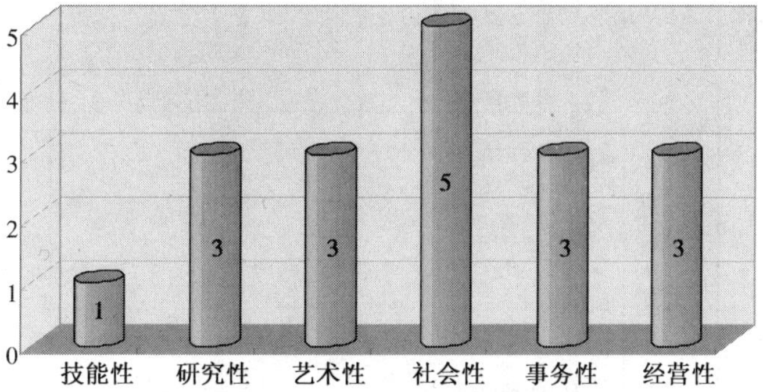

旅游管理专业对不同性格特征的需求度

3. 走出常见误区

旅游管理不注重理论研究吗? 旅游业是一个实践性、操作性很强的行业,特别强调实务,但在理论方面同样要求很高,需要具备全面综合的知识。从课程设置来看,该专业要求学生兼具社会科学和自然科学知识,侧重管理、经营理论的学习,经济和管理类的课程占很大比重;同时也开设实务性强的旅游开发与规划课程,为学生从事具体工作提供指导。旅游学是一门需要多学科背景的学科,要求从业人员具备多学科的知识。

作者:吴巧新　　修订:李婉君

附表：开设旅游管理专业的部分学校（院系）情况

批次	学校（院系）	本科专业方向设置	专业实力			近三年录取情况					特别关注
			硕博士学位点		学科建设	年份	入校分（最高/最低）	专业分（最高/最低）	选测科目等级要求	录取人数	
			硕士	博士							
本科一批	东南大学（人文学院旅游学系）	旅游管理	旅游管理	建筑学（文化遗产保护与游旅规划方向）	旅游管理是省级特色学科；设有5个校级研究机构以及4个教研室	2015 2016 2017	413/383(理)，383/375(文) 412/392(理)，394/386(文) 407/384(理)，387/379(文)	— — —	AB AB AB	— — —	教育部直属重点大学中率先通过优秀评估的旅游管理专业
	复旦大学（旅游系）	旅游管理	旅游管理	旅游管理	设有旅游管理教研室	2015 2016 2017	415/401(理)，401/391(文) 419/416(理)，412/403(文) 413/408(理)，409/397(文)	406/403(理)（经济管理试验班） 417/416(理)（经济管理试验班） 412/408(理) 400/400(文)（经济管理试验班）（含旅管）	— A⁺A A⁺A	7 15 6 2	1993年历史学系设立旅游管理专业，1995年招收旅游管理硕士研究生，2002年旅游学系正式建立
	北京第二外国语学院（旅游管理学院旅游管理系）	旅游管理	旅游管理	—	旅游管理是北京市重点建设学科	2015 2016 2017	370/358(理)，375/358(文) 379/370(理)，382/368(文) 367/358(理)，372/359(文)	367/367(理) 373/373(理) 359/359(理)	BB BB BB	1 1 1	—
	南京师范大学（地理科学学院旅游系）	旅游管理	旅游管理	—	—	2015 2016 2017	382/359(理)，377/358(文) 392/370(理)，391/371(文) 383/360(理)，379/362(文)	362/360(理) 361/359(文) 373/370(理) 374/372(文) 362/361(理) 364/363(文)	AB AB AB	7 2 5 4 2	江苏省最早创办的高等旅游管理专业，也是江苏省旅游局与高等院校唯一的联合办学单位
	南开大学（商学院旅游管理系）	旅游管理	旅游管理	旅游管理	1995年南开大学旅游学系被世界旅游组织列入世界主要旅游教育机构名录	2015 2016 2017	391/380(理)，379/374(文) 401/389(理)，391/385(文) 394/379(理)，387/378(文)	— — 380/379(理)（旅游管理类）	AA AA AB⁺	— — 2	国家旅游局和南开大学于1981年联合创办

续 表

批次	学校（院系）	本科专业方向设置	专业实力：硕博士学位点：硕士	专业实力：硕博士学位点：博士	专业实力：学科建设	近三年录取情况：年份	近三年录取情况：入校分（最高/最低）	近三年录取情况：专业分（最高/最低）	近三年录取情况：选测科目等级要求	近三年录取情况：录取人数	特别关注
本科一批	中国海洋大学（管理学院旅游学系）	旅游管理	旅游管理	—	旅游学系设有旅游规划与开发等5个教研室；另设区域旅游开发管理研究所、旅游规划中心、酒店管理与旅游培训中心	2015 2016 2017	378/365(理),371/357(文) 384/376(理),382/371(文) 378/365(理),367/364(文)	— — —	AB AB AB	— — —	—
本科一批	浙江工商大学（旅游与城市管理学院旅游管理系）	旅游管理	旅游管理	—	旅游管理是浙江省唯一重点学科；设有现代旅游管理实验室、浙江省旅游科学研究所、财政部重点实验基地	2015 2016 2017	367/346(理),361/347(文) 372/358(理),375/359(文) 365/349(理),363/349(文)	351/349(理) 363/362(理) 350/350(文) 349/349(理)	BB BB BB	2 2 1 1	是全国创办旅游管理专业较早的院系之一
本科一批	扬州大学（旅游烹饪学院）	旅游管理	旅游管理	—	旅游管理为校级重点学科	2015 2016 2017	354/333(理),348/335(文) 355/336(理),361/349(文) 366/337(理),362/342(文)	342/333(理) 341/335(文) — 347/343(文)（旅游管理类） 354/337(理)（旅游管理类）	BB BB BB	50 160 — 50 46	—
本科一批	南通大学（地理科学学院）	旅游管理	—	—	旅游管理专业与英国、夏威夷太平洋大学签订了合作办学协议	2015 2016 2017	356/327(理),347/328(文) 366/339(理),363/343(文) 363/332(理),354/335(文)	333/327(理) 342/339(理) 336/332(理) 340/335(文)	BB BB BB	76 42 39 40	—
本科一批	南京财经大学（工商管理学院）	旅游管理	企业管理	—	旅游管理专业是校级品牌专业	2015 2016 2017	368/342(理),352/341(文) 365/353(理),362/354(文) 373/346(理),362/347(文)	— — 352/346(理) 350/347(文)	BB BB B^+B	— — 10 18	—
本科二批	上海师范大学（旅游学院旅游学系）	旅游管理	旅游管理	中国古典文献学（旅游文学与文化研究方向）	设有上海旅游标准化研究室、上海师范大学城市生态与环境修复重点实验室等科研机构	2015 2016 2017	352/340(理),351/340(文) 367/350(理),363/353(文) 368/340(理),361/353(文)	— — —	BB BB BB	— — —	是上海旅游资源与文化发展创新基地

注：录取情况涵盖三年，“—”代表没有此项内容或无法获取相关资料。

9

劳动与社会保障专业

学科概述

劳动与社会保障主要包括劳动人事管理、社会保险、社会救助、社会福利、社会优抚安置等内容，它主要研究劳动与社会保障的理论及其规律和方法，是一门注重理论与实践相结合、重视学生实际操作技能培养的应用型专业。劳动与社会保障专业属于管理学的范畴，是公共管理学的一个重要分支，旨在培养具备经济学、管理学、社会学和社会保障学的专业知识，掌握现代管理技术和方法，能在政府劳动和社会保障机构、大中型企业事业单位、政策研究部门、学校及科研单位从事劳动与社会保障相关工作的专门人才。

学制四年，学业合格授予管理学学士学位。

相近专业：行政管理、公共事业管理、土地资源管理、公共关系学、公共政策学、城市管理、社会工作、劳动关系、文化产业管理、国防教育与管理以及人力资源管理专业等。

学习内容

劳动与社会保障专业开设的主要课程

类别		课程
专业基础课程		高等数学、线性代数、概率论与数理统计、法律基础、社会调查研究方法、管理学原理、西方经济学、组织行为学、保险学、统计学、行政学与行政法、公共政策、现代社会学
专业主干课程		劳动经济学、劳动社会学、社会保险、社会保障概论、劳动法与社会保障、劳动关系学、社会保障基金管理、薪酬管理、管理信息系统、人力资源管理、公共管理学、就业概论与劳动政策
专业选修课程	人力资源管理	组织行为学、企业经济活动概要、计量经济学、人力资源测评、劳动人事管理学、公共经济学、现代企业制度、社会心理学、公共关系学、当代中国社会问题研究、政治社会学、劳动理论与实务热点问题研究、劳动与社会保障专业概论、金融学
	社会保障	社会工作、老年社会保障研究、社会老年学、中国社会保障政策分析、中外社会保障比较、劳动与职业社会学、公共经济学、社会心理学、公共关系学、当代中国社会问题研究、政治社会学、现代企业制度、劳动理论与实务热点问题研究、社会福利与社会救济、劳动与社会保障专业概论、金融学

注：该专业的学科方向和课程设置偏文科；各校的课程设置会因培养目标的不同而有差异。

毕业去向

劳动与社会保障专业毕业生近两年的主要就业去向

职业	工作单位	起薪(元/月)	学历要求	工作内容
行政助理	三资、私营、国有企业	1200～2500	本科	协助人力资源部门或经理从事企划、人事、文秘工作
公务员	劳动部门	1200～2500	本科、研究生	行政内勤和文案写作
高校教师	高等院校	1500～2000	研究生	劳动与社会保障及相关专业的教学和科研
文员、管理人员	商业保险公司	1500～2500	本科	事务性及管理工作

注：表格中的起薪可能会因为地区差异而存在较大差别。

劳动与社会保障专业毕业生主要行业流向及相应平均月薪(人民币:元)

毕业年份	行业流向 TOP3		
2010	储蓄信用中介	其他各级党政机关	人力资源与社会保障政府部门
	4286	2388	2635
2011	储蓄信用中介	保险机构	其他金融投资业
	4289	2816	2960
2012	储蓄信用中介	人力资源与社会环境政府部门	其他金融投资业
	3928	3022	3769

注:表格中的月薪为该专业本科生毕业半年后平均月薪。2012 届该专业本科生毕业半年后就业率为 92.5%,工作与专业对口率为 54%,毕业即读研和留学比例为 19.2%。

数据来源:麦可斯-中国 2010、2011、201 届大学毕业生求职与工作能力调查。

专家提示

1. 关注专业特色

过去,我国高等院校没有劳动与社会保障专业,劳动与社会保障的有关理论和操作方法分散在劳动经济、社会工作等相关专业中。随着社会需求的提高,教育部于 1998 年新增设了劳动与社会保障专业。作为一个新建的专业,大部分院校都是依托原有的师资或专业开设的,因此,其特色就和所依托专业的实力相关。开设该专业的院校在专业培养方向、师资力量、综合素质培训、毕业生就业等方面都会有一些差异,如中国人民大学劳动人事学院下设的劳动与社会保障专业注重劳动经济研究;南京师范大学金陵女子学院的该专业偏重的是人力资源管理研究;东南大学的该专业偏重于医疗保险研究。

武汉大学的劳动与社会保障专业是国家二级重点学科。

2. 考虑性格适合

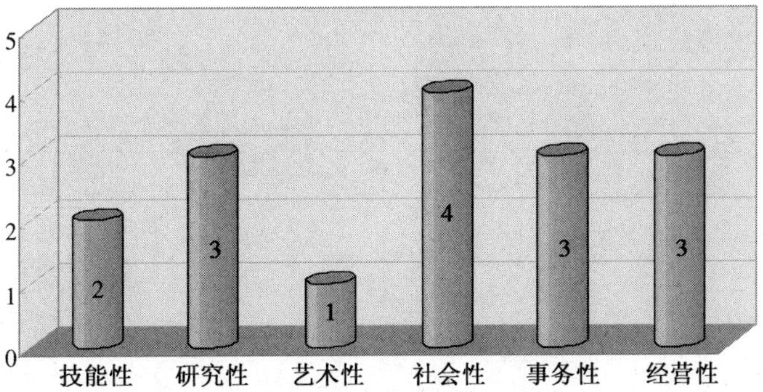

劳动与社会保障专业对不同性格特征的需求度

3. 走出常见误区

社会保障等于社会福利吗？很多学生和家长对劳动与社会保障的概念不是很清楚，认为社会保障就是社会福利，就是和下岗工人、孤寡老人打交道。其实社会福利本身有狭义和广义之分，狭义的社会福利是指国家对鳏寡孤独病残等社会弱势群体提供的福利性质的服务与保障措施；广义的社会福利是指国家和社会为改善和提高全体社会成员的物质和精神生活所实行的社会福利措施，如社区福利服务、企业职工福利、教育福利、公共卫生福利等。目前中国的社会福利，只是社会保障体系的一部分。当前，我国的劳动与社会保障主要包括劳动人事管理、社会救助、社会保险（包括工伤、医疗、失业、养老和生育保险）、社会福利、社会优抚等内容。因此，将社会保障等同于社会福利是片面的。

社会保障专业的学生就业前景不乐观吗？有些人认为劳动与社会保障专业的名称似乎不够响亮，不像人力资源管理专业那样时髦，因此觉得就业前景黯淡，这个顾虑其实是多余的。在我国政府机构改革中，国家已设立了劳动与社会保障部，各级地方政府也有与之相应的机构。随着社保体系的逐步完善，在构建和谐社会的大环境下，对社保专业人才的潜在需求还是很大的。当前劳动和社会保障部门从业人员中懂劳动的多，但懂社会保障的少；民政部门实施社会救济和社会优抚等社会保障项目，急需专业人员承担相应的工作；大中型企事业单位更是非常需要新的劳动人事管理或人力资源管理人才，越来越多的企业希望企业年金、劳工关系、员工福利等工作有专业人员承担。随着我国社会保障事业的发展，各级各类保险机构、社会保险基金管理与监督机构以及慈善机构等社会保障机构不断增多，都需要大量具有这方面专业知识的人才，学生还可以往商业保险方向发展，所以说这个专业前景广阔。

作者：戴舒翎　张伶俐　　修订：李婉君

附表：开设劳动与社会保障专业的部分学校（院系）情况

批次	学校（院系）	本科专业方向设置	专业实力：硕博士学位点：硕士	专业实力：硕博士学位点：博士	专业实力：学科建设	近三年录取情况：年份	近三年录取情况：入校分（最高/最低）	近三年录取情况：专业分（最高/最低）	近三年录取情况：选测科目等级要求	近三年录取情况：录取人数	特别关注
本科一批	中国人民大学（劳动人事学院社会保障系）	劳动与社会保障	社会保障、劳动经济学、人力资源管理	劳动经济学、社会保障、人力资源管理	国家唯一的劳动经济学重点学科；设有中国社会保障研究中心、劳动经济和劳动关系研究所等研究机构；拥有劳动科学学术资料信息中心和劳动科学实验室	2015 2016 2017	404/346（理），398/382（文） 407/360（理），405/398（文） 411/394（理），402/392（文）	— — —	A⁺A A⁺A A⁺A	— 2 —	学院成立于1983年，是由中国人民大学与原国家劳动人事部联合创办；2000年隶属中国人民大学。该学院已成为中国最重要的劳动和社会保障、人力资源管理专业人才的培养基地
	南京农业大学（公共管理学院）	劳动与社会保障	—	—	拥有公共管理博士后流动站	2015 2016 2017	373/352（理），373/353（文） 381/363（理），384/367（文） 367/354（理），373/357（文）	357/356（理） 356/354（文） 369/365（理） 370/367（文） 358/356（理） 358/357（文）	AB AB AB	2 7 2 7 2 5	公共管理学科被评为农业部、江苏省重点学科
	南京师范大学（社会发展学院）	劳动与社会保障	社会保障	—	拥有社会学研究所等10个校级科研机构	2015 2016 2017	382/359（理），377/358（文） 392/370（理），391/371（文） 383/360（理），379/362（文）	363/360（理） 363/358（文） 372/370（理） 374/371（文） 362/360（理） 363/363（文）	AB AB AB	3 14 4 10 10 4	—
	武汉大学（政治与公共管理学院公共管理系）	劳动与社会保障	社会保障	社会保障	设有教育部人文社会科学重点研究基地“社会保障研究中心”；拥有公共管理博士后流动站	2015 2016 2017	407/380（理），388/378（文） 401/389（理），398/388（文） 394/381（理），392/380（文）	378/378（文） 389/389 —	AB⁺ AB⁺ AB⁺	1 2 —	社会保障研究中心是目前社会保障领域全国惟一一个重点研究基地

续 表

批次	学校（院系）	本科专业方向设置	专业实力			近三年录取情况					特别关注
			硕博士学位点		学科建设	年份	入校分（最高/最低）	专业分（最高/最低）	选测科目等级要求	录取人数	
			硕士	博士							
本科一批	西南财经大学（保险学院）	劳动与社会保障	劳动经济学、行政管理、社会保障、保险学	劳动经济学（社会保障方向）、保险学	—	2015 2016 2017	386/372(理),379/363(文) 388/375(理),380/365(文) 385/373(理),378/368(文)	381/381(理) 383/383(理) —	AB AB AB	1 1 —	保险学院是全国首批设置保险专业的4所院校之一，是国内普通高校中唯一的、规模最大的保险专业学校
本科一批	南京财经大学（公共管理系）	劳动与社会保障	劳动经济学	—	设有劳动与社会保障教研室	2015 2016 2017	368/342(理),352/341(文) 365/353(理),362/354(文) 373/346(理),362/347(文)	346/342(理) 344/341(文) 354/353(理) 358/354(文) 351/347(理) 350/347(文)	BB BB B^+B	13 18 12 5 10 18	—
本科一批	山西财经大学（公共管理学院）	劳动与社会保障	劳动经济学、社会保障	—	设有人力资源与社会保障研究所等校级科研机构	2015 2016 2017	338/316(理),340/323(文) 340/318(理),348/330(文) 347/331(理),346/336(文)	334/334(文) 340/340(文) 339/339(文)	BB BB BB	1 1 1	该学院是2001年在劳动经济系、法政系和经济学系国民经济管理专业的基础上，整合、组建而成
本科二批	北京物资学院（劳动人事系）	劳动与社会保障	劳动经济学	—	—	2015 2016 2017	343/331(理),338/325(文) 355/342(理),349/346(文) 334/326(理),331/329(文)	327/327(文) 346/346(文) —	BB BB BB	1 1 —	—

注：录取情况涵盖三年，“—”代表没有此项内容或无法获取相关资料。

10

土地资源管理专业

学科概述

土地资源管理是运用经济学、管理学、资源学以及工程技术学等学科的基本理论和方法，研究土地资源的开发、利用、整理、保护以及评价的跨学科综合性专业。该专业培养能够从事国土规划和管理，房屋土地评估、咨询、策划，农牧区域规划、市政工程规划、设计和施工的应用型人才。

学制四年，学业合格授予理学学士学位或管理学学士学位。

相近专业：行政管理、公共事业管理、公共政策学、城市管理、城市规划、社会工作、房地产经营管理、项目管理、物业管理专业等。

学习内容

土地资源管理专业开设的主要课程

类　别	课　　程
专业基础课程	办公自动化、计算机语言、法律基础、西方经济学、环境生态学、城市规划、自然地理学、经济地理学、城市地理学、会计学、信息系统、管理学、行政管理学、地理信息系统
专业主干课程	土地管理基本制度、地籍管理基础、土地估价理论与方法、土地管理信息系统、土地利用规划学、土地经济学、资源经济学、土地市场、土地资源管理、地图学、地籍测量、城镇土地分等定级、土地金融学、土地法学、房地产开发经营、不动产评估、房地产法律制度、遥感原理及应用、全球定位系统

注：各校的课程设置会因培养目标的不同而有差异。

毕业去向

土地资源管理专业毕业生近两年的主要就业去向

职　业	工作单位	起薪(元/月)	学历要求	工 作 内 容
公务员	国土管理、建设等部门	2000～3000	本科、研究生	土地管理相关工作
教师	中、高等院校	1500～2500	本科、研究生	土地资源管理及相关专业的教学与科研
不动产评估人员	土地、房产评估咨询公司	1500～2500	本科、研究生	不动产价格评估，项目咨询策划
房地产开发人员	房地产开发公司	1500～2500	本科、研究生	房产、土地项目的策划和开发
软件开发人员	IT 公司	1500～2500	本科、研究生	地理信息系统、管理信息系统以及一般应用软件的开发

注：表格中的起薪可能会因为地区差异而存在较大差别。

土地资源管理专业毕业生主要行业流向及相应平均月薪(人民币:元)

毕业年份	行业流向 TOP3		
2009	城市规划建设管理部门	其他各级党政机关	地产代理和经纪人办事处
	2563	1897	2043
2010	其他地产相关业	地产代理和经纪人办事处	其他各级党政机关
	2661	3348	2656

续 表

毕业年份	行业流向 TOP3		
2011	房发产开发业	其他地产相关业	城市规划建设管理部门
	3562	2417	2438

注：表格中的月薪为该专业本科生毕业半年后平均月薪。2010 届该专业本科生毕业半年后就业率为 87.8%，工作与专业对口率为 65%，毕业即读研和留学比例为 6%。

数据来源：麦可斯-中国 2009、2010、2011 届大学毕业生求职与工作能力调查。

专家提示

1. 关注专业特色

土地资源管理专业一般在三类高校中开设，即综合性高校、师范类院校以及农业类院校。此外，一些工科院校如同济大学也有土地管理专业，不过专业偏向信息系统、测量等工程方向。此外，土地资源管理专业在各学校存在的形式也有所不同，因此，考生在选择院校时要特别关注研究重点和师资力量。譬如中国人民大学的土地管理专业是全国最早建立的，参与了国土资源部一系列规程的制定；南京农业大学在全国第一个建立了土地管理学院，该院在土地利用规划方面具有优势；中国农业大学也是全国土地管理起步较早的院校之一，其他值得关注的院校还有北京师范大学、南京大学、南京师范大学、华中农业大学、同济大学等。

土地资源管理及相关专业的国家二级重点学科分布情况如下：

土地资源管理：南京农业大学；**农业经济管理**：中国农业大学、南京农业大学、华南农业大学、中国人民大学、华中农业大学、西北农林科技大学。

与本专业相关的职业资格证有：城市规划师职业资格证、测量员职业资格证、土地代理职业资格证、土地登记代理人职业资格证等。

2. 考虑性格适合

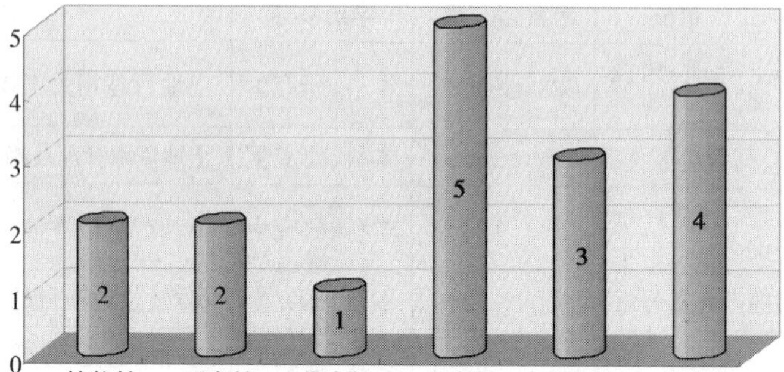

土地资源管理专业对不同性格特征的需求度

3. 走出常见误区

土地资源管理专业的毕业生主要进土地管理局吗？有人认为土地管理专业的毕业生主要进入土地管理局，就业面窄，就业难度大。近几年国家机关人事制度改革，其下属事业单位都进行了脱钩改制变成了企业，毕业后进入国家机关尤其是土地管理部门已不是该专业的主要就业去向。学生需要适应市场经济条件下企业的要求，真正改变就业观点，面向企业，如进入评估公司、规划公司等。

作者：杜 彬　　修订：李婉君

附表：开设土地资源管理专业的部分学校（院系）情况

批次	学校（院系）	本科专业方向设置	专业实力：硕博士学位点 硕士	专业实力：硕博士学位点 博士	专业实力：学科建设	近三年录取情况：年份	近三年录取情况：入校分（最高/最低）	近三年录取情况：专业分（最高/最低）	近三年录取情况：选测科目等级要求	近三年录取情况：录取人数	特别关注
本科一批	南京农业大学（公共管理学院）	土地资源管理	土地资源管理	土地资源管理	拥有公共管理博士后流动站	2015 2016 2017	373/352(理),373/353(文) 381/363(理),384/367(文) 367/354(理),373/357(文)	362/360(理) 358/356(文) 379/369(理) 371/369(文) 364/359(理) 363/357(文)	AB AB AB	4 3 5 4 6 4	全国建立的第一个土地管理学院
	中国矿业大学（环境与测绘学院土地管理系）	土地资源管理	土地资源管理	土地资源管理	设有江苏省资源环境信息工程重点实验室、教育部矿山生态修复工程研究中心	2015 2016 2017	364/344(理),355/346(文) 383/362(理),371/362(文) 380/352(理),358/351(文)	— — —	AB B⁺B B⁺B	— — —	—
	中国人民大学（公共管理学院土地管理系）	土地资源管理	房地产经济学、土地资源管理	土地资源管理（含房地产经营管理）	—	2015 2016 2017	404/346(理),398/382(文) 407/360(理),405/398(文) 411/394(理),402/392(文)	— — —	A⁺A A⁺A A⁺A	— — —	1985年设立全国第一个管理专业；土地资源管理博士点是国内最早的经教育部批准的两个博士点之一
	中国农业大学（资源与环境学院土地资源管理系）	土地资源管理	土地利用与信息技术、土地资源管理	土地利用与信息技术、土地资源管理	建有农业部土壤和水重点开放实验室	2015 2016 2017	376/367(理),351/348(文) 382/374(理),378/368(文) 380/367(理),363/357(文)	374/369(理) 376/370(理) 369/369(理)	AB AB AB	4 4 1	该校由原北京农业大学更名
	华中农业大学（土地管理学院土地管理系）	土地资源管理	土地资源管理	土地资源管理、土地经济管理	该专业为湖北省重点学科	2015 2016 2017	361/348(理),355/344(文) 374/359(理),366/360(文) 361/348(理),355/347(文)	— — —	B⁺B B⁺B B⁺B	— — —	—

续 表

批次	学校（院系）	本科专业方向设置	专业实力：硕博士学位点 硕士	专业实力：硕博士学位点 博士	专业实力：学科建设	近三年录取情况：年份	入校分（最高/最低）	专业分（最高/最低）	选测科目等级要求	录取人数	特别关注
本科一批	华南农业大学（公共管理学院土地资源管理系）	土地资源管理	土地资源管理	土壤学	设有华南农业大学国土资源研究中心及土地资源管理实验室	2015 2016 2017	371/344(理) 375/348(理) 348/340(理)	— — —	BB BB BB	— — —	—
本科一批	西南大学（资源环境学院土地资源管理系）	资源环境与城乡规划管理	土地资源管理	土壤学（土地资源与信息技术方向）	—	2015 2016 2017	359/348(理),367/351(文) 380/361(理),370/354(文) 379/354(理),364/357(文)	355/350(理) — —	B^+B B^+B B^+B	2 — —	—
本科一批	江苏师范大学（原徐州师范大学）（测绘学院国土资源系）	土地资源管理	—	—	学院下设地球空间科学与工程研究中心、土地规划研究所、现代大地测量实验中心以及土地规划与利用、土地信息系统等实验室	2015 2016 2017	362/327(理),352/329(文) 362/337(理),360/343(文) 382/337(理),370/338(文)	345/327(理) 341/337(理) —	BC BC BC	40 17 —	徐州师范大学测绘学院的前身是国土信息与测绘工程系
本科二批	江西农业大学（国土资源与环境学院）	土地资源管理	土地资源管理	—	江西省重点学科，江西省品牌专业	2015 2016 2017	331/321(理),333/324(文) 339/328(理),338/330(文) 330/319(理),329/324(文)	322/321(理) 333/333(文) 330/329(理) 335/332(文) 324/320(理)	BB BB BB	2 1 2 2 3	—
本科二批	安徽财经大学（财政与公共管理学院）	土地资源管理	—	—	—	2015 2016 2017	354/340(理),348/341(文) 361/352(理),358/353(文) 343/330(理),339/333(文)	— — —	BB BB BB	— — —	2007年正式设置土地资源管理本科专业，并成立土地资源管理系

注：录取情况涵盖三年，“—”代表没有此项内容或无法获取相关资料。

11

图书馆学专业

学科概述

图书馆学是研究科学文献的收集、整理、保藏和读者利用以及文献信息交流和传播规律的应用性学科。它以现代图书馆事业作为主要学习和研究对象，探讨图书馆工作的理论和实践问题。随着信息技术的发展，尤以信息的检索、数字化图书馆的发展为研究重点，具有专业性强、实践能力要求高等特点。该专业主要培养具备现代管理知识和图书馆基础理论知识，具有熟练运用现代化手段收集、整理和开发利用文献信息的能力，能在图书情报机构和各类企事业单位从事信息开发利用、管理以及文秘工作的专业人才。

学制四年，学业合格授予管理学学士学位。

相近专业：档案学、信息管理与信息系统、会展经济与管理、劳动关系、编辑出版学专业等。

学习内容

图书馆学专业开设的主要课程

类 别	课 程
专业基础课程	高等数学、计算机基础、C 语言、数据结构、大众传播、文化史、应用写作
专业主干课程	信息学概论、信息管理导论、图书馆学原理、文献资源建设、信息分析与研究、文献编目、文献标引、图书馆管理、社科文献检索、目录学、图书馆自动化、图书馆现代化技术、文献计量学、书目控制论、知识产权概论、计算机检索导论、系统分析与设计

注：各校的课程设置会因培养目标的不同而有差异。

毕业去向

图书馆专业毕业生近两年的主要就业去向

职 业	工作单位	起薪(元/月)	学历要求	工 作 内 容
采编人员	图书馆	1200～2000	本科	图书馆的中西文书籍采购及编目
技术人员	图书馆	1200～2000	本科	局域网的维护和图书馆网页的制作
信息咨询人员	图书馆、国家事业单位文献信息中心、科研情报中心、企业信息部门	1200～2000	本科、研究生	中外文数据库的检索
高校教师	高等院校	1500～2500	研究生	图书馆学及相关专业的教学和科研

注：表格中的起薪可能会因为地区差异而存在较大差别。

专家提示

1. 关注专业特色

开设图书馆学专业知名的院校有北京大学、武汉大学、南京大学。这三所学校都设有该专业的硕士、博士点。近年来，随着信息技术的发展，不少高校开设的图书馆学形成了各自的特色，譬如北京大学2001年开设了“信息资源管理：数字图书馆专业”；武汉大学开设了“数字图书馆与网络资源管理专业”；四川大学增加了知识管理和电子商务的有关课程；南京政治学院上海分院信息管理系增设了网络信息资源组织与利用、军事信息学等课程。

北京大学的图书馆学专业是国家二级重点学科。

2. 考虑性格适合

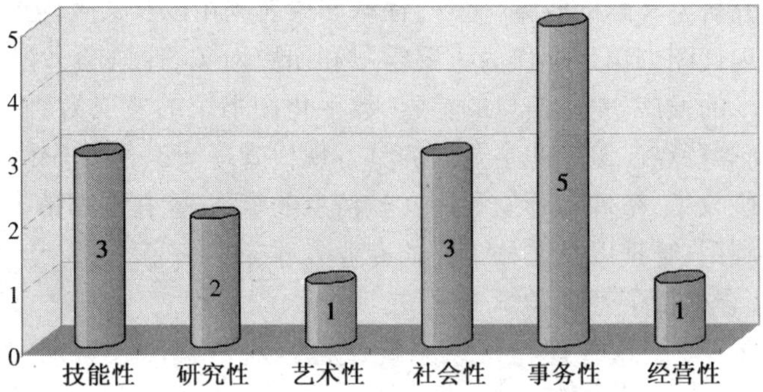

图书馆学专业对不同性格特征的需求度

3. 走出常见误区

图书馆只是借书还书的地方吗？在人们的印象中，图书馆就是借书还书的地方，其实不然。在知识经济时代，随着图书馆网络化、数字化的发展，未来的图书馆将不再只是人们心目中“借书还书”的地方，而是“知识、信息传播与交流中心”、人们的“终身教育和文化娱乐中心”。

图书馆的工作无技术、无知识性吗？由于人们对图书馆重要性的忽视，就连高校图书馆也有一些非专业人士在从事图书管理工作，让人们觉得图书馆的工作什么人都能干，没有什么技术性和知识性。在发达国家，图书馆工作人员必须具有双学位。因此在信息时代，图书馆急需既懂信息技术又懂专业知识的专业人员，要求图书馆的管理者应成为专家型、服务型的学者。

作者：张建芬　　修订：李婉君

附表：开设图书馆学专业的部分学校（院系）情况

批次	学校（院系）	本科专业方向设置	专业实力			近三年录取情况					特别关注
			硕博士学位点		学科建设	年份	入校分（最高/最低）	专业分（最高/最低）	选测科目等级要求	录取人数	
			硕士	博士							
本科一批	武汉大学（社会科学学部信息管理学院）	图书馆学	图书馆学、出版发行学、信息资源管理、情报学、档案学	情报学、档案学、图书馆学、信息资源管理	“武汉大学信息资源研究中心”为国家人文社会科学重点研究基地；设有“国家信息资源管理（武汉）研究基地”；拥有图书馆、情报与档案管理博士后流动站	2015 2016 2017	407/380（理），388/378（文） 401/389（理），398/388（文） 394/381（理），392/380（文）	381/380（理） 379/379（文） 390/389（文） 387/386（理） 382/381（文） （图书情报与档案管理类）	AB+ AB+ AB+	3 2 3 2 3	是我国历史最悠久、规模最大的信息管理教育与研究机构，其前身是1920年创办的武昌文华大学图书科
本科一批	南京大学（信息管理系）	图书馆学	图书馆学、情报学、档案学、信息资源管理	情报学、图书馆学、档案学、信息资源管理	设有国家信息资源管理南京研究基地和教育部中国人文社会科学评价创新基地；拥有图书馆、情报与档案管理一级学科博士后流动站	2015 2016 2017	404/385（理），398/380（文） 414/395（理），407/391（文） 412/387（理），402/384（文）	391/385（理） 389/382（文） 398/394（理） 396/391（文） 394/390（理）（社会科学试验班）（含图书馆学） 395/384（文）（社会科学试验班）（含图书馆学）	— AA AA AA	17 12 12 17 12 71	南京大学是我国最早开设图书馆学课程的大学
本科一批	安徽大学（管理学院图书情报学系）	图书馆学	图书馆学、档案学、情报学	—	—	2015 2016 2017	364/350（理），360/350（文） 370/364（理），371/365（文） 364/354（理），361/354（文）	— — —	BB BB BB	— — —	国家“211工程”重点建设大学
本科一批	西北大学（公共管理学院）	图书馆学	图书馆学	—	拥有图书馆学二级学科硕士点；设有公共信息资源管理研究所	2015 2016 2017	362/349（理），363/349（文） 373/361（理），368/354（文） 362/351（理），362/352（文）	— — —	BB BB BB	— — —	学校肇始于1902年的陕西大学堂，1912年始称西北大学
本科一批	中山大学（资讯管理学院）	图书馆学	图书馆学	—	该专业设立较早，在海内外具有重要影响	2015 2016 2017	392/378（理），382/374（文） 398/380（理），388/380（文） 395/378（理），382/378（文）	374/374（文） 380/380（文） 379/379（文）	AA AA AA	1 1 1	于1924年成立，现为教育部直属重点大学
本科一批	苏州大学（社会学院档案与电子政务系）	图书馆学	档案学、情报学	—	档案学为省级特色专业	2015 2016 2017	356/334（理），357/341（文） 363/351（理），362/355（文） 381/360（理），379/359（文）	346/339（理） 357/341（文） — 365/362（理） 365/360（文）	BB BB AB	12 32 — 7 20	—
本科二批	鞍山师范学院（财经系）	图书馆学	—	—	—	2015 2016 2017	312/310（理），317/313（文） 314/312（理），322/318（文） 302/291（理），309/301（文）	— — —	BC BC BC	— — —	学校现有院级重点学科、重点建设学科、重点扶植学科

注：录取情况涵盖三年，所缺年份表示当年未招生；“—”代表没有此项内容或无法获取相关资料。

12

物流管理专业

学科概述

物流管理是研究物流管理活动和物流管理工作规律的科学，在市场营销学科体系的基础上，研究物质资料在生产、流通、消费各环节的流通规律，寻求获得最大空间和时间效用；研究物流内在规律以及与国民经济建设的关系；研究物流现代化趋势以及相关的物流技术与物流管理。物流管理专业主要培养具有扎实的管理学、经济学和信息技术基础知识，熟悉法规，掌握现代物流管理理论、信息系统的手段和方法，具备物流管理、规划、设计等较强实务运作能力的高级现代物流管理人才。

学制四年，学业合格授予管理学学士学位或工学学士学位。

相近专业：工商管理、市场营销、商品学、电子商务、国际商务、特许经营管理专业等。

学习内容

物流管理专业开设的主要课程

类　别	课　　程
专业基础课程	财务管理、市场营销学、统计学原理、电子商务概论、物流管理概论、会计学原理、网络技术应用、物流运输实务、采购与库存控制、物流学概论
专业主干课程	仓储学、供应链管理、物流配送、物流信息系统、物流技术与管理、物流系统设计、国际货运代理

注：各校的课程设置会因培养目标的不同而有差异。

毕业去向

物流管理专业毕业生近两年的主要就业去向

职　业	工作单位	起薪(元/月)	学历要求	工 作 内 容
物流员	大型生产企业、商业企业、物流企业	1200～2500	专科、本科生	运输、仓储、物流管理
快件派发员	快递公司	1200～2500	专科、本科	快件的派发、管理
高校教师、科研人员	高校、科研院所	1500～2000	研究生	高校、科研院所的教学和科研
公务员	政府机关	1500～2000	本科、研究生	行政管理工作

注：表格中的起薪可能会因为地区差异而存在较大差别。

物流管理专业毕业生主要行业流向及相应平均月薪(人民币:元)

毕业年份	行业流向 TOP3		
2010	物流仓储业	百货零售业	汽车制造业
	2553	2652	2979

续 表

毕业年份	行业流向 TOP3		
2011	物流仓储业	货物运输代理业	家用电器制造业
	3047	3415	3081
2012	物流仓储业	货物运输代理业	公路运输服务业
	2812	2759	2783

注：表格中的月薪为该专业本科生毕业半年后平均月薪。2012 届该专业本科生毕业半年后就业率为 94.1%，工作与专业对口率为 59%，毕业即读研和留学比例为 7.7%。

数据来源：麦可斯-中国 2010、2011、2012 届大学毕业生求职与工作能力调查。

专家提示

1. 关注专业特色

我国开设物流管理专业的高校有北京物资学院、上海财经大学、西南交通大学等。北京物资学院是我国最早开设此专业的高校，主要研究方向有：流通管理工程、物流系统分析与供应链管理研究、物流发展与物流创新战略研究、物流信息管理与企业物流信息化研究。该校还拥有北京市市级重点实验室——北京市物流系统与技术重点实验室，也是我国物流领域唯一的一个实验室；上海财经大学的物流管理专业要求考生具备扎实的计算机和数学基础，对市场经济有全面的了解。

物流管理及其相关专业的国家二级重点学科分布情况如下：

企业管理：南开大学、南京大学；**技术经济及管理**：北京大学、重庆大学。

与本专业相关的职业资格证有：物流师职业资格证。

2. 考虑性格适合

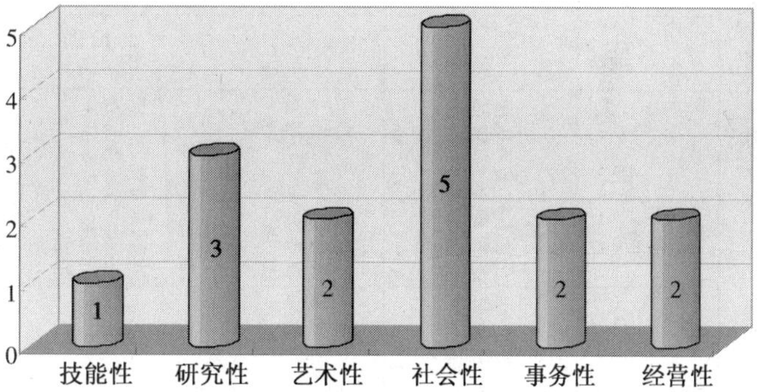

物流管理专业对不同性格特征的需求度

3. 走出常见误区

物流就是货物的流动吗？我国最初从日本引进物流概念，是以流通企业的运营为主体的“物资流通”的物流，但“物资流通”的物流近来已经受到来自欧美“企业后勤”的物流理念的挑战。从整个供应链角度来看，物流不仅仅包括物资流动，还涉及信息与资金的流动。物流企业能够为客户提供货物运输、信息查询及资金流动等全方位的服务。

物流就是货运仓储吗？有人认为：“几辆车、几个人就可以办一个物流公司”。目前，确实有一些企业打着物流的旗号却只能提供货物运输或者仓储服务。其实，真正的物流企业应该为客户提供全程物流一体化的服务。据资料显示，我国挂物流招牌的企业约有上万家，而真正意义上的物流企业却屈指可数。

作者：封学军　　修订：李婉君

附表：开设物流管理专业的部分学校（院系）情况

批次	学校（院系）	本科专业方向设置	专业实力：硕博士学位点：硕士	专业实力：硕博士学位点：博士	专业实力：学科建设	近三年录取情况：年份	近三年录取情况：入校分（最高/最低）	近三年录取情况：专业分（最高/最低）	近三年录取情况：选测科目等级要求	近三年录取情况：录取人数	特别关注
本科一批	同济大学（经济与管理学院管理科学与工程系）	物流管理	管理科学与工程（现代物流与供应链管理方向）、企业管理、技术经济与管理	管理理论与工业工程（现代物流与供应链管理方向）	开设了物流与供应链管理学院精品课程	2015 2016 2017	409/386(理),392/380(文) 415/395(理),398/390(文) 405/387(理),391/381(文)	— — —	BB BB BB	— — —	2001年该校向教育部申请开设物流管理专业，是国内高校首批开设此专业的院校之一，2002年开始招生
本科一批	东南大学（经济管理学院物流管理工程系）	物流管理	物流工程（工程硕士）	管理科学与工程、系统工程	设有管理科学与工程以及系统工程博士后流动站	2015 2016 2017	413/383(理),383/375(文) 412/392(理),394/386(文) 407/384(理),387/379(文)	— — —	AB AB AB	— — —	物流管理工程系组建于2003年，在电子商务物流、采购物流、国际物流、食品物流、零售物流等方面具有优势
本科一批	武汉理工大学（物流工程学院物流管理系）	物流管理、物流工程	物流管理、物流技术与装备	物流管理、物流技术与装备	拥有“教育部港口物流技术与装备工程研究中心”等研究基地	2015 2016 2017	373/345(理),358/345(文) 384/368(理),362/348(文) 373/359(理),362/353(文)	357/351(理) 369/368(理) 360/359(理)(物流管理与工程类)	AB AB AB	7 9 12	物流工程学院发挥港口的优势和特点，使该院的物流工程和物流管理等新老专业优势互补，以全面为港口服务为基点快速拓展物流领域
本科一批	南京信息工程大学（经济管理学院）	物流管理	—	—	—	2015 2016 2017	378/348(理),357/344(文) 383/357(理),370/357(文) 370/342(理),356/340(文)	349/344(文) 361/357(文) 344/340(文)	BB BB BB	20 5 31	—
本科一批	西南大学（经济管理学院）	物流管理	—	—	管理学和经济学相关学科有机融合、协调发展	2015 2016 2017	359/348(理),367/351(文) 380/361(理),372/354(文) 379/354(理),364/357(文)	— — —	B^+B B^+B B^+B	1 — —	西南大学经济管理学院经过近60年的发展形成从博士、硕士到学士多层次互促共进的办学体系
本科一批	武汉大学（经济与管理学院）	物流管理	物流管理、物流工程、供应链物流管理	区域物流、供应链与物流管理	—	2015 2016 2017	407/380(理),388/378(文) 401/389(理),398/388(文) 394/381(理),392/380(文)	— — —	AB^+ AB^+ AB^+	— — —	—

续 表

批次	学校（院系）	本科专业方向设置	专业实力：硕博士学位点		专业实力：学科建设	近三年录取情况					特别关注
			硕士	博士		年份	入校分（最高/最低）	专业分（最高/最低）	选测科目等级要求	录取人数	
本科一批	江苏科技大学（经济管理学院工商管理系）	物流管理	企业管理、技术经济与管理	—	建有物流工程与管理实验室	2015 2016 2017	350/328(理),341/333(文) 354/338(理),352/341(文) 352/332(理),345/334(文)	337/332(理) — 338/333(理)	BB BB BB	22 — 13	经济管理学院的前身为管理工程系，1979 年创立，2003 年更名为经济管理学院
本科一批	苏州大学（政治与公共管理学院）	物流管理、物流工程	公共管理（专业硕士）	—	学院设有公共事务与管理工程综合实验室，2008 年被列为中央与地方财政共建高校特色优势学科实验室项目	2015 2016 2017	356/334(理),357/341(文) 363/351(理),362/355(文) 381/360(理),379/359(文)	349/346(理) 349/342(文) 360/353(理) 361/335(文) 364/360(理) 367/359(文)	BB BB AB	9 36 15 33 10 10	—
本科二批	南京财经大学（营销与物流管理学院物流管理系）	物流管理	企业管理（现代物流管理方向）	—	建有现代物流实验室;企业管理是江苏省重点学科	2015 2016 2017	368/342(理),352/341(文) 365/353(理),362/354(文) 373/346(理),362/347(文)	— — 352/346(理) 352/347(文)	BB BB B^+B	— — 35 30	营销与物流管理学院有 25 年的发展历史，源于 1981 年南京粮食经济学院的粮食经济贸易系，2003 年更名为营销与物流管理学
本科二批	常州工学院（经济与管理学院）	物流管理	—	—	—	2015 2016 2017	360/325(理),346/321(文) 354/331(理),357/336(文) 339/321(理),330/323(文)	339/329(理) 347/334(理) 336/322(理)	BC BC BC	29 26 26	—
本科二批	安徽财经大学（商学院工商管理系）	物流管理	企业管理学、会计学、旅游管理、技术经济及管理学	—	拥有 1 个实验室管理中心	2015 2016 2017	354/340(理),348/341(文) 361/352(理),358/353(文) 343/330(理),339/333(文)	— — —	BB BB BB	— — —	—

注：录取情况涵盖三年，“—”代表没有此项内容或无法获取相关资料。

13 电子商务专业

学科概述

电子商务专业是涉及计算机科学、经济学、管理学、法学、社会学等学科知识的新型交叉型专业。该专业主要培养掌握计算机和网络应用技术，具有扎实经济管理和商务理论，掌握电子商务原理与技术、市场营销、现代物流管理和电子商务法律等知识，能够从事企业运营管理、电子商务系统开发等领域工作的创新复合型人才。

学制四年，学业合格授予管理学学士学位或理学学士学位。

相近专业：市场营销、商品学、物流管理、国际商务、特许经营管理、会计电算化、汽车营销专业等。

学习内容

电子商务专业开设的主要课程

类　别	课　　　程
专业基础课程	经济学、管理学、会计学、运筹学、统计学、市场营销学、现代企业运作、计算机基础与应用、程序设计(C语言)、网络与数据通讯技术、数据库原理与网络数据库技术、电子商务原理
专业主干课程	电子商务系统的分析与设计、网络营销基础与实践、电子商务与国际贸易、电子商务信函写作、电子商务营销写作实务、营销策划、网页配色、网页设计、Web标准与网站重构、FlashAction Script 动画设计、UI设计、Asp.net电子商务网站建设、电子商务管理实务、ERP与客户关系管理、电子商务物流管理、电子商务专业英语、新闻采集、写作和编辑

注：各校的课程设置会因培养目标的不同而有差异。

毕业去向

电子商务专业毕业生近两年的主要就业去向

职　业	工作单位	起薪(元/月)	学历要求	工 作 内 容
网络管理人员	企、事业单位	1200～2500	专科、本科	网站的网页设计、网站建设和维护
网络营销人员	网络公司、外贸公司	1500～3000	专科、本科	网络编辑、网站内容的维护和网络营销
市场策划人员	企业	1500～2500	本科	企业商品和服务的营销策划等
项目管理人员	企业	2500～3000	本科、研究生(需要有相关工作经历)	从事客户关系管理、电子商务项目管理、电子商务活动的策划与运作，领导电子商务系统的开发
银行职员	银行	1200～2000	本科	资产管理、信贷、后台支持
高校教师	高等院校	1500～2000	本科、研究生	电子商务以及相关专业的教学和研究

注：表格中的起薪可能会因为地区差异而存在较大差别。

电子商务专业毕业生主要行业流向及相应平均月薪(人民币:元)

毕业年份	行业流向 TOP3		
2010	储蓄信用中介	互联网运营与网络搜索引擎业	其他金融投资业
	3501	3192	3681
2011	互联网运营与网络搜索引擎业	储蓄信用中介	其他金融投资业
	3146	3714	4343
2012	储蓄信用中介	其他金融投资业	互联网运营与网络搜综引擎业
	4562	4287	3567

注:表格中的月薪为该专业本科生毕业半年后平均月薪。2012 届该专业本科生毕业半年后就业率为 94.8%,工作与专业对口率为 48%,毕业即读研和留学比例为 7.9%。

数据来源:麦可斯-中国 2010、2011、2012 届大学毕业生求职与工作能力调查。

专家提示

1. 关注专业特色

电子商务属于新开设的专业,一般院校是从 1998 年开始开设电子商务专科,2000 年开设电子商务本科。电子商务专业设在管理学科下面,授予管理学学士学位。现在不少院校不仅开设了电子商务专业,还成立了电子商务学院,比如西南大学的电子商务专业分得更细,分为营销、计算机网络安全等专业,大多数院校该专业的设立定位为复合型专业。

与本专业相关的职业资格证有:电子商务员国家职业资格认证、助理电子商务师国家职业资格认证、电子商务师国家职业资格认证等。

2. 考虑性格适合

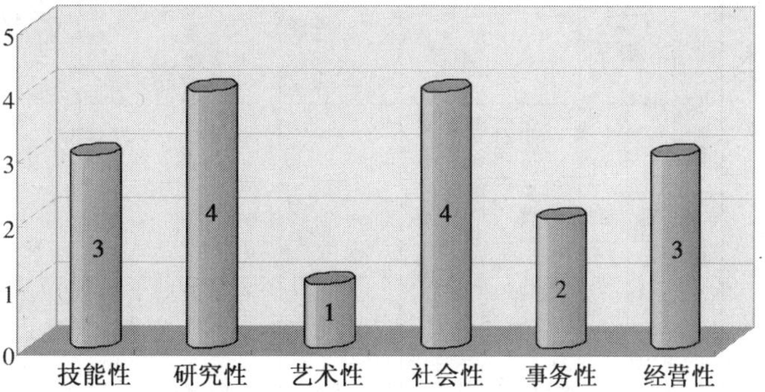

电子商务专业对不同性格特征的需求度

3. 特别提醒

关于电子商务的就业前景。 早在上世纪 90 年代互联网刚刚兴起的时候,许多互联网企业就曾热炒过电子商务这个概念,但是由于缺乏信用认证、物流体系不健全、网上资金交易难以实现等原因,互联网企业大力宣传的电子商务没能引起中国传统企业的兴趣,电子商务也在中国沉寂多年。随着中国互联网业的复苏和发展,越来越多的互联网企业开始将赢利目标再次锁定传统企业用户,电子商务在互联网企业的大力推销下再次成为业内关注的焦点。对于今后电子商务在我国的发展,许多互联网企业都持乐观态度。

作者:陈 晓 金皓瑜 修订:李婉君

附表：开设电子商务专业的部分学校（院系）情况

批次	学校（院系）	本科专业方向设置	专业实力：硕博士学位点：硕士	专业实力：硕博士学位点：博士	专业实力：学科建设	近三年录取情况：年份	近三年录取情况：入校分（最高/最低）	近三年录取情况：专业分（最高/最低）	近三年录取情况：选测科目等级要求	近三年录取情况：录取人数	特别关注
本科一批	西安交通大学（管理学院信息管理与电子商务系）	电子商务	制造信息化工程（电子商务方向）、电子商务与物流管理、信息系统与电子商务	电子商务与网络经济、信息系统与电子商务、电子商务风险管理	—	2015 2016 2017	399/378(理),374/367(文) 404/389(理),372/368(文) 395/381(理),377/377(文)	— — —	AB AB AB	— — —	电子商务专业是教育部2001年批准的试办专业，该校是首批获准设立该专业的十三所院校之一
	中央财经大学（信息学院电子商务系）	电子商务	电子商务	—	建有电子商务与电子政务模拟实验室	2015 2016 2017	392/377(理),383/375(文) 406/390(理),391/380(文) 393/379(理),389/377(文)	379/378(理) 397/390(理) 382/380(理)(电子商务类)	AA AA AA	2 2 5	—
	南京大学（商学院管理学院电子商务系）	电子商务	企业管理（电子商务方向）、国际贸易学（电子商务方向）	—	设有电子商务实验室	2015 2016 2017	404/385(理),398/380(文) 414/395(理),407/391(文) 412/387(理),402/384(文)	398/388(工商管理类)(理) 393/388(工商管理类)(文) 405/399(理) 399/397(文) 406/395(理) 402/392(文)(经济管理试验班)	AA AA AA	52 25 50 20 60 30	承担多项大中型企业的管理咨询和电子商务系统开发项目
	上海财经大学（信息管理与工程学院电子商务系）	电子商务	电子商务技术与应用	—	与IBM公司合作，建立了电子商务实验室	2015 2016 2017	409/388(理),405/389(文) 420/398(理),398/379(文) 406/390(理),401/383(文)	— — 395/391(理)	BB BB BB	— — 4	—
	江苏大学（工商管理学院）	电子商务	企业管理	管理科学与工程	拥有管理科学与工程学科博士授予点和博士后科研流动站	2015 2016 2017	369/349(理),360/343(文) 372/350(理),364/350(文) 363/342(理),367/338(文)	352/357(理) 354/350(理) 346/342(理)	BB BB BB	5 5 17	—
	南京财经大学（国际经贸学院）	电子商务	—	—	南京财经大学电子商务系成立于2001年；2006年电子商务专业被评为江苏省特色专业	2015 2016 2017	372/348(理),370/347(文) 381/359(理),379/359(文) 373/346(理),362/347(文)	361/350(理) 364/359(理) 355/346(理)	AB AB B^+B	64 64 60	江苏省电子商务重点实验室1个
	武汉大学（信息管理学院）	电子商务	电子商务	电子商务理论与应用	—	2015 2016 2017	407/380(理),388/378(文) 401/389(理),398/388(文) 394/381(理),392/380(文)	385/385(理) (管理科学与工程类) 394/392(理) 386/385(理)	AB^+ AB^+ AB^+	2 2 3	武汉大学信息管理学院是我国历史最悠久、规模最大的信息管理教育与研究机构

续 表

批次	学校（院系）	本科专业方向设置	专业实力：硕博士学位点：硕士	专业实力：硕博士学位点：博士	专业实力：学科建设	近三年录取情况：年份	近三年录取情况：入校分（最高/最低）	近三年录取情况：专业分（最高/最低）	近三年录取情况：选测科目等级要求	近三年录取情况：录取人数	特别关注
本科二批	南京审计大学（信息科学学院电子商务系）	电子商务	国际贸易学（电子商务方向）	—	拥有电子商务与电子政务实验室；2006年被列为南京审计学院特色专业建设点	2015 2016 2017	358/341(理)，351/338(文) 369/352(理) 381/347(理)，383/350(文)	349/341(理) 358/352(理) 355/347(理)	BB BB B^+B	87 76 50	电子商务专业是教育部2001年批准的试办专业，南京审计学院是首批获准设立该专业的十三所院校之一
本科二批	南京中医药大学（经贸管理学院）	电子商务	—	—	—	2015 2016 2017	354/331(理)，354/332(文) 359/343(理)，364/346(文) 377/337(理)，374/335(文)	342/332(理) 340/334(文) 352/344(理) 352/349(文) 347/337(理) 354/336(文)	BB BB BB	14 16 22 9 20 10	—
本科二批	常州工学院（经济与管理学院）	电子商务	—	—	—	2015 2016 2017	360/325(理)，346/321(文) 354/341(理)，357/336(文) 339/321(理)，330/323(文)	350/327(理) 347/334(理) 329/322(理)	BC BC BC	71 26 28	—
本科二批	苏州大学（东吴商学院电子商务系）	电子商务	—	—	拥有金融学省级重点学科和省品牌专业，会计学专业为省级特色专业	2015 2016 2017	356/334(理)，357/341(文) 363/351(理)，362/355(文) 381/360(理)，379/359(文)	— 360/353(理) 368/363(理)	BB BB AB	— 15 12	东吴商学院(财经学院)成立于1985年6月，是苏州大学建立最早的二级学院

注：录取情况涵盖三年，“—”代表没有此项内容或无法获取相关资料。

14

审计学专业

学科概述

审计学是研究审计产生和发展规律的学科。审计学专业培养具备管理、经济、法律、会计和审计等方面的知识和能力，熟悉国际会计准则、掌握审计技术、具有扎实的审计理论与实务本领，能在企、事业单位和政府机关以及社会中介机构从事审计实务、会计鉴定、资产评估以及教学、科研工作的高级专门人才。

学制四年，学业合格授予管理学学士学位或经济学学士学位。

相近专业：工商管理、会计学、财务管理、经济学专业等。

学习内容

审计学专业开设的主要课程

类　别	课　　程
专业基础课程	微观经济学、宏观经济学、管理学原理、管理信息系统、经济法、税法、财务会计、成本会计、财务管理、经济学、统计学、工商管理、法务会计
专业主干课程	中级财务会计、高级财务会计、审计学原理、企业财务审计、审计实务、经济效益审计、审计法规、内部控制审计、财务审计、管理审计、建设项目审计、计算机审计

注：各校的课程设置会因培养目标的不同而有差异。

毕业去向

审计学专业毕业生近两年的主要就业去向

职　业	工作单位	起薪(元/月)	学历要求	工 作 内 容
审计员	会计师事务所	2000～4000	本科、研究生	财务审计、绩效审计
公务员	国家及地方经济管理机构	1500～3000	研究生	国家或地方财务审计
资产评估师	企业	2000～3000	本科、研究生	审计服务与咨询、建设项目审计或信息系统审计
高校教师	高等院校	1500～2000	研究生	审计学及相关专业的教学和科研

注：表格中的起薪可能会因为地区差异而存在较大差别。

审计学专业毕业生主要行业流向及相应平均月薪(人民币:元)

毕业年份	行业流向 TOP3		
2010	储蓄信用中介	会计、审计与税务服务业	其他各级党政机关
	4083	3473	3688
2011	储蓄信用中介	会计、审计与税务服务业	各级党政领导机构及人大、政协
	4131	3875	3995

续 表

毕业年份	行业流向 TOP3		
2012	会计、审计与税务服务业	储蓄信用中介	其他金融投资业
	4264	4014	4241

注：表格中的月薪为该专业本科生毕业半年后平均月薪。2012 届该专业本科生毕业半年后就业率为 95.5%，工作与专业对口率为 89%，毕业即读研和留学比例为 9.0%。

数据来源：麦可斯-中国 2010、2011、2012 届大学毕业生求职与工作能力调查。

专家提示

1. 关注专业特色

目前在我国开设审计学专业的院校中，南京审计学院的国际审计学院实力较强，其积极探索“本科学历教育＋国际执业资格培训”的人才培养新模式，与英国特许公认会计师工会(ACCA)合作，开展国际注册会计师执业资格培训，设立了江苏省唯一的“全球推荐级 ACCA 培训机构”。南京审计学院下设的公有民办二级学院金审学院根据社会需求，与英国伯明翰中央英格兰大学、英国龙比亚大学、澳大利亚科廷大学等多个国家的知名高校，就本硕连读和项目交流等开展了 3＋1＋1、4＋1 模式的合作办学。

2. 考虑性格适合

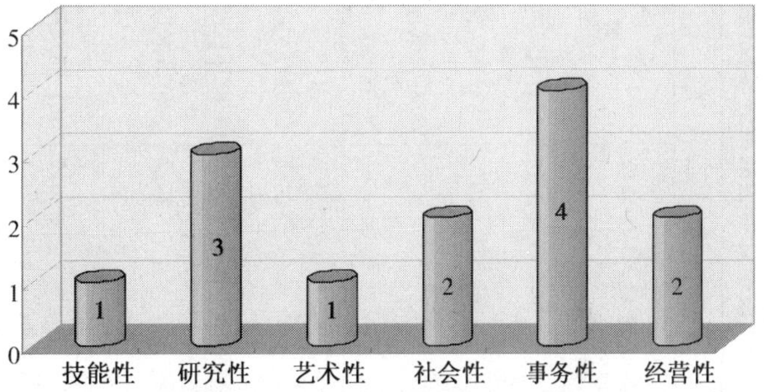

审计学专业对不同性格特征的需求度

3. 走出常见误区

审计就是会计吗？有人把审计纳入广义会计学的一个分支，即会计核算、会计分析和会计检查，因而认为审计对象就是会计。其实审计与会计是完全不同，审计也不同于一般的“查账”。会计产生于经济管理的需要，而审计产生于经济监督的需要，会计产生的时间早于审计。会计虽然也具有经济、监督的职能，但它是一种业务监督，属于管理的附带职能。会计监督的范围和内容，受到其业务工作范围和内容的严格限制，主要对企事业单位生产经营的各个环节和行政管理部门的经济活动及财务收支进行监督。其目的是为了保证会计核算资料真实、正确和合法，使单位财务收支、财务状况和财务成果能得到有效控制和监督。一般采用日常控制和事后检查分析相结合的形式，主要通过凭证稽核、会计分析和制度执行情况检查等方式来进行监督。

审计是一种具有独立性的经济监督，审计的对象是被审计单位的经济活动和会计资料，审计审查的内容包括会计，但不限于会计。所以，查账只反映审计的一个侧面，但审计不等于查账。查账只是检查账目，而审计一般是指审核稽察计算，它不仅包含查账的全部内容，而且还包括对计算行为及经济活动进行实地考察、调查、分析和检验。审计只能由专职的审计机构和人员进行，而查账则不受此限制。

作者：刘晓磊　徐小聪　　修订：李婉君

附表：开设审计专业的部分学校(院系)情况

批次	学校(院系)	本科专业方向设置	专业实力：硕博士学位点：硕士	专业实力：硕博士学位点：博士	专业实力：学科建设	近三年录取情况：年份	近三年录取情况：入校分(最高/最低)	近三年录取情况：专业分(最高/最低)	近三年录取情况：选测科目等级要求	近三年录取情况：录取人数	特别关注
本科一批	南京财经大学(会计学院审计学系)	审计学	会计学(审计研究方向)	—	—	2015 2016 2017	372/348(理),370/347(文) 381/359(理),379/359(文) 373/346(理),362/347(文)	365/358(理) 363/353(文) 376/366(理) 376/362(文) 362/352(理) 358/350(文)	AB AB B+B	38 38 30 35 29 30	—
	西南财经大学(会计学院审计系)	审计学	审计理论与实务研究，政府审计与审计政策研究	审计理论研究、政府审计研究、社会审计与内部审计研究	审计学为四川精品课程	2015 2016 2017	386/372(理),379/363(文) 389/381(理),382/367(文) 385/373(理),378/368(文)	376/376(理) 373/371(文) 386/386(理) 375/374(文) 379/379(理) 373/370(文)	AB AB AB	1 2 1 2 1 2	—
	南京审计大学(金审学院)	审计学	会计(审计)学	—	审计学专业是国家教育部批准的特设专业，也是国家审计署重点建设专业和学校的品牌专业	2015 2016 2017	391/352(理),379/348(文) 395/362(理),384/362(文) 381/347(理),383/350(文)	391/373(理) 379/366(文) 395/379(理) 384/369(文) 381/362(理) 383/358(文)	AC AC B+B	34 43 54 52 93 56	江苏省重点建设学科；审计学学科梯队为江苏省优秀学科梯队
	浙江工商大学(财务与会计学院)	审计学	审计理论与方法	—	会计学为浙江省高校重点学科A类	2015 2016 2017	367/346(理),361/347(文) 372/358(理),364/350(文) 365/349(理),363/349(文)	— — —	BB BB BB	— — —	—
	上海对外经贸大学	审计学(注册会计师方向)	—	—	会计学为校级重点学科	2015 2016 2017	381/369(理),374/364(文) 388/374(理),378/368(文) 376/368(理),373/366(文)	377/375(理) 380/378(理) 377/375(文) —	BB BB BB	2 2 2 —	—

续 表

批次	学校（院系）	本科专业方向设置	专业实力			近三年录取情况					特别关注
			硕博士学位点		学科建设	年份	入校分（最高/最低）	专业分（最高/最低）	选测科目等级要求	录取人数	
			硕士	博士							
本科一批	天津财经大学（商学院会计学系）	审计学	会计学、统计学、金融学、财政学	会计学、统计学	会计学科为天津市高等学校首批重点学科，较早成立会计实验室	2015 2016 2017	373/349(理),360/351(文) 379/362(理),374/359(文) 363/349(理),360/347(文)	363/363(理) — 353/349(文)	BB BB BB	1 — 2	会计学系是在全国较早招收博士、硕士研究生的院校之一
本科二批	上海立信会计学院（审计学系）	审计学	—	—	设有审计教研室；审计学系专业特色集中在审计、房地产与基本建设会计、非盈利企业会计、银行会计等的教学与科研工作	2015 2016 2017	370/347(理),364/346(文) 369/356(理),366/356(文) 371/356(理),369/355(文)	352/350(理) (信息系统审计) 354/354(文) 366/366(理) 361/361(文) 363/363(文) 367/365(理)	BB BB BB	3 1 2 1 1 2	1985年率先在全国设立审计专业，进行审计专业教学改革；1995年起设立立信审计事务所；2003年9月学院由专升本
	山西财经大学（会计学院）	审计学	—	—	设有审计学教研室	2015 2016 2017	338/316(理),340/323(文) 309/334(理),344/326(文) 347/331(理),346/336(文)	— — —	BB BB BB	— — —	—
	安徽财经大学（会计学院）	审计学	会计学	—	—	2015 2016 2017	354/340(理),348/341(文) 361/352(理),358/353(文) 343/330(理),339/333(文)	354/344(理) 361/355(理) 333/332(理) 336/336(文)	BB BB BB	8 14 2 1	
	山东财经大学	审计学	财务会计理论与方法、公司理财、审计学以及财务决策支持系统	—	会计学专业为国家管理专业，1996年被批准为山东省重点学科	2015 2016 2017	347/339(理),346/335(文) 355/349(理),361/350(文) 349/329(理),345/332(文)	345/345(文) 358/357 335/334(文)	BB BB BB	2 2 2	—

注：录取情况涵盖三年，"—"代表没有此项内容或无法获取相关资料。

附录一 “双一流”建设高校名单

（按学校代码排序）

一、一流大学建设高校42所

1.A类36所

北京大学、中国人民大学、清华大学、北京航空航天大学、北京理工大学、中国农业大学、北京师范大学、中央民族大学、南开大学、天津大学、大连理工大学、吉林大学、哈尔滨工业大学、复旦大学、同济大学、上海交通大学、华东师范大学、南京大学、东南大学、浙江大学、中国科学技术大学、厦门大学、山东大学、中国海洋大学、武汉大学、华中科技大学、中南大学、中山大学、华南理工大学、四川大学、重庆大学、电子科技大学、西安交通大学、西北工业大学、兰州大学、国防科技大学

2.B类6所

东北大学、郑州大学、湖南大学、云南大学、西北农林科技大学、新疆大学

二、一流学科建设高校95所

北京交通大学、北京工业大学、北京科技大学、北京化工大学、北京邮电大学、北京林业大学、北京协和医学院、北京中医药大学、首都师范大学、北京外国语大学、中国传媒大学、中央财经大学、对外经济贸易大学、外交学院、中国人民公安大学、北京体育大学、中央音乐学院、中国音乐学院、中央美术学院、中央戏剧学院、中国政法大学、天津工业大学、天津医科大学、天津中医药大学、华北电力大学、河北工业大学、太原理工大学、内蒙古大学、辽宁大学、大连海事大学、延边大学、东北师范大学、哈尔滨工程大学、东北农业大学、东北林业大学、华东理工大学、东华大学、上海海洋大学、上海中医药大学、上海外国语大学、上海财经大学、上海体育学院、上海音乐学院、上海大学、苏州大学、南京航空航天大学、南京理工大学、中国矿业大学、南京邮电大学、河海大学、江南大学、南京林业大学、南京信息工程大学、南京农业大学、南京中医药大学、中国药科大学、南京师范大学、中国美术学院、安徽大学、合肥工业大学、福州大学、南昌大学、河南大学、中国地质大学、武汉理工大学、华中农业大学、华中师范大学、中南财经政法大学、湖南师范大学、暨南大学、广州中医药大学、华南师范大学、海南大学、广西大学、西南交通大学、西南石油大学、成都理工大学、四川农业大学、成都中医药大学、西南大学、西南财经大学、贵州大学、西藏大学、西北大学、西安电子科技大学、长安大学、陕西师范大学、青海大学、宁夏大学、石河子大学、中国石油大学、宁波大学、中国科学院大学、第二军医大学、第四军医大学

（资料来源：教育部官网）

附录二 “双一流”建设学科名单

（按学校代码排序）

北京大学：哲学、理论经济学、应用经济学、法学、政治学、社会学、马克思主义理论、心理学、中国语言文学、外国语言文学、考古学、中国史、世界史、数学、物理学、化学、地理学、地球物理学、地质学、生物学、生态学、统计学、力学、材料科学与工程、电子科学与技术、控制科学与工程、计算机科学与技术、环境科学与工程、软件工程、基础医学、临床医学、口腔医学、公共卫生与预防医学、药学、护理学、艺术学理论、现代语言学、语言学、机械及航空航天和制造工程、商业与管理、社会政策与管理

中国人民大学：哲学、理论经济学、应用经济学、法学、政治学、社会学、马克思主义理论、新闻传播学、中国史、统计学、工商管理、农林经济管理、公共管理、图书情报与档案管理

清华大学：法学、政治学、马克思主义理论、数学、物理学、化学、生物学、力学、机械工程、仪器科学与技术、材料科学与工程、动力工程及工程热物理、电气工程、信息与通信工程、控制科学与工程、计算机科学与技术、建筑学、土木工程、水利工程、化学工程与技术、核科学与技术、环境科学与工程、生物医学工程、城乡规划学、风景园林学、软件工程、管理科学与工程、工商管理、公共管理、设计学、会计与金融、经济学和计量经济学、统计学与运筹学、现代语言学

北京交通大学：系统科学

北京工业大学：土木工程（自定）

北京航空航天大学：力学、仪器科学与技术、材料科学与工程、控制科学与工程、计算机科学与技术、航空宇航科学与技术、软件工程

北京理工大学：材料科学与工程、控制科学与工程、兵器科学与技术

北京科技大学：科学技术史、材料科学与工程、冶金工程、矿业工程

北京化工大学：化学工程与技术（自定）

北京邮电大学：信息与通信工程、计算机科学与技术

中国农业大学：生物学、农业工程、食品科学与工程、作物学、农业资源与环境、植物保护、畜牧学、兽医学、草学

北京林业大学：风景园林学、林学

北京协和医学院：生物学、生物医学工程、临床医学、药学

北京中医药大学：中医学、中西医结合、中药学

北京师范大学：教育学、心理学、中国语言文学、中国史、数学、地理学、系统科学、生态学、环境科学与工程、戏剧与影视学、语言学

首都师范大学：数学

北京外国语大学：外国语言文学

中国传媒大学：新闻传播学、戏剧与影视学

中央财经大学：应用经济学

对外经济贸易大学：应用经济学（自定）

外交学院：政治学（自定）

中国人民公安大学：公安学（自定）

注：不加（自定）标示的学科，是根据“双一流”建设专家委员会确定的标准而认定的学科；加（自定）标示的学科，是根据“双一流”建设专家委员会建议由高校自主确定的学科。

北京体育大学:体育学
中央音乐学院:音乐与舞蹈学
中国音乐学院:音乐与舞蹈学(自定)
中央美术学院:美术学、设计学
中央戏剧学院:戏剧与影视学
中央民族大学:民族学
中国政法大学:法学
南开大学:世界史、数学、化学、统计学、材料科学与工程
天津大学:化学、材料科学与工程、化学工程与技术、管理科学与工程
天津工业大学:纺织科学与工程
天津医科大学:临床医学(自定)
天津中医药大学:中药学
华北电力大学:电气工程(自定)
河北工业大学:电气工程(自定)
太原理工大学:化学工程与技术(自定)
内蒙古大学:生物学(自定)
辽宁大学:应用经济学(自定)
大连理工大学:化学、工程
东北大学:控制科学与工程
大连海事大学:交通运输工程(自定)
吉林大学:考古学、数学、物理学、化学、材料科学与工程
延边大学:外国语言文学(自定)
东北师范大学:马克思主义理论、世界史、数学、化学、统计学、材料科学与工程
哈尔滨工业大学:力学、机械工程、材料科学与工程、控制科学与工程、计算机科学与技术、土木工程、环境科学与工程
哈尔滨工程大学:船舶与海洋工程
东北农业大学:畜牧学(自定)
东北林业大学:林业工程、林学
复旦大学:哲学、政治学、中国语言文学、中国史、数学、物理学、化学、生物学、生态学、材料科学与工程、环境科学与工程、基础医学、临床医学、中西医结合、药学、机械及航空航天和制造工程、现代语言学
同济大学:建筑学、土木工程、测绘科学与技术、环境科学与工程、城乡规划学、风景园林学、艺术与设计
上海交通大学:数学、化学、生物学、机械工程、材料科学与工程、信息与通信工程、控制科学与工程、计算机科学与技术、土木工程、化学工程与技术、船舶与海洋工程、基础医学、临床医学、口腔医学、药学、电子电气工程、商业与管理
华东理工大学:化学、材料科学与工程、化学工程与技术
东华大学:纺织科学与工程
上海海洋大学:水产
上海中医药大学:中医学、中药学
华东师范大学:教育学、生态学、统计学
上海外国语大学:外国语言文学
上海财经大学:统计学
上海体育学院:体育学
上海音乐学院:音乐与舞蹈学
上海大学:机械工程(自定)

南京大学：哲学、中国语言文学、外国语言文学、物理学、化学、天文学、大气科学、地质学、生物学、材料科学与工程、计算机科学与技术、化学工程与技术、矿业工程、环境科学与工程、图书情报与档案管理

苏州大学：材料科学与工程（自定）

东南大学：材料科学与工程、电子科学与技术、信息与通信工程、控制科学与工程、计算机科学与技术、建筑学、土木工程、交通运输工程、生物医学工程、风景园林学、艺术学理论

南京航空航天大学：力学

南京理工大学：兵器科学与技术

中国矿业大学：安全科学与工程、矿业工程

南京邮电大学：电子科学与技术

河海大学：水利工程、环境科学与工程

江南大学：轻工技术与工程、食品科学与工程

南京林业大学：林业工程

南京信息工程大学：大气科学

南京农业大学：作物学、农业资源与环境

南京中医药大学：中药学

中国药科大学：中药学

南京师范大学：地理学

浙江大学：化学、生物学、生态学、机械工程、光学工程、材料科学与工程、电气工程、控制科学与工程、计算机科学与技术、农业工程、环境科学与工程、软件工程、园艺学、植物保护、基础医学、药学、管理科学与工程、农林经济管理

中国美术学院：美术学

安徽大学：材料科学与工程（自定）

中国科学技术大学：数学、物理学、化学、天文学、地球物理学、生物学、科学技术史、材料科学与工程、计算机科学与技术、核科学与技术、安全科学与工程

合肥工业大学：管理科学与工程（自定）

厦门大学：化学、海洋科学、生物学、生态学、统计学

福州大学：化学（自定）

南昌大学：材料科学与工程

山东大学：数学、化学

中国海洋大学：海洋科学、水产

中国石油大学（华东）：石油与天然气工程、地质资源与地质工程

郑州大学：临床医学（自定）、材料科学与工程（自定）、化学（自定）

河南大学：生物学

武汉大学：理论经济学、法学、马克思主义理论、化学、地球物理学、生物学、测绘科学与技术、矿业工程、口腔医学、图书情报与档案管理

华中科技大学：机械工程、光学工程、材料科学与工程、动力工程及工程热物理、电气工程、计算机科学与技术、基础医学、公共卫生与预防医学

中国地质大学（武汉）：地质学、地质资源与地质工程

武汉理工大学：材料科学与工程

华中农业大学：生物学、园艺学、畜牧学、兽医学、农林经济管理

华中师范大学：政治学、中国语言文学

中南财经政法大学：法学（自定）

湖南大学：化学、机械工程

中南大学：数学、材料科学与工程、冶金工程、矿业工程

湖南师范大学：外国语言文学(自定)

中山大学：哲学、数学、化学、生物学、生态学、材料科学与工程、电子科学与技术、基础医学、临床医学、药学、工商管理

暨南大学：药学(自定)

华南理工大学：化学、材料科学与工程、轻工技术与工程、农学

广州中医药大学：中医学

华南师范大学：物理学

海南大学：作物学(自定)

广西大学：土木工程(自定)

四川大学：数学、化学、材料科学与工程、基础医学、口腔医学、护理学

重庆大学：机械工程(自定)、电气工程(自定)、土木工程(自定)

西南交通大学：交通运输工程

电子科技大学：电子科学与技术、信息与通信工程

西南石油大学：石油与天然气工程

成都理工大学：地质学

四川农业大学：作物学(自定)

成都中医药大学：中药学

西南大学：生物学

西南财经大学：应用经济学(自定)

贵州大学：植物保护(自定)

云南大学：民族学、生态学

西藏大学：生态学(自定)

西北大学：地质学

因篇幅有限，读者如想了解更多相关信息，请扫描下面的二维码关注“生涯顾视”微信公众号，将为您推送更多资讯及专业测试。

西安交通大学：力学、机械工程、材料科学与工程、动力工程及工程热物理、电气工程、信息与通信工程、管理科学与工程、工商管理

西北工业大学：机械工程、材料科学与工程

西安电子科技大学：信息与通信工程、计算机科学与技术

长安大学：交通运输工程(自定)

西北农林科技大学：农学

陕西师范大学：中国语言文学(自定)

兰州大学：化学、大气科学、生态学、草学

青海大学：生态学(自定)

宁夏大学：化学工程与技术(自定)

新疆大学：马克思主义理论(自定)、化学(自定)、计算机科学与技术(自定)

石河子大学：化学工程与技术(自定)

中国矿业大学(北京)：安全科学与工程、矿业工程

中国石油大学(北京)：石油与天然气工程、地质资源与地质工程

中国地质大学(北京)：地质学、地质资源与地质工程

宁波大学：力学

中国科学院大学：化学、材料科学与工程

国防科技大学：信息与通信工程、计算机科学与技术、航空宇航科学与技术、软件工程、管理科学与工程

第二军医大学：基础医学

第四军医大学：临床医学(自定)

(资料来源：教育部官网)